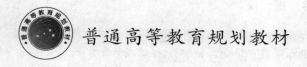

普通高等教育规划教材

汽车新能源应用技术

张春化 主编

人民交通出版社股份有限公司
China Communications Press Co.,Ltd.

内容提要

本书为普通高等教育规划教材,主要讲述了汽车新能源的特点、应用方式、应用理论、主要问题和解决方法。全书共八章,主要内容包括:能源概论、汽车能源素质分析、汽车新能源、电动汽车技术、天然气在汽车上的应用技术、醇类在汽车上的应用技术、二甲醚在汽车上的应用技术和生物柴油在汽车上的应用技术。

本书可作为高等院校能源与动力工程、汽车运用工程、汽车服务工程、车辆工程、交通运输工程等专业的教学用书,也可供从事汽车能源研究的技术人员和汽车使用人员参考使用。

图书在版编目(CIP)数据

汽车新能源应用技术/张春化主编.—北京:人民交通出版社股份有限公司,2018.9
ISBN 978-7-114-14764-7

Ⅰ.①汽… Ⅱ.①张… Ⅲ.①新能源—汽车 Ⅳ.①U469.7

中国版本图书馆 CIP 数据核字(2018)第 118887 号

书　　名	汽车新能源应用技术
著 作 者	张春化
责任编辑	时　旭
责任校对	宿秀英
责任印制	张　凯
出版发行	人民交通出版社股份有限公司
地　　址	(100011)北京市朝阳区安定门外外馆斜街 3 号
网　　址	http://www.ccpress.com.cn
销售电话	(010)59757973
总 经 销	人民交通出版社股份有限公司发行部
经　　销	各地新华书店
印　　刷	北京市密东印刷有限公司
开　　本	787×1092　1/16
印　　张	18.25
字　　数	426 千
版　　次	2018 年 9 月　第 1 版
印　　次	2018 年 9 月　第 1 次印刷
书　　号	ISBN 978-7-114-14764-7
定　　价	43.00 元

(有印刷、装订质量问题的图书由本公司负责调换)

PREFACE 前言

自1886年世界上第一辆汽车问世至今一百多年来，汽车能源基本上采用的是石油制品——汽油和柴油。经过多年大规模的开采，地球上的石油存量已经不多，约13亿辆内燃机汽车组成的庞大耗能群体，其他交通工具、化工以及众多民用锅炉，还在继续以惊人的速度消耗着地球上残存的石油。与此同时，汽车及其他交通工具运行时排放的大量污染物日积月累使环境和生态不断恶化。因此，清洁高效的汽车新能源开发应用显得日益紧迫。经多年的研究已知有可能成为石油替代能源的有电能、氢气、醇类、天然气、液化石油气、生物质能和二甲醚等，有些已经获得一定的应用。这些新能源各具特点，其中电能与燃料类能源从属性、能量转换到由此而决定的汽车结构有很大的甚至根本的不同；各燃料类新能源由于其理化性质与汽油、柴油存在程度不同的差异，也带来使用性能和汽车结构等方面程度不同的差异。汽车新能源，如电能、天然气和醇类，有一定应用规模、相对成熟，人们有一个熟悉和优化应用的过程；如二甲醚、生物质能等，应用尚少，某些重要性能不能满足汽车的要求、许多技术问题有待突破，首先应加强研究和创新的力度，进而在应用中熟悉、提高和优化。

本书主要讲述汽车新能源的特点、应用方式、应用理论、主要问题和解决方法。全书共八章。第一章介绍能源的概念，不同能源的特点和换算，世界和我国的能源分布及其利用，替代能源的开发应用。第二章介绍了各种汽车用燃料的CO_2排放和混合气浓度换算，论述了汽车新能源的素质要求和分析方法。第三章分析和评价了汽车新能源的优缺点和应用前景。第四章论述了铅酸、镍氢和锂离子三种动力电池和燃料电池发动机的特点及其管理技术，介绍了电动汽车的制动能再生，论述了纯电动、混合动力和燃料电池三种电动汽车结构原理及其设计。第五章介绍了天然气和天然气汽车的特点、天然气汽车专用装置，论述了两用燃料、单一燃料和双燃料发动机技术及其性能。第六章介绍了醇类燃料的特点和标准，论述了甲醇和乙醇在汽油车和柴油车上的应用技术。第七章介绍了二甲醚燃料的特点和标准，论述了二甲醚在柴油车上的应用技术。第八章介绍了生物柴油的特点和标准，论述了生物柴油在柴油车上的应用技术。书中记述了作者和其同事多年来从事汽车新能源应用研究工作的一些成果和观点。

本书由长安大学张春化、耿莉敏、陈昊、李阳阳和滑海宁编写。张春化编写了第一章至第五章,李阳阳和滑海宁编写了第六章,陈昊编写了第七章,耿莉敏编写了第八章。全书由张春化统稿。

感谢前辈边耀璋教授多年来对我们研究工作的指导和帮助,感谢与我们一同进行汽车新能源应用研究的刘生全教授、祁东辉教授、马志义高工等人所作的创造性贡献。

在本书撰写过程中,引用了国内外许多学者的研究成果、数据资料和文献插图,得到了潍柴动力股份有限公司、陕西重型汽车有限公司和比亚迪汽车有限公司等单位的大力支持。在此,对他们表示衷心的感谢。

限于作者的水平和知识范围,疏漏、甚至错误恐难避免,恳切希望读者批评指正。

作　者

2018 年 1 月

CONTENTS 目　　录

第一章　能源概论 ·· 1
　第一节　能源的定义与分类 ·· 1
　第二节　能源的特点、能量折算和储采 ·· 3
　第三节　世界化石能源的分布、供需和消费结构 ··· 5
　第四节　中国能源的分布和利用特点 ·· 9
　第五节　替代能源及其开发应用 ··· 13
第二章　汽车能源素质分析 ··· 17
　第一节　汽车对能源的素质要求 ··· 17
　第二节　各种汽车燃料的 CO_2 生成量和混合气浓度 ································ 19
　第三节　汽车新能源素质分析 ··· 24
第三章　汽车新能源 ·· 34
　第一节　电能在汽车上的应用 ··· 34
　第二节　太阳能在汽车上的应用 ··· 36
　第三节　氢气在汽车上的应用 ··· 38
　第四节　天然气和液化石油气在汽车上的应用 ··· 40
　第五节　醇类燃料在汽车上的应用 ·· 43
　第六节　二甲醚在汽车上的应用 ··· 45
　第七节　生物质能在汽车上的应用 ·· 47
　第八节　各种汽车新能源的综合对比 ·· 48
第四章　电动汽车技术 ··· 50
　第一节　概述 ··· 50
　第二节　动力电池 ·· 51
　第三节　燃料电池 ·· 68
　第四节　储能装置的组合 ··· 73
　第五节　电动汽车驱动电机 ··· 76
　第六节　电动汽车的再生制动 ··· 89
　第七节　纯电动汽车 ·· 91

	第八节	混合动力电动汽车	103
	第九节	燃料电池电动汽车	134
第五章	天然气在汽车上的应用技术		138
	第一节	概述	138
	第二节	CNG 汽车专用装置	148
	第三节	LNG 汽车专用装置	154
	第四节	两用燃料发动机技术	159
	第五节	单一燃料发动机技术	167
	第六节	双燃料发动机技术	178
第六章	醇类在汽车上的应用技术		205
	第一节	概述	205
	第二节	甲醇在汽油车上的应用技术	212
	第三节	甲醇在柴油机上的应用技术	221
	第四节	乙醇在汽油车上的应用技术	237
	第五节	乙醇在柴油机上的应用技术	243
第七章	二甲醚在汽车上的应用技术		246
	第一节	概述	246
	第二节	二甲醚在柴油车上的应用技术	247
第八章	生物柴油在汽车上的应用技术		260
	第一节	概述	260
	第二节	生物柴油国标及性能指标	263
	第三节	生物柴油在柴油车上的应用技术	275
参考文献			282

第一章 能源概论

第一节 能源的定义与分类

一、能源的定义

能源指能为人类生产和生活提供动力的物质或能量,可以直接或通过转换提供人类所需用能的资源。能源是物质世界存在、国民经济发展和人类赖以生存的基础。在现代社会,一个国家的经济发展和工业化发达水平在很大程度上取决于对能源的掌控程度。

核聚变和核裂变、放射性源以及天体间的引力,是地球上一切能源的初始能源。太阳的热核反应释放出巨大的能量,地球大气层所接受的辐射能量每年达 5.3×10^{15} MJ。这种辐射能量为地球提供了取之不尽的能源。太阳能的热效应在大气、土地和海洋三者之间的界面,产生风能、水能、波浪能和洋流的动能,谓之天然能。植物通过光合作用吸收太阳能,动物直接或间接地从植物中吸收太阳能,形成所谓的生物质能。动物和植物在特殊的地质条件下经过亿万年演变成为煤炭、石油和天然气等化石燃料。地球内部的热核反应产生地热,地热通过热传导进入大气、河流湖泊和海洋,火山或移动的地热田的地热能通过对流进入周围环境。地壳内的放射性元素蕴藏着巨大的核能资源。太阳系行星运动产生潮汐能。

能量资源的来源不外乎来自以下三个方面。

(1)来自地球以外的太阳能。包括:①直接的太阳能——辐射能;②间接的太阳能——天然能(如,水能、风能、波浪能等)、生物质能(如,木材、秸草、动物粪便等)和化石燃料(如,煤炭、石油、天然气等)。

(2)来自地球本身的能。包括:①地热能,即以地热形式储存的能(如,地热水、地热蒸汽、干热岩林等);②核能,即以核原料形式储存的能(如,铀、钍等)。

(3)太阳、月球等天体对地球的引力能。主要是潮汐能。

二、能源的分类

能源既有不同的存在形式和利用形式,也有不同的转换和传递形式。能源种类繁多,而且经过人类不断地开发与研究,很多新型能源已经开始能够满足人类需求。根据不同的划分方式,能源也可分为不同的类型。

1. 按能源在自然界存在的方式分类

(1)一次能源。也称初级能源,指自然界现成存在的能源或从自然界取得的未经任何改变或转换的能源。如,化石燃料(包括煤炭、石油和天然气等)、生物质能、天然能和原子核能等。

(2)二次能源。也称次级能源,指一次能源经过加工转换得到的能源。如,由木炭加工而成的焦炭；由煤炭加工而成的煤气；由石油加工而成的汽油、煤油和柴油；由其他能源加工转换而成的电力；生产过程中的余热、余能（常见的有：高温烟气、可燃废气，高温产品、高温炉渣、蒸汽、热水、化学反应热）。需要说明的是，"二次"的含义是"经过加工或转换"，并不限定转换的实际次数与转换的形式。例如内燃机，燃烧时燃料（汽油或柴油等）的化学能转换为热能，热能通过曲柄连杆机构转换为曲轴的动能，该热能与动能均为二次能源。

二次能源与一次能源相比，终端利用效率更高、清洁性更好、输送与使用性更方便。虽然二次能源比一次能源的品质好，但是一次能源加工转换成二次能源时，存在能量的损失和价格的升高。

2. 按能源被利用的情况分类

（1）常规能源。指已经大规模生产和广泛利用的一次能源。常规能源的资源状况和利用相对比较稳定。煤炭、石油、天然气、水力和核能是当前世界上的五大常规能源。

（2）新能源。一般指尚未被大规模利用、正在研发、有待推广的能源。1980年联合国召开的"新能源和可再生能源会议"对新能源的定义为：以新技术和新材料为基础，使传统的可再生能源得到现代化的开发和利用，用取之不尽、周而复始的可再生能源取代资源有限、对环境有污染的化石能源，重点开发太阳能、风能、生物质能、潮汐能、地热能、氢能和核能（原子能）。

新能源实际上指的是新能源技术，并非指能源是"新"的。新能源的"新"具有相对性，不仅是相对时间而言，也与所使用的行业及具体设备有关。新能源一般是指在新技术基础上加以开发利用的可再生能源，包括太阳能、生物质能、风能、地热能、波浪能、洋流能、潮汐能和氢能等。

随着常规能源的有限性及其环境污染问题的日益突出，以环保和可再生为特质的新能源越来越得到各国的重视。新能源产业的发展既是整个能源供应系统的有效补充手段，也是环境治理和生态保护的重要措施，是满足人类社会可持续发展的最终能源选择。

（3）替代能源。狭义的替代能源仅仅是指一切可以替代石油的能源；而广义的替代能源是指可以替代目前使用的石化燃料的能源（包括煤炭、石油和天然气）。

替代能源和新能源是从不同的角度来说的，不完全等同。大多数的新能源都是替代能源，如，太阳能、生物质能、风能和地热能等。

在车用能源领域所说的替代能源指可以取代石油制品（汽油和柴油）的能源，并不局限于一次能源。

3. 按能源的再生性分类

（1）可再生能源。指可以不断得到补充的一次能源，可以自动再生，在很大程度上是取之不尽、用之不竭的（如，太阳能、地热能、水能、风能、生物质能和海洋能等）。

（2）非可再生能源。指亿万年形成的、短期无法恢复的一次能源（如，煤炭、石油、天然气和核能等）。

4. 按能源的用途分类

可以分为：车用能源、船用能源、民用能源、发电用能源。

不同用途的能源有不同的形式与种类，对其理化性能的要求更是千差万别。

5. 按能源对环境的影响分类

（1）清洁型能源。指无污染或污染小的能源（如，太阳能、水能、风能和地热能等）。在车用能源领域,常见的有电能、醇醚燃料、天然气等。

(2)非清洁型能源。指污染相对较大的能源(如,煤炭和石油等)。在车用能源领域,主要指石油制品,即汽油和柴油。

第二节　能源的特点、能量折算和储采

一、能源的特点

1. 广泛性、必要性和一次性

人类的一切活动(包括物质生产、衣食住行等),都必须消耗能源,而且能源一经使用,原来的实体即行消失,不能反复使用。"一切"说明了广泛性;"必须"说明了必要性;"不能反复使用"说明了一次性。因此,对能源一定要倍加珍惜,高度重视。

2. 替代性和多用性

所有能源都具有"能"这一共性,在一定条件下可以互相转换。

达到同一目的所使用的能源不是唯一的,例如火力发电,可以用煤作燃料,也可以用石油或天然气作燃料。这就存在着合理选择能源的问题,应当做必要的技术经济分析。

除具有能量、可用作动力源之外,能源还可用于其他用途,如石油可以用作化工原料。究竟将某种能源用作何种用途更为合理,也应当做必要的技术经济分析。

总之,应当重视技术经济分析,以优化能源的利用。

3. 连续性

能源是生产活动的基础,必须不断地、连续地供应。停止供应能源,就意味着停产(例如,在医疗、冶金、化工等领域)。所以,应当高度重视能源的消费预测和采购,以确保供应正常。

4. 储存困难

化石燃料类能源(如天然气、汽油和柴油等),在储存过程中存在容易泄漏和危及安全等问题。有些二次能源(如电能),其生产过程与使用过程几乎不能分开,且在当前的技术条件下基本上无法实现储存。这就对这类能源生产、输送和使用各个环节的协调提出了更高的要求。

5. 有污染

能源在开采、提炼或加工、使用以及废料处理等过程中会带来不同程度的污染。即使是有着"零污染"之称的电动汽车所用的电能,其生产(电能由其他能源转换而来)、电池的制造和报废处理等环节都存在不容忽视的污染。例如,当今燃料主体的化石燃料,在其使用过程中造成十分严重的污染。由于能源的用量巨大,污染严重,已经成为环境公害。所以,能源对环境的污染程度是选择能源时的重要因素。

6. 辅助性

能源虽然是保证生产的必要条件,但一般不构成产品实体,其重要性很容易被忽视,而被置于从属地位。在市场条件不够规范的情况下,能源消耗在产品成本中的比例(甚至产品成本本身)与产品的存亡并不一定相关,能源容易被忽视。例如,许多汽车运输企业只关注与货源相关的经济效益,忽视能源的利用效率。

二、能源的能量折算

1. 能量的单位及换算

能量的单位主要有焦耳(J)、千瓦小时(kW·h)和卡(cal)。它们之间的换算见式(1-1)。

$$1kW·h = 3.6MJ = 860kcal \tag{1-1}$$

2. 两种放热量

燃料释放的热量除了与其分子结构等因素有关,还与燃烧产生的水蒸气是否释放潜热有关。没有释放潜热的发热量称为低位发热量(Low Heating Value,LHV);而释放潜热的发热量称为高位发热量(High Heating Value,HHV)。两者之间的差异取决于燃料中的氢含量。氢含量越高,燃料燃烧时产生水蒸气的越多,两者的差值越大。

3. 能源的折算

能源的种类很多,不同能源的发热量(也称放热量或热值)也不同。按照《综合能耗计算通则》(GB/T 2589—2008)的规定,计算综合能耗时,各种能源折算为一次能源的单位为标准煤当量(ce)。用能单位实际消耗的燃料能源应以其低位发热量为计算基础折算为标准煤量。低位发热量等于29307kJ(7000kcal)的燃料,称为1千克标准煤(kgce)。

在统计能耗总量时,可以采用吨标准煤(tce)或万吨标准煤。

我国、独立国家联合体、德国和奥地利等采用煤当量,而一些其他西方国家采用油当量。1kgce等于0.7千克油当量(kgoe)。

三、能源的储采

1. 能源的探明储量

能源的探明储量指经过详细勘探,在目前和预期的当地经济条件下,可用现有技术开采的储量。

在我国,探明储量指矿产储量分类中开采储量、设计储量与远景储量的总和。在欧美各国,探明储量是对测定储量及推定储量的合称,即两者之和为探明储量。

2. 能源的可采储量

能源的可采储量指在当前工业技术条件下可采出的某种能源的总量。

油(气)可采储量不仅与油(气)储藏类型、储层物性、流体性质、驱动类型等自然条件有关,而且与布井方式、采油工艺、油(气)田管理水平以及经济条件等人为因素有关。以探明程度区分的地质储量为基础,油(气)可采储量相应地可分为证实的、概算的和可能的石油(天然气)可采储量。

3. 技术可采储量

技术可采储量指依靠现在的工业技术条件可以采出,但未经过经济评价的可采储量。

对于油气资源而言,通常以某一平均含水界限(如98%)、某一平均油气比(如2000m³/t)、某一废弃压力界限或某一单井最低极限日采油(气)量为截止值计算的可采出油(气)量,这称为最终可采储量。如果考虑某一特定评价期(合同期)的总可采储量,是根据油井递减率动态法或数值模拟方法计算到评价期截止日的可采出油(气)量。

4. 经济可采储量

经济可采储量指经过经济评价认定、在一定时期(评价期)内具有商业效益的可采储量。通常是在评价期内参照油气性质相近著名的油(气)田发布的国际油(气)价和当时的市场条件进行评价,确认该可采储量投入开采技术上可行、经济上合理、环境等其他条件允许,在评价期内储量收益能满足投资回报的要求,内部收益率大于基准收益率。

显然,以上四个储量的值是逐渐变小的。

5. 剩余可采储量

对于油气资源而言,一个油(气)田投入开发,并达到某一开发阶段,可采储量减去该阶段累计采出油(气)量的剩余值为剩余可采储量。

6. 储采比

储采比指年末剩余储量除以当年的年产量,即上年底某种化石能源的剩余可采储量与上年的年采出量之比,单位为年。储采比可以大致反映某种化石能源按照当前开采速度还可开采的年数。由于每年都有勘探新发现,储量可能会有增加,因此储采比基本上会保持稳定甚至升高。

第三节 世界化石能源的分布、供需和消费结构

本节基于BP公司(British Petroleum,英国石油)2016年6月发布的《能源统计年鉴》数据,对三种化石能源的分布、供需和消费结构进行分析。

一、世界化石能源的分布及其特点

1. 原煤的分布及其特点

截至2015年底,世界原煤探明储量为891.5Gt,人均储量为122.8t,储采比为114年。世界原煤探明储量前五位国家的情况见表1-1。

世界原煤探明储量前五位国家的情况　　　　表1-1

国家	探明储量(Gt)	占世界总量比例(%)	人均探明储量(t/人)	储采比(年)
美国	237.3	26.6	761.6	292
俄罗斯	157.0	17.6	1106.2	422
中国	114.5	12.8	85.0	31
澳大利亚	76.4	8.5	3368.5	158
印度	60.6	6.8	48.8	89

虽然中国的原煤探明储量位居世界第三位,但由于人口多、开采量大,储采比仅为31年,远远低于全球平均储采比(仅为全球平均储采比的27.2%);人均储量仅为82.8t,为世界人均值的67.4%。

世界上原煤储采比超过100年的国家还有:加拿大(108年)、德国(220年)、匈牙利(180年)、哈萨克斯坦(316年)、塞尔维亚(352年)、西班牙(173年)、土耳其(192年)、乌兹别克斯坦(481年)、南非(120年)、津巴布韦(121年)、日本(296年)、蒙古国(103年)、新西兰(168年)等。

2. 石油的分布及其特点

截至 2015 年底,世界石油探明储量为 239.4Gt,储采比为 50.7 年,人均储量为 33.0t。与 1995 年相比,全球石油储量增加了约 51%,产量增加了约 25%。世界石油探明储量前五位国家的情况见表 1-2。这五个国家的人口虽然仅占世界人口的 2.9%,但却拥有世界石油的 63.7%,人均探明储量则高达 727.2t,是世界人均探明储量的 22.1 倍。

世界石油探明储量前五位国家的情况　　表 1-2

国家	探明储量(Gt)	占世界总量比例(%)	人均探明储量(t/人)	储采比(年)
委内瑞拉	47.0	19.6	1515	314
沙特阿拉伯	36.6	15.3	1253	61
加拿大	27.8	11.6	787	108
伊朗	21.7	9.1	280	110
伊拉克	19.3	8.1	530	97

中国石油探明储量为 2.5Gt,位居世界第十三位,仅占世界总量的 1.0%;中国石油储采比为 11.7 年,仅为世界储采比的 23.1%;人均储量仅为 1.8t,为世界人均值的 5.5%。

世界上石油储采比超过 60 年的国家还有:加拿大(108 年)、科威特(90 年)、叙利亚(254 年)、阿联酋(69 年)、也门(177 年)、利比亚(307 年)、南苏丹(65 年)等。

3. 天然气的分布及其特点

截至 2015 年底,世界天然气探明储量为 186.9 万亿 m^3,储采比为 53 年,人均储量为 2.7 万 m^3。世界天然气探明储量前五位国家的情况见表 1-3。

世界天然气探明储量前五位国家的情况　　表 1-3

国家	探明储量(万亿 m^3)	占世界总量比例(%)	人均探明储量(万 m^3/人)	储采比(年)
伊朗	34.0	18.2	43.8	177
俄罗斯	32.3	17.3	22.4	56
卡塔尔	24.5	13.1	1093.8	135
土库曼斯坦	17.5	9.4	325.9	241
美国	10.4	5.6	3.2	14

中国天然气探明储量为 3.8 万亿 m^3,位居世界第十一位,仅占世界总量的 2.0%;中国天然气储采比为 27.8 年,为世界平均储采比的 52.7%;人均储量仅为 0.275 万 m^3,仅为世界人均储量的 10.0%。

世界上天然气储采比超过 60 年的国家还有:委内瑞拉(173 年)、阿塞拜疆(63 年)、哈萨克斯坦(76 年)、科威特(119 年)、沙特阿拉伯(78 年)、叙利亚(66 年)、阿联酋(109 年)、也门(100 年)、利比亚(118 年)、尼日利亚(102 年)等。

二、世界化石能源供需

能源供需分为能源供应和需求,即能源生产和消费。在能源生产上,资源禀赋格局的不平衡性决定了其产量格局的不均衡。同时,受生产成本和开采技术的影响,能源生产与能源禀赋并不完全一致。能源需求呈现出与经济发展水平和人口数量正相关的态势,从而导致世界能源供需格局产生了严重的错位和不对等。

1. 煤炭供需

在生产上,2015年全球煤炭产量为3830.1Mtoe。从国家来看,产量最大的国家是中国(1827.0Mtoe),占全球的47.7%;其次是美国(455.2Mtoe),占全球的11.9%。产量前十位国家包揽了全球煤炭产量的93.1%。在消费上,全球煤炭消费量为3839.9Mtoe。从国家来看,消费量最大的国家是中国(1920.4Mtoe),占全球的50.0%;第二位是印度(407.2Mtoe),占全球的10.6%;第三位是美国(396.3Mtoe),占全球的10.3%。消费量前十位国家包揽了全球煤炭消费量的86.2%。

中国的煤炭产量和消费量均居世界首位,进口量为93.4Mtoe,进口量占消费量的百分比(对外依存度)为4.9%。

世界各地区煤炭产量和消费量占比如图1-1所示。可以看出,产量占比排序依次为:亚太地区、北美洲、欧洲、非洲、中南美洲和中东地区;消费量占比排序依次为:亚太地区、欧洲、北美洲、非洲、中南美洲和中东地区。亚太地区的煤炭产量占比和消费量占比均超过70.0%,而中东地区的煤炭产量占比和消费量占比均小于0.3%。

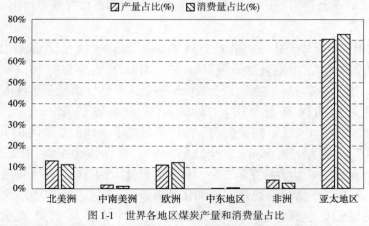

图1-1 世界各地区煤炭产量和消费量占比

综上,煤炭的供需基本平衡,各地区的生产和消费占比大体一致。与石油和天然气相比,煤炭的生产和消费相对一致。

2. 石油供需

在生产上,2015年全球石油产量为4361.9Mt。从国家来看,产量排在首位的国家是沙特阿拉伯(568.5Mt),占全球的13.0%;第二位是美国(567.2Mt),占全球的13.0%;第三位是俄罗斯(540.7Mt),占全球的12.4%。产量前十位国家包揽了全球产量的67.4%。在消费上,2015年全球石油消费量为4331.3Mt,与生产量相当。从国家来看,消费量最大的国家是美国(851.6Mt),占全球的19.7%;中国紧随其后(559.7Mt),占全球的12.9%;第三位是印度(195.5Mt),占全球的4.5%。消费量前十位国家包揽了全球消费量的59.3%。

中国的石油产量为214.6Mt,占全球的4.9%,世界排序为第五位;而石油消费量为559.7Mt,世界排序为第二位。石油进口量为345.1Mt,对外依存度为61.7%。

世界各地区石油产量和消费量占比如图1-2所示。可以看出,产量占比排序依次为:中东地区、北美洲、欧洲、亚太地区、非洲和中南美洲,后三者相近;消费量占比排序依次为:亚太地区、北美洲、欧洲、中东地区、中南美洲和非洲。亚太地区的石油产量仅为消费量的26.4%,而中东地区的石油消费量仅为产量的30.1%。

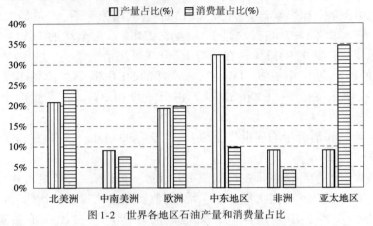

图1-2 世界各地区石油产量和消费量占比

综上,石油供需格局,亚太地区与中东地区和非洲呈现鲜明反差,即亚太地区明显供不应求,而中东地区和非洲则明显供大于求。其余地区的产量占比与其消费量占比大致相当。

3. 天然气供需

在生产上,2015年全球天然气产量为3538.6Gm^3。从国家来看,产量最大的国家是美国(767.3Gm^3),占全球的22.0%;其次是俄罗斯(573.3Gm^3),占全球的16.1%。产量前十位国家包揽了全球产量的67.8%。在消费上,2015年全球天然气消费量为3468.6Gm^3。从国家来看,消费量最大的国家是美国(778.0Gm^3),占全球的22.8%;其次是俄罗斯(391.5Gm^3),占全球的11.2%。消费量前十位国家包揽了全球消费量的61.0%。

中国的天然气产量为138.0Gm^3,占全球的3.9%,世界排序第六;而天然气消费量为197.3Gm^3,占全球的5.7%,世界排序第三。天然气进口量为59.3Gm^3,对外依存度为30.1%。

世界各地区天然气产量和消费量占比如图1-3所示,产量占比排序依次为:北美洲、欧洲、中东地区、亚太地区、非洲和中南美洲;消费量占比排序依次为:欧洲、北美洲、亚太地区、中东地区、非洲和中南美洲。

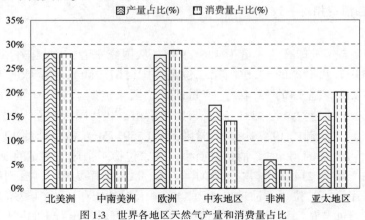

图1-3 世界各地区天然气产量和消费量占比

综上,2015 年,天然气供需相对平衡。产量和消费量的不一致显著小于石油,略大于煤炭。

三、世界化石能源的消费结构

从能源消费结构来看,全球能源消费仍然以化石能源为主,其中主要以石油消费占比最大。同时,能源消费结构还受到资源禀赋和能源生产结构的影响。

2015 年,全球及各地区的能源消费结构如图 1-4 所示。可以看出,在全球一次能源消费中,石油占比 32.6%,天然气占比 23.7%,煤炭占比 30%,其他占比 13.7%。从地区来看,中东地区的石油和天然气消费占比最高,在该地区能源消费中分别占比 47.5%、50.6%;亚太地区煤炭消费占绝对优势,占比为 52.0%;中南美洲清洁能源消费比例最高,占比为 26.0%。

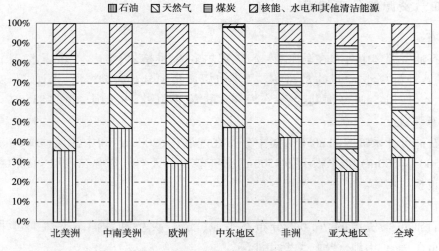

图 1-4　全球及各地区的能源消费结构

中东地区油气资源最为丰富,开采成本极低,其能源消费也相应几乎全部为石油和天然气,比例明显高于世界平均水平,居世界之首。而在亚太地区,煤炭资源丰富,使得煤炭在能源消费结构中所占比例也相对较高,而石油和天然气比例明显低于世界平均水平。中南美洲地区水资源丰富,故其清洁能源消费所占比例为全球最高。

第四节　中国能源的分布和利用特点

一、能源的总体特点

1. 人均资源量极少

我国能源的总体特点是,水能和煤炭资源较丰富,石油和天然气贫乏。

虽然我国的煤炭、石油和天然气的资源总量分列世界第 3 位、第 13 位和第 11 位,但由于我国人口众多,煤炭、石油和天然气的人均资源分别只为世界人均水平的 67.4%、5.5% 和 10.0%。

2. 分布不均衡

我国的水能资源主要分布在西南地区,煤炭资源主要分布在华北地区和西北地区,石油和天然气资源主要分布在东、中、西部地区和海域。

能源资源和生产力发展呈逆向分布,能源丰富地区远离经济发达地区。我国2/3以上的经济可开发水能资源分布在四川、西藏和云南;2/3以上的煤炭资源分布在山西、陕西和内蒙古。东部地区经济发达,能源消费量大,能源资源却相对缺乏。

3. 开发难度大

我国未开发的水能资源多数在西南地区的高山深谷,开发难度大、成本高。煤炭资源地质开采条件较差,大部分储量需要井下开采,只有极少量可供露天开采。石油和天然气资源的地质条件复杂,埋藏深、勘探开发技术要求高。

二、油气资源的分布特点

1. 分布位置

我国石油资源集中分布在渤海湾、松辽、鄂尔多斯、准格尔、柴达木、塔里木、珠江口和东海陆架,共八处,占全国总量的81.1%。天然气资源集中分布在渤海湾、松辽、鄂尔多斯、准格尔、柴达木、四川各地、东海陆架、琼东海和莺歌海,共九处,占全国总量的83.6%。

2. 分布深度

我国石油可开采资源的80.0%集中分布在浅层(<2000m)和中深层(2000~3500m),而深层(3500~4500m)和超深层(>4500m)分布较少。天然气资源在浅层、中深层、深层和超深层分布相对均匀。

3. 地理环境

我国石油可采资源的76.0%分布在平原、浅海、戈壁和沙漠。天然气可采资源的74.0%分布在平原、山地、浅海、戈壁和沙漠。

4. 资源品味

我国石油可采资源中,优质资源占63.0%、低端资源占28.0%、中端资源占9.0%。天然气可采资源中,优质资源占76.0%、低端资源占24.0%。

自20世纪50年代初以来,我国先后在82个主要的大中型沉积盆地开展了油气勘探,发现油田500多个。彻底甩掉了中国"无油"的"帽子",生产的石油和天然气确保了国民经济的发展。

三、未来的油气资源

我国的陆上油气资源已得到充分地开发和利用,未来的油气资源主要来自海上。

1. 南海海域

南海为世界第三大陆缘海,仅次于珊瑚海和阿拉伯海,面积约356万 km^2。这一海域是石油的宝库,经初步估计,整个南海的石油地质储量为230亿~300亿t,约占中国总资源量的1/3,属于世界四大海洋油气集中中心之一,有"第二个波斯湾"之称。我国通过对南海海域仅16万 km^2 的勘探,发现的石油储量达52.2亿t,油气资源可开发价值超过20万亿人民币,在未来20年内,只要开发30.0%,每年可为中国GDP增长贡献1%~2%。相关资料显示,仅在南海的曾母盆地、沙巴盆地和万安盆地的石油总储量就近200亿t,是世界上尚待开发的大型油藏,其中有一半以上的储量分布在中国管辖的海域。

2. 东海海域

东海海域面积约77万km^2,大陆架平均水深72m,全海域平均水深达349m。1966年,联合国亚洲及远东经济委员会经过对我国东部海底资源勘探,得出的结论:东海大陆架可能是世界上最丰富的油田之一,钓鱼岛附近水域可能成为"第二个中东"。据我国科学家估计,钓鱼岛周围海域的石油储量为30亿~70亿t。还有资料显示,该海域石油储量为800亿桶,超过100亿t。

3. 渤海湾

到目前为止,渤海湾地区已发现油气田226个,探明油气地质储量114.4亿t,油气资源量为285亿t。其中发现了7个亿t级油田,位于其中部的蓬莱19-3油田是迄今为止中国最大的海上油田,也是中国第二大整装油田,探明储量为6亿t。至2010年,渤海油田的产量已达5550万toe,成为中国油气增长的中坚力量。

四、能源的利用特点

1. 煤炭为主

我国的能源以煤炭为主、可再生资源开发程度很低。探明的煤炭资源占化石能源、水能和核能等一次能源的90.0%以上,形成了煤炭在能源生产和消费中的支配地位。20世纪60年代前,煤炭占能源总量的90.0%以上,20世纪70年代降为80.0%左右,20世纪80年代降为75.0%左右。2000—2015年中国一次能源消费量如图1-5所示。虽然其他种类的能源增长速度较快,但仍处于附属地位。

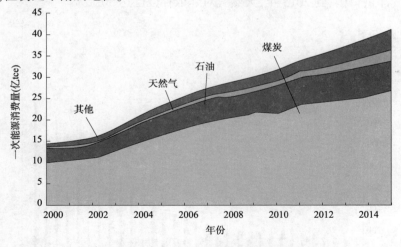

图1-5 2000—2015年中国一次能源消费量

交通运力不足,也制约了能源工业的发展。我国能源资源的西富东贫和能源消费量的西少东多,需要西煤东运和北煤南运,运量大、距离较远,大大增加了交通运输的压力。多年来,由于运力不足、运输成本高,造成了大量的煤炭积压,严重制约了地区经济的发展。

2. 供需紧张

能源供需形势从长期看依然十分紧张。我国的能源生产经过多年的努力,取得了十分显著的成绩,能源紧缺的局面有了一定的缓解。然而与经济的长远发展需要相比,能源供给仍然存在大差距,特别是洁净高效能源,缺口依然很大。

3. 石油和天然气进口量大

1985—2015年中国石油消费量、产量和对外依存度如图1-6所示。自1993年以来,中国石油进口量持续增长,对外依存度不断提高;2008年石油净进口量首次超过200Mt,当年石油对外依存度为53.8%;2015年石油消费量为559.7Mt,对外依存度达到61.7%。

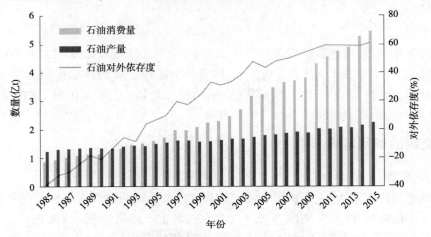

图1-6　1985—2015年中国石油消费量、产量和对外依存度

1985—2015年中国天然气消费量、产量和对外依存度如图1-7所示。从2007年开始中国成为天然气净进口国,到2015年,天然气对外依存度已达30.1%。

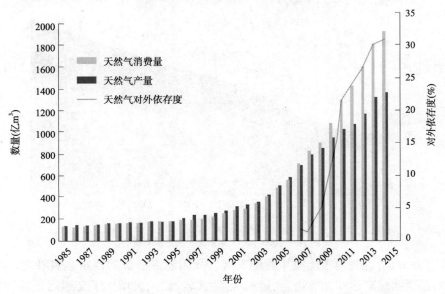

图1-7　1985—2015年中国天然气消费量、产量和对外依存度

据中国工程院和国际能源署(International Energy Agency,IEA)等单位预测:中国未来将长期处于油气短缺状态,石油对外依存度将从2015年的60.6%提高到2030年的80.0%以上;油气资源在中国能源结构中的比率目前不到23.0%,与美国的67.0%和俄罗斯的75.0%相比严重偏低,因此油气消费还会进一步增加。

大量的进口石油和天然气,不但花费了大量金钱,更重要的是由此带来的能源安全问题。

4. 能耗水平高,能源利用率低下

尽管我国目前的人均能源消耗量不高,但能源消耗强度却位居世界前列。据有关部门的测算,我国能源系统的总效率(为开采、加工、运输和利用各个环节效率之积)仅为9.0%,不及发达国家的一半。按万美元GDP能耗分析,我国高出世界发达国家平均水平的2倍多。产业、能源结构的不合理、能源品质低下和管理落后等,是造成能耗高的主要原因。

第五节 替代能源及其开发应用

一、替代能源的定义、类型和特点

1. 替代能源的定义

指技术上可行,经济上合理,环境和社会可以接受,能确保供应和替代常规化石能源的可持续发展能源体系。

2. 替代能源的类型

广义的替代能源是指可以替代目前使用的石化燃料的能源,既包括可再生能源(如,风能、太阳能、生物质能、水能、海洋能等),也包括不可再生能源(如,地热能、核能、氢能)。大多数的新能源都是替代能源,包括太阳能、地热能、风能、生物质能、潮汐能、水能等。狭义的替代能源仅仅指一切可以替代石油的能源(如,天然气、生物质能、氢能等)。

3. 替代能源的特点

(1)技术上的可行性。新兴能源在替代传统能源时应该可以落地实践、形成产业。

(2)经济上的合理性。替代能源在替代传统能源时应该具有价格优势。

(3)替代的目的性。新兴能源替代传统能源,应该是为了达到解决资源短缺、实现能源可持续利用的目的。

(4)概念的开放性。替代能源所包含的具体的能源类型会随着社会、经济、科技发展而不断涌现。

(5)替代行为的超前性。替代能源对传统能源的替代在传统能源还未消耗殆尽时已经发生。

二、中国发展替代能源的原因

1. 能源短缺

20多年来,我国在发展能源方面取得了巨大进展,在煤炭生产、石油天然气的勘探开发、水电建设、核电建设以及可再生能源的发展方面,都取得了举世瞩目的成就。但另一方面我们也应看到,我国也是一个能源消费大国。目前,我国已成为世界上生产和消费能源最多的国家之一。2015 年,中国能源进出口总量为 483Mtoe,一次性能源消费量达到 3014Mtoe,占世界消费总量的 22.9%,是世界上连续 15 年一次能源消费增量最多的国家。

2. 进口石油面临的挑战

我国 60.0% 以上的石油消费需要进口,持续增长的能源需求给中国的能源安全带来巨大的压力。据国际能源信息署(IEA)等机构预测,到 2020 年,中国石油供给的缺口将达到约 800 万桶/天,石油进口依存度有可能超过 70.0%。进口石油面临的挑战,主要体现在以下三个方面。

1)花费巨额外汇

以每桶石油 80 美元计,则每 t 折合价为 588 美元,进口 3.29 亿 t 石油,需要 1935 亿美元,合人民币 11997 亿元,超过 2016 年全国公路建设总投资 17800 亿元的 2/3,更是高于 2016 年全国铁路建设总投资 8000 亿元,平均到每一位中国人身上,负担为 868 元。

2)油源市场的不确定

相对于我国石油的进口量,世界上没有一个或少数几个国家就能够满足我们的需求量。我国每年要从四十多个国家购买石油,油源购买点几乎遍布全球。油源市场不稳定,也给我国的能源安全增加了更多变数。

3)运输安全形势严峻

石油的运输安全涉及运输能力问题和运输线路的安全问题。在运输能力方面,我国的石油运输船大多为 5 万 t 级,国外公司的油轮多为 30 万 t 级。油轮吨位小,运输成本就会增加。目前我国油轮仅承担了 10.0% 的进口石油运输量,其余 90.0% 的运量只能租用外籍油轮。在运输线路安全方面,90.0% 的油轮运输量要通过马六甲海峡,运输安全形势很严峻。为了解决石油安全运输问题,我国正在加紧与缅甸、哈萨克斯坦和俄罗斯等国合作,修建陆上油气管道。

3. 环境污染

石油、煤炭等化石矿物能源对环境的污染是非常严重的。中国以煤炭作为主要消费能源的结构,且中国企业的能源利用率普遍较低,能源浪费严重,排污处理问题较多,对于环境的污染更为显著。目前中国 SO_2 和 CO_2 排放量已为世界第一,酸雨区已超过国土面积的 40.0%。若不控制化石能源的生产和消费,后果将会更加严重。

4. 国际形势

世界气候的恶化,地球气温的升高使世界各国都意识到保护环境的重要性,各国政府也都做了大量的努力,从《京都议定书》到《哥本哈根议定书》对碳排放减排的要求越来越高。可替代能源(很大程度上也是新能源)普遍具有清洁可再生的优点,发展可替代能源产业,能有效加大节能减排力度,应对气候变化问题。

三、中国发展替代能源的意义

1. 发展替代能源是国民经济发展之基础

随着我国经济的快速发展,对能源的需求量逐年加大。预计到 2020 年,我国一次能源需求量将达到人均 25~33tce,是 2000 年的两倍。随着能源需求量的不断攀升,能源供需矛盾将日益加剧。优质能源少、人均能源占有量低、能源供应量紧、资源约束大的矛盾若不解决,必将制约我国未来的经济发展。

2. 发展替代能源是国家安全之必需

近年,我国石油对外依存度不断提高,能源安全问题凸显。2015年的能源统计数据表明,我国石油储采比为11.7年,远低于世界平均水平(50.7年)。预计到2020年我国将超过日本,成为亚太地区第一大石油进口国,石油对外依存度上升意味着国家安全形势变得更加严峻。为保障国家能源安全,保持经济快速发展,只有积极发展替代能源,才能弥补快速扩大的石油供需缺口,有效解决区域性能源短缺问题,实现科学发展、清洁发展、安全发展和可持续发展。

3. 发展替代能源是环境约束之选择

能源开采和利用直接影响环境,涉及空气污染、水污染和生态恶化等环境问题的所有方面,是造成环境污染的首要原因。根据世界银行估计,中国环境污染和生态破坏造成的损失占GDP的比例高达15.0%,相当于4400亿元。由煤炭燃烧形成的酸雨造成的经济损失每年超过1100亿元。自20世纪90年代中期以来,中国经济增长中有2/3是在环境污染和生态破坏的基础上实现的。全国流经城市的河流中,90.0%的河段受到比较严重的污染,75.0%的湖泊出现了负营养化问题,酸雨的影响面积占到国土面积的1/3。

四、中国替代能源的发展现状

从20世纪90年代开始,人类社会认识到了替代石油能源的新兴能源的重要性,许多国家从技术、经济和政治上采取行动大力发展替代能源。我国虽然在替代能源的研发上起步较晚,但是增长十分迅速,替代能源的开发总量、新增容量、新增投资、消费占比等多项指标位居世界前列,超越美国、德国等传统替代能源生产和消费大国。

1. 起步较晚,供给能力迅速扩张

我国的替代能源(特别是可再生能源)的开发始于20世纪80年代初期,当时实施的可再生能源试点与示范项目主要是为缓解农村能源困难,防止因能源消耗引起的植被破坏和水土流失。2000年以后,才真正将替代能源发展以国家政策法规的形式出现。据统计,截至2015年底,世界替代能源供给能力排行榜上,我国在可再生能源发电容量、风能发电容量、太阳能热水器容量等项目上位居世界第一,在太阳能发电容量上也位居世界第二,规模增长迅速。美国、德国、巴西、日本等国家在替代能源的供给能力上具有很强实力,主要指标位居世界前五。

以发电、供热领域使用非常广泛的太阳能为例,2015年,我国新增太阳能光伏装机容量达15.2GW,高于日本的11.0GW,美国的7.3GW,更是远高于德国的1.5GW。我国太阳能光伏装机容量已经占到全世界总容量的19.2%,位居世界第一,比美国、日本和德国的占比分别高出1.7%、4.0%和7.9%。

在生物燃料的生产上,虽然我国与美国、巴西的差距依然很大,但进步较为明显,已经接近德国的水平。2015年,位居生物燃料产量世界前三的分别是美国、巴西和德国。其中,美国的燃料乙醇产量已经突破560亿L,生物柴油产量达到48亿L,饱和植物油产量达到12亿L,远高于世界其他国家。我国2015年生产燃料乙醇和生物柴油分别为28亿L和4亿L,总产量占世界比例达到2.4%,仅比德国的世界占比低0.5%。

2. 前景看好,新增投资快速增长

2015年,全球可再生能源发电和燃料利用领域的新增投资约为2859亿美元(不包括发电量超过50MW的水电项目),同比增长5.0%。在过去的6年中,对可再生能源发电和燃料利用领域的投资量,每年平均超过2000亿美元,如果再加上对可再生能源供热和冷却技术的投资,规模更为可观。这种投资规模,超过了全球新矿山勘探和天然气生产装置的投资量(约1300美元)。

2005—2015年,我国在可再生能源发电和燃料利用领域的新增投资从83亿美元快速增长到1029亿美元,年均增速达28.6%,占全球新增总投资的比例也从11.4%增大至36.0%。在这11年间,美国和欧洲在可再生能源发电和燃料利用领域的新增投资年均增长分别为14.0%和3.9%,增速远低于我国。

2015年,我国在可再生能源发电和燃料利用领域的新增投资量已经是美国的2.3倍,是欧洲的2.1倍。同年,对可再生能源的新增投资(不含水电)世界排名前五的国家是中国、美国、日本、英国和德国。对未来能源领域发展趋势的把握和国内环保压力的不断增强,给以可再生能源为代表的替代能源发展赋予了光明的前景。

3. 结构丰富,消费占比不断提升

在替代能源开发总量不断提高的同时,我国替代能源消费结构也日益丰富,在传统的水电基础上,核能、生物质能、太阳能、风能等多种替代能源,逐步替代传统化石能源,为我国能源多元化和环境保护做出了积极贡献。

根据BP公司统计,截至2015年底,我国一次能源消费总量达3014Mtoe,当年同比增长1.5%,占世界总消费量的比例达到22.9%,比美国的世界占比高出5.6%。2005—2015年我国替代能源消费水平及世界占比见表1-4。我国的替代能源总消费量得到很大发展。2005—2015年,中国核能消费量从12.0Mtoe增长到38.6Mtoe,年均增速为12.4%。同期,美国的年均增速为0.2%,法国年均下降0.1%,韩国的年均增速为1.2%,加拿大的年均增速为1.3%。可见,我国核能消费的增长速度相当之高。还应该注意到,截至2015年底,美国的核能消费量仍然位居世界第一,当年的消费量达到189.8Mtoe,是我国消费量的4.9倍,占世界的比重达到32.6%。总体来说,作为新兴可再生能源,风能和太阳能在最近十年来成长最快,在可再生能源中占比迅速提高;生物质能、地热能等总体平稳增长,占比提升相对略缓。

2005—2015年中国替代能源消费水平及世界占比[①]   表1-4

替代能源类别		全年替代能源消费总量(Mtoe)				2015年增长率(%)	2015年世界占比[②](%)
		2005年	2010年	2014年	2015年		
核能		12.0	16.7	30.0	38.6	28.9	6.6
可再生能源		1.7	15.9	51.9	62.7	20.9	17.2
其中	太阳能	0.1	0.2	5.2	8.9	69.7	15.5
	风能	0.4	10.1	36.2	41.8	15.8	22.0
	其他[③]	1.2	5.6	10.5	12.0	13.8	10.2

注:①数据来源为《BP世界能源统计2016》;
②2015年世界占比为当年消费量占全世界消费量的比重;
③其他可再生能源包括地热能、生物质能等。

第二章 汽车能源素质分析

第一节 汽车对能源的素质要求

汽车是一种能自行驱动的车辆,因多装用汽油机,所以简称汽车。美国工程师学会对汽车的定义:汽车是由本身携带的动力驱动(不包括人力、畜力和风力)、装有驾驶操纵装置、在固定轨道以外的道路或自然地域上运输客、货或牵引其他车辆的车辆。我国对汽车的定义:汽车一般是指由自带的动力装置驱动,至少有四个车轮,用于载送人员和(或)货物、牵引载送人员和(或)货物以及具有其他特殊用途的非轨道、无架线的车辆。

汽车是一种高度机动性的运输工具,保有量大、普及面广,这就决定了汽车所使用的能源(包括汽车替代燃料)必须具有以下素质。

一、来源丰富

来源丰富指能源本身的储量或能够经济合理地转换为某种能源的原料丰富。

1950年世界上汽车的保有量为7000万辆,1960年为1.3亿辆,1970年为2.5亿辆,1980年为4亿辆,1990年突破6亿辆,2000年为7.5亿辆,2010年超过8.5亿辆,2015年超过9亿辆。这是一个庞大的数字,而且在不断增加,意味着每年都要消耗大量的能源。例如,美国汽车每年消耗的汽油量超过3.5亿t,即人均超过1t。

因此,来源丰富是汽车能源的基本条件之一。

随着汽车保有量的激增,我国汽车的能源消耗大幅增加。目前我国超过1/3的石油被汽车消耗,预计未来将达到1/2。2015年石油消费量为559.7Mt,对外依存度达到61.7%。

目前,汽车所消耗的能源主要是石油制品。作为汽车的能源需要有大量的储备和丰富的来源。即使作为过渡或局部地区应用的汽车能源,其供应量都不能太小。

由此可知,要作为替代石油的汽车替代能源,也必须来源非常丰富,以填补石油的缺额。

二、污染小

汽车排放污染物主要涉及大气污染。随着汽车数量的增加,大气污染日趋严重,已经明显地影响人类健康和社会经济发展,成为一种社会性公害。汽车由于燃用含碳的化石燃料,CO_2排放是不可避免的。

作为汽车能源,尤其是替代燃料,应具备污染小的素质。

三、能量密度高

能量密度指单位容积或单位质量能源所含的能量。对于内燃机汽车而言,其所用燃料的能量密度用千焦每千克(kJ/kg)、千焦每升(kJ/L)和千焦每立方米(kJ/m³)表示。对于电动汽车而言,其动力电池的能量密度用瓦时(或千瓦时)每千克(或每升)表示,符号为 W·h/kg、kW·h/kg、W·h/L 和 kW·h/L。能量单位之间的换算为,1W·h 等于 3.6kJ。

能量密度的大小对汽车的许多性能指标有重要影响,主要体现在以下四个方面。

1. 汽车的续驶里程

一般燃油载货汽车和大客车的续驶里程在 450km 以上、燃油小客车的续驶里程在 700km 以上。续驶里程太小,汽车加油(或充电)次数就会增加,加油站(或充电站)的数量就要增加。若替代燃料的能量密度比汽油(或柴油)的小,则同样大小的燃料容量,就不能保证原车的续驶里程。

2. 汽车的有用空间和有效装载质量

若替代能源的能量密度较小,欲保持原车的续驶里程,通常会占用更多的汽车有用空间,也会使汽车的有效装载质量减小。

3. 汽车的总质量

若替代能源的能量密度较小,为保持原车的续驶里程又不降低原车的有效装载质量,势必造成替代能源汽车总质量的增加。即使适当而不过分地减小续驶里程,对于微型小客车而言,某些替代能源(如天然气或氢气)仍几乎不可避免地会使汽车的总质量增加,进而不同程度地影响汽车底盘许多重要部件(如,轮胎、车架)的强度、刚度和寿命,甚至影响汽车的通过性和行驶安全性。

4. 汽车的轴荷分配

燃料容器的位置移动后,会改变原车的轴荷分配,对汽车性能的影响主要体现在以下四方面。

(1)对驱动轮附着质量的影响。为获得足够的最大牵引力,汽车驱动轮必须有足够的附着质量。燃料容器重新布置后,可能会使驱动轮附着质量发生不利的变化。

(2)对等寿命原则的干扰。原车在设计时,通常要保证汽车的质量尽可能均匀地分配给各个车轮,使每个轮胎的负荷能力被充分利用,从而使其使用寿命接近。燃料容器重新布置后,可能会使原车精心设计的最佳轴荷分配发生不利的变化。

(3)对操纵稳定性的影响。轴荷分配变化后,若前轴荷载过大,则转向沉重,且下坡紧急制动时容易向前翻车;若后轴荷载过大,则前轴负荷过轻,容易失去转向操纵性,且上坡急加速时容易向后翻车。有关标准规定,与原车相比,满载条件下轴荷变化超过 5% 的车辆应进行汽车操纵稳定性试验。

(4)对通过性的影响。轴荷分配变化后,可能会使汽车的最小离地间隙、接近角、离去角、纵向通过角(或纵向通过半径)等参数发生不利的变化,从而在越野行驶条件下容易产生顶起失效、触头失效和托起失效等间隙失效现象。

在许多情况下,能量密度成为某种能源能否用作汽车能源的关键因素。

四、经济性好

作为汽油或柴油的替代能源,应该在其整个周期内具有良好的经济性,主要体现在以下三个方面。

1. 汽车的购价低

要求替代能源汽车成本增加的幅度尽可能的小,汽车售价变化小。对于替代能源汽车,主机变化不太复杂,继承性好,有关部件性能改进提高,是降低汽车成本的有力措施。对于电动汽车,动力电池性能等的改进提高,是降低整车成本的关键。

2. 汽车的使用成本低

用于内燃机的替代能源,要求其发动机的热效率高;替代能源的市场价格低;使用替代能源后,汽车的可靠性高、维修费用少、寿命长。

3. 配套设施经济合理

推行某种新能源还要求配套的运输设备、储存设备和销售站点设施不能太昂贵,必须有合理的投资回收期和诱人的经济效益。

五、使用性能好

1. 储运性好

指能源储藏和运输方便、安全,装卸或添加速度快。

2. 供给方便

对于燃料,要求其有良好的流动性,输送装置简单,在汽车上容易从燃料箱供给到发动机的汽缸。对于电力能源,要求对动力电池的充电速度快。

3. 工作性能好

指汽车的动力性好,故障率低,发动机的起动性能好,驾驶员的工作条件好等。

第二节 各种汽车燃料的 CO_2 生成量和混合气浓度

一、汽车燃料的 CO_2 生成量

以下以常见汽车燃料的理论混合气为例,计算完全燃烧时的 CO_2 生成量。

常见汽车燃料的有关参数见表2-1。甲烷是天然气的主要成分。简单起见,汽油和柴油分别以 C_8H_{18} 和 $C_{16}H_{34}$ 表示。

常见汽车燃料的有关参数　　表2-1

燃料	氢气	甲烷	甲醇	乙醇	汽油	柴油
分子式	H_2	CH_4	CH_3OH	C_2H_5OH	C_8H_{18}	$C_{16}H_{34}$
质量低热值(MJ/kg)	120.00	49.54	20.26	27.20	44.52	43.00

设以上各种燃料的通式为 $C_nH_mO_l$,理论混合气完全燃烧时的化学反应式为:

$$C_nH_mO_l + \left(n + \frac{m}{4} - \frac{l}{2}\right) \cdot O_2 = n \cdot CO_2 + \frac{m}{2} \cdot H_2O \qquad (2-1)$$

计算可得单位质量燃料完全燃烧产生的 CO_2 和单位热量产生的 CO_2,结果见表2-2。单位质量燃料的 CO_2 生成量可用于计算燃料消耗产生的 CO_2 排放量。单位能量的 CO_2 生成

量可用于不同燃料的 CO_2 排放对比。在用于内燃机时,假设热功转换效率相同,单位能量的 CO_2 生成量越小,则该燃料的 CO_2 排放越少。

常见汽车燃料的 CO_2 生成量　　　　　　表 2-2

燃料	H_2	CH_4	CH_3OH	C_2H_5OH	C_8H_{18}	$C_{16}H_{34}$
单位质量燃料产生的 CO_2(kg/kg)	0	2.75	1.50	1.91	3.09	3.12
单位能量产生的 CO_2(g/MJ)	0	55.51	74.04	70.22	69.41	72.56

值得指出的是,表 2-2 和其他相关的数据略有不同,这主要是由于计算时燃料成分的差异引起的。

二、各种汽车燃料的混合气浓度

1. 混合气浓度表示法

各种汽车燃料在用于内燃机时,都需要氧气(来自于空气)助燃。燃料和空气形成的可燃混合气(简称混合气)浓度有以下四种表示方法。

1)空燃比

空燃比指混合气中空气质量与燃料质量之比,通常用 AFR(Air-Fuel Ratio)表示。还有人用燃空比这个概念,燃空比是空燃比的倒数。

2)相对空燃比

相对空燃比指混合气的实际空燃比与理论空燃比(化学计量比)之比。也有人称之为空燃当量比,或简称当量比。

还有人用相对燃空比这个概念,相对燃空比是相对空燃比的倒数。其还被称之为燃空当量比。

3)过量空气系数

过量空气系数指燃烧 1kg 燃料实际供给的空气质量与理论上完全燃烧 1kg 燃料的化学计量空气质量之比,通常用 λ 表示。

虽然相对空燃比与过量空气系数的定义略有不同,但二者的值实际上是相同的。

4)体积比

假设燃料完全气化,燃料所占体积与混合气体积之比,为体积比,单位为%。

体积比实际就是摩尔比(燃料的摩尔数与混合气摩尔数之比),因为对于理想气体在标准状态下,1mol 气体的体积均为 22.4L。

2. 各种混合气浓度表示法的应用场合

上述方法中,前三种方法常见于试验研究的文献中,因为在试验研究中可以通过测量燃料和空气流量得到。它们的共同特点是用燃料量和空气量(非混合气量)计算得到。

最后一种方法主要用于缸内混合气成分分析,也常见于基础研究的文献中。因为在做定容弹试验时,配气方便。体积比的特点是用燃料量和混合气量(为燃料量与空气量之和)计算得到。

3. 理论混合气的有关计算

理论混合气也就是化学计量比混合气,即当量比为 1 的混合气。

空气是多种气体的混合物，主要成分包括 N_2(78.08%)、O_2(20.95%)、Ar(0.934%)、CO_2(0.0314%)。20.95%的倒数是4.77，即4.77分子的空气中有1分子的氧气。干空气的平均分子量为29。

1）理论混合气的体积比

由式(2-1)的左侧计算可知，理论混合气的体积比等于 $1/\{1+4.77\times[n+(m/4)-(l/2)]\}$。体积比（气态燃料在气态混合气中所占百分比）仅与摩尔数相关（即与两种反应物前的系数相关），与摩尔质量无关。

常见汽车燃料理论混合气的体积比见表2-3。表中，甲烷是天然气的主要成分，汽油和柴油分别以 C_8H_{18} 和 $C_{16}H_{34}$ 表示。

常见汽车燃料理论混合气的体积比　　　　　　　　　　　　　　　表2-3

燃料	H_2	CH_4	CH_3OH	C_2H_5OH	C_8H_{18}	$C_{16}H_{34}$
理论混合气的体积比（%）	29.54	9.49	12.26	6.53	1.65	0.85

2）理论混合气的空燃比

由式(2-1)的左侧计算可知，理论混合气的空燃比等于 $\{4.77\times[n+(m/4)-(l/2)]\times 29\}/(12\times n+m+16\times l)$。空燃比即质量比，既与摩尔数相关，又与摩尔质量有关。

常见汽车燃料理论混合气的空燃比见表2-4。

常见汽车燃料理论混合气的空燃比　　　　　　　　　　　　　　　表2-4

燃料	H_2	CH_4	CH_3OH	C_2H_5OH	C_8H_{18}	$C_{16}H_{34}$
理论混合气的空燃比（kg/kg）	34.58	17.29	6.48	9.02	15.17	15.00

4. 不同混合气浓度表示法之间的相互换算

1）体积比换算为空燃比

已知的混合气体积比为气态燃料在气态混合气中所占百分比。则混合气的空燃比等于空气的摩尔质量与空气在混合气中的百分比之乘积除以燃料的摩尔质量与燃料在混合气中的百分比之乘积。常见汽车燃料混合气的体积百分比换算为空燃比的结果见2-5。

常见汽车燃料混合气的体积百分比换算为空燃比　　　　　　　　　表2-5

燃料	百分比									
	1%	2%	3%	4%	5%	6%	7%	8%	9%	10%
H_2	1435.50	710.50	468.83	348.00	275.50	227.17	192.64	166.75	146.61	130.50
CH_4	179.44	88.81	58.60	43.50	34.44	28.40	24.08	20.84	18.33	16.31
CH_3OH	89.72	44.41	29.30	21.75	17.22	14.20	12.04	10.42	9.16	8.16
C_2H_5OH	62.41	30.89	20.38	15.13	11.98	9.88	8.38	7.25	6.37	5.67
C_8H_{18}	25.18	12.46	8.23	6.11	4.83	3.99	3.38	2.93	2.57	2.29
$C_{16}H_{34}$	12.70	6.29	4.15	3.08	2.44	2.01	1.70	1.48	1.30	1.15
燃料	百分比									
	11%	12%	13%	14%	15%	20%	25%	30%	35%	40%
H_2	117.32	106.33	97.04	89.07	82.17	58.00	43.50	33.83	26.93	21.75

续上表

燃料	百分比								
	11%	12%	13%	14%	15%	20%	25%	30%	35%	40%
CH_4	14.66	13.29	12.13	11.13	10.27	7.25	5.44	4.23	3.37	2.72
CH_3OH	7.33	6.65	6.06	5.57	5.14	3.63	2.72	2.11	1.68	1.36
C_2H_5OH	5.10	4.62	4.22	3.87	3.57	2.52	1.89	1.47	1.17	0.95
C_8H_{18}	2.06	1.87	1.70	1.56	1.44	1.02	0.76	0.59	0.47	0.38
$C_{16}H_{34}$	1.04	0.94	0.86	0.79	0.73	0.51	0.38	0.30	0.24	0.19

2）体积比换算为过量空气系数

混合气的过量空气系数为实际空燃比（表2-5）除以理论空燃比（表2-4）。常见汽车燃料混合气的体积百分比（%）换算为过量空气系数 λ 的结果见表2-6。

常见汽车燃料混合气的体积百分比换算为过量空气系数　　　表2-6

燃料	百分比									
	1%	2%	3%	4%	5%	6%	7%	8%	9%	10%
H_2	41.51	20.55	13.56	10.06	7.97	6.57	5.57	4.82	4.24	3.77
CH_4	10.38	5.14	3.39	2.52	1.99	1.64	1.39	1.21	1.06	0.94
CH_3OH	13.84	6.85	4.52	3.35	2.66	2.19	1.86	1.61	1.41	1.26
C_2H_5OH	6.92	3.42	2.26	1.68	1.33	1.09	0.93	0.80	0.71	0.63
C_8H_{18}	1.66	0.82	0.54	0.40	0.32	0.26	0.22	0.19	0.17	0.15
$C_{16}H_{34}$	0.85	0.42	0.28	0.21	0.16	0.13	0.11	0.10	0.09	0.08

燃料	百分比									
	11%	12%	13%	14%	15%	20%	25%	30%	35%	40%
H_2	3.39	3.07	2.81	2.58	2.38	1.68	1.26	0.98	0.78	0.63
CH_4	0.85	0.77	0.70	0.64	0.59	0.42	0.31	0.24	0.19	0.16
CH_3OH	1.13	1.02	0.94	0.86	0.79	0.56	0.42	0.33	0.26	0.21
C_2H_5OH	0.57	0.51	0.47	0.43	0.40	0.28	0.21	0.16	0.13	0.10
C_8H_{18}	0.14	0.12	0.11	0.10	0.10	0.07	0.05	0.04	0.03	0.025
$C_{16}H_{34}$	0.07	0.06	0.06	0.05	0.05	0.03	0.03	0.02	0.016	0.013

3）空燃比换算为体积比

混合气的实际空燃比用 AFR 表示，即混合气由1g 燃料和 AFRg 空气组成。1g 燃料在标准状态下的体积为22.4除以燃料的分子量，AFRg 空气（分子量为29）在标准状态下的体积为22.4与 AFR 之积除以29，则混合气的体积百分比为1g 燃料的体积除以1g 燃料的体积加上 AFRg 空气的体积再乘以100%，计算时，约掉22.4，即为混合气的体积百分比（%）。

常见汽车燃料混合气的空燃比 AFR 换算为体积百分比（%）的结果见表2-7。

常见汽车燃料混合气的空燃比换算为体积百分比（单位:%） 表2-7

燃料	AFR									
	1	2	4	6	8	10	15	20	25	30
H_2	93.55	87.88	78.38	70.73	64.44	59.18	49.15	42.03	36.71	32.58
CH_4	64.44	47.54	31.18	23.20	18.47	15.34	10.78	8.31	6.76	5.70
CH_3OH	47.54	31.18	18.47	13.12	10.18	8.31	5.70	4.33	3.50	2.93
C_2H_5OH	38.67	23.97	13.62	9.51	7.30	5.93	4.03	3.06	2.46	2.06
C_8H_{18}	20.28	11.28	5.98	4.07	3.08	2.48	1.67	1.26	1.01	0.84
$C_{16}H_{34}$	11.37	6.03	3.11	2.09	1.58	1.27	0.85	0.64	0.51	0.43

燃料	AFR									
	35	40	45	50	55	60	70	80	90	100
H_2	29.29	26.61	24.37	22.48	20.86	19.46	17.16	15.34	13.88	12.66
CH_4	4.92	4.33	3.87	3.50	3.19	2.93	2.52	2.22	1.97	1.78
CH_3OH	2.52	2.22	1.97	1.78	1.62	1.49	1.28	1.12	1.00	0.90
C_2H_5OH	1.77	1.55	1.38	1.25	1.13	1.04	0.89	0.78	0.70	0.63
C_8H_{18}	0.72	0.63	0.56	0.51	0.46	0.42	0.36	0.32	0.28	0.25
$C_{16}H_{34}$	0.37	0.32	0.28	0.26	0.23	0.21	0.18	0.16	0.14	0.13

4）过量空气系数换算为体积比

混合气的实际空燃比为过量空气系数 λ 与其理论空燃比（表2-4）之积，再将实际空燃比换算为体积百分比（%）即可。

常见汽车燃料混合气的过量空气系数 λ 换算为体积百分比（%）的结果见表2-8。

常见汽车燃料混合气的过量空气系数换算为体积百分比（单位:%） 表2-8

燃料	λ											
	0.1	0.2	0.3	0.4	0.5	0.6	0.7	0.8	0.9	1.0	1.1	1.2	1.3
H_2	80.74	67.70	58.29	51.18	45.61	41.14	37.46	34.39	31.78	29.54	27.60	25.89	24.39
CH_4	51.18	34.39	25.89	20.76	17.33	14.87	13.02	11.58	10.43	9.49	8.70	8.03	7.46
CH_3OH	58.29	41.14	31.78	25.89	21.85	18.89	16.64	14.87	13.44	12.26	11.27	10.43	9.71
C_2H_5OH	41.14	25.89	18.89	14.87	12.26	10.43	9.08	8.03	7.21	6.53	5.97	5.50	5.10
C_8H_{18}	14.36	7.74	5.29	4.02	3.25	2.72	2.34	2.05	1.83	1.65	1.50	1.38	1.27
$C_{16}H_{34}$	7.88	4.10	2.77	2.09	1.68	1.41	1.21	1.06	0.94	0.85	0.77	0.71	0.65

燃料	λ										
	1.4	1.5	2.0	2.5	3.0	4.0	5.0	6.0	7.0	8.0	9.0	10.0
H_2	23.05	21.85	17.33	14.36	12.26	9.49	7.74	6.53	5.65	4.98	4.45	4.02
CH_4	6.97	6.53	4.98	4.02	3.38	2.55	2.05	1.72	1.48	1.29	1.15	1.04
CH_3OH	9.08	8.52	6.53	5.29	4.45	3.38	2.72	2.28	1.96	1.72	1.53	1.38
C_2H_5OH	4.75	4.45	3.38	2.72	2.28	1.72	1.38	1.15	0.99	0.87	0.77	0.69
C_8H_{18}	1.18	1.11	0.83	0.67	0.56	0.42	0.33	0.28	0.24	0.21	0.19	0.17
$C_{16}H_{34}$	0.61	0.57	0.43	0.34	0.28	0.21	0.17	0.14	0.12	0.11	0.09	0.09

第三节　汽车新能源素质分析

汽车新能源应该满足许多素质方面的要求,对这些素质需要用正确的方法去分析,才能得出正确的结论和合理的结果。

一、新能源来源考量

判断某种新能源的来源是否丰富,可以从以下三个方面来分析。

1. 新能源的储采比和再生性

对本身是一次能源的新能源可以直接看它的储采比和再生性。如天然气,不能再生,但储采比大,来源应该说是丰富的。若是二次能源则要看用来转化这种二次能源的一次能源的储采比和再生性。如电能,可以用几乎所有的一次能源转化而得,其中包括许多可再生能源,其来源也是非常丰富的。氢气可由水制取,燃烧后又生成水,来源也必然在丰富之列。有的新能源(如液化石油气),既包括一次能源、也包括二次能源,就要区别分析。如液化石油气,一部分来自油田气,一部分来自石油冶炼的副产品,来源比较丰富,但程度上不如天然气,更比不上电能和氢气。

2. 新能源的技术经济合理性

来源种类的多或少不是来源是否丰富的指标。因为能源具有的可以相互转换的特性决定了大部分能源必然具有来源多样性的性质,也就是说每一种能源都有多种来源。

来源丰富甚至储量丰富并不表明实际意义上的丰富。如海洋的热能应该说非常丰富,但利用起来难度相当大。

我们所说的来源包含着技术经济的因素,亦即这种来源用以转换为目标能源的经济上的合理性和技术上的成熟性。

有人认为在技术上可以实现就算是成熟的技术。实际不然,完成科研项目与实际应用之间一般还有一定的距离,尤其是以应用量特别大的汽车为对象,仅仅可以做到是远远不够的,往往只有在小试或中试完成的基础上,才能开始大批量生产。另外,还要注意商业广告与商业应用之间的差别。

3. 技术上的前瞻性

新能源现在可以应用当然好,但大多数新能源都需要进行一系列准备工作方可应用,如能源转换方面的技术经济准备工作、新能源在汽车上的适应性工作等。有一些新能源经过短时间的努力就可以应用,有一些新能源则需要中长期的运筹。

二、净化性能考量

作为化石能源的替代物,汽车使用新能源后的排放应满足现行的汽车排放法规,需要按照所有试验项目进行试验,并低于相应的排放限值。

能源清洁通常为汽车的低排放提供了可能,但并不是必然。也就是说,燃用清洁燃料的汽车不一定是清洁汽车。例如,和汽油相比,天然气可以称之为清洁燃料,但在实际中,若应用不当,污染物排放可能不降反升。这种现象常见于汽油车改为汽油—天然气两用燃料车的改装过程中,若汽油供给采用电子控制多点喷射方式,而天然气供给采用化油器式,往往会造成汽车燃用天然气时的 HC 和 CO 排放显著增高。造成这种现象的理论解释如下:电子控制多点汽油喷射系统对混合气浓度进行闭环控制,并在排气系统中有三元催化器,把混合气精确控制在理论混合气附近(混合气过量空气系数为 1.00±0.03),使三元催化器工作在高效区;而化油器式的天然气供给系统对混合气浓度控制的精度很低,混合气浓度偏离理论混合气(机内 HC 和 CO 生成多),远离三元催化器的高效区(对 HC、CO 和 NO_x 排放的转化效率低),污染物排放必然增高。

需要注意的是,在汽车排放检测中,怠速排放测试只是一个很小的检测项目,怠速排放低不能代表汽车所有测试项目的排放低。

以下是一些在考核汽车新能源的污染物排放大小时常见的问题及相应意见:

(1)要从勘探、开采、加工、运输、储存、使用和废品处理等整个生命周期的污染进行综合评价;

(2)如果一部分污染物排放明显减小,一部分污染物排放略有增加,则认为排放改善;

(3)若污染物排放从超标变为不超标,就认为可取;

(4)如果某一排放成分特别高,用某一种替代能源可以大幅度降低其排放,即使其他一些成分的排放有所增加,只要不超标,就认为可取;

(5)排放成分容易治理的,就认为改善;

(6)碳成分少的燃料,CO_2 排放低,污染物排放通常也较低,洁净度较高。

三、能量密度考量

1. 能量密度、能量密度系数和容积系数

1)能量密度

能量密度指单位质量或单位容积某种能源的能量。

以容积为基础的能量密度可以表示为:

$$\rho_V = \frac{Q_V}{V} \tag{2-2}$$

式中:ρ_V——以容积为基础的能量密度,MJ/m³ 或 MJ/L;

V——某能源的容积,m³ 或 L;

Q_V——容积是 V 的某能源所包含的能量,MJ。

以质量为基础的能量密度可以表示为:

$$\rho_m = \frac{Q_m}{m} \tag{2-3}$$

式中:ρ_m——以质量为基础的能量密度,MJ/kg;

m——某能源的质量,kg;

Q_m——质量是 m 的某能源所包含的能量,MJ。

对于汽车燃料,以质量为基础的能量密度实际上就是燃料的(质量)热值。

以容积形式表示的能量密度 ρ_V 用来评价为保证规定行驶里程所需某种能源容积的大小;以质量形式表示的能量密度 ρ_m 用来评价为保证规定行驶里程所需某种能源质量的多少。

2) 能量密度系数

汽车的传统燃料是汽油或柴油。当我们用某种新能源去代替汽油或柴油时,就要将其能量密度与汽油或柴油相比,进而保证规定续驶里程所需要携带的这种能源的质量和相应的容积。为了便于比较和计算,引入能量密度系数的概念。

能量密度系数指某新能源的能量密度与被替代能源的能量密度之比。相应地,能量密度系数也有以容积为基础的和以质量为基础的两种。

以容积为基础的能量密度系数可以表示为:

$$\beta_V = \frac{\rho_{V_s}}{\rho_{V_o}} \qquad (2\text{-}4)$$

式中:β_V——以容积为基础的能量密度系数;

ρ_{V_o}——以容积为基础的某被替代能源的能量密度,MJ/L;

ρ_{V_s}——以容积为基础的某新能源的能量密度,MJ/L。

以质量为基础的能量密度系数可以表示为:

$$\beta_m = \frac{\rho_{m_s}}{\rho_{m_o}} \qquad (2\text{-}5)$$

式中:β_m——以质量为基础的能量密度系数;

ρ_{m_o}——以质量为基础的某被替代能源的能量密度,MJ/kg;

ρ_{m_s}——以质量为基础的某新能源的能量密度,MJ/kg。

实践表明,在设计或改装新能源汽车时,以容积为基础的能量密度和能量密度系数实用价值较大。

3) 容积系数

为了评价和计算更换能源之后所需替代能源容器的大小,引出容积系数的概念。

容积系数的定义:在保持相同续驶里程前提下,某替代能源的容积与被替代能源的容积之比,实际上与以容积为基础的能量密度系数互为倒数:

$$V_V = \frac{V_s}{V_o} = \frac{1}{\beta_V} \qquad (2\text{-}6)$$

式中:V_V——容积系数;

V_o——被替代能源的容积,L 或 m³,常用 L;

V_s——在保持与被新能源汽车相同续驶里程前提下的某新能源的容积,L 或 m³,常用 L。

4) 实用容积系数

对于容易气化的液态燃料,如液化石油气(Liquefied Petroleum Gas,LPG)、液化天然气(Liquefied Natural Gas,LNG)和二甲醚(Di-Methyl Ether,DME)等,由于储罐的非绝热性,充入的液态燃料会气化,考虑到安全问题,液态燃料只能充装储罐水容积(公称容积)的80%~90%。因此,引入实用容积系数的概念,定义为(理论)容积系数与充填系数之比,即为:

$$V_{Va} = \frac{V_V}{\gamma} \qquad (2\text{-}7)$$

式中:V_{Va}——实用容积系数;

γ——充填系数,常见的 LPG 和 DME 储罐为单层钢罐,γ 为 80%;LNG 储罐采用真空绝热结构,γ 为 85%~90%。

表 2-9 列举了若干替代燃料及汽油、柴油的能量密度、能量密度系数和容积系数。表中,CNG 为压缩天然气(Compressed Natural Gas,CNG),"[ ]"内的数字为实用容积系数。利用表中的数据,可以基于能量密度,方便地对这些燃料在汽车上的应用态势进行分析。

汽车新能源的能量密度、能量密度系数和容积系数　　表 2-9

燃料品种	被替代能源的能量密度 ρ_{v_o} (MJ/L)	新能源的能量密度 ρ_{v_s} (MJ/L)	相对于汽油的能量密度系数 $\beta_{v汽}$	相对于柴油的能量密度系数 $\beta_{v柴}$	相对于汽油的容积系数 $V_{v汽}$	相对于柴油的容积系数 $V_{v柴}$
汽油	32.72	—	1	0.917	1	1.09
柴油	35.69	—	1.09	1	0.917	1
常态氢	—	0.102	0.000312	0.000286	3208	3499
压缩氢(20MPa)	—	2.045	0.0625	0.0573	16	17.45
常态 NG	—	0.05567	0.00109	0.000999	927	1001
CNG(20MPa)	—	7.134	0.224	0.200	4.47	4.87
LNG	—	20.81	0.636	0.583	1.57[1.784]	1.715[1.950]
LPG	—	24.47	0.748	0.686	1.34[1.675]	1.459[1.824]
甲醇	—	16.01	0.489	0.449	2.04	2.229
乙醇	—	21.22	0.649	0.595	1.54	1.682
DME(液态)	—	18.77	0.574	0.526	1.74[2.175]	1.901[2.376]

2. 与新能源能量密度相关的分析

1) 新能源的能量密度

如表 2-9 所示,用于代替汽油或柴油的各种新能源,以容积为基础的能量密度比汽油或柴油的小,容积系数也就越大,其直接后果之一就是需要较大容量的储存容器。为保证汽车必要的续驶里程,容积系数越大,燃料容器的容积越大、成本越高、布置难度越大。研制或改装新能源汽车时,应予以充分的重视。

在推广新能源初期,为了克服人们心理上的障碍,得到人们的支持与接受,往往注重宣传它的优点。但是在新能源汽车广泛应用的今天,有必要看到任何一种新能源都不是十全十美的。我们只有充分地重视新能源的不足并加以克服,才能促进新能源汽车的健康发展。否则,若忽视新能源的不足之处,无视汽车的全面性能和有关标准或规范,势必导致汽车的许多重要性能指标严重下降或者故障频发,最后反而制约了新能源汽车的发展。

2) 燃料容器的容积

新能源的容积系数比汽油或柴油的大,但并不妨碍对它的应用,但不能超出合理的限度。

由表 2-9 知,相对于汽油,常态天然气(NG)和常态氢的容积系数分别为 927 和 3210,这意味着若用常态 NG 或常态氢去替代汽油,要保证相同的续驶里程,燃料容器的容积必须等于原汽油箱容积的 927 或 3210 倍。这显然是不能接受的。

相对于汽油,乙醇、LPG、甲醇和CNG的容积系数分别为1.54、1.675(实用容积系数)、2.04和4.47,都在可以接受的范围内。但是,CNG用于轿车是存在严重缺陷的,一个50L的储气瓶只够运行不足200km的路程,扩大或增多储气瓶的余地很有限。因此,若容积系数的合理限值定为4.5应该是较合理的。

目前,部分新能源应用于汽油车上时,往往采用两用方式。也就是,既保留原汽油供给系统还增加了新能源供给系统,汽车既可以燃用新能源,也可以燃用汽油。在这种情况下,可以适当放宽对新能源在满足续驶里程方面的要求,适当减小新能源容器的容积,以缓解总布置等方面的难度。

对于特定用途的汽车,如城市公共汽车,行驶半径较小,每日的行驶里程也较短,可以根据实际情况适当减少车载燃料的容量,一般应保证汽车的续驶里程不小于1天的实际行驶里程。

3)整车质量变化

在根据必要的续驶里程确定燃料箱容积之后,布置燃料箱时,除了要考虑安全等问题外,还要考虑换用(或加装)燃料箱带来的汽车的整车质量增加是否在允许范围内。按照《燃气汽车改装技术要求 第1部分:压缩天然气汽车》(GB/T 18437.1—2009)的规定,改装后的整车质量增加不得超过原车整备质量的5%。

4)汽车轴荷分配变化

除考核汽车的整车质量变化是否超标外,还应该检测汽车的轴荷分配是否合理,是否具有良好的牵引性能、通过性和操纵稳定性。GB/T 18437.1—2009只规定了整车质量变化的要求(不超过5%),但对于质量小的汽车(如微型汽车),假如增加的燃料容器置于汽车的后部,即使整车质量的增加不超过5%,后轴的质量增加也很可能超过5%。此时,应该检查汽车的轴荷分配、牵引性能、通过性和操纵稳定性,并采取相应的措施,确保原车的使用性能。

四、经济性考量

1. 能源运行经济性

能源运行经济性,对于以内燃机为动力的汽车取决于燃料经济性和燃料价格;对于电动汽车取决于用电量和用电价格。

1)汽车运行能源经济性的比较单位

(1)动力源能源经济性的比较单位。

评价内燃机燃料经济性的指标是有效燃料消耗率,指单位有效功消耗的燃料质量,单位通常是$g/kW \cdot h$,仅适用于同种燃料不同应用场合或热值相同的不同燃料之间的比较。对于不同热值的燃料进行比较时,应该采用能量消耗率,即单位有效功所消耗的热量,单位通常是$MJ/kW \cdot h$。能量消耗率实际上反映的是热效率,能量消耗率越低则热效率越高。因此,仅用燃料消耗率不能反映燃料利用的全部情况。

(2)整车运行能源经济性的比较单位。

①内燃机汽车运行能源经济性的比较单位。同种燃料不同应用场合或热值相同的不同燃料之间用单位里程(或单位运输周转量)的燃料消耗量或能量消耗量来比较,单位是$L/100km$(或$L/100t \cdot km$)或$MJ/100km$(或$MJ/100t \cdot km$)。

对于不同热值的燃料进行比较时,应该采用能量消耗率,单位是$MJ/100km$(或

MJ/100t·km)。此外，也可以用当量燃料消耗率进行比较。

②电动汽车运行能源经济性的比较单位。电动汽车运行能源经济性的比较单位应用单位里程(或单位运输周转量)的能量消耗量来比较，单位是 MJ/100km(或 MJ/100t·km)。所用电能应该用等价热值，而不是当量热值。

③不同能源汽车运行能源经济性的比较单位。不同能源(包括电能和各种燃料)汽车运行能源经济性的比较单位应用单位里程(或单位运输周转量)的能量消耗量来比较，单位是 MJ/100km(或 MJ/100t·km)。

④以货币形式表示的汽车运行能源经济性。以货币形式表示的汽车运行能源经济性应用单位里程(或单位运输周转量)的能源价值来比较，单位是 REM/100km(或 REM/100t·km)。

2)燃料类汽车新能源燃料经济性分析

燃料经济性好应该符合燃料消耗率低和燃料价格低两个条件。

(1)热效率高。

发动机的有效燃料消耗率 b_e 取决于其有效热效率 η_e，η_e 越高 b_e 就越低。而 η_e 取决于指示热效率 η_i 和机械效率 η_m。用新能源替代汽油或柴油后，发动机的机械效率 η_m 变化很小，可以忽略不计，因此主要因素就是指示热效率 η_i。

(2)燃料价格低。

影响燃料价格的因素很多。除了开采、加工、储存和运输成本之外，基于对能源结构和环保等因素的考虑，世界各国均从政策上对新能源尤其是绿色能源给予倾斜。

2. 车辆改造成本

以内燃机汽车改造成燃用天然气为例，包括天然气供给系统和发动机等。

天然气供给系统包括燃料储罐、管路、转换阀、喷射阀和电子控制单元(Electronic Control Unit，ECU)等。其中，燃料储罐占成本的很大一部分。

发动机改造的成本主要取决于对原机的继承性，改造的零部件数量越少，成本越低。

五、使用性能考量

1. 燃料的运输和储存

燃料的运输和储存与其物理状态密切相关。燃料有液体、气体和固体三种形态，除少数地方仍保留的蒸汽机以固态煤为燃料外，汽车上几乎全部燃用液态或气态燃料。液态和气态燃料的运输方便性不分伯仲，均可用车辆或管道方便运输。在储存方面，为了提高能量密度，气态燃料需要加压，其方便性不如液态。向汽车上添加燃料，常压液态比气态的时间略短，即气态燃料和液态燃料的添加方便性相当。

2. 燃料供给的方便性

从流动性上看，已经或可能在汽车上应用的液态燃料或气态燃料没有明显的差别。从输送装置看，两者的复杂程度不一，但都不足以影响它们的推广应用。

3. 工作性能

1)故障率

应用新能源后，故障率取决于系统的复杂程度和技术成熟度。通常，结构越简单、技术越成熟，故障率就越低。

2）动力性

如果汽车的底盘不变，考察汽车的动力性时，主要考察发动机的动力性。

表征发动机动力性的参数可以是平均有效压力 p_e，汽油机 p_e 的表达式为：

$$p_e = \eta_i \eta_m \frac{h_u}{\lambda L_0} \frac{m_k}{V_h} \tag{2-8}$$

式中：η_i——发动机的指示效率；
η_m——发动机的机械效率；
h_u——燃料的低热值，MJ/kg；
λ——混合气的过量空气系数；
L_0——燃料的理论空燃比，kg/kg；
m_k——发动机每循环的实际进气量，kg；
V_h——发动机的汽缸工作容积，m³。

（1）理论混合气热值。

燃料的热值固然重要，但更重要的是混合气的热值，特别是以体积计的混合气热值即混合气体积热值。它决定了汽缸内混合气所含的能够用来转换为机械功的热量。在其他指标不变的条件下，混合气的体积热值越高，发动机的动力性越高。而燃料的热值与发动机动力性之间并没有这种直接的因果关系。例如，和汽油相比，天然气的质量低热值高，但其混合气的热值却较低，天然气发动机动力性不如汽油机。

理论混合气的质量热值 h_{ukg} 为：

$$h_{ukg} = \frac{h_u}{1 + L_{0kg}} \quad (\text{MJ/kg}) \tag{2-9}$$

式中：L_{0kg}——理论空燃比，符号中通常省略 kg。

L_{0kg} 计算式为：

$$L_{0kg} = \frac{1}{0.232} \left(\frac{8}{3} g_C + 8 g_H - g_O \right) \quad (\text{kg/kg}) \tag{2-10}$$

式中：g_C、g_H 和 g_O——分别为燃料的碳、氢和氧的质量分数。

理论混合气的摩尔热值 h_{ukmol} 为：

$$h_{ukmol} = \frac{h_u}{M_1} \quad (\text{MJ/kmol}) \tag{2-11}$$

理论混合气的体积热值 h_{um^3} 为：

$$h_{um^3} = \frac{h_u}{22.4 \times M_1} = \frac{h_{ukmol}}{22.4} \quad (\text{MJ/m}^3) \tag{2-12}$$

式中：M_1——混合气燃烧前的摩尔数。

对于预混混合气，M_1 为：

$$M_1 = \lambda L_{0kmol} + \frac{1}{M_T} \quad (\text{MJ/kg 燃料}) \tag{2-13}$$

对于扩散混合气，M_1 为：

$$M_1 = \lambda L_{0kmol} \quad (\text{MJ/kg 燃料}) \tag{2-14}$$

式中：λ——混合气的过量空气系数，对于理论混合气 $\lambda=1$；

M_T——燃料的分子量；

L_{0kmol}——以千摩尔数表示的理论空气量，即 1kg 燃料完全燃烧所需空气的千摩尔数。

L_{0kmol} 的计算式为：

$$L_{0kmol}=\frac{1}{0.21}\left(\frac{g_C}{12}+\frac{g_H}{4}-\frac{g_O}{32}\right) \quad (kmol/kg) \tag{2-15}$$

应用以上公式，算出常见汽车燃料理论混合气的热值，见表 2-10。

常见汽车燃料理论混合气的热值　　　表 2-10

参 数		燃 料						
		车用汽油	车用柴油	H_2	NG	LPG	甲醇	乙醇	DME
分子量		114	170	2.02	16.05	44.11	32	44	44
质量分数	$g_C(\%)$	85.5	87.0	0.0	75.0	82.0	37.5	52.2	52.2
	$g_H(\%)$	14.5	12.6	100	25.0	18.0	12.5	13.0	13.0
	$g_O(\%)$	0.0	0.4	0.0	0.0	0.0	50.0	34.8	34.8
1kg 燃料完全燃烧所需的理论空气量	L_{0kg}(kg/kg)	14.8	14.3	34.5	17.2	15.7	6.47	8.98	8.98
	L_{0kmol}(kmol/kg)	0.512	0.495	1.19	0.595	0.540	0.223	0.310	0.310
	L_{0m3}(m³/kg)	11.5	11.1	26.7	13.3	12.1	5.00	6.94	6.94
燃料低热值	h_u(MJ/kg)	44.52	43.00	119.9	49.54	45.31	20.26	27.2	27.6
理论混合气热值	h_{ukg}(MJ/kg)	2.82	2.81	3.38	2.72	2.73	2.71	2.73	2.77
	h_{ukmol}(MJ/kmol)	85.5	85.8	70.9	75.3	80.5	79.7	82.0	83.2
	h_{um3}(MJ/m³)	3.82	3.83	3.17	3.36	3.59	3.96	3.66	3.71

（2）充气效率和进缸空气质量。

由于汽油和柴油分子量大，燃料在混合气中所占空间很小（如表 2-3 所示），可以忽略不计，可将式(2-8)中的 m_k 仅只表示流动特性（充气效率）变化对充量的影响；但对于分子量小的气体燃料，燃料在混合气中占空间的影响就不能忽略不计了，式(2-8)中的 m_k 的影响因素应该包括因流动特性（充气效率）变化所带来的充量变化和燃料挤占空间的变化所带来的充量变化两部分。

①充气效率的变化。影响充气效率变化的主要因素包括发动机的进气阻力变化和充量在进气过程中的温度变化。对比分析汽油（或柴油）和新能源的这两个因素的变化情况，就可得到充气效率的变化。进气阻力变大（如在进气线路中加装喉管式混合器）、进气过程中温度升高（如气体燃料没有液体燃料的蒸发吸热），均会导致充气效率下降。

②进缸空气质量的变化。如表 2-3 所示，天然气（以甲烷计）和汽油（以辛烷计）理论混合气的体积百分比分别为 9.47% 和 1.65%（两者差值为 7.82%）。与汽油混合气相比，天然气混合气中的空气空间被多挤占了 7.82%，这样会导致燃用天然气时进入汽缸的空气质量减少 7.82%。

（3）分子变更系数。

分子变更系数是燃烧后工质的摩尔数与燃烧前的摩尔数之比。若分子变更系数大于 1，表明燃烧后工质的摩尔数增加,导致工质做功增加。分子变更系数越大,增益越大。

理论分子变更系数μ_0,对于预混混合气(汽油机)的计算式为:

$$\mu_0 = 1 + \frac{\frac{g_H}{4} + \frac{g_O}{32} - \frac{1}{m_T}}{\lambda L_{0kmol} + \frac{1}{m_T}} \quad (2\text{-}16)$$

对于扩散混合气(柴油机)的计算式为:

$$\mu_0 = 1 + \frac{\frac{g_H}{4} + \frac{g_O}{32}}{\lambda L_{0kmol}} \quad (2\text{-}17)$$

考虑残余废气的影响,实际分子变更系数μ的计算式为:

$$\mu = \frac{\mu_0 + \gamma}{1 + \gamma} \quad (2\text{-}18)$$

式中:γ——考虑残余废气系数。做一般比较时,汽油机的γ可取0.08、柴油机的γ可取0.04。

以下以汽油机为例,说明分子变更系数对发动机动力性的影响。

若不考虑温度的差异,则发动机的压力升高比δ与实际分子变更系数μ成正比,公式为:

$$\frac{\delta_2}{\delta_1} = \frac{\mu_2}{\mu_1} \quad (2\text{-}19)$$

式中:下标1代表以汽油为燃料时的参数,下标2代表替代燃料的参数。

等容循环(汽油机的理论循环)的平均压力p_{iv}为:

$$p_{iv} = \frac{\varepsilon^k}{\varepsilon - 1} \frac{p_a}{k - 1} (\delta - 1) \eta_i \quad (2\text{-}20)$$

式中:ε——压缩比;

k——工质的绝热指数;

p_a——进气终了的压力;

η_i——循环热效率。

假设两种燃料的压缩比、进气终了压力和热效率均一样,则二者的循环功(正比于平均压力)之比可以表示为:

$$\frac{W_2}{W_1} = \frac{\delta_2 - 1}{\delta_1 - 1} = \frac{\frac{\mu_2}{\mu_1} - \frac{1}{\delta_1}}{1 - \frac{1}{\delta_1}} \quad (2\text{-}21)$$

或:

$$\frac{W_2 - W_1}{W_1} = \frac{\frac{\mu_2}{\mu_1} - 1}{1 - \frac{1}{\delta_1}} \quad (2\text{-}22)$$

式中:δ_1——汽油机的压力升高比,一般取为4。

利用上式和表2-10中的有关数据,可以计算得到常见汽车燃料的分子变更系数和循环功变化[相对于汽油,用($W_2 - W_{汽油}$)/$W_{汽油}$表示],见表2-11。

常见汽车燃料的分子变更系数和循环功变化   表2-11

参　数	燃　料					
	车用汽油	H_2	NG	LPG	甲醇	乙醇
理论分子变更系数 μ_0	1.053	0.8521	1.000	1.040	1.061	1.065
实际分子变更系数 μ	1.049	0.8631	1.000	1.037	1.056	1.060
循环功变化	基准	-23.6%	-6.23%	-1.53%	+0.90%	+1.40%

(4)动力性下降的允许范围。

已知采用一些新能源(如电能、天然气等)后,汽车的动力性较之汽油车或柴油车有所降低,只要不明显地影响汽车的使用性能,对新能源的推广应用尚不构成威胁。一方面应加强研究,设法提高新能源汽车的动力性,另一方面要掌握动力性允许下降的度。如果动力性下降的幅度大于15%~20%,将可以明显感觉到汽车最高车速、加速性能和爬坡能力的降低,应该重视并设法改进。事实上,有些城市中的天然气/汽油两用燃料公交车,在燃用天然气时,由于动力性不足,出现"压车"或"延点误时"等现象,驾驶人不得不放弃燃用天然气,这表明动力性下降已经成为制约天然气汽车发展的技术问题。

3) 工作条件

主要从驾驶人劳动强度是否增加和工作环境是否恶化来衡量。在劳动强度方面,考察驾驶人体力和精力负担是否加重,如换挡次数是否增多,是否对各项操作的配合提出了更高的要求,其他操作以及需要观察的信号(视觉信号或听觉信号)是否增多等。在工作环境方面,考察不安全因素是增加还是下降,考察活动空间、振动、视觉和嗅觉氛围等是否影响舒适性的因素的变化等。

4) 起动性能

考察燃料中轻质成分的多少,10%馏出温度的高低。10%馏出温度高,表明燃料中轻质成分的含量少,对发动机起动不利。还需考察液态燃料低温气化速率的高低。气化速率低,对发动机起动不利。

气态燃料虽然不存在气化不足的问题,但若能量密度太小,将产生加浓不力现象,不利于发动机的起动,故能量密度也是判断发动机起动性能优劣的参考因素。

第三章 汽车新能源

一种能源可否用作汽车能源,取决于它的综合素质(性能)。在不同的时代下,不同素质的重要性不同。例如,20世纪60年代之前,没有实质性的汽车环保要求,而时至今日能源对环境的影响这一方面的素质早已成为决定汽车能源取舍的十分重要的砝码。

能源的种类很多,许多并不适合在汽车上直接应用。如:水力、地热能和海洋能等不可能直接用于汽车;在小巧机动的汽车上也很难使用核能。风能汽车曾由荷兰人汉斯·范·文恩变成现实——他将风车的支架和叶片焊接在一辆小汽车上,制成了时速为10km/h的风能汽车,但风能汽车成为汽车的一个商业品种并不实际。但是,这并不意味着它们转化为二次能源后仍不适合在汽车上应用。

2009年,工业和信息化部出台了《新能源汽车生产企业及产品准入管理规则》,提出:新能源汽车是指采用非常规的车用燃料作为动力来源(或使用常规的车用燃料,但采用新型车载动力装置),综合车辆的动力控制和驱动方面的先进技术,形成的技术原理先进,具有新技术和新结构的汽车。新能源汽车包括混合动力汽车、纯电动汽车(BEV,包括太阳能汽车)、燃料电池电动汽车、氢发动机汽车、其他新能源汽车(如高效蓄能器、二甲醚)汽车等各类别等产品。

2012年,国务院办公厅发布了《节能与新能源汽车产业发展规划(2012—2020年)》,明确指出:新能源汽车指采用新型动力系统,完全或主要依靠新型能源驱动的汽车,主要包括纯电动汽车、插电式混合动力汽车及燃料电池汽车;节能汽车指以内燃机为主要动力系统,综合工况燃油消耗量优于下一阶段目标值的汽车。

"大概念"的新能源汽车包括电动汽车(包括太阳能汽车)、气体燃料汽车、生物燃料汽车、氢燃料汽车和醚燃料汽车等,而"小概念"的新能源汽车仅为电动汽车(非插电式混合动力汽车除外)。

本章主要分析电能、太阳能、氢气、天然气和液化石油气、醇类燃料、二甲醚和生物质能用作汽车能源的特点,各种能源在汽车上的应用技术详见后续各章。

第一节 电能在汽车上的应用

一、电动汽车的优点

1. 电能来源丰富

电能是二次能源,它既可以来源于不可再生能源(如核能、煤炭、石油、天然气等),又可来源于可再生能源(如水能、太阳能、风能等)。因此电动汽车的能源来源是极其丰富的。

2. 能量利用效率高

图 3-1 为电动汽车与汽油机汽车能量利用总效率的比较。由图 3-1 可以看出，电动汽车总效率比汽油车的高 5.3%。

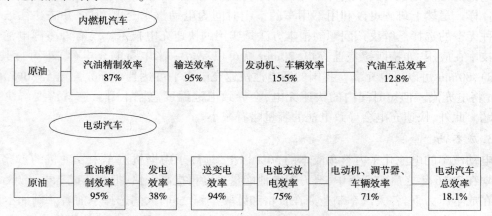

图 3-1　电动汽车与汽油车能量利用总效率的比较

除图 3-1 中所示的影响效率的因素之外，电动汽车还具有停车可不消耗能量和制动能量易于回收等优点。按目前的水平，电动汽车的能量利用总效率比汽油车约高 40%，同时比柴油车的总效率也高。此外，电动汽车可利用夜间剩余电力充电，使发电设备的利用率提高。

3. 运行零污染且噪声小

电动汽车在行驶中无废气排出，不污染环境。从这个意义上讲，电动汽车可以称为"零污染汽车"。即使考虑用煤炭等化石能源发电过程中的污染物排放，但由于电动汽车的能源利用效率高、发电锅炉等固定设备排放治理成本低（和汽车这类移动交通工具相比），从综合考量角度可提出：电动汽车的污染物排放要少很多。若电能来自可再生能源（如太阳能、水能、风能、地热能和生物质能等），污染物排放几乎为零。

电动汽车的电动机只做回转运动，振动和机械噪声都很小，没有内燃机令人讨厌的燃烧噪声和进排气噪声。

4. 结构简单，维修方便

电动机相对内燃机而言，结构较为简单，工作条件较好（不承受内燃机所承受的高温、高压和交变荷载），故障少，维修较为方便。

二、电动汽车的主要技术问题

电动汽车目前面临的主要问题是成本高、蓄电池充电时间长、寿命短和电池能量密度低及由此派生出来的汽车续驶里程短等问题。

1. 蓄电池能量密度低

由于蓄电池能量密度低，为了保证必要的续驶里程，就需要装备庞大、笨重的电池组。既占空间，又影响有效装载。若减少电池组，必然会缩短续驶里程，同时影响动力性。如特斯拉（Tesla）纯电动 Model S 汽车，虽然加速性好，0~96km/h 的加速时间最短为 4.2s，但最大续驶里程仅为480km。总的说来,高能量密度蓄电池技术尚有待突破。

2. 充电时间长

电池的常规充电时间一般为6~10h,就像是在汽油车上用一个小口径滴管向油箱慢慢注油一样。虽然上班族可以利用不用车的空闲时间为电动汽车充电,但该办法往往被认为是一种无奈的选择。解决该问题的根本方法是实用的快速充电技术。已有许多锂电池快速充电技术在应用,如特斯拉快速充电,20min就可以完成一半电量的充电(汽车可行驶200多km),80min可以将电充满。我国的锂电池快速充电水平可达到30min充电至80%,60~90min将电充满。但短时间内的快速充电,会导致电池温度急剧上升。这就需要解决好散热问题。此外,快速充电会导致电池的容量略有减小。

3. 成本高

电动汽车的电池几乎占整车成本的50%以上,远高于内燃机汽车中发动机的占比。我国计划在2016年之后的五年中,努力把电池能量密度再提高一倍,把制造成本再降低50%。

在成本压力下,各大汽车制造商在价格和续驶里程之间,大多选择了前者。例如本田Fi Electric,售价3.74万美元,但一次充电续驶里程为123mile。日产Leaf的售价为2.88万美元,一次充电续驶里程大约在75~84mile。雪佛兰Spark EV售价2.5万美元,一次充电续驶里程只有60mile。但一般来说,电动汽车续驶里程达100mile以上才较合理。

4. 间接污染严重

电动汽车本身虽无排放污染,但间接污染是不容忽视的。例如,铅酸蓄电池中的铅,从开采、冶炼到生产的排污,都会对环境造成污染。再如,电能绝大部分来自火力发电,燃烧化石能源也会造成污染。

三、电动汽车的发展

近30年来,世界范围内能源意识和环保意识空前强化,电动汽车受到广泛地重视。

随着电动汽车的大量生产后,其成本将较大幅度下降。因此,真正制约电动汽车发展的因素是能量密度和充电时间两大技术因素。然而,这两项技术也在不断地发展进步。混合动力和燃料电池的发展使电动汽车的主要缺点得到一定程度的缓解。

电动汽车在特殊用途车辆方面早已进入市场。

为了使电动汽车形成规模经济,促进电动汽车产业化发展,世界各国制订了支持电动汽车产业发展政策,使电动汽车得到了快速发展。2010年前,电动汽车还处于发展起步阶段;近几年已有一定数量的生产和应用。

目前,电动汽车已经成为汽车市场上的一个活跃品种。预计到21世纪中叶,电动汽车将成为汽车的主要品种之一。21世纪后期电动汽车有可能成为汽车市场的领头羊。

第二节 太阳能在汽车上的应用

太阳能汽车是直接将太阳能作为汽车动力源的汽车,即利用太阳能电池直接将太阳辐射能转变为电能并由电动机来驱动的汽车。太阳能汽车与电动汽车有许多相似之处,从广义讲,也是电动汽车的一个类型。

一、太阳能汽车的优点

1. 来源非常丰富

太阳给予地球表面的辐射能巨大,其万分之一即可满足人类对能源的需求。太阳能为可再生能源,属于能源无限的范畴。

2. 运行零污染而且噪声小

太阳能汽车与电动汽车一样,属零污染汽车,且噪声很小。

3. 易于制造

太阳能电池实际上是一个半导体元件,其基本材料是大规模生产的单晶硅。

二、太阳能汽车的主要技术问题

1. 成本高

太阳能汽车既要有电动汽车的蓄电池,还要有用于把太阳能转换为电能的光伏元件(也称太阳能电池),成本高。

太阳能汽车的电池方阵由许多光伏电池板(通常有好几百个)组成。方阵类型受到太阳能汽车尺寸和部件费用等的制约。目前,主要有两种类型的光伏电池板:硅电池和砷化合物电池。环绕地球卫星使用的太阳能电池是砷化合物电池,而硅电池则更为普遍被地面基础设备所使用。一般等级的太阳能汽车通常使用硅电池板。太阳能光伏电池方阵的工作电压为 50~200V。超级太阳能汽车更多的是使用太空级光伏电池板。这种板很小,但是比普通的硅片电池板要昂贵得多。

为了使车体轻、速度快,太阳能汽车普遍采用质轻价高的航空、航天材料,造价昂贵。

2. 能量转换效率低

目前太阳能光伏电池的最高效率仅为 20% 左右。

3. 能量密度低

由于太阳能的能量密度低,所以必须加大太阳能光伏电池的用量,增加了布置的难度。如通用汽车公司研制的太阳能汽车,电池在汽车表面的覆盖面积高达 $8.37m^2$,几乎发挥了汽车车身外表的最大潜力,才使汽车最高车速达到 74km/h。为了达到更高的车速,必须配以其他动力联合工作,如通用汽车公司在太阳能汽车上又加装了一套银—锌电池系统,使汽车的最高车速提高到 96.5km/h。

4. 受时令影响大

例如,通用汽车公司研制的太阳能汽车车速为 74km/h,是在阳光充足情况下达到的。阴雨天和夜间必须依靠其他能源,这势必会造成结构的进一步复杂化。

三、太阳能汽车的前景

太阳能的利用除了太阳能电动汽车外,还可以将太阳能转换为热能,再将热能转换为机械能或电能,最后用于汽车能源。

由于太阳能能量密度低和受时令影响大等原因,将太阳能直接应用于汽车是否为最佳选择还有需进一步论证。

研发太阳能汽车面临周期比较长、投资大的问题,所以很多以追求利润为目标的企业缺少推广太阳能汽车的内在需求一直处于观望的态度。

近年来已有少数国家有了太阳能汽车的实验车型,但要达到实用阶段尚需要一段较长的时间。

虽然太阳能汽车的发展仍存在着很多技术上的挑战,但不可否认的是在不可再生能源日益匮乏的今天,太阳能汽车是未来新能源应用的佼佼者。太阳能汽车可以应用于高尔夫球场、露天游乐场、野外观光、园林草坪修剪服务等。预期在缺乏其他能源、日照充足的沙漠干旱地区,太阳能汽车会有用武之地。

第三节 氢气在汽车上的应用

以氢气为原料的燃料电池汽车也是氢气汽车,但就汽车的结构属性看,燃料电池汽车划归于电动汽车更为适宜,而且燃料电池效率高,是氢气应用的首选。

本节只讨论将氢气直接用作燃料的氢气内燃机汽车。氢气和其他燃料的有关特性见表3-1。

氢气和其他燃料的有关特性 表3-1

燃料	车用汽油	车用柴油	氢气	天然气	液化石油气	甲醇	乙醇	二甲醚
化学分子式	$C_4 \sim C_{12}$ 以 C_8H_{18} 为代表	$C_{16} \sim C_{23}$ 以 $C_{16}H_{34}$ 为代表	H_2	主要成分 甲烷 CH_4	主要成分 丙烷 C_3H_8 丁烷 C_4H_{10}	CH_3OH	C_2H_5OH	CH_3OCH_3
分子量	114	226	2.02	16.05	46.11 (58.14)	32	46	46
含氧量(%)	0	0	0	0	0	50	34.8	34.8
物理状态(常态)	液态	液态	气态	气态	气态	液态	液态	气态
在车上的存储状态	液态	液态	气态或液态或吸附	气态或液态或吸附	液态	液态	液态	液态
密度(g/cm³)	0.72~0.75 @20℃	0.83 @20℃	0.0708 @−252.8℃	0.44 @−161.5℃	丙烷0.52 @−40℃ 丁烷0.602 @−40℃	0.796 @20℃	0.790 @20℃	0.661 @−24.8℃
常压沸点(℃)	30~220	180~370	252.8	−161.5	−41 (丙烷−42) (丁烷−0.5)	64.8	78.3	−24.8

续上表

燃料	车用汽油	车用柴油	氢气	天然气	液化石油气	甲醇	乙醇	二甲醚
饱和蒸气压(kPa)	62.0~82.7 @38℃	0.0069 @38℃	246 @38℃	246 @25℃	358.5 @38℃	31.0 @38℃	17.33 @38℃	—
质量低热值(MJ/kg)	44.52	43.00	120.00	49.54	45.31	20.26	27.20	27.60
液态体积低热值(MJ/L)	32.05~33.39	35.69	8.496	21.80	23.56	16.13	21.49	18.24
汽化潜热(kJ/kg)	297	250	447	506	丙烷422 丁烷372.2	1101	862	467.3
自燃点(℃)	260~370	250	400	540	丙烷432	470	420	235
闪点(℃)	43	60	<-253	-187	丙烷-104	11	21	-41.4
辛烷值(RON)	90~97		>120	94	112	114		
十六烷值	27	40~60	—	0		3(5)	8	55-66
最低点火能量(mJ)	0.25~0.3	—	0.018	0.2(0.29)	0.305	—	—	—
在空气中的可燃范围(体积比)(%)	1.3~7.6	1.58~8.2	4~75	5~15	丙烷2.1~9.5	5.5~30	3.4~19	3.4~19
理论混合气 质量比 体积比	14.8 58.4	14.5 84.2	34.5 2.38	16.75 9.52	丙烷15.7 23.8	6.47 7.14	9.98 14.3	8.98 14.3
比热@20℃(kJ/kg)	2.3	1.9	—	—	—	2.55	2.72	—
凝固点(℃)	-57	-1~-4	—	—	—	-98	-114	—
动力黏度@20℃(cP)	0.42	3.7	—	—	—	0.6	1.2	—
运动黏度@20℃(cst)	0.65~0.85	2.5~8.5	—	—	—	—	—	—

一、氢气汽车的优点

1. 氢气来源非常丰富

氢是宇宙中含量最丰富的元素之一。氢气可以用水做原料制取,而水在地球上取之不尽、用之不竭。氢气也可以以天然气、煤、硫化氢为原料制取。

2. 污染很少

氢气燃料是唯一不含碳的燃料,内燃机排气中的主要成分是氢燃烧后的生成物水、空气中的氮气、剩余氧气以及在高温下生成的 NO_x,没有汽油车及柴油车所排出的令人困扰的 CO、HC 以及微粒、铅、硫等有害物质,不会诱发光化学烟雾,也没有导致地球温室效应的 CO_2。

3. 热效率高

氢气是气态燃料,混合气形成质量好、分配均匀,加之火焰传播速度高(氢气的火焰传播速度为 $4.85m/s$,比汽油的 $0.83m/s$ 高许多),允许采用较稀的混合气;氢气的自燃温度比汽油高,辛烷值高,允许有较高的压缩比。这些因素都使得内燃机燃用氢气时的热效率增大,燃料消耗率较低。

二、氢气汽车的主要技术问题

1. 氢气成本高

虽然地球上氢元素储量丰富,但按目前的技术条件,氢气制取的成本太高。

2. 氢气储带不便

采用气态储带氢气,其能量密度低的缺点将很突出,很难实现必要的续驶里程要求,这种储带方式已被德国奔驰和巴依尔两大汽车公司否定。液态储带要求 $-253℃$ 的超低温,无论液态氢气或储罐,成本都很高;且储存中,每天会由于蒸发而损失掉 3% 的氢气。绝热性能更好的冷藏罐正在研制之中。金属氢化物储带方式进展较大,似有更好的前景。

3. 发动机动力性较差

氢气的热效率高,动力性理应较高。但其密度很小(仅为空气的 1/14.5),在汽缸中将挤占相当一部分容积,影响空气量。因此,固定容积的条件下,氢气量受限。此外,氢气的单位质量热值虽然高,但单位体积热值低。这些都会使氢气发动机的动力性变差。

氢气在汽车上的应用有纯氢和混烧两种方式。混烧方式在具有较低油耗率的情况下,可使动力性降低不多或甚至不降。

三、氢气汽车的前景

氢气来源丰富、污染很小以及热效率高等优点使得氢气用作汽车能源具有很强的诱惑力。

作为燃料,德国和美国曾先后于 20 世纪 30 年代和 50 年代将氢气应用于飞船和火箭。氢气未来在汽车上的应用前景取决于制氢及储带技术有无突破性的进展。根据氢能在世界范围的发展势头,到 21 世纪中叶氢气汽车有可能成为一个活跃的汽车品种。

第四节 天然气和液化石油气在汽车上的应用

天然气(Natural Gas,NG)是地表下岩石储集层中自然存在的以轻质 HC 为主体的气体混合物的统称。其主要成分甲烷(CH_4)占 85%~95%,还含有少量的乙烷、丙烷和丁烷,以及少量的杂质 N_2、CO_2 等。天然气按其来源有气田气、油田伴生气和煤层气之分。其中,油田伴生气又有两种,一种是溶解在石油中,称为溶解气;一种是聚集在含气已饱和的油层顶部,称为气顶气。油田一般或多或少都有一些伴生气。燃用天然气的汽车称为天然气汽车(NGV)。

液化石油气(Liquefied Petroleum Gas,LPG)是指以丙烷(C_3H_4)及丁烷(C_4H_{10})为主体的 HC 的混合物,来源于油井气、石油加工的副产品和煤制取液体燃料时的副产品等。液化石油气在常温、常压下为气态,而在 -0.5℃ 或常温(15℃)且 0.8MPa 的压力下为液态。显然液化石油气一般均以液态储运,其液化较天然气液化要容易得多。燃用液化石油气的汽车称为液化石油气汽车(LPGV)。

液化石油气与天然气的理化性质有一定的差别(表3-1),但都是以气态形式供给发动机,较之汽油或柴油有类似的优缺点(程度不同),在不是针对性地论述其中之一时,有时将它们统称为天然气。液化石油气汽车和天然气汽车则有时统称为天然气汽车。

一、天然气汽车和液化石油气汽车的优点

1. 天然气和液化石油气来源丰富

世界天然气的探明储量与石油大体相当,由于在开发程度上天然气不如石油(主要在第三世界国家),天然气的储产比比石油的略大。按 2016 年的资料,全球天然气储采比为 53.0 年,石油储采比为 50.7 年。而在我国的天然气储采比为 27.8 年,石油储采比为 11.7 年。随着天然气水合物(可燃冰)开发应用,天然气的可用量还会增加。

液化石油气的来源没有天然气丰富,但也属于较为丰富之列。

2. 燃料经济性好

1)热效率高

天然气的辛烷值比汽油高,其 RON 超过 120(表3-1)。燃用天然气比燃用汽油时,发动机的许用压缩比高(2~4 个单位)。若原汽油机的压缩比等于 8,燃用天然气时压缩比允许提高到 10~12,相应地理论循环热效率可以提高 7%~12%。

如果采用两用燃料方式,压缩比不变。燃用天然气时热效率提高的幅度没有改变压缩比大,可以利用天然气辛烷值高,抗爆性好的优势,通过适当调大点火提前角使热效率有所提高。

液化石油气的辛烷值不如天然气,但比汽油高,故也有提高压缩比、提高热效率的潜力。

此外,天然气和液化石油气与空气的混合气形成质量比汽油与空气的好,燃烧的完全度高,也有利于热效率的提高。

2)燃料的价格较低

天然气开采后的再加工成本(含运输)比汽油低,售价比汽油低。我国的车用天然气售价各地不一,以陕西为例,天然气售价为 3.7 元/m^3,而 95# 汽油的售价约为 6.48 元/L。按热值计,$1m^3$ 天然气相当于 0.81kg 汽油,0.81kg 汽油的售价为 7.09 元。因此天然气比汽油便宜 47.81%。

按热值算,液化石油气的价格也比汽油略低。

影响燃油价格的因素很多。从能源结构和环保等因素出发,各国均从政策上对天然气、液化石油气等新能源给予倾斜,使燃用天然气可从燃料费用上获益 30%~50%。

3. 排放污染物大幅减少

车用天然气中含硫量极少,排放物中硫化物几乎为零;因天然气中不含铅,故铅的排放

为零;天然气成分中含碳元素较少,故在发热量相同时排气中的 CO_2 低23%(表2-2)。与汽油相比,微粒排放低40%以上;天然气混合气的热值低,燃烧温度较低,故其 NO_x 排放浓度小30%;怠速排放物中 CO 低50%~90%、HC 低35%~50%。天然气汽车排放达标比汽油车或柴油车要容易。

4. 发动机使用寿命长

天然气及液化石油气含硫极少,故燃烧产物中硫化物极少,使制约发动机使用寿命的重要因素——腐蚀性磨损大为减轻;天然气和液化石油气都是以气态供入汽缸,对汽缸壁的冲刷作用小,对润滑油的污染轻,也会使磨损减轻,因此发动机的使用寿命延长。

5. 维修费用较少

天然气和液化石油气燃烧产物中极少含在中、常温下为液态的成分,发动机润滑油被稀释污染少,换油周期可以延长;天然气和液化石油气不含重成分加之燃烧完全,所产生的积炭较少,火花塞及活塞环的寿命较长,且维护时清理积炭作业较轻等。

6. 过渡工况运行稳定性好

天然气和液化石油气的混合气形成质量好且其跟随性较好,没有汽油机所面临的汽油雾化、蒸发以及管壁油膜等不稳定因素的影响,混合气浓度易于满足工况的要求,使发动机过渡工况运行稳定。

二、天然气汽车和液化石油气汽车的主要技术问题

天然气汽车具有动力性较差、储气瓶占用空间较大、汽车用户的初始投资较大和需要建立耗资巨大的加气网络等缺点。液化石油气汽车也存在类似的问题,不过程度较轻。

1. 汽车用户的初始投资较大

天然气汽车和液化石油气汽车的一些部件如储气瓶、安全阀等,要求严格,成本较高。此外,天然气汽车和液化石油气汽车尚未形成规模效益,也使得它们的造价下降受限。对于目前采用较多的两用燃料汽车,则要在原车上另加一套天然气或液化石油气供气系统(价值数千到数万元不等)。

2. 建站费用高

加气站建设费用高。建立一个加气站约需500~1000万元,甚至更多。推广天然气汽车,必须有完善的加气网络。这个问题在很大程度上是一些地区发展天然气汽车的瓶颈。

3. 携带不便

压缩天然气或液化天然气的携带,不如汽油和柴油方便。

4. 发动机动力性较差

与汽油相比,天然气混合气的热值低(天然气—空气混合气热值为 $3.36MJ/m^3$,汽油—空气混合气热值为 $3.82MJ/m^3$),空气进气量少,分子变更系数小,发动机动力性下降约20%。如果天然气系统匹配不良,动力性下降幅度更大。

同理,液化石油气汽车的动力性也比汽油车的低,但下降程度没有天然气汽车的大。

因此,若将汽油车改装为天然气汽车或液化石油气汽车时,需考虑原车的动力性是否有剩余以及汽车的使用性能是否受影响。

5. 储气瓶占用空间较大

气态天然气的能量密度比汽油小得多。常态天然气 $1m^3$ 装入 20MPa 的储气瓶中,约占 5L 容积。而与之等热量的汽油(0.81kg)只占 1.1L 容积,CNG 所占容积等于汽油的 4.5 倍(容积系数等于 4.47)。要保证相同的续驶里程,天然气汽车储气瓶的体积比汽车油箱就要大许多。虽然可以充分利用原来闲置的空间,但还是会占据一些本来可以作为行李仓等的有用空间,同时增加了布置上的难度。由于高压气瓶本身的质量较大,使汽车的整备质量增加,将会使汽车的有效载质量减少。这些问题在质量小的汽车上显得更为突出。

液化石油气也有类似问题,但相对而言不算严重。这是由于它的能量密度与汽油的差距没有天然气与汽油的差距大,容积系数等于 1.34。

三、天然气汽车和液化石油气汽车的发展

自从 20 世纪 30 年代意大利率先将天然气和液化石油气应用于汽车,已经有了约 90 年的发展史。近年来,天然气汽车和液化石油气汽车的发展速度加快。目前世界上有 40 多个国家正在实施以天然气和液化石油气替代汽、柴油的战略计划,这其中既有富气贫油的国家,又有油气皆富或油气皆贫的国家。一些国家的天然气汽车和液化石油气汽车已经有了相当的规模。2009 年,全世界的天然气汽车和液化石油气汽车的保有量已超 1200 万辆;2014 年全世界压缩天然气汽车保有量为 2282.6 万辆。

我国的天然气汽车在 2000 年后迅速增长。2014 年天然气汽车保有量为 459.5 万辆,为世界第一,占当年汽车保有量的 2.97%;2015 年为 496.0 万辆,蝉联世界第一,占当年汽车保有量的 2.88%。我国许多城市 90% 以上的公交车和出租车为天然气汽车。据预测,2020 年我国的天然气汽车保有量将达到 1100 万辆。

根据天然气和石油两种能源的发展势头,20~30 年后在世界能源消费格局中天然气将有可能向石油挑战,在此期间天然气汽车也会得到迅速的发展。由于目前天然气汽车(包括液化石油气汽车)的保有量还不到汽车总保有量的 3%,20~30 年内天然气汽车(包括液化石油气汽车)尚不可能与传统汽车抗衡。到 21 世纪中叶天然气汽车在汽车总保有量中将占据举足轻重的地位。

第五节　醇类燃料在汽车上的应用

醇类主要指甲醇和乙醇,属含氧燃料,也用作化工原料及其他用途。醇类也可划入生物燃料的范畴,但是醇类在汽车上的应用已经有了一定数量,故单列出来。

甲醇和乙醇的特性如表 3-1 所示。燃用甲醇的汽车称为甲醇汽车,燃用乙醇的汽车称为乙醇汽车,统称为醇类汽车。

一、醇类用作汽车燃料的优点

1. 来源较为丰富,且具有一定的可再生性

生产甲醇的原料主要有天然气、煤、石脑油、重质燃料以及木材、垃圾、海藻等。

生产乙醇的原料主要有化工原料(如乙烯)、含糖作物(如甘蔗、甜菜等)、含淀粉作物

(木薯、土豆和玉米等)以及纤维类原料(如草木、秸秆等)。

2. 具有有利于提高热效率的一些特性

(1) 辛烷值高,许用压缩比高。

乙醇的研究法辛烷值(RON)和马达法辛烷值(MON)分别为111和94,甲醇的研究法辛烷值和马达法辛烷值分别为112和95。若采用混烧,添加甲醇或乙醇可以有效地提高汽油的辛烷值。如 RON 为 90.6 的催化裂化汽油添加10%(体积)乙醇,RON 和 MON 分别增加3.4个单位和1.4个单位。

(2) 着火界限宽,火焰传播速度快,有利于采用稀混合气。

3. 可降低污染物排放

乙醇和甲醇的含氧量分别为34.7%和50%,有利于改善燃烧,降低排污。与汽油混烧,可使混合燃料也变成为含氧燃料。如汽油中添加10%的乙醇,含氧量为3.5%。怠速排放研究表明,和燃用汽油相比,当乙醇含量为6%时,HC 排放降低5%,CO 排放降低21%~28%,NO_x 排放降低7%~16%。当乙醇含量为15%和25%时,HC 排放分别降低16%和30%,CO 排放分别降低30%和47%。

国际能源机构 IEA 为了评估实际使用的代用燃料汽车的性能,于1990—1995年组织芬兰、美国、加拿大和荷兰等8个国家,在芬兰技术研究中心 V′IT 对各国生产的14辆使用不同燃料[汽油(质量好的新配方汽油)、柴油、M85、LPG 和 CNG]的汽车,按 FTP 工况法,在转鼓试验台上进行了排放评估。检测结果如下:①在常规排放方面,各种燃料的排放均受气温影响较大,-7℃时的排放与 +20℃时比有明显增加;M85 加三元催化的排放比汽油加三元催化洁净;M85 的 NO_x 浓度排放在各种燃料中最低;M85 的 HC 排放浓度在常温下也是最低的。其低温下的 HC 排放与 CNG 相当,略高于柴油和 LPG;柴油的 CO 和 HC 排放低,但 NO_x 排放最高。②在非常规排放方面,甲醇燃烧排出的1,3丁二烯(光化学烟雾氧化剂)和苯(致癌)远远低于汽油,与 LPG 和 CNG 相当;醇类燃料的醛和未燃醇的排放最高,但在常温时未超过美国加州标准(9.5mg/km 和 243mg/km),但低温时排放量较大。除在发动机上采取措施外,还有待开发专用甲醇排气净化催化剂。

二、醇类用作汽车燃料的主要技术问题

1. 醇与汽油易分层

甲醇与汽油须借助于某些添加剂才能互溶,但对温度很敏感。乙醇汽油对水较为敏感,少量的水即可导致乙醇与汽油发生相分离。从而增加了对燃料的要求和增加了储运的难度。

2. 醇有腐蚀作用

醇及有关燃烧产物对铅锡镀层、镁、锌、铜、铝和黑色金属有腐蚀作用;醇对腈橡胶有轻微的腐蚀、溶胀、软化或龟裂作用,当醇的含量较大时,应对发动机的有关零部件材质进行防腐处理,如用镍镀层、不锈钢件和氟橡胶替代。

3. 低温起动性较差

甲醇和乙醇的汽化潜热分别为1101kJ/kg 和 862kJ/kg,比汽油(297kJ/kg)高许多,从而

使进气温度降低,影响燃料的充分汽化,导致低温起动性较差。当醇的含量较大(如大于20%),必须采取措施予以解决。

4. 甲醇有剧毒、燃烧后的甲醛排放高

甲醇燃烧后有微量未燃甲醇排出,甲醇可刺激眼结膜,也可通过呼吸道、消化道和皮肤进入人体,刺激神经,造成头晕、乏力和气急等症状,严重时可导致死亡。甲醇燃烧时会产生数倍于传统燃料的甲醛,甲醛是强刺激性物质,有强烈致癌作用,其光化学效应和对臭氧层的破坏能力也很强。

5. 乙醇的价格贵

燃料乙醇以粮食为原料,成本较高,其价格长期高于汽油,这是其推广应用的重要障碍。甲醇的价格虽低。但因其热值低,应按约两倍的价格来对比。

一般地讲,国家会采取一定的扶持政策,进行补贴。从长远来看,国家对企业的扶持其实是一个产业的培育过程,国家和产业都会受益。如1997年,美国为发展燃料乙醇补贴了12亿美元,与此同时增收36亿美元。但为了控制原料的成本,国家还将对燃料乙醇的生产企业布局进行一定的规划。

此外,推广乙醇汽油不能全靠国家扶持。企业应当努力提高副产品的综合利用水平,降低生产成本,提高竞争实力,使自己具有抵抗政策风险的能力,立于不败之地。

6. 热值较低

甲醇和乙醇的热值均较低,它们的低热值分别为20.26MJ/kg和27.20MJ/kg,而汽油的低热值为44.52MJ/kg。尽管它们分别与空气组成的混合气的热值差距较小(甲醇-空气、乙醇-空气和汽油-空气的理论混合气的热值分别为$3.56MJ/m^3$、$3.66MJ/m^3$和$3.82MJ/m^3$),但如不采取合理的技术措施,仍会对发动机性能(尤其是动力性)产生一定的影响。

三、醇类燃料在汽车上的应用前景

甲醇和乙醇辛烷值高和含氧的特性,使其在点燃式发动机上有良好的应用前景。

推广车用含醇汽油不仅可以缓解石油供求矛盾、有效降低汽车尾气中有害气体的排放,其中的乙醇汽油还可以刺激农业生产。

从长远看,一种燃料的应用前景,归根结底还是依赖于其自身的综合素质。全面衡量,在21世纪醇类将会是汽车较为一种重要的燃料,在某些国家或地区醇类汽车将占有较大的比例。由于甲醇的来源主要是化工副产品,或从其他重要能源转换而得,而乙醇虽然有一定的再生性,但以粮食作物为原料又使它具有了一定的局限性。加之成本较高,综合使得醇类燃料从世界范围看尚不可能成为基本的代石油能源,只能作为汽车能源的局部补充。

第六节 二甲醚在汽车上的应用

二甲醚(DiMethyl Ether,DME)是一种化工产品,它具有优异的环境性能指标,虽然对皮肤有轻微的刺激作用,但无毒,在大气中二甲醚能够在短时间内分解为水和CO_2(半衰期只有5天),不会对环境造成破坏,因此二甲醚被广泛用作喷雾剂、制冷剂及溶剂等。

一、二甲醚用作汽车燃料的优点

1. 来源比较丰富

二甲醚可用天然气、煤、石油、焦炭或生物质为原料制取,目前基本上采用二步法工艺生产。第一步天然气或煤等原料变成合成气(H_2、CO 和 CO_2),合成气进一步转变成甲醇;第二步甲醇经脱水变成二甲醚。二步法制取二甲醚的成本较高,目前可以省去甲醇的生成和转换环节的一步法已经研究成功,一旦付诸应用,成本即可大幅度下降至与柴油相当或低于柴油。总之,二甲醚的原料应当说是比较丰富的,虽然以天然气为原料不一定可取,但可以煤、石油、焦炭或生物质为原料。由于可用生物质为原料,也就有了一定的可再生性。

2. 十六烷值高

二甲醚的十六烷值为 55~60,很适合用作压燃式发动机的燃料。

3. 污染小

二甲醚的汽化性能比柴油好,其分子结构是由两个甲基中间夹着一个氧原子构成(CH_3-O-CH_3),没有 C-C 键,只有 C-O 和 C-H 键,又含有较大比例的氧(34.8%),故可使柴油机实现无烟燃烧。且 CO 和 HC 的排放也比以柴油为燃料有较大幅度的下降。

二甲醚的自燃温度低,滞燃期短,NO_x 排放少,燃烧噪音低。二甲醚的汽化潜热(467kJ/kg)比柴油(250kJ/kg)大:如按等质量计算,等于柴油的 1.64 倍;如按等放热量计算,等于柴油的 2.53 倍。这就可以大幅度降低最高燃烧温度,也使 NO_x 排放减少。试验表明,即使在无排气再循环(EGR)或氧化转换器条件下,也可达到欧洲Ⅲ的排放标准。

二甲醚不发生光化学反应,对人体无毒,只有当其体积百分比超过 10% 时,才会产生轻微的麻醉作用,可以说二甲醚对环境(臭氧层等)和人体无害。

4. 动力性较好

二甲醚的低热值(27.60MJ/kg)虽然比柴油(43.00MJ/kg)低许多(36%),但二甲醚的理论混合气热值(3.71MJ/m³)却与柴油的(3.83MJ/m³)相当接近。而燃用二甲醚时,热效率较高(可以增高 2%~3%),分子变更系数大,加之因燃烧完全度高,允许采用较小的空燃比。因此,燃用二甲醚时的动力性不仅不会降低,反而有可能增高。

二、二甲醚用作汽车燃料的主要技术问题

(1)汽车用户的初始投资较大。与液化石油气汽车相当,但低于天然气。

(2)建站费用较高。与天然气和液化石油气一样,需要从无到有建立完善的加注网络。建设加注站的投资力度与液化石油气相当,但低于天然气。

(3)携带不便。二甲醚的沸点是 -24.8℃,故常温常压时呈气态,需加压到 0.53MPa 以上才可液化,其携带难度类似液化石油气,没有汽油、柴油方便。当利用原柴油机的供油系统供给二甲醚时,需要设法保持储气瓶的压力,比液化石油气汽车稍显复杂。

(4)储气瓶占用空间大。二甲醚的能量密度小。在液态下,二甲醚相对于柴油的实用容积系数为 2.376,为了保证大体相等的续驶里程,二甲醚汽车储气瓶的容积必须等于柴油车油箱的 2.376 倍。

(5)润滑性差。二甲醚的黏度很低,因而润滑性很差,燃料供给系统的磨损问题是二甲醚实用化的最大障碍之一。

(6)二甲醚的成本目前较高。

三、二甲醚在汽车上的应用前景

二甲醚在内燃机上的应用,最早是为了改善用压燃方式工作的甲醇发动机的低温起动性能,用作甲醇的引燃剂。这是由于二甲醚的十六烷值高,自燃温度(只有235℃)比柴油还低。

20世纪90年代初,我国开始将二甲醚用作民用燃料,开发和生产民用二甲醚液化石油气燃料和民用醚基复合燃料。结果表明,与液化石油气相比,二甲醚热值高、成本低、燃烧洁净、无残液,是一种优质的民用燃料。

由于二甲醚目前主要用于精细化工,需求量不大,全世界二甲醚的年产量仅约10万t,年生产能力仅约15万t。

二甲醚是柴油的理想的洁净代用燃料。二甲醚用作汽车燃料,实质性应用取决于二甲醚的生产成本。随着生产成本的不断下降,二甲醚的竞争力越来越强,其在汽车上的应用前景应当是乐观的。

第七节 生物质能在汽车上的应用

用生物质为原料,可以制成生物燃料,如生物乙醇可以替代汽油、生物柴油可以替代柴油。

一、生物质能用作汽车燃料的优点

1. 来源丰富

地球上的生物质能相当丰富,仅其中的植物每年储存的能量的百分之几即可满足全球的能源消费。生物质能可以再生,更使"丰富"二字锦上添花。

2. 对环境有利

植物进行光合作用时吸收CO_2,故用作汽车燃料,不会像化石燃料那样导致大气中的温室气体增加。生物质能不含硫,没有硫化物的排放,也不会造成酸雨。

二、生物质能用作汽车燃料的主要技术问题

(1)生物燃料成本高。目前,生物燃料生产量小,成本高。

(2)供油系统部件易被堵塞。植物油中的脂肪胶和杂质易使燃油过滤器堵塞。植物油的黏度和初馏点高,易使喷油器结胶、堵塞。

(3)燃烧室易积炭、活塞环易黏结、润滑油易变质。植物油的黏度高,雾化差,不但使燃烧室易积炭、活塞环易黏结,还由于液态植物油泄漏到油底壳中,使润滑油容易变质。但植物油经过脂化处理后的生物柴油,几乎不存在上述现象。

三、生物质能在汽车上的应用前景

由于生物质能来源丰富且有利于环境,许多国家对生物燃料的研究开发相当重视,一些国家燃用植物油单脂或与柴油的混合燃料汽车(少者数十辆多者上千辆)。

美国有关专家对生物质能的前景相当看好,提出仅将目前美国储备的耕地和荒地用于生产植物油,就可以替代美国交通用柴油的25%。在地广人稀的国家或地区,生物燃料有望获得一定的应用。

第八节　各种汽车新能源的综合对比

经多年的研究已知,可能用于汽车,替代石油的能源有电能、氢气、甲醇、乙醇、天然气、液化石油气、二甲醚、太阳能和生物质能等。这些能源用于汽车,有的处于研究开发阶段,如氢气汽车、二甲醚汽车、太阳能汽车和生物质能汽车等;有的已经获得实用,甚至有了一定的规模,如电动汽车、天然气汽车(含液化石油气汽车)和醇类汽车,其都有几十年的应用历史,保有量均达数百万辆至数千万辆。但相对于目前汽车的基本能源——汽油和柴油,上述能源仍属于新能源。

汽车新能源的比较与展望见表3-2。

汽车新能源的比较与展望　　　　　　　　　　　表3-2

新能源	优　　点	缺点或问题	现状与前景
电能 (电动汽车)	(1)来源非常丰富,且来源方式多; (2)直接污染及噪声很小; (3)结构简单,维修方便	(1)蓄电池能量密度小,汽车续驶里程短; (2)电池质量大,寿命短,成本高; (3)蓄电池充电时间长	从总体看仍处于试验和推广阶段,要完全解决技术上的难题并降低成本,还需要一定的时间;公认的未来汽车的主体
太阳能 (太阳能汽车)	(1)来源非常丰富,可再生; (2)污染很小	(1)能量转换效率低; (2)成本高; (3)受时令影响	正在研究,达到实用需要相当长的时间
氢气 (氢气汽车)	(1)来源非常丰富; (2)污染很小; (3)氢的辛烷值高,热值高	(1)生产成本高; (2)气态氢能量密度小且储运不便,液态氢技术难度大且成本高; (3)需要开发专用发动机	仍处于基础研究阶段,制氢及储带技术有待突破;有希望成为未来汽车的重要组成部分,但前景尚难估量
天然气 (天然气汽车)	(1)资源丰富; (2)污染小; (3)辛烷值高; (4)价格低廉	(1)建加气站网络的投资大; (2)气态天然气的能量密度小,影响续驶里程等性能; (3)与汽油车比动力性低; (4)储带有所不便	在许多国家获得广泛使用并被大力推广,约占汽车保有量的3%;是21世纪汽车重要品种
液化石油气 (液化石油气汽车)	(1)来源较为丰富; (2)污染小; (3)辛烷值较高	面临天然气汽车的类似问题,但程度较轻	目前世界上液化石油气汽车的保有量达400多万辆,是21世纪汽车的重要品种

续上表

新能源	优　点	缺点或问题	现状与前景
醇类 （甲醇和乙醇） 燃料 （醇类汽车）	(1) 来源较为丰富； (2) 辛烷值高； (3) 污染较小	(1) 甲醇的毒性较大； (2) 需解决分层问题； (3) 对金属及橡胶件有腐蚀性； (4) 冷起动性能较差	已获得一定程度的应用；可以作为能源的一种补充，在某些国家或地区可能保持较大的比例
二甲醚 （二甲醚汽车）	(1) 来源较为丰富； (2) 污染小； (3) 十六烷值高	面临与液化石油气类似的储运方面的问题	正在研究开发，采用一步法生产二甲醚成本大幅度下降后，可望有较好的发展前景
生物质能 （生物质能汽车）	(1) 来源丰富，可再生； (2) 污染小	(1) 成本高； (2) 影响供油系统部件	可以作为能源的一种补充，应用于某些国家或地区

21世纪呈现在人们面前的汽车能源将是汽油、柴油、天然气、电能、氢气、醇类以及二甲醚等多种能源活跃的多极模式。21世纪上半叶，上升势头最猛的非电动汽车莫属。到21世纪末，汽油和柴油可能已经或即将退出历史舞台，天然气汽车也成了强弩之末，如果没有氢气这一潜在的黑马杀出，电动汽车势必稳取汽车能源世界霸主的宝座。

第四章 电动汽车技术

第一节 概 述

一、电动汽车的定义与分类

1. 定义

电动汽车指配置大容量电能储存装置,行驶的里程中全部或部分由电动机驱动完成的汽车。

2. 分类

1) 纯电动汽车

纯电动汽车(Battery Electric Vehicle,BEV,通常表示为 EV)指完全由可充电蓄电池(简称电池)提供动力源的汽车。

2) 混合动力电动汽车

指使用电动机和传统内燃机联合驱动的汽车。按动力耦合方式的不同可以分为串联式、并联式和混联式;按电池能量来源可以分为(普通)混合动力电动汽车(Hybrid Electric Vehicle,HEV)和插电式混合动力电动汽车(Plugin Hybrid Electric Vehicle,PHEV)。

3) 燃料电池电动汽车

燃料电池电动汽车(Fuel-Cell Electric Vehicle,FCEV)是利用氢气和空气中的氧在催化剂的作用下,在燃料电池中经电化学反应产生的电能驱动的汽车。

按照汽车的其他分类方式(如按用途、行驶道路等),电动汽车和燃油汽车的分类相近。

二、电动汽车与燃油汽车的主要区别

1. 结构组成方面

电动汽车对汽车的动力源进行了彻底的革命。纯电动汽车用电动机取代了传统汽车的内燃机,这是电动汽车与传统汽车的最大区别;内燃机汽车装载的能源是汽油或柴油等燃料,而电动汽车装载的能源是电能(对于纯电动汽车和插电式混合动力电动汽车)或燃料(对于燃料电池电动汽车和混合动力电动汽车);内燃机汽车的储能装置是燃料箱(对于汽油车或柴油车等)或储气瓶(对于天然气汽车或液化石油气汽车),电动汽车的储能装置是蓄电池(对于纯电动汽车和混合动力电动汽车)或燃料箱(对于燃料电池电动汽车和混合动力电动汽车)。内燃机汽车的传动系部件较多,包括离合器、变速器、万向传动装置、驱动桥等;而电动汽车由于电动机有更好的转矩特性和控制特性,传动系可以简化,不用离合器。常见2种结构类型:一种是取消变速器,保留其他部件;另一种是取消变速器、传动轴、主减

速器、差速器等,直至将电动机直接嵌入车轮内的电动轮驱动式。在控制方面,电动汽车则面临多能源控制和能源监控等方面的问题。电动汽车与燃油内燃机汽车的结构组成的不同点见表4-1。

电动汽车与内燃机汽车结构组成的不同点　　　　　表4-1

项　目	内燃机汽车	电　动　汽　车
装载能源	汽油、柴油、天然气等	电能(蓄电池式)或燃料(燃料电池式)
储能装置	燃料箱或储气瓶等	蓄电池(蓄电池式)或燃料箱(燃料电池式)
动力装置	内燃机	电动机及控制器
传动系	离合器、变速器、万向传动装置、驱动桥	部件减少

此外,电动汽车的车身结构、转向系统、制动系统和空调系统等,与燃油汽车也有很大差别。

2. 能量转换方面

与内燃机汽车相比,电动汽车的能量转换传递方式发生了根本性的变化。

内燃机汽车的能量转换传递方式为:燃料的化学能通过燃烧转变为热能,热能再转变为机械能。纯电动汽车的能量转换传递方式为:蓄电池存储的电能通过电动机转变为机械能。燃料电池电动汽车的能量转换传递方式为:燃料的能量经燃料电池将化学能转变为电能,电能通过电动机转变为机械能。混合动力电动汽车的能量转换传递方式,兼有内燃机汽车和纯电动汽车汽车的方式。

第二节　动　力　电　池

一、概述

1. 动力电池的分类

1)按电解质分类

(1)酸性电池:主要是以硫酸水溶液为电解质,例如铅酸电池。

(2)碱性电池:主要是以氢氧化钾水溶液为电解质,例如锌锰电池、镍镉电池和镍氢电池。

(3)有机电解液电池:以有机电解液为电解质,例如锂电池、锂离子电池。

此外,中性电池以盐溶液为电解质。中性电池稳定性差,在电动汽车上很少应用。

2)按正负极材料分类

(1)锌系电池:有锌锰电池和锌银电池等。

(2)镍系电池:有镍锌电池、镍镉电池和镍氢电池等。

(3)铅系电池:例如铅酸电池。

(4)锂系电池:有锂离子电池、锂聚合物电池和磷酸铁锂电池等。

此外,金属空气电池有锌空气电池和铝空气电池等,但因其综合性能差,在电动汽车上很少应用。

3)按容量和输出功率的能力分类

(1)能量型动力电池:通常具有较大的容量,能够提供比较持久的能源供给,常用于纯电动汽车、中度或重度混合动力电动汽车。电池总能量在整车能源配置中占很大比例(或全部)。电池可以吸收汽车制动再生回馈的能量。

(2)功率型动力电池:容量通常较小,可以提供瞬间大功率供电,主要用于中度混合动力电动汽车。电池可以吸收汽车制动再生回馈的能量,在汽车起步、加速等工况下提供短时间的供电。

(3)能量/功率兼顾型动力电池:既要有高的能量密度,又要有在充电状态低时可以提供大功率和在充电状态高时能吸收大功率,主要用于插电式混合动力电动汽车。

2. 动力电池的性能参数

1)放电率

电池的性能与放电快慢有很大关系。描述放电快慢的参数是放电率,可以从放电时间和放电电流两个角度定义。

(1)时率:以放电时间表示的放电率,指以一定的放电电流放电至不容许再放电时所需的时间,常用小时数(i)为单位,称为i小时放电率。

(2)倍率:以放电电流表示的放电率,指实际放电电流为额定放电电流的倍数。例如,$5C$、$10C$和$C/2$分别表示放电电流为额定放电电流的5倍、10倍和1/2。

2)电压

(1)电动势:电池正负极之间的平衡电极电位差。

(2)开路电压:电池在开路时的端电压,为正极电位与负极电位之差。开路电压一般略小于电动势(但也可近似认为开路电压就是电动势)。

(3)工作电压:分为放电电压和充电电压。放电电压指的是电池两端接上负载后,在放电过程显示的电压;充电电压指的是对电池充电时电池的端电压。

(4)额定电压:电池在标准规定的条件下工作时达到的电压。额定电压可以用作验收电池质量和电池选用的依据。

(5)截止电压:分为放电截止电压和充电截止电压。放电截止电压指的是电池在规定条件下放电时,不宜再继续放电的最低工作电压;充电截止电压指的是电池充电至不宜再继续充电的最高工作电压。

3)容量

(1)理论容量:假设电池的活性物质全部参加成流反应,根据法拉第定律计算得到的电量。理论容量是电池容量的最大极限值,电池的实际容量只是其理论容量的一部分。

(2)实际容量:充满电的电池在一定条件下放电输出的电量。常用的实际容量是i小时率放电容量,指的是在恒流放电条件下,用i小时把充满电的电池放电至截止电压时能够放出的总电量,用C_i表示。电动汽车动力电池的容量用C_3表示、燃油汽车用起动电池的容量用C_{20}表示、牵引电池的容量用C_5表示。

(3)额定容量:在规定的放电条件下电池应放出的电量。额定容量是验收电池质量和电池选用的重要参数。我国把3h放电率容量C_3定义为电动汽车动力电池的额定容量。

(4)剩余容量:使用过的电池,在规定的放电条件下放出的电量。

4)比功率和功率密度

(1)比功率:指单位质量蓄电池能够输出的功率,也称质量比功率,单位为 W/kg 或 kW/kg。动力电池的比功率主要影响电动汽车的动力性。

(2)功率密度:指单位体积蓄电池能够输出的功率,也称体积比功率,单位为 W/L 或 kW/L。

5)比能量和能量密度

(1)比能量:指单位质量蓄电池能够输出的能量,也称质量比能量,单位为 W·h/kg 或 kW·h/kg。动力电池的比能量影响电动汽车的续驶里程。

(2)能量密度:指单位体积蓄电池能够输出的能量,也称体积比能量,单位为 W·h/L 或 kW·h/L。动力电池的能量密度越大,其占用的空间越小。

6)充电状态和放电深度

(1)充电状态(State of Charge,SOC):指电池剩余电量与额定容量的比值。

(2)放电深度(Depth of Discharge,DOD):指电池已放出电量与额定容量的比值。

显然,SOC 等于 1 减 DOD。

7)使用寿命

(1)时间使用寿命:指电池从制成之后,包括储存期和使用期在内的时间期限,也称日历寿命。

(2)循环使用寿命:指电池容量降至某一规定值前,电池经历的充放电循环次数。在测定循环使用寿命时,必须在规定的充放电试验条件下(包括充放电率、放电深度和环境温度等)进行。

8)自放电率

指电池存放过程中容量自行损失的速率,用单位储存时间内自放电损失容量占储存前容量的百分数表示。

3. 电动汽车对动力电池的要求

不同种类电动汽车的结构和工作模式不同,对动力电池的要求不同。

1)纯电动汽车对动力电池的要求

动力电池是纯电动汽车唯一能量源,需要同时满足汽车的动力性和续驶里程的要求。动力电池在汽车等速行驶时(大多数时间)进行的是频繁、电流不大的放电,但在汽车加速和爬坡应能提供较大的放电电流,在汽车制动或充电时,也应承受较大的充电电流。具体要求如下。

(1)为了保证必要的续驶里程,纯电动汽车必须携带足够容量的电池组,要求选用的电池具有大的比能量和能量密度。

(2)为了使汽车的续驶里程延长,电池的放电电流不宜过大,典型的连续放电电流不超过 $1C$,峰值放电电流不超过 $3C$。

(3)为了尽可能地回收汽车制动能量,电池应能承受高达 $5C$ 的充电电流。

(4)为了尽可能利用电池存储的电能,要求电池能实现深度放电。

(5)为了降低汽车的价格和运行成本,电池应具有长的使用寿命和高的充放电效率。

2)混合动力电动汽车对动力电池的要求

与纯电动汽车相比,混合动力电动汽车对电池容量的要求变低,电池主要在汽车加速、爬坡时提供较大的峰值功率,以及在汽车制动时回收制动能量,电池频繁处于大电流充放电状态。具体要求如下。

(1)为了减轻发动机的负荷,并满足汽车的动力性要求,电池应能提高较大的瞬时功率。设计时应选用大比功率的电池。

(2)为了满足汽车动力性和回收汽车制动能量,电池应能承受大电流的充放电。

(3)在苛刻的环境条件下,也有很长的使用寿命,能承受3000次的深度放电循环和300000次浅度放电循环。

4. 动力电池在电动汽车上的应用

(1)铅酸电池。技术成熟、性能可靠、价格低廉,但能量密度小、过充放电性能差,在比能量和深度放电循环寿命等方面不够理想,快速充电困难。综合考量,其作为动力电池较镍氢和锂离子电池差。常应用于速度不高、线路固定的汽车,如社区、环卫、邮政等专用汽车,也可用于具备启停功能的弱混电动汽车。

(2)镍氢电池。是20世纪90年代发展起来的一种新型电池,具有高比能量、高比功率、适合大电流放电、使用寿命长、过充电和过放电性能好等优点,并可以实现快速充电,同时低温性能好,能够长时间存放,且无污染。

(3)锂离子电池。也是20世纪90年代发展起来的一种新型电池,是目前最新一代充电电池,具有电压高、比能量大、比功率大、充放电寿命长、无记忆效应、无污染、可快速充电、自放电率低、工作温度范围宽和安全可靠等优点,但耐过充性能差,需要设计特殊的线路对其充电进行控制和保护。随着制造成本的降低,锂离子电池应用越来越广泛。

以上3种电池的性能和3种电动汽车(纯电动EV、混合动力HEV和插电式混合动力PHEV)对电池性能要求对比如图4-1所示。

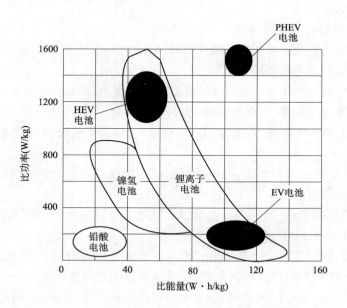

图4-1 3种电池的性能和3种电动汽车对电池性能要求对比

各类动力电池在电动汽车上的应用及其技术要求见表4-2。

各类动力电池在电动汽车上的应用及其技术要求　　　　表 4-2

参数	EV	HEV				FCEV
		微混	中混	全混	插电式	
电池类型	锂离子（能量型）	铅酸、铅酸加超级电容	镍氢、锂离子（功率型）加超级电容		锂离子（功率能量兼顾型）	与全混式或插电式相同
典型电压（V）	200～400	12	36～120		200～400	
总能量（kW·h）	10～30	0.6～1.2	1	1	5～10	
比能量（kW·h/kg）	>150	—		1～3	>100	
总功率（kW）	30～70	2	5～20	30～50	30～70	
功率比能量（kW/kW·h）	3～5	—	5～20	30～50	5～15	
循环制度（典型SOC）	20%～100%	60%～80%	40%～60%		20%～100%	
寿命要求	3000次（深度放电）	300000次铅酸5年	300000次		300000次+3000次（深）	

可用作电动汽车储能装置还有超级电容、储能飞轮；其他动力电池还有锌空气电池、铝空气电池、钠硫电池和钠氯化镍电池等。但这些储能装置或电池在电动汽车上应用很少，本节不再赘述。

二、铅酸电池

自1859年发明以来，铅酸电池广泛用作内燃机汽车的起动电源，也是早期电动汽车的能量源。

1. 铅酸电池的结构

用于电动汽车的动力铅酸电池广泛采用密封阀控式铅酸蓄电池（Valve Regulated Lead Acid Battery，VRLA）。单体VRLA结构如图4-2所示，由正极板、负极板、隔板、电解液和安全阀等组成。正、负极板用特种合金浇铸而成，隔板采用超细玻璃纤维制成。电解液为硫酸（H_2SO_4）的水溶液。安全阀（也称溢气阀）设置在电池盖上，当电池内部气压超过设定值时，阀门自动打开，防止电池爆炸；气压降低后，阀门自动关闭，防止空气进入电池内。

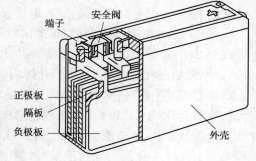

图4-2　单体VRLA的结构

2. 铅酸电池的工作原理

充足电时，正极板的活性物质为二氧化铅（PbO_2）、负极板的活性物质为铅（Pb）。放电时，正、负极板的活性物质均变为硫酸铅（$PbSO_4$），电解液由H_2SO_4变为H_2O、密度减小。充电时，化学反应相反。总的化学反应式如公式（4-1）。

$$PbO_2 + Pb + 2H_2SO_4 \underset{充电}{\overset{放电}{\rightleftharpoons}} PbSO_4 + PbSO_4 + 2H_2O \tag{4-1}$$

正极板　负极板　电解液　　　　正极板　　负极板　　电解液

3. 铅酸电池的特点

1）铅酸电池的优点

（1）单体电压高，为2.0V。

(2)技术成熟,原料易得,成本低。

(3)高低温性能均好,可在-40~60℃环境下工作。

(4)比功率较大,可达300W/kg。

(5)易于浮充使用,没有"记忆"效应。

(6)易于确定荷电状态。

2)铅酸电池的缺点

(1)比能量小,最高只有45W·h/kg。能量密度小。电池质量和体积大。

(2)使用寿命不长,循环使用寿命一般小于500次。

(3)不能进行快速充电,充电时间长。

(4)铅是重金属,存在污染。

4. 铅酸电池的特性

铅酸电池的恒流放电特性如图4-3所示。在放电初期,电池的端电压迅速下降(A—B段),这是由于放电之初极板孔隙内电解液的H_2SO_4迅速消耗,其密度随之迅速下降所致。随后,极板孔隙外电解液中的H_2SO_4向孔隙内渗透,孔隙内的电解液密度下降变慢,因而蓄电池端电压下降也很缓慢(B—C段)。当放电接近终了时,电池电压又会迅速下降(C—D段),是由于化学反应深入到了极板的内层,加之放电后生成的$PbSO_4$覆盖在极板表面而使孔隙变得越来越小,使电解液渗透困难,造成极板孔隙内电解液密度迅速下降。D点是放电的终止点,若继续放电,则为过度放电,端电压会急剧下降。过度放电会导致极板上形成粗晶体的$PbSO_4$,在充电时不易还原,电池容量下降。

铅酸电池的恒流充电特性如图4-4所示。在充电初期,极板孔隙内进行电化学反应而生成H_2SO_4,孔隙内电解液密度迅速上升,产生浓差极化,导致充电电压迅速上升(A—B段)。在随后的充电过程中,极板孔隙内的H_2SO_4向外扩散,当孔隙内H_2SO_4的生成速度与扩散速度相对平衡时,动态电动势相对稳定,充电电压随着整个容器内电解液密度的缓慢增大而逐渐上升(B—C段)。当充电达到90%(C点)时,电解液开始有气泡冒出(少量析气),继续充电,水的电解速度会不断上升,气泡也逐渐增多,极板表面产生电化学极化,使充电电压迅速上升(C—D段),电解液呈"沸腾"状,表明电池已充足电,应停止充电。若继续充电,除了浪费电能还会因极板上的活性物质被冲刷掉而缩短电池的寿命。

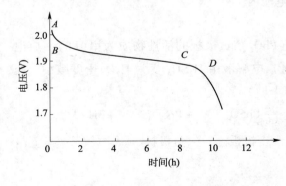

图4-3 铅酸电池的恒流放电特性

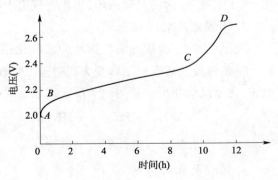

图4-4 铅酸电池的恒流充电特性

三、镍氢电池

1. 镍氢电池的结构

镍氢电池的外形有圆形和方形两种。单体圆形镍氢电池的结构如图 4-5 所示。镍氢电池主要由正极片、负极片、隔板(膜)和电解液等组成。正极片由涂有球状 $Ni(OH)_2$ 粉末与添加剂和黏合剂的涂膏烧结而成,活性物质为 NiOOH(放电时)和 $Ni(OH)_2$(充电时)。负极片为储氢合金,由能反复吸收和释放氢原子的合金晶格构成。隔膜采用多孔维尼纶无纺布或尼龙无纺布。电解液为 30% 的 KOH 溶液,掺有少量 NaOH 和 LiOH。为了防止充电过程中电池内压过高,电池设有防爆装置。

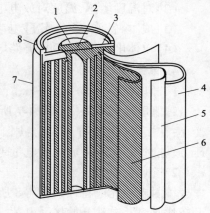

图 4-5 单体圆形镍氢电池的结构
1-盖帽(+);2-正极桩;3-密封板;4-负极片;5-隔膜;6-正极片;7-外壳(-);8-绝缘环

2. 镍氢电池的工作原理

镍氢电池的工作原理如图 4-6 所示。正常放电时,负极发生氧化反应,正极发生还原反应。负极上的活性物质储氢合金 MH 释放出 H 原子,失去电子成为 H^+,与附近的 OH^- 化合生成 H_2O;正极上的活性物质羟基氧化镍 (NiOOH),得到电子被还原为氢氧化镍 $[Ni(OH)_2]$。正常充电时,负极发生还原反应,正极发生氧化反应。负极上的活性物质 H_2O 变成 H^+ 和 OH^-,H^+ 得到电子变成 H 原子并与储氢合金 M 结合成 MH;正极上的活性物质 $Ni(OH)_2$,得到电子被还原为 NiOOH。总的化学反应式如式(4-2)。

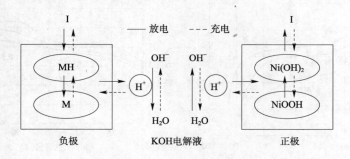

图 4-6 镍氢电池的工作原理

$$MH + KOH + NiOOH \underset{充电}{\overset{放电}{\rightleftharpoons}} M + KOH + Ni(OH)_2$$
$$\text{负极} \quad \text{正极} \quad \text{负极} \quad \text{正极} \tag{4-2}$$

3. 镍氢电池的特点

1) 镍氢电池的优点

(1) 比能量较大,可达 60~70W·h/kg;比功率较大,可达 650~800W/kg。

(2) 使用寿命长,循环充放电达 1000 次。

(3) 使用温度范围宽,可在 -23~55℃ 下正常工作。

(4)快速充电和深度放电性能好,充放电效率高;耐过充、过放电能力强。
(5)无重金属污染,全密封免维护。
2)镍氢电池的缺点
(1)自放电损耗大,常温下容量的月损失率为20%~40%。
(2)对温度敏感,温度对放电电压和容量影响大。
(3)成本高,价格约为铅酸电池的5~8倍。
(4)单体电池电压较低,开路电压为1.35V,放电平均电压为1.2V。

4. 镍氢电池的特性

1)放电特性

镍氢电池放电特性如图4-7所示。刚开始放电时,电池端电压快速下降;随后下降速度变小;在接近放电终了时,又急剧下降。放电电流越大,放电电压越低,更早达到放电终止电压,放电时间越短,能放出的电量越小。

2)充电特性

镍氢电池充电特性如图4-8所示。刚开始充电时,由于电池内阻产生压降,电池电压上升较快;此后,电池开始接受电荷,电池电压缓慢上升;在接近充满电时,电解液中会产生气泡,并聚集在极板表面,使极板的有效面积减小,电池内阻抗增加,电池电压开始较快上升;若继续充电,虽然产生的氧气能很快在负极被化合,但是电池电压会很快升高,使电池电压下降,因此,电压在充电接近终了时出现峰值。充电电流越大,充电电压越高,更早达到充电终止电压,能充入的电量越少,(因产生热量多)导致充电效率越低。

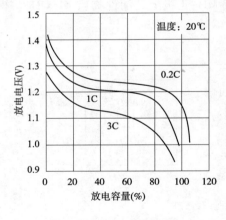

图4-7 镍氢电池的放电特性　　　　图4-8 镍氢电池的充电特性

3)温度特性

镍氢电池不同温度下的放电特性和放电容量如图4-9所示。由图4-9a)可知,在-20~20℃范围内,温度越高,放电电压越高;但在温度过高(60℃),又会导致电压急剧下降。由图4-9b)可知,在小电流放电时,温度对放电容量的影响不大;放电电流越大,温度对放电容量的影响越大,尤其是在低温(小于0℃)放电时,放电容量下降非常显著。

镍氢电池在不同温度下的充电特性如图4-10所示。环境温度越高,电池电压越低,能够充入的电量越少。

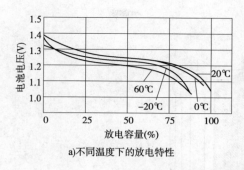
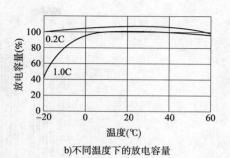

a) 不同温度下的放电特性　　　　b) 不同温度下的放电容量

图 4-9　镍氢电池不同温度下的放电特性和放电容量

4) 自放电特性

镍氢电池存在一定程度的自放电，图 4-11 为其自放电特性。自放电产生的原因有以下 4 点。

（1）正极活性物质 $Ni(OH)_2$ 自分解，产生的氧气可能到达负极，正负极的活性物质均减少，造成电池容量降低。

（2）储氢合金的氢从负极到达正极，与正极反应造成活性物质损失，使电池容量降低。

（3）正极存在氮化物杂质，引起亚硝酸盐和氨的氧化还原穿梭反应，使正极退化。

（4）电池内压的形成。

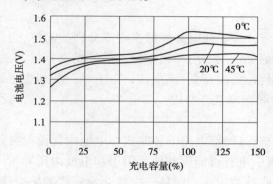
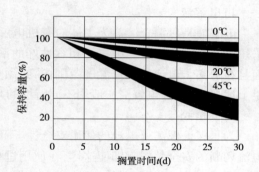

图 4-10　镍氢电池不同温度下的充电特性　　　图 4-11　镍氢电池的自放电特性

但是，镍氢电池自放电引起的容量损失是可逆的。长期储存的电池，经过 3~5 次小电流充电后，可使电池容量恢复。

四、锂离子电池

1. 锂离子电池的结构

按外形分类，锂离子电池有圆柱形和长方体两种。

圆柱形锂离子电池结构如图 4-12 所示。

1）正极片

在正极活性物质中加入导电剂、树脂黏合剂，并涂覆在铜基体上，呈细薄层分布。

2）负极片

在负极活性物质中加入黏合剂和有机溶剂，并涂覆在铜基体上，呈薄层分布。

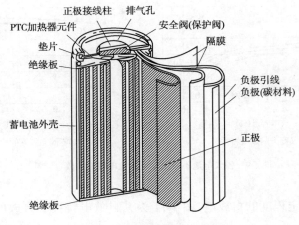

图 4-12 圆柱形锂离子电池结构

3) 隔板

隔板一般用聚乙烯或聚丙烯材料的微多孔膜。隔板的功能是关闭或阻断通道:当电池出现异常温度上升时,阻塞或阻断作为离子通道的细孔,使电池停止充放电反应,从而防止因外部短路等引起的过大电流放电使电池产生异常发热现象。过热现象一旦出现,电池将会被损坏,不能正常使用。

4) 电解液

电解液是以混合溶剂为主体的有机电解液。为了使电解液的主要成分锂盐溶解,必须采用具有高电容率且与锂离子相容性好的溶剂。常用不阻碍离子移动的低黏度有机溶剂,而且在锂离子电池的工作温度范围内,必须呈液态,凝点低,沸点高。由于单一溶剂很难满足上述严酷条件,电解液一般用不同特性的几种溶剂混合制成。

5) 安全阀

为了保证锂离子电池的使用安全性,一般通过外部电路的控制或在电池内部设有异常电流切断的安全装置。即使这样,在使用过程中也有可能因其他原因引起电池内压异常上升。此时,安全阀打开泄气,以防止电池爆炸或破裂。安全阀是一次性非修复式的破裂膜,一旦进入工作状态,就会保护电池,使其停止工作。这是电池的最后保护措施。

2. 锂离子电池的工作原理

锂离子电池的电解质有有机溶剂和固体聚合物两种。相应地,锂离子电池有液态锂离子电池和聚合物锂离子电池两种。两种电池工作原理一样。

锂离子电池的工作原理如图 4-13 所示。放电时,正极得到电子,同时 Li^+ 离子从负极石墨晶体脱离,通过电解质向正极移动,然后嵌入到活性物质 $LiMO_2$ 的晶状层中,正极处于富锂态;充电时,正极失去电子,正极活性物质 $LiMO_2$ 中的 Li^+ 离子从其中脱离,正极处于贫锂态,Li^+ 离子通过电解质向负极迁移,嵌入负极石墨晶体的晶状层之间。总的化学反应式见式(4-3)。

$$\underset{负极}{Li_xC} + \underset{正极}{Li_{1-x}MO_2} \underset{充电}{\overset{放电}{\rightleftharpoons}} \underset{负极}{C} + \underset{正极}{LiMO_2} \tag{4-3}$$

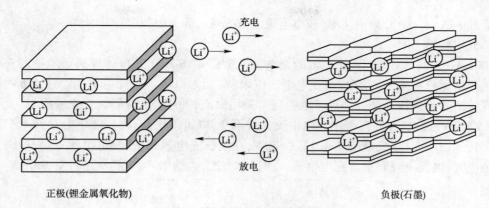

图4-13 锂离子电池的工作原理

锂离子电池在充放电过程中发生的电化学反应实际上是一种插层反应。Li^+离子在晶体内的层间、间隙或隧道中扩散时,并不产生键的断裂和电极活性物质的重建,Li^+离子扩散所需要的能量很小,故Li^+离子在两个电极中的插层反应很容易进行。放电时,Li^+离子从负极脱出,嵌入正极;充电时,Li^+离子从正极脱出,嵌入负极。就像一个摇椅,摇椅的两端为电池的两极,而Li^+离子在摇椅两端来回运动。因此,锂离子电池也被称为"摇椅式电池"。

3. 锂离子电池的特点

1) 锂离子电池的优点

(1) 工作电压高。锂离子电池工作电压为3.6V,是镍氢和镍镉电池工作电压的3倍。

(2) 比能量高。锂离子电池比能量已达到150W·h/kg,是镍镉电池的3倍,镍氢电池的1.5倍。

(3) 循环寿命长。目前,锂离子电池循环寿命已达到1000次以上,在低放电深度下可达几万次,超过了其他几种二次电池。

(4) 自放电率低。锂离子电池的月自放电率仅为6%~8%,远低于镍镉电池和镍氢电池。

(5) 无记忆性。可以根据要求随时充电,而不会降低电池性能。

(6) 对环境无污染。锂离子电池中不存在有害物质,是名副其实的"绿色电池"。

(7) 能够制造成任意形状。

2) 锂离子电池的缺点

(1) 成本高。主要是正极材料的价格高,但按单位瓦时的价格来计算,已经低于镍氢电池,与镍镉电池持平,但远高于铅酸电池。

(2) 必须有特殊的保护电路,以防止过充电。

4. 锂离子电池的特性

1) 放电特性

环境温度为25℃时,500mA·h的AA型锂离子电池的放电特性如图4-14所示。AA型电池的放电电流通常不应超过3C,单体电压不得低于2.2V。若电压低于2.2V,会造成电池的永久性损坏。0.2C放电速率(放电电流为100mA)且单体电压下降到2.7V时,可放出额

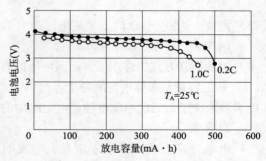

图4-14 锂离子电池的放电特性

定容量 500mA·h；1.0C 放电速率（放电电流为 500mA），能放出额定容量的 90%。

2）充电特性

500mA·h 的 AA 型锂离子电池的充电特性如图 4-15 所示。单体锂离子电池的充电电压必须严格保持在 4.1V±50mV，充电电流应限制在 1C 以下。若充电电压超过 4.5V，则可能造成电池的永久性损坏。锂离子电池通常采用恒流转恒压充电模式，首先采用 1C 充电速率（即 500mA）充电，在此过程中充电电流保持不变，电压很快升高；当电压上升到 4.1V 时，应立即转入恒压充电，充电电压 4.1V±50mV，在恒压充电过程中，充电电流逐渐变小；当电池充足电时，电流下降到涓流充电电流。用这种方法，大约 2h 可充到额定容量 500mA·h。

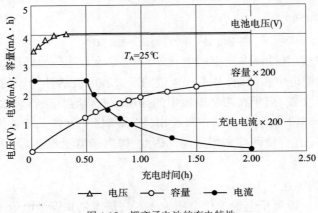

图 4-15 锂离子电池的充电特性

3）温度特性

环境温度对电池的放电容量有很大影响。锂离子电池在不同环境温度下的放电特性如图 4-16 所示。采用 0.2C 放电速率，环境温度为 25℃ 时可放出额定容量 500mA·h；环境温度为 -10℃ 时电池容量下降约 5%；环境温度为 -20℃ 时电池容量下降约 10%。锂离子电池放电时，允许的环境温度范围为 -20~60℃。

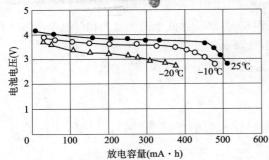

图 4-16 锂离子电池在不同环境温度下的放电特性

五、动力电池管理技术

1. 电池成组

单体电池的容量和电压不能满足电动汽车的需要。因此，电动汽车采用电池组合体。电池组的组合方式有以下 3 种。

1）串联

电池串联方式通常用于满足高电压的需要。n 只电池串联后，电池组的电压为单体电池的 n 倍，额定容量与单体电池的额定容量相同。但若电池组中单体电池的容量不均衡，则电池组的容量取决于最低的单体电池。电池组的内阻为单体电池的 n 倍，但通常都稍大一些。

2）并联

电池并联方式通常用于满足大电流的需要。n 只电池并联后，电池组的容量为单体电池的 n 倍，标称电压为单体电池的标称电压。但若电池组中单体电池的电压不均匀，则电池组的电压取决于最低的单体电池。电池组的内阻为单体电池的 $1/n$，但通常都稍大一些。

3）串并联

电池串并联方式可使电池组既能提供高电压又能提供大电流。先串联后并联还是先并联后串联，取决于实际需求。通常情况下，电池并联的工作可靠性高于电池串联。电池组的电压、容量和内阻可以在计算的基础上，通过测试修正后确定。

动力电池必须具有容量性能好、成本低、寿命长和安全性能高等特点。即使性能最好的电池，组合成电池包也可能会出现整体电池包的性能和寿命降低、安全性变差等问题。此外，还必须考虑到机械强度、包装、电、热、安全、监测、控制和与汽车其他部分接口等方面的问题。

电池组合体装载在一个有电子和热控制的箱体中，箱体内还有整个电池系统与汽车其他组成部分的接口设施和电池管理系统。每个模块也有适当的包装和热控制。这个装载有电池、热控制和电子设备以及其他部件的箱体就是通常所说的电池组。

2. 电池组热管理系统

动力电池在充放电过程中都会有发热现象。不同种类的电池其发热程度各不相同，有的电池采用自然通风即可满足电池组的散热要求；但有的电池必须采用强制通风进行冷却，才能保证电池组的正常工作（并延长电池的使用寿命）。另外，在电动汽车上，由于动力电池组的各个电池或各分电池组布置在车身或车架的不同位置上，各处的散热条件和环境都不同，这些差别也会对电池的充放电性能和使用寿命造成影响。为了保证每个电池都能有良好的散热条件和环境，将动力电池组装在一个强制冷却系统中，使各个电池的温度保持一致或相近。

根据动力电池组在汽车上的布置位置，设计温度控制系统时，首先应合理安排动力电池组的支架，使其便于动力电池的安装，并能够实现机械化装卸，便于各种线束的连接。在支架的位置和形状尺寸确定后，再设计通风管道、风扇和传感器等布置。

3. 电池组的不一致性及改进措施

1）电池组不一致性的表现形式

电池组不一致性是指同一规格型号的单体电池组成电池组后，各单体电池的电压、荷电量、容量及其衰退率、内阻及其变化率、寿命等参数存在一定的差别。电动汽车电池组长期工作在动态负载下，各个电池单体通风散热条件等的不一致会增加电池组不一致性。电池单体的自放电率、充放电效率会随着循环工作次数的增加发生性能衰减，也会增加电池组的不一致性。电池过充电和过放电更会加剧电池组的不一致性。根据使用中电池组不一致性扩大的原因和对电池组性能的影响方式，电池组不一致性分为以下 3 类。

（1）容量不一致性。

电池组在出厂前的分选试验可以保证电池单体容量不一致性较小，在使用过程中可以通过电池单体单独充放电来调整电池单体初始容量使之差异较小，所以初始容量不一致不是电动汽车电池组不一致的主要矛盾。实际容量的不一致性是指电池组在放电过程中所剩余的电量不相等。

使用中的电池，其起始容量受电池循环工作次数的影响较明显，越接近电池寿命周期的后期，实际容量的不一致性越明显。图 4-17 为某类型锂离子电池循环次数对容量的影响。随着充放电循环次数的增加，电池起始容量减小，并且充电过程中恒压时间延长，在放出相同电量时的电压下降。

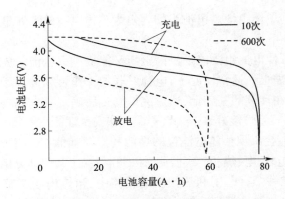

图 4-17 某类型锂离子电池循环次数对容量的影响

电池起始容量还与电池容量衰减特性有关,受电池存储温度、电池荷电状态(SOC)等因素的影响。表 4-3 为某类型锂离子电池容量随存储温度、时间和 SOC 的衰减。电池容量衰减随着存储温度、时间和 SOC 的增大而变大。

某类型锂离子电池容量随存储温度、时间和 SOC 的衰减   表 4-3

容量衰减(%) \ SOC(%)	温度(℃) 时间(年)	20			40		
		0.25	0.50	1.00	0.25	0.50	1.00
0		0	0	0	0	0	0
50		5	6	6	6	10	11
100		11	14	17	19	26	30

电池组实际放电容量的不一致还与放电电流有关。串联电池组,通过每个单体电池的工作电流相等,电流对每个单体电池容量的影响一样。并联电池组,由于每个单体电池略有不同,使并联的各路电流不同,导致其容量也不同。

(2)电压不一致性。

电压不一致是电池组不一致性最为直观也最容易测量的表现形式,包括开路电压不一致和工作电压不一致。在不同的放电深度下,测量电池组中单体电池的电压,就可以得到静态单体电池不一致性的数据。

【例】 某电动大客车锂离子电池组在不同状态下单体电池电压如图 4-18 所示。可以看出:电池电压不一致在出车前(充满电,高电压)表现不是很明显。但经过一段时间的运行后(放电深度大于 70%),电压不一致明显增大。此时,单体电池最高电压为 3.72V,最低仅为 3.40V,相差 0.32V。若继续行车,电压较低的电池已没有能量可以放出,会产生永久损坏。若坏电池未能及时被发现而继续使用,坏电池将成为电池组的负载,影响其他电池(和电池组)的工作,进而影响整个电池组的寿命。电池组不一致性明显增加时,在深放电阶段,放电能力明显下降(甚至无法驱动汽车),汽车的续驶里程降低。

电池静态下(电池静置 1h 以上)的开路电压,在一定程度上是电池 SOC 的集中表现。由于电池 SOC 在一定范围内与电池开路电压呈线性关系,所以开路电压不一致也就表示了电池能量状态的不一致。其原因包括电池出车前的不一致和电池在行车过程中释放电量和内阻的不一致。电池内阻不一致使得电池组每个电池单体在放电过程中热损失的能量不一致,最终影响单体电池的能量状态,从而引起电池组开路电压的不一致。

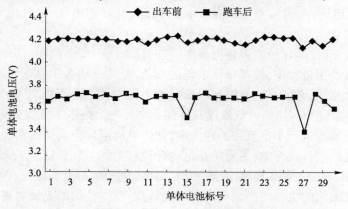

图4-18 某电动大客车锂离子电池组在不同状态下单体电池电压

(3)温度不一致性。

在使用过程中,电池组温度的不一致主要与电池的组装设计特点及使用中各个单体电池所处环境的差异有关。

锂离子电池充放电温度特性如图4-19所示。图4-19a)所示为两个串联的单体电池在相同条件下充电时的温度特性。随着充电电流的变小,电池间的温度差异减小。这说明串联电池组在相同条件下的温度差异受电池内阻的不一致影响较大,随着电流的增大,这种差异越明显。

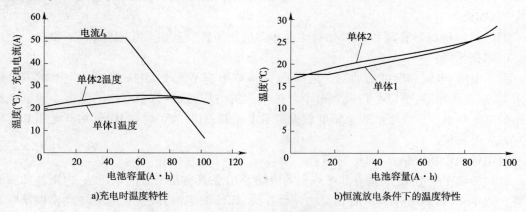

a)充电时温度特性　　　　　　　　　　b)恒流放电条件下的温度特性

图4-19 锂离子电池充放电温度特性

图4-19b)所示为两个串联的单体电池在恒流放电条件下的温度特性。随着放电的进行,电池温度一直在上升,在后期尤其是接近100%深度放电时,电池温度上升梯度加大。这是由于在放电接近终了时,电池内阻急剧增大,发热量变大。电池温度变化规律与电压特性规律一致,电池电压变化的拐点也是温度变化的拐点。

各单体电池所处环境不可避免地存在差异。所以要保证电池组中各单体电池温度一致,使各单体电池的衰减速度一致。在大型电池组一般均配备有强制冷却系统,有的还配备加热系统,确保在环境温度较低时,电池组处在合适的温度且各处温度一致。

2)电池组不一致性的改进措施

(1)提高电池制造的工艺水平,保证电池的质量,尤其是初始电压的一致性。同一批次的电池出厂前,以电压、内阻等参数为依据,筛选相关性好的电池,保证电池的性能尽可能一致。

(2)在电池成组时,确保所有单体电池为同一类型、同一规格和同一型号。

(3)在电池组使用过程中,检测单体电池的参数,尤其是动态和静态下的电压分布,掌握电池组不一致性的变化规律。对个别参数很差的电池单体进行及时调整或更换;对容量偏低的电池进行单独维护充电,尽可能恢复其性能。降低电池组不一致性变化的速度。

(4)定期对电池组进行小电流维护性充电,促进电池组自身的均衡和性能恢复。

(5)避免对电池进行过充电,尽量防止电池深度放电。

(6)保证电池组良好的使用环境,尽量保持恒温,减少振动,避免水、尘土等污染电池极柱。

(7)研制开发实用的电池组能量管理和均衡系统,对电池组的充放电进行智能管理。

六、动力电池管理系统

1. 电池管理系统的功能

使用动力电池组时,必须使其工作在合理的电压、电流和温度范围内,电动汽车上的动力电池组需要有效的管理。对于镍氢电池和锂离子电池,有效的管理尤其重要。如果管理不善,不仅可能会显著缩短电池的使用寿命,还可能引起火灾等严重安全事故。

电池管理系统(Battery Management System,BMS)是电动汽车上对电池实施管理的设备。BMS对于电池组的安全、优化使用和整车能量管理策略的执行都是必需的,所以电动汽车全都配置BMS。

BMS是电池组热管理和SOC估计等技术的应用平台。其主要功能如下。

1)数据采集

鉴于电压、电流和温度的动态变化特征,采样频率应不低于1Hz。锂离子电池的安全性要求高,对电压敏感,所以必须采集每个单体电池的电压,监测每个电池的温度。镍氢电池和铅酸电池对电压和温度的采集精度较锂离子电池低,有时为了简化BMS,对其电压和温度成对或成组采集。

2)电池荷电状态估计(SOC估算)

SOC的确定是BMS的重点和难点。传统的SOC估算方法有开路电压法、内阻法和安时法等。近年来,研发出许多SOC估算的新型算法,如模糊逻辑算法、自适应神经模糊推断算法、卡尔曼滤波估计算法、线性模型算法和阻抗光谱法等。在实际应用中,安时法是目前最常用的方法,且与其他方法组合使用(例如,安时-内阻法、安时-Peukert方程法、安时-开路电压法)。这些组合算法考虑了对电池的温度补偿、自放电和老化等多方面因素,通常比单独使用安时法精度更高。

3)能量管理

能量管理是指对电池充放电控制,即根据SOC、电池健康状态(State of Health,SOH)和温度来限定电池的充放电电流,设定一个控制充电和放电的算法逻辑,以此作为充放电控制的依据,其中也包括对电池组中的单体或模块进行电量均衡。

4) 安全管理和控制

BMS 在安全方面的功能包括：过电压和过电流控制、过放电控制、防止温度过高、在汽车发生碰撞时关闭电池。这些功能与能量管理、热管理系统相结合来完成。安全管理最重要的是及时准确掌握电池的各项状态信息，在异常状态出现时及时发出警报信号或断开电路，防止意外事故的发生。

5) 热管理

电池在不同的温度下会有不同的工作性能，温度的变化会导致电池的 SOC、开路电压、内阻和可用能量发生变化，也会影响电池的使用寿命。温度的差异也是电池不均衡的原因之一。热管理系统的主要任务是使电池工作在适当的范围内，降低各个电池模块之间的温度差异。

6) 数据通信

数据通信是 BMS 的重要组成部分之一。在 BMS 中，主要采用 CAN 总线通信。通常采用双 CAN 网络，BMS 内部各模块之间使用一个内部 CAN 网络，在电池综合管理器中还有另外一个 CAN 通信接口接入到整车 CAN 通信网络中。BMS 上都留有与外部计算机通信的接口，便于用计算机对电池数据信息进行分析。

2. 电池管理系统的组成

BMS 一般由传感器（用于测量电压、电流和温度等）、一个带微处理器的控制单元和输入输出接口组成，如图 4-20 所示。

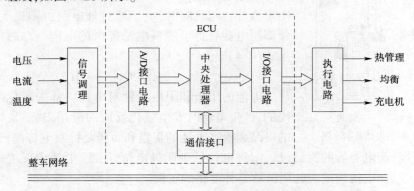

图 4-20 BMS 的组成

BMS 的任务及其对应的信号和执行元件见表 4-4。

BMS 的任务及其对应的信号和执行元件　　　　　表 4-4

任　　务	传感器输入的信号	执 行 元 件
防止过充电	电池电压、电流和温度	充电器
避免深度放电	电池电压、电流和温度	电动机 DC/DC 转换器
温度控制	电池温度	热管理系统
电池组件电压和温度平衡	电池电压和温度	平衡装置
预测电池的 SOC 和剩余行驶里程	电池电压、电流和温度	显示装置
电池诊断	电池电压、电流和温度	非在线分析装置

第三节 燃料电池

一、概述

1. 燃料电池的工作原理

燃料电池(Fuel Cell,FC)是一种把持续供给的氧化剂和燃料中的化学能通过电极反应直接转化为电能的"发电装置"。燃料电池的燃料和氧化剂分别作为FC两极的活性物质储存在电池体外,使用时将它们通入电池体内,使FC产生电能。只要持续供应,FC就会持续地输出电能。这一过程,实际上就是电解水的逆反应。

燃料电池与蓄电池在结构和原理上是完全不同的。

虽然不同类型的燃料电池的电极反应各有不同,但都是由阴极、阳极和电解质这三个基本单元构成,工作原理相同(图4-21)。燃料气(氢气、甲烷等)在阳极催化剂的作用下发生氧化反应,失去电子生成正离子;氧化物(通常为氧气)在阴极催化剂作用下发生还原反应,得到电子生成负离子。阳极产生的正离子或阴极产生的负离子通过质子导电而电子绝缘的电解质运动到相对应的另一个电极上。反应生成物水随未反应的反应物一起排出电池外。与此同时,电子通过外电路由阳极运动到阴极,外部用电器获得了燃料电池提供的电能。总的化学反应式见式(4-4)。

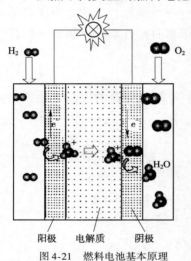

图4-21 燃料电池基本原理

$$2H_2 + O_2 \longrightarrow 2H_2O \qquad (4-4)$$

电池的阳极和阴极是针对电池内部的氧化还原反应来说的,产生电能时发生氧化反应的极是阳极,发生还原反应的极是阴极。电池的正极和负极是针对电势高低来说的,电势高的为正极,而电势低的为负极。阳极电位低于阴极电位,因此,电池内反应的阳极就是外电路的负极,而电池内反应的阴极就是外电路的正极。

2. 燃料电池的特点

1) 燃料电池与普通电池的异同

普通电池分为一次电池和二次电池(蓄电池)。一次电池的化学能储存在电池物质中,当电池放电时,电池物质发生化学反应,直到反应物质全部反应消耗完,电池将不再放电。二次电池可以利用外部供给的电能,使电池反应逆方向进行,再生成电化学反应物。

从本质上讲,燃料电池与普通一次电池一样,都是电化学反应的两个电极反应分别在阳极和阴极上发生,从而在外电路产生电流来发电。不同的是,普通一次电池是一个封闭体系,与外界只有能量交换而没有物质交换。换言之,一次电池本身既作为能量的转换场所,同时也是电极物质的储存容器,当储存的反应物消耗完时将不再提供电能。而燃料电池是一个开放体系,与外界不仅有能量交换,还有物质的交换。外界为燃料电池提供反应物,并带走生成物。

燃料电池与二次电池的相同之处是，都可将化学能转变为电能。但两者有很大的差别：二次电池是储能装置，可将化学能与电能互相转换；燃料电池本身只是个能量转换装置，放电的电化学反应不可逆，即不可充电，其能量补充来自输入的燃料和氧化剂。

2) 与内燃机相比的优点

作为一种能量转换装置，燃料电池与车用内燃机相比，主要优点如下。

(1) 效率高。燃料电池不是热机，因此，不受卡诺循环的限制，效率很高，燃料电池发动机（由燃料电池堆与燃料供给系统等组成）的有效效率可达60%以上。

(2) 零排放或排放极低，对环境基本无污染。燃料电池没有燃烧过程，用化学方式直接转换化学能。氢氧燃料的燃料电池产物只有水，没有其他废气排出。

(3) 过载能量强。燃料电池的短期过载能力可达额定功率的2倍甚至更大，而内燃机没有如此强的过载能力。燃料电池的这个特点特别适合汽车短时间加速。

(4) 振动和噪声小。燃料电池属于静态能量转换装置，没有运动部件，运行过程中噪声和振动很小。

(5) 易于实现规模化。燃料电池容易通过串联、并联等模块化组合，提高输出功率。

总之，燃料电池是绿色、高效、安静的动力装置。

3. 燃料电池的类型及其特点

1) 燃料电池的类型

(1) 按工作温度的不同，燃料电池分为低温型（低于200℃）、中温型（200~750℃）和高温型（高于750℃）。

(2) 按燃料来源不同，燃料电池可以分为直接式和间接式。直接式燃料电池的燃料（如氢气、甲醇）直接提供给电极，在催化剂的作用下发生电化学反应；间接式燃料电池是将甲醇、汽油、天然气、二甲醚等能源经过重整或纯化得到氢气或富氢燃料再提供给电极进行电化学反应。

(3) 按照电解质的不同，燃料电池可以分为碱性燃料电池（Alkaline Fuel Cell，AFC）、磷酸燃料电池（Phosphoric Acid Fuel Cell，PAFC）、熔融碳酸盐燃料电池（Molten Carbonate Fuel Cell，MCFC）、固体氧化物燃料电池（Solid Oxide Fuel Cell，SOFC）和质子交换膜燃料电池（Proton Exchange Membrane Fuel Cell，PEMFC）。

不同类型电解质的燃料电池，所需燃料、工作温度和催化剂等都有差异。

2) 5类FC的综合对比

5类FC的综合对比见表4-5。

5类燃料电池的综合对比 表4-5

电池种类	AFC	PAFC	MCFC	SOFC	PEMFC
电解质	KOH	H_3PO_4	Li_2CO_3-K_2CO_3	Y_2O_3-ZrO_2	全氟磺酸膜
阳极催化剂	Ni或Pt/C	Pt/C	Ni（含Cr,Al）	金属（Ni,Zr）	Pt/C
阴极催化剂	Ag或Pt/C	Pt/C	NiO	掺锶的$LaMnO_2$	Pt/C、铂黑
导电离子	OH^-	H^+	CO_3^{2-}	O^{2-}	H^+
工作温度（℃）	65~220	180~200	650	500~1000	20~80

续上表

电池种类	AFC	PAFC	MCFC	SOFC	PEMFC
工作压力(MPa)	<0.5	<0.8	<1.0	<0.5	0.1
燃料	精炼H_2、电解水副产品H_2	天然气、甲醇、轻油	天然气、甲醇、石油、煤	天然气、甲醇、石油、煤	H_2、天然气、甲醇、汽油
极板材料	镍	石墨	镍、不锈钢	陶瓷	石墨、金属
系统总效率(%)	50~60	40	50	50	40
起动时间	几分钟	几十分钟	几小时	10小时以上	几分钟
电池内重整	不可能	可能	非常可能	非常可能	不可能
特点	(1)使用高纯度H_2为燃料；(2)低温、低腐蚀；(3)较易选择材料	(1)进气中的CO会导致触媒中毒；(2)废热可以利用	(1)不受进气CO影响；(2)反应时需要循环使用CO_2；(3)废热可以利用	(1)不受进气CO影响；(2)高温反应，不需要依赖触媒；(3)废热可以利用	(1)比功率大、体积小、质量轻；(2)低温、低腐蚀；(3)较易选择材料
优点	(1)起动迅速；(2)室温常压下工作	(1)对CO_2不敏感；(2)成本相对较低	(1)可用空气作氧化剂；(2)可用天然气或甲烷燃料	(1)可用空气作氧化剂；(2)可用天然气或甲烷作燃料	(1)可用空气作氧化剂；(2)固体电解质；(3)室温工作；(4)起动迅速
缺点	(1)需以纯氧作氧化剂；(2)成本高	(1)对CO敏感；(2)起动慢；(3)成本高	(1)工作温度高；(2)起动太慢	(1)工作温度高；(2)起动太慢	(1)对CO非常敏感；(2)反应物需要加湿
用途	宇宙飞船、潜艇	热电联供电厂、分布式电站	热电联供电厂、分布式电站	分布式电站、移动电源、电动汽车	热电联供电厂、分布式电站、交通工具电源
开发应用状况	实用化	产品化	试验验证	试验验证	实用化开发

在电动汽车上应用的FC是PEMFC，下文将详细介绍。

二、质子交换膜燃料电池

1. 基本结构和工作原理

PEMFC的工作原理如图4-22所示。燃料气体和氧气通过双极板上的气体通道分别到达电池的阳极和阴极，通过膜电极组件上的扩散层到达催化层。在膜的阳极侧，氢气在阳极催化剂表面上离解为水合质子和电子，水合质子通过质子交换膜上的磺酸基传递到达阴极，而电子则通过外电路流过负载到达阴极。在阴极的催化剂表面，氧分子结合从阳极传递过来的水合质子和电子，生成水分子。在这个过程中，质子要携带水分子从阳极传递到阴极，阴极也生成水，水从阴极排除。由于质子的传导要依靠水，质子膜的润湿程度对其导电性有着很大的影响，所以需要对反应气体进行加湿。

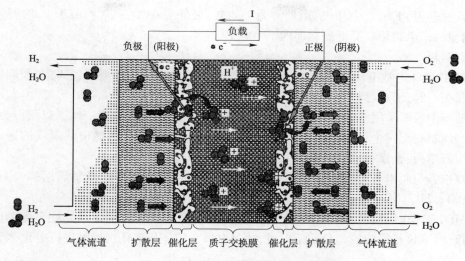

图 4-22　质子交换膜燃料电池的工作原理

2. 质子交换膜燃料电池的构造

1）质子交换膜

质子交换膜不仅是一种隔离燃料与氧化剂的隔膜材料，也是电解质及催化剂的基底，它是一种选择透过性膜，起着传导质子的作用。

现在广泛应用的质子交换膜是全氟磺酸膜，应用这种膜的燃料电池寿命可达 57000h。全氟磺酸膜的性能与其含水量有很大关系。全氟磺酸在干燥状态下的机械强度好，遇水后机械强度会有所降低。全氟磺酸膜的质子导电性好，但 H^+ 的迁移必然伴随水的迁移，而有水时会影响气体扩散并可能带入杂质离子。膜内的相对湿度为 30% 时，H^+ 导电性严重下降；15% 时，已成绝缘体。所以膜内水量需要很好地控制。此外，由于膜内必须有水，电池处于 0℃ 以下时水会结冰而破坏膜。

2）电极

电极的主要材料有碳纤维纸、碳纤维编织布、无纺布和炭黑纸。电极在制备时，将上述电极材料浸入聚四氟乙烯乳液中，使其载上 50% 左右的聚四氟乙烯，然后经 340℃ 热处理，使聚四氟乙烯乳液中的表面活性剂分解，同时使聚四氟乙烯分布均匀。为了消除表面的凹凸不平，在碳纸或碳布表面再构建一个碳粉扩散薄层使气体进行均匀扩散，采用的方法是将乙炔炭黑与聚四氟乙烯混合，得到一定比例的溶液，然后进行超声波振荡，以使分散更均匀，之后将溶液均匀涂覆在碳纸或碳布的表面，最后进行 330～370℃ 的热处理。

3）催化剂

PEMFC 中，阳极的氢气或有机小分子的氧化反应和阴极的氧气还原反应，尽管在热力学是有利的，但由于它们不良的动力学特征（特别是有机小分子的氧化和氧气的还原总是在远离平衡的高电势下才可能发生），严重地降低了燃料电池的能量效率。通过催化剂，降低反应的活化能，是提高效率的有效办法。催化剂应当有适当的载体，而且载体对电催化活性有很大的影响。

铂 Pt 基催化剂是 PEMFC 应用最广泛的催化剂。把 Pt 控制在颗粒直径几纳米的范围内，固定在载体材料上，具有较低的过电动势和较高的催化活性。但 Pt 容易发生 CO 中毒等问题。目前车用 PEMFC 中,Pt 的用量常为 1g/kW,最低为 0.32g/kW。由于 Pt 的资源量有限,Pt 用量的未来目标是降低到目前的 1/10~1/5。

4) 双极板

PEMFC 单体电池电压只有 0.7V 左右,为了获得足够高的工作电压,需将多个燃料电池单体串联在一起,形成燃料电池堆。

电池堆中通常采用双极板,即将相邻的两个单体电池的极板制成一体。以阳极为例,双极板的一侧制有上一个单体电池氢气的通道,另一侧制有下一个单体电池氢气的通道。双极板常用石墨板、金属板或复合板(包括结构复合型和材料复合型)。

将双极板与膜电极组件交替叠合,并嵌入密封件,用两侧的端板压紧后用螺栓固定,即构成 PEMFC 堆。

PEMFC 工作时,氢气和氧气分别由进口引入,经电池堆气体主通道分配至各单体电池的双极板,经双极板导流均匀分配至电极,通过电极支撑体与催化剂接触进行电化学反应。

三、质子交换膜燃料电池发电系统

1. 燃料电池发电系统的组成

单独的燃料电池堆是不能发电并应用于汽车的,它必须和燃料供给(与循环)系统、氧化剂供给系统、加湿系统、冷却系统和控制系统组成燃料电池发电系统(也称为燃料电池发动机),才能对外输出功率。为了确保发电系统的安全,许多系统中还有安全装置。

加拿大 Ballard 公司的 HY-80 燃料电池发电系统(图 4-23)中,支持系统(不包括燃料存储器等)比燃料电池堆占用更大的体积。

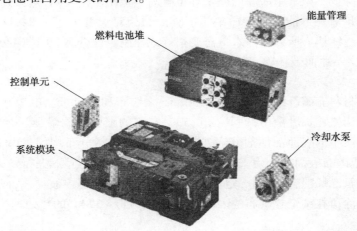

图 4-23 加拿大 Ballard 公司的 HY-80 燃料电池发电系统

2. 各系统及其功能

PEMFC 必须在一定的条件下,才能正常可靠的工作并发挥好的效率,电池发动机中有相对应的系统。

(1)温度应控制在 60~80℃,这一要求由冷却系统来实现。

(2)质子交换膜始终处于加湿状态,这一要求由加湿系统来保证。

(3)供给充足的氧气(来自空气),这一要求由空气供给系统来完成。

(4)供给氢气并循环,包括车载储氢容器(压缩氢或液化氢)或车载燃料(醇类、天然气等)和重整器等,统称为燃料供给系统。

(5)控制系统用于控制燃料供给系统、空气供给系统、加湿系统和冷却系统的工作。

虽然表面上燃料电池支持系统所要实现的功能明确,但是由于燃料电池工作过程的复杂性,各个系统的功能有交叉甚至矛盾的因素。主要有以下4个方面。

(1)PEMFC在工作过程中会有很大的热量产生,因此,如何利用和控制以使电池堆在最优的温度下工作就是热管理的作用。

(2)在工作中,PEMFC一方面需要水分保持质子交换膜湿润,但同时生成的水,有可能导致电极淹没,而反应气体在电池堆里流动时也会带走一定量的水,因此如何保持水的平衡就是水管理的任务。

(3)反应气体(氢气和氧气)的管理,不仅涉及为电池堆供给充足的空气(氧气)和氢气,而且极板加湿也是以反应气体为媒介实现的(具体办法是加湿反应气体),同时又需要反应气体将电池堆通道中多余的水带走,因此,反应气体的流量、压力控制就非常重要。

(4)如何保证电池堆电功率的输出,并根据其调节控制各系统,同时进行状态显示、故障诊断等,则是控制系统的作用。

典型的 PEMFC 发电系统组成如图 4-24 所示。

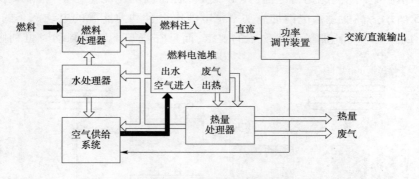

图 4-24 典型的燃料电池发电系统组成

第四节 储能装置的组合

一、超级电容器和飞轮电池

除了前文介绍的动力蓄电池和燃料电池发动机外,可用作电动汽车动力装置的还有超级电容器和飞轮电池。

1. 超级电容器

超级电容器利用活性炭多孔电极和电解质组成的双电层结构获得超大的容量。

超级电容器的优点是功率密度高、充放电时间短、循环寿命长、工作温度范围宽;缺点是电容量有限,造价高。

超级电容单独应用仅限于固定线路的公共汽车。超级电容也可和其他电池组合使用。

2. 飞轮电池

飞轮电池(也称动力飞轮)采用物理方法储能,充电时加速飞轮把电能转换为动能,放电时飞轮带动电动机旋转把动能转换为电能。飞轮电池的飞轮质量小,且在真空下高速运转。飞轮的转速可达 40000～50000r/min。超高速飞轮与具有两种工作模式(电动机和发电机)的电动机转子相结合,能够将电能和动能进行双向转换。

飞轮电池的优点是能量转换效率高、功率密度高、充放电时间短、循环寿命长、工作温度范围宽、无污染;缺点是造价高。

飞轮电池通常和其他电池组合使用。

二、6 种典型的电动汽车储能装置组合结构

1. 蓄电池单独作为能源

以蓄电池作为电动汽车唯一的动力源,是目前应用最多的方式。蓄电池应能提供足够高的比能量和比功率,并且在汽车制动时能回收再生制动能量。

2. 高能量蓄电池加高功率蓄电池

为了解决一种蓄电池不能同时满足对比能量和比功率的要求这个问题,可以在电动汽车上同时采用两种不同性能的蓄电池,其中一种能提供高的比能量,另一种能提供高的比功率。图 4-25 所示为高能量蓄电池加高功率蓄电池作混合动力能源的电动汽车的基本结构,这种方式不仅分离了对比能量和比功率的要求,而且在汽车下坡或制动时可利用蓄电池回收能量。

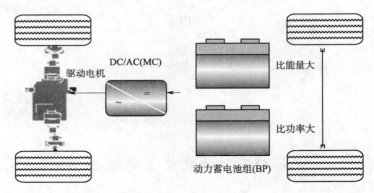

图 4-25　高能量蓄电池加高功率电池

3. 蓄电池加氢燃料电池发动机

除了蓄电池以外,还可以用燃料电池发动机。氢气可以以压缩氢气、液态氢或金属氢化物的形式储存。燃料电池能提供高的比能量,但不能回收再生制动能量。因此,最好与一种能提供高比功率且能高效回收制动能量的蓄电池结合在一起使用。图 4-26 所示为用蓄电池加氢燃料电池发动机作混合动力的电动汽车的基本结构。

4. 蓄电池加带重整器的燃料电池发动机

燃料电池所需的氢气还可以来自液态燃料(如甲醇或汽油)随车产生。图 4-27 所示为用蓄电池加带重整器的燃料电池发动机电动汽车的基本结构,氢气由随车重整器产生。

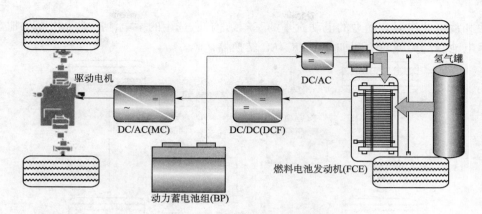

图 4-26　蓄电池加氢燃料电池发动机

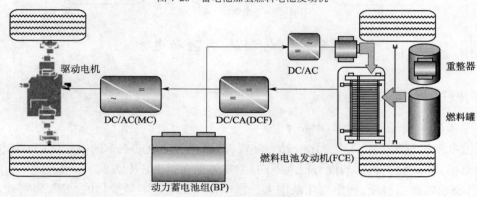

图 4-27　蓄电池加带重整器的燃料电池发动机

5. 蓄电池加超级电容器

当用蓄电池与电容器进行混合时,所选的蓄电池必须能提供高比能量,因为电容器本身比蓄电池具有更高的比功率和更高效回收制动能量的能力。由于超级电容器的电压较低,所以需要在蓄电池和电容器之间加一个 DC/DC 功率转换器。图 4-28 所示为蓄电池和电容器作混合动力的电动汽车的基本结构。

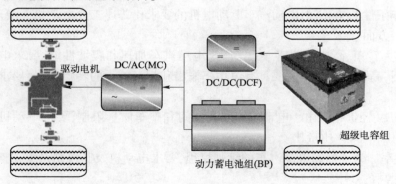

图 4-28　蓄电池加超级电容器

6. 蓄电池加飞轮电池

飞轮电池是一种具有高比功率和高效制动能量回收能力的储能器。图 4-29 所示为飞轮电池和蓄电池作混合动力的电动汽车的基本结构,所选用的蓄电池应能提供高的比能量。应在蓄电池和动力飞轮之间加一个DC/AC转换器。

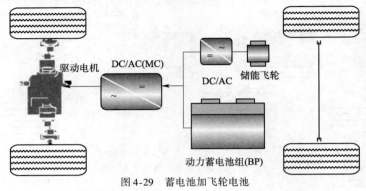

图4-29 蓄电池加飞轮电池

第五节 电动汽车驱动电机

一、概述

1. 电动汽车驱动电机的工作条件

交流电动机是工业上一种常用的动力装置,而用于驱动电动汽车的电动机(称为电动汽车驱动电机)与一般工业电动机有很大不同,主要体现在以下3个方面。

(1)驱动电机的转速、转矩变化范围大。汽车行驶工况是频繁变化的,经常需要起步、加速、爬坡、制动,各工况所需的驱动转矩和转速也相应变化。

(2)所处的使用环境恶劣。汽车上驱动电机的安装空间有限、通风散热不良,电动机经常处于高温、潮湿的工作条件下。汽车的颠簸振动使电动机处在振动、冲击的环境下工作。

(3)车载能量有限。通用工业电动机的电能来自交流供电网络,而电动汽车驱动电机的电能来自车载能量源,二者的供电、控制方式必然有所不同。

2. 电动汽车对驱动电机的要求

由于工作条件的差异,对电动汽车驱动电机的要求比普通工业电动机的要求高,主要体现在以下7个方面。

(1)低速大转矩、高速宽调速。为了满足电动汽车加速和爬坡性能,要求电动机在低速时输出大转矩;高速巡航时则需要具有恒功率输出和相对较小的转矩,因而要求电动机具有宽的调速范围。

(2)高密度、轻量化。由于电动汽车安装空间和整车质量限制,要求电动机系统具有高的功率/体积比和功率/质量比。

(3)高效率。为了提高电动汽车的续驶里程,要求电动机及其控制系统在整个宽调速范围内都具有很高的效率。

(4)能高效回收制动反馈的能量。电动汽车的特点和优势之一在于其能够在汽车减速或制动时将汽车的能量部分回收。能量回馈性能的好坏对汽车的续驶里程、运行性能和能量利用率有重要影响。

(5)控制精度高、动态响应快。电动汽车要求驱动电机可控性好、稳态精度高、动态性能好,能够适应路面变化及频繁起动和制动等复杂运行工况。

(6)具有良好的耐高温、耐潮湿能力,并且可靠性好。驱动电机的工作电压较高,要求汽车电气系统安全和控制系统的安全性必须符合国家(或国际)有关安全性能标准和规定。

(7)结构简单,使用维护方便,能够实现大规模生产,价格低。

汽车运行工况对驱动电机的要求如图4-30所示。

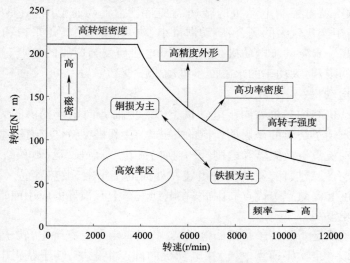

图4-30 汽车运行工况对驱动电机的要求

3.电动汽车驱动电机的类型及其特点和应用

按照结构和工作原理的不同,电动汽车驱动电机有以下5种,各自的特点和应用一并分析叙述。

1)直流电动机

直流电动机通过定子绕组产生磁场,向转子绕组通入直流电,用换向装置对绕组内电流在适当时间进行换向,使转子绕组受到固定方向的电磁转矩。

直流电动机的优点是起动转矩大,恒功率范围大,调速性能好,可实现均匀平滑的无级调速,且调速范围大,控制简单,技术成熟,生产规模大,成本低。缺点是由于换向器和电刷的存在,引起转矩波动,在高速大负荷运行时会产生火花,限制转速的升高,不能适用高速电动汽车;且电刷磨损大,需要经常维护。

由于价格低、易于控制等优势,直流电动机目前仍在低速、小型电动汽车上大量应用。

2)交流异步电动机

交流异步电动机的定子绕组通入交流电产生旋转磁场,转子绕组切割磁力线产生感应电流,并受到电磁转矩而旋转。

交流异步电动机的优点是结构简单、体积小、质量轻;由于没有电刷和换向器,不存在电火花问题,运行可靠、维护方便、使用寿命长;效率高于有刷直流电动机;转矩平稳和转速高等。缺点是调速性能较差,在要求有较宽广的平滑调速范围的使用场合不如直流电动机经济、方便;功率因数低;调速控制复杂。

交流电动机矢量控制技术目前已比较成熟,DC/AC逆变器成本也较以前大大降低。因此,交流异步电动机在电动汽车上得到广泛应用。

3)永磁同步电动机

永磁同步电动机的定子与交流异步电动机类似,通入交流电产生旋转磁场,但转子用永磁体取代电枢绕组,电动机转速与旋转磁场同步。

永磁同步电动机的优点是结构简单、运行可靠;无铜损、效率高;电动机转速与磁场转速同步,控制电源频率就可控制电动机的转速、控制精度高、调速范围宽;具有较硬的机械特性,适用于负载转矩变化较大的场合;转动惯量小、功率密度高、转矩平稳和低噪声等。缺点是永磁体成本较高。永磁同步电动机是当前驱动电机研发与应用的热点。由于目前大容量永磁体制作工艺的限制,大功率的永磁同步电动机很少。

4)无刷直流电动机

无刷直流电动机结构与永磁同步电动机类似。但前者向定子提供的为直流电,经过功率开关的作用通入定子绕组的是周期换向的方波电流,其机械特性与有刷直流电动机类似。

无刷直流电动机没有换向器和电刷,没有换向火花、寿命长、运行可靠,转速高。由于采用永磁体转子,没有励磁损耗,发热的绕组装在外面的定子上,散热容易。无刷直流电动机还具有高功率密度和高效率等优点。因此,在电动汽车上有很好的应用前景。

5)开关磁阻电动机

开关磁阻电动机定子和转子都是凸电极结构,只有定子上有绕组,转子上无绕组。通过向定子各相绕组按一定次序通入电流,在电动机内部产生磁场,转子获得电磁转矩,并沿着与通电次序相反的方向旋转。

开关磁阻电动机是一种新型电动机,结构比其他类型的电动机简单,只在定子上有简单的集中绕组,绕组端部短,没有相间跨接线。电动机的损耗主要在定子,易于冷却;转子无永磁体,可允许较高温升。开关磁阻电动机具有可靠性高、转速高、效率较高等优点;它的调速范围宽且控制灵活,易于实现各种特殊要求的转矩特性,最适合电动汽车的要求。但开关磁阻电动机转矩脉动大、噪声大、功率密度低。开关磁阻电动机在电动汽车上应用越来越多。

后文将仔细介绍直流电动机、交流异步电动机、永磁同步电动机和开关磁阻电动机。无刷直流电动机应用较少,不再赘述。

二、直流电动机

1. 直流电动机的结构

直流电动机主要由定子和转子两部分组成,其结构如图4-31所示。

1)定子

定子是电动机运行静止不动的部分,主要作用是产生旋转的磁场。定子由以下4个部分组成。

(1)机座。

机座是定子部分的外壳,用于固定主磁极、换向极和端盖,支撑和固定电动机整体。机座构成磁极之间的通路是磁极的一部分,磁场通过的部分称为磁轭。因此,机座既要有足够的强度,也要有良好的导磁性能。一般为铸钢件或由钢板焊接而成。

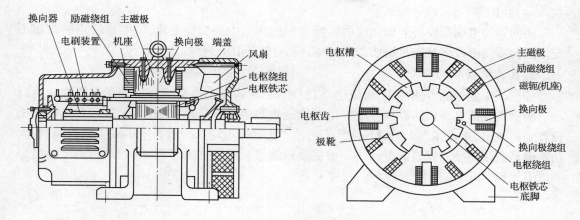

图 4-31 直流电动机的结构

(2) 主磁极。

主磁极由铁芯和励磁绕组组成。作用是在定子和转子间的气隙产生磁场。铁芯用 0.5~1.5mm 厚的钢片叠压而成。铁芯套励磁绕组的部分称为极身,下面扩宽的部分为极靴。极靴比极身宽,可以使气隙磁场分布更合理,也便于固定励磁绕组。励磁绕组用绝缘导线绕制而成,套在极身上。

(3) 换向极。

两相邻主磁极之间的小磁极为换向极,也称附加极。换向极结构与主磁极类似,由铁芯和绕组构成。换向极的作用是改善电动机换向,减小或消除电动机运行时电刷和换向器间产生的火花。换向极铁芯一般用整块钢制成,换向极绕组用绝缘导线绕制而成,套在铁芯上。换向极的数目与主磁极相同。

(4) 电刷装置。

电刷装置由电刷、电刷弹簧、电刷座等组成。电刷装置用来将直流电引入旋转的电枢绕组,并与换向器配合,使电枢绕组的电流及时换向,产生方向不变的电磁转矩。

2) 转子

运行时旋转的部分称为转子或电枢,主要作用是输出转矩。转子由以下 4 个部分组成。

(1) 电枢铁芯。

电枢铁芯上嵌装电枢绕组,是主磁通路的主要部分。为了降低电动机运行时电枢铁芯产生的涡流损耗和磁滞损耗,电枢铁芯由 0.35~0.50mm 厚的硅钢片叠压而成。铁芯的外圆开有电枢槽,用于嵌装电枢绕组。铁芯固定在转轴或转子支架上。

(2) 电枢绕组。

电枢绕组在磁场中通电产生电磁转矩,旋转后又产生感应电动势。电枢绕组由多匝绕组按一定规律连接而成,绕组用高强度漆包线或玻璃丝包扁铜线绕制而成。不同绕组分上、下两层嵌放在电枢槽中,绕组与铁芯之间以及上、下两层绕组边之间都必须确保绝缘。为了防止离心力将绕组甩出槽外,槽口用槽楔固定。每匝绕组与换向片连接,形成闭合回路。

(3) 转轴。

转轴的作用是支撑转子旋转,要求具有很好的机械强度和刚度,一般由圆钢加工而成。

(4) 换向器。

换向器与电刷配合将外加直流电转换为电枢绕组中的交变电流,使电磁转矩的方向不变。换向器是由许多换向片组成的圆柱体,换向片之间用云母片绝缘。

2. 直流电动机的类型

按照产生磁场的方式分类,直流电动机分为励磁式直流电动机和永磁式直流电动机两种。励磁式直流电动机的磁场强度可以通过励磁绕组的电流来控制;而永磁式直流电动机没有励磁绕组,永磁体产生的磁场强度不可控。小功率电动机一般为永磁式直流电动机,大功率电动机采用励磁式直流电动机。根据励磁绕组供电方式的不同,励磁式直流电动机分为以下4种,如图4-32所示。

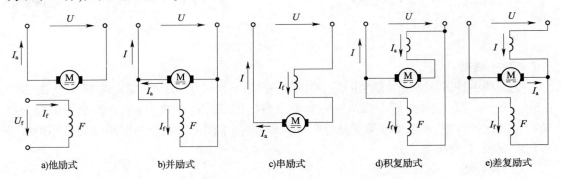

图4-32 直流电动机的励磁方式

1) 他励式

他励式的励磁绕组与电枢绕组没有连接关系,二者由两个电源分别供电。励磁电流不受电枢端电压和电流的影响,可以通过分别控制励磁电流 I_f 和电枢电流 I_a 来实现电动机的各种控制。这种电动机励磁磁场稳定、易控制、调速范围大,容易实现制动能量的回收控制。

2) 并励式

并励式的励磁绕组和电枢绕组并联,共用一个电源,其特性与他励式相似。

3) 串励式

串励式的励磁绕组和电枢绕组串联,励磁电流 I_f 和电枢电流 I_a 相等。串励式电动机的转矩与转速成反比,低速时能提供大转矩,具有较好的起动特性和较宽的恒功率调速范围。

4) 复励式

复励式的励磁绕组和电枢绕组的连接有并励和串励两种。励磁磁通由两个励磁绕组的磁场叠加。若串励产生的磁动势与并励产生的磁动势方向相同则为积复励,若方向相反则为差复励。

3. 直流电动机的机械特性

电动机的机械特性指在稳定的运行条件下,电动机转速与转矩之间的关系,是分析电动机起动、调速和制动的重要依据。

1) 他励式

他励式直流电动机的机械特性如图4-33所示。随着转矩 T 的增加,转速 n 下降很少,这被称为硬的机械特性。

2）并励式

并励式直流电动机的机械特性与他励式相似。

3）串励式

串励式直流电动机的机械特性如图 4-34 所示。当电枢电流较小，磁路未饱和时，特性为双曲线，转速 n 随转矩 T 的增加迅速下降；当电枢电流较大，磁路趋于饱和时，磁通近似为常数，特性转为与他励式相似，为略下斜的直线。因此，串励式电动机空载或轻载时，转速很高，出现"飞车"现象，故严禁空载或轻载运行。起动转矩大，低速过载能力强。

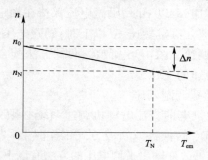

图 4-33　他励式直流电动机的机械特性　　图 4-34　串励式直流电动机的机械特性

4）复励式

复励式直流电动机的机械特性介于他励式和串励式之间，如图 4-35 所示。在空载运行时，由于并励绕组的存在，特性曲线和纵轴有交点，不会出现"飞车"现象。起动时，由于串励绕组的存在，可产生较大的起动转矩，具有较强的过载能力。

4. 直流电动机的控制

1）直流电动机的调速方法

为了满足使用要求，电动机经常需要在不同的转速下运行。调速可以采用机械调速、电气调速或二者配合使用。通过改变传动机构传动比进行调速的方法称为机械调速，通过改变电动机参数进行调速的方法称为电气调速。电气

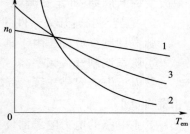

图 4-35　复励式直流电动机的机械特性
1-他励式；2-串励式；3-复励式

调速可以改变电动机的机械特性，电动机的工作点和转速发生变化，调速后电动机以不同的机械特性工作。改变电枢电压、电枢电阻和磁通都可使电动机的转速和机械特性发生变化。

调速的方法有以下 3 种。

（1）电枢串联电阻调速。

保持磁通和电枢电压为额定值，通过调节电枢回路外串联电阻的大小来调节转速。这种调速方法的特点：电动机转速只能从额定转速往下调；转速的稳定性差，调速范围小；转矩较小时，调速效果不明显；低速时效率低；调速方法简单，控制设备简单；属于恒转矩调速。一般用于容量不大，低速运行时间短，对调速性能要求低的场合。

（2）电枢电源降压调速。

保持磁通为恒定值，调节电枢电源电压来调速。这种调速方法的特点：电枢电压只能从额定值往下调，转速只能从额定转速往下调；调速范围大；转速稳定性好；调速的平滑性好，

可实现无级调速;电动机的损耗小;需要独立的可调直流电源。一般用于调速性能要求较高的中、大容量的系统。

(3)弱磁调速。

保持电枢电压为额定值,调节励磁绕组的电流改变磁通,使电动机转速改变。这种调速方法的特点:转速只能从额定转速往上调;调速范围小;转速稳定性好;调速的平滑性好,可实现无级调速;能量损耗小。适合于从额定转速往上调节的恒功率调速。

为了使直流电动机有较宽的转速控制范围,通常把降压和弱磁两种方法结合起来。当转速在额定转速 n_N 以下时,励磁电流保持在额定值,采用降压调速;当转速在额定转速 n_N 以上时,励磁电压保持在额定值,采用弱磁调速。图4-36所示为两种方法配合使用时,转矩与功率随转速的变化。

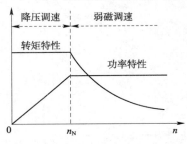

图4-36 降压调速和弱磁调速配合的直流电动机特性

2)直流脉宽调制调速

由蓄电池供电的直流电动机调速系统必须采用DC/DC转换器。DC/DC转换器以斩波方式工作时被称为直流斩波器。直流斩波器改变输出平均电压的方法有以下3种。

(1)脉冲宽度调制(Pulse Width Modulation,PWM):开关器件的通断周期保持不变,只改变脉冲宽度,即定频调宽。

(2)脉冲频率调制(Pulse Frequency Modulation,PFM):开关器件的脉冲宽度保持不变,只改变通断周期,即定宽调频。

(3)混合调制:开关器件的通断周期和脉冲宽度均可变,即调宽调频。

脉宽调制直流调速由于具有以下优点,在直流电动机调速中得到广泛应用。

①脉宽调制开关频率高,系统的频带宽,响应速度快,动态抗干扰能力强。

②电枢电流容易连续,系统的低速性能好,稳速精度高,调速范围宽,电动机的附加损耗和发热量小。

③主电路的电力电子器件工作在开关状态,损耗小,装置效率高。

④主电路所需的功率元件少,线路简单。

三、交流异步电动机

1. 交流异步电动机的结构

交流异步电动机也称交流感应电动机,其结构如图4-37所示。主要组成包括以下两部分。

1)定子

定子主要由定子铁芯、定子绕组、前后端盖和机座等组成。

定子铁芯是主磁路的一部分,为了减少交变磁场的损耗,定子铁芯由0.35~0.50mm厚的硅钢片叠压而成。三相异步电动机有三相绕组,通入三相对称交流电就会产生旋转磁场。

2)转子

转子主要由转子铁芯、转子绕组、转轴和轴承组成。

转子铁芯也是电动机磁路的一部分,常用0.50mm厚的硅钢片叠压而成。转子铁芯呈圆柱形,外圆均匀分布的槽嵌放转子绕组。

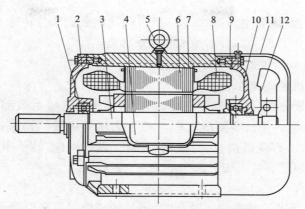

图 4-37 交流异步电动机的结构

1-轴承;2-前端盖;3-转轴;4-接线盒;5-吊环;6-定子铁芯;7-转子;8-定子绕组;9-机座;10-后端盖;11-风罩;12-风扇

交流异步电动机按照转子绕组的不同,分为笼形转子和绕线转子两种。

2. 交流异步电动机的工作原理

三相交流异步电动机的工作原理如图 4-38 所示。当定子通入三相对称交流电时,就会形成一个旋转磁场。在这个旋转磁场的作用下,转子绕组切割磁力线而产生感应电动势,并形成感应电流。当转子绕组通电后,在磁场中受电磁力的作用而产生电磁转矩,并使转子沿着定子旋转磁场的方向转动。只有转子转速 n 低于定子旋转磁场转速 n_1 时,转子绕组才会切割磁力线而产生感应电流,从而可能产生电磁转矩而使转子旋转。"异步"的名称也由此而来。

转差率 s 指磁场转速和转子转速之差与同步转速之比。它是异步电动机的一个基本参数,对分析电动机的特性有重要意义。起动瞬间,因 n 为零,s 约为 1;在额定状态下,s 为 0.01~0.05。

3. 交流异步电动机的机械特性

由于转差率 s 与转速 n 呈线性关系,机械特性也可用电磁转矩 T_{em} 与转差率 s 之间的关系表示。交流异步电动机的机械特性如图 4-39 所示。曲线上有 A、B、C 三个特殊点。A 点为同步速点(理论点),此时电动机以同步转速 n_1 旋转,转差率 s 为 0,转矩为 0。B 点为起动点,此时电动机转速 n_1 为 0,转差率 s 为 1,转矩为 T_{st},称为起动转矩。C 点为临界点,此时电动机转矩最大为 T_m,转差率为 s_m,称为临界转差率。另外,T_N 和 n_N 分别为电动机带动额定负载的额定转矩和额定转速。

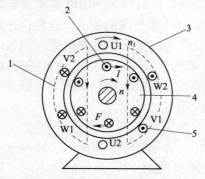

图 4-38 三相交流异步电动机的工作原理

1-磁路;2-转子绕组;3-定子;4-转子;5-定子绕组

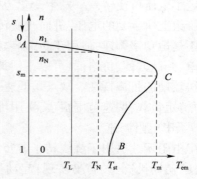

图 4-39 交流异步电动机的机械特性

机械特性曲线上 AC 段是电动机的稳定运行区,从空载到满载转速下降很少(硬的机械特性),只要负载大小介于 A～C 区间,就能找到点稳定运行。

4. 交流异步电动机的控制

1)交流异步电动机的调速方法

从转速的影响因素分析,改变定子电流频率、转差率和磁极对数都可以实现电动机调速。调速方法分为两类:一是改变同步转速,实现的方法有变极(数)调速和变频调速;二是改变转差率,实现的方法有变极调速、变频调速、定子调压调速、转子串电阻调速和串极调速。各种调速方法的原理和特点如下。

(1)变极调速。

变极调速是在定子电流频率一定时,改变定子的磁极对数来改变同步转速,从而达到调速的目的。定子上独立缠绕 2～3 套磁极对数不同的绕组,通过改变定子绕组的接线方式来改变极对数。但由于异步电动机的转子绕组对数不能自动随定子极对数变化,且同时改变定子和转子绕组极对数比较麻烦,故绕线转子异步电动机一般不采用变极调速方式。变极调速的优点是设备简单、机械特性较硬、效率高,既适用于恒转矩调速,又适用于恒功率调速。缺点是有级调速且极数有限、平顺性差,变极绕组需要专门设计制造,只适用于笼形异步电动机。

(2)变频调速。

改变电源频率可以改变同步转速,从而使电动机转速变化。变频调速的优点是机械特性硬、精度高、调速范围大;无级调速,频率可连续调节,使得转速连续变化,平滑性好;转差率小、效率高。按不同的控制方式可实现恒转矩或恒功率调节。缺点是需要复杂的变频电源、成本较高;基频上调时,最大转矩下降较多、不安全;频率较高时,定子和转子的阻抗增大,使功率因数下降。

变频调速具有优异的调速性能,随着控制理论、电力电子技术的发展,已经发展了性能更好的变频理论和方法,如矢量控制、直接转矩控制和各种智能控制等,使得交流调速的性能可以与直流调速系统媲美。变频调速已成为交流电动机调速的主流,在工业领域得到广泛应用。

(3)定子调压调速。

改变定子电压可使转差率发生变化,从而改变电动机转速。用电抗器或自耦变压器来降低定子绕组上所承受的电压,进而改变转矩,获得一定范围的调速。这种调速既不是恒转矩调速也不是恒功率调速,适用于负载转矩随着转速降低而减少的负载。调压调速的优点是结构简单、控制方便、价格低;可以平滑调速;调压设备可以兼作起动设备;利用转速负反馈可以获得较硬的机械特性。缺点是低速时损耗大、效率低,电动机不能在低速下长时间运行;对于恒转矩负载,调速范围很小,实用价值不大。

(4)转子串电阻调速。

转子串电阻调速适用于绕线转子异步电动机,属于恒转矩调速。这种调速的优点是方法简单方便、初期投资少、容易实现;起动性能好,调速电阻可兼作起动电阻。缺点是低速时,转子所串电阻大,使得铜损大、效率低;低速时机械特性软,调速范围小;负载转矩较小时,调速效果不明显;有级调速、平滑性差。

(5) 串极调速。

在转子上串入与转子电动势同频率的附加电动势,并通过改变其幅值和相位来实现调速,同时将转差功率(转子消耗功率)返回到电源。串极调速的优点是效率高,转差功率得到利用;机械特性较硬;因逆变器的逆变角可以连续调节,故可实现转速无级平滑调节。缺点是低速时,过载能力降低;系统总的功率因数低;设备体积大、成本高。

2)交流异步电动机的调速控制

直接转矩控制和矢量控制是目前广泛应用的两种方法,其特点和性能对比见表4-6。

直接转矩控制与矢量控制的特点和性能对比　　　表4-6

特点和性能	直接转矩控制	矢量控制
转矩控制	砰—砰控制,有转矩波动	连续控制,比较平滑
磁链计算	采用定子磁链	采用转子磁链
旋转坐标变换	不需要	需要
转子参数变化影响	无	有
调速范围	不够宽	较宽

四、永磁同步电动机

1. 永磁同步电动机的结构

永磁同步电动机主要由定子、转子及一些附件组成,典型结构如图4-40所示。其定子结构与交流异步电动机类似,由定子铁芯和定子绕组组成,定子通入三相交流电。

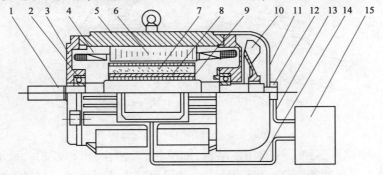

图4-40　永磁同步电动机的结构

1-转轴;2-轴承;3-端盖;4-定子绕组;5-机座;6-定子铁芯;7、8-永磁体;9-转子铁芯;10-风扇;11-风罩;12-位置和速度传感器;13、14-电缆;15-逆变器

永磁同步电动机的转子与交流异步电动机区别较大。除了包含铁芯外,永磁同步电动机用永磁体取代了三相交流异步电动机的电枢绕组。永磁体材料常用铁氧体、铝镍钴和钕铁硼等。

2. 永磁同步电动机的工作原理

永磁同步电动机的供电可以采用直流电。定子绕组的三相交流电由逆变器提供,在电动机内部产生旋转磁场,由于旋转磁场与转子永磁体相互作用,转子获得电磁转矩,使转子与旋转磁场同步旋转。定子的通电频率及由此产生的旋转磁场转速取决于转子的实际位置和转速,转子的实际位置和转速由光电式编码器或旋转变压器获得。

3. 永磁同步电动机的控制

相对于永磁无刷直流电动机,永磁同步电动机的控制较为复杂。为了使永磁同步电动机具有直流电动机那样优良的控制特性,常用的控制方法有:恒压频比开环控制、矢量控制、直接转矩控制、自适应控制、模糊控制、神经网络控制等。

用于交流异步电动机的控制可以移植到永磁同步电动机的控制,但由于永磁同步电动机和交流异步电动机的转子结构不同,电动机的工作方式也不一样,因此数学模型不同,控制算法和控制器电路均有差异。

与交流异步电动机一样,为了提高电动机的控制性能和控制精度,永磁同步电动机也应用了模糊控制和神经网络控制等智能化控制技术。在智能化的控制系统中,可将控制系统理解为多环结构,智能控制用于外环的速度控制,而内环的电流控制、转矩控制仍为传统的控制方法。

五、开关磁阻电动机

1. 开关磁阻电动机的结构

开关磁阻电动机的结构原则是转子旋转时磁路的磁导要有尽可能大的变化,因此采用凸极定子和凸极转子,且定子和转子的凸极数不同,其基本结构如图4-41所示。定子和转子均由硅钢片叠压而成。为了避免单边受力,定子和转子在径向必须对称,因此二者凸极的均为偶数。转子上无绕组。定子凸极有集中绕组,径向相对的两个绕组串联成一个两级磁极,形成一相绕组。因此,定子凸极数是相数的2倍。

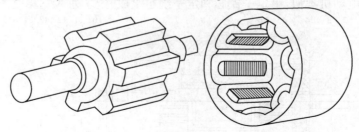

图4-41 开关磁阻电动机的基本结构

开关磁阻电动机有多种不同的相数结构,如单相、二相、四相和多相。定子和转子极数的搭配见表4-7。定子相数越多,步进角越小,有利于减小转矩脉动,但结构会变得复杂,开关器件增多,成本增加。

表4-7 开关磁阻电动机定子和转子极数的搭配

相数	3	4	5	6	7	8	9
定子极数	6	8	10	12	14	16	18
转子极数	4	6	8	10	12	14	16
步进角(°)	30	15	9	6	4.28	3.21	2.5

定子和转子的凸极数不相等,但应尽可能接近,原因是当定子和转子极数相近时,就可能加大定子绕组电感随转角的平均变化率,这是提高电动机性能的重要因素。转子凸极数一般比定子凸极数最多少2个。功率开关电路主要由晶体管和续流二极管组成,作用是为

电动机系统提供能源,按一定次序接通或断开定子绕组电路,使电动机产生预期的转矩。功率开关电路与定子凸极数量相对应。图4-42为四相开关磁阻电动机的功率开关电路。其中,每相绕组用了一个功率开关和一个续流二极管。

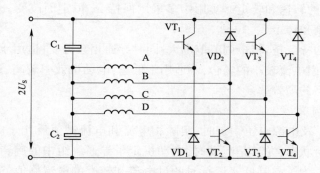

图4-42 四相开关磁阻电动机的功率开关电路

2. 开关磁阻电动机的工作原理

开关磁阻电动机的工作遵循磁通总是沿磁阻最小闭合的原理。当定子、转子凸极中心线不重合,所产生的磁场的磁力线是扭曲的,磁阻不是最小,磁场会产生磁拉力,形成磁阻转矩,试图使相近的转子凸极旋转到与定子凸极中心线对齐,即磁阻最小的位置。图4-43所示为开关磁阻电动机的工作原理,定子绕组有A、B、C、D共四相(图4-43中只画出A相绕组)。当只对B相绕组通电时,产生BB'为轴线的磁场,此时转子凸极2与定子凸极B不对齐,磁阻不是最小。为使磁路的磁阻最小,转子受磁阻转矩的作用沿顺时针方向旋转,直到凸极2与定子凸极B相对。接着,切断绕组B的电流,只给绕组A通电,产生AA'为轴线的磁场,为使磁阻最小,磁场产生的磁阻转矩使转子凸极1顺时针方向旋转至与定子凸极A相对。如此,定子绕组按BADC的顺序依次通电,转子以顺时针方向旋转;若定子绕组按BCDA的顺序依次

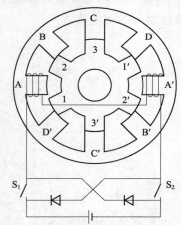

图4-43 开关磁阻电动机的工作原理

通电,则转子以逆时针方向旋转。由此可见,当向定子各相绕组依次通入电流时,电动机转子将持续沿着通电相序相反的方向转动。通过控制加到定子绕组中电流脉冲的幅值、宽度及其与转子的相对位置,就可以控制电动机转矩的大小和方向。

3. 开关磁阻电动机的控制

1) 角度位置控制

功率开关的导通角对电动机电流的影响很大,它是控制开关磁阻电动机电流和转矩的主要手段。随着导通角 α_1 的减小,电流就显著增大,电动机转矩相应增加。功率开关的切断角 α_2 影响电源对电动机相绕组的供电时间的长短和续流的过程,对电动机的转矩有直接的影响。

角度位置控制可分为调节 α_1、调节 α_2 及同时调节 α_1 和 α_2 三种。调节 α_1 是在相电压不变的情况下,固定 α_2,通过调节 α_1 来改变相电流的波形宽度、峰值和有效值及电流波形与

电感波形的相对位置,进而改变电动机的转速和转矩。调节 α_2 是指固定 α_1,调节 α_2,这种方法一般不会影响电流峰值,但可改变电流波形的峰宽及与电感的相对位置,使电流有效值发生变化。同时调节 α_1 和 α_2 是在相电压不变的条件下,调节 α_1 和 α_2 两个参数来改变电流,进而调节电动机的转速和转矩。实用中多采用保持 α_2 恒定而改变 α_1 的办法来控制开关磁阻电动机的电流和转矩。

角度位置控制的特点是:转矩调节范围大;同时导通相数可变;适用于电动机转速较高、旋转电动势较大、绕组电流较小的场合,不适用于低速;电动机效率较高,通过 α_1 和 α_2 的优化可实现不同荷载下的高效率。

2) 电流斩波控制

在开关角 α_1、α_2 及电源电压一定时,实际相电流和电流基值反比于电动机的转速。因此电动机在低速运行状态,尤其是起动时,电动机定子导通绕组中的旋转电动势较小,电流的峰值将显著增大。为了限制低速运行时的过电流和较大的电流峰值,通常需采用斩波实现恒流控制。电流斩波控制的过程是将检测到的绕组相电流与给定电流的上限值进行比较,当检测电流达到上限值时,断开开关,相电流下降;当相电流下降到下限值时,开关重新接通,使相电流增加。通过如此反复,得到在给定值波动的斩波电流波形。图 4-44 所示为斩波控制下的相电流波形。

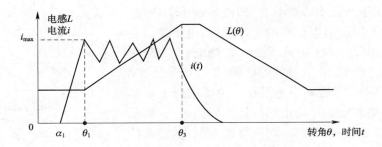

图 4-44 斩波控制下的相电流波形

电流斩波控制的特点是:适用于电动机低速和制动工况,可以有效地限制峰值电流,使电动机获得恒转矩输出的机械特性;电流斩波波形呈较宽的平顶状,电动机转矩较平稳,较其他控制方式脉动小;由于峰值被限制,当负载扰动时,电流峰值无法自适应,系统在负载扰动下的动态响应慢。

3) 电压斩波控制

电压斩波控制是在固定 α_1、α_2 的情况下,使功率开关以斩波方式接通和切断。通过调节 PWM 波形的导通占空比,改变绕组的平均电压,绕组电流也相应变化,最终实现对转矩和转速的控制。

电压斩波控制的优点是:可控性好,可以控制斩波频率和导通占空比两个参数;导通占空比与相电流之间有较好的线性关系,调节占空比可以很好地调节相电流的最大值;以 PWM 方式调节电压平均值可以间接调节和限制过大的绕组电流,对高速和低速工况都适用;抗负载扰动的动态响应快,适合于转速调节系统。缺点是调速范围较小,转矩脉动较大。

4. 开关磁阻电动机的机械特性

实际的开关磁阻电动机可根据不同情况,选用以上几种控制方法的组合,以达到最佳的调速性能。低速运行时通电周期比较长,通常采用电流斩波控制,通过改变设定电流的大小来控制输出转矩,实现恒转矩运行。当电动机进入较高速度后,功率开关导通时间缩短,电动机达不到限流值,此时主要采用角度位置控制,通过控制 α_1 实现恒功率特性。当电动机转速进一步升高, α_1 和 α_2 达到极限值时,电动机进入恒定 α_1 和 α_2 的运行方式,电动机的转矩与转速平方成反比,呈现串励电动机的机械特性。开关磁阻电动机完整的机械特性如图4-45所示。

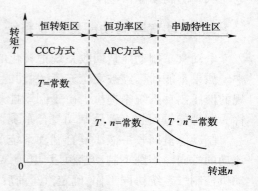

图4-45 开关磁阻电动机的机械特性

第六节 电动汽车的再生制动

一、电动汽车制动能量再生的必要性和可行性

1. 电动汽车制动能量再生的必要性

汽车制动时,随着速度的降低,动能逐渐变小,能量大量损失。例如,总质量为1500kg的汽车,速度从108km/h(30m/s)制动到静止,动能损失为675kJ。紧急制动的距离约为60m;若不制动,仅靠滚动阻力和空气阻力,汽车会滑行约2km。

对美国的 FTP、高速公路 HFET、欧洲城市循环 ECE-EUDC 和日本 10-15 工况这 4 种循环工况进行分析,制动能量分别占汽车总驱动能量的比例约为 25%、6%、18% 和 26%。由此可见,汽车的制动能量在汽车的整个行驶过程中所占的能量比例是很大的。

普通汽车的制动能量通过制动器的摩擦转换为热能,散失到大气中。汽车制动能量再生(回收),就是把制动时的动能转换为其他形式的能量储存起来,在汽车起步和运行时再释放出来。

电动汽车的制动能量再生,对电动汽车意义重大。主要原因有以下2点。

(1)蓄电池的容量有限。电动汽车对能源的高效利用是发挥其节能和环保优势的关键。制约电动汽车广泛应用的原因之一,就是因为车载电能有限,汽车的续驶里程短。电动汽车的制动能量再生,可以提高电能的利用率,延长电动汽车的续驶里程,降低能量(燃料)消耗。

(2)降低制动系统部分部件的负荷。制动能量再生时,电磁力矩是总制动力矩的一部分或全部,可以降低车轮制动器的温升和磨损,延长其使用寿命。制动器温升的降低,在汽车持续制动时,有利于降低制动热衰退现象,对确保行车安全有重要意义。

2. 电动汽车制动能量再生的可行性

和燃油汽车相比,电动汽车的制动能量再生,实现起来更有优势。主要原因有以下2点。

(1)能量转换容易。电动汽车的驱动电机容易转换发电机模式工作,将动能转换为电能,且转换效率高。

(2)能量储存容易。电动汽车的蓄电池可以方便地储存制动再生的电能。

当然,电动汽车的制动能量再生,只能回收利用驱动车轮的制动能量。显然,全轮驱动电动汽车的制动能再生率高。

二、电动汽车制动能量回收系统

电动汽车制动能量回收系统把转化的电能储存在各种蓄能器(如蓄电池、超级电容等)中。如果蓄能器已经被完全充满,制动能量再生则应停止工作,汽车所需的制动力只能由常规的液压制动系统来提供。由于制动能量回收系统和液压制动系统一起工作,所以二者合称为制动能量回收—液压制动复合系统。

制动能量回收—液压复合制动系统如图 4-46 所示。图中箭头表示电功率和控制信号流动的方向。当踩下制动踏板后,电动泵使制动液增压产生制动能源。制动控制系统与电动机控制子系统协同工作,确定汽车前后轮上的液压制动力。制动能量再生时,控制系统回收制动能量,并且反充到蓄电池中。ABS 及其控制阀与无制动回收系统汽车的相同,其作用是防止制动时车轮抱死。

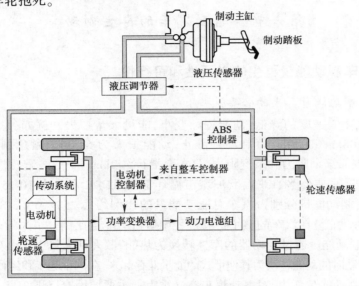

图 4-46 制动能量回收—液压复合制动系统

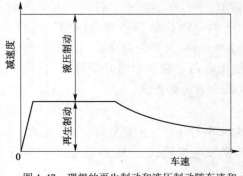

图 4-47 理想的再生制动和液压制动随车速和减速度的变化关系

理想的再生制动和液压制动随车速和减速度的变化关系如图 4-47 所示。电动汽车高速巡航时,驱动电机一般是在恒功率状态下运行,驱动力矩与驱动电机的转速(或车速)成反比。因此,恒功率下驱动电机的转速越高,再生制动的电磁力矩就越小。减速度较小时,再生制动的力矩通常保持在最大负荷状态,驱动轮上的制动力矩全部由制动再生的电磁力矩提供。当汽车速度较低时,驱动电机运行在低速状态。由于在低速时,电动汽车的动能不足以为驱动电机提供能量,因而再生制动力矩也就会随着车速降低而减小。由于发电功率和蓄电池充电电流的限制,电动汽车的再生制动力矩通常不能提供足够大的制动减速度。所以,在电动汽车中,再生制动和液压制动系统通常共同存在。一般只有当再生制动已经达到了最大制动能力而且还不能满足制动要求时,液压制动才起作用。

三、再生制动的控制策略

电动机制动的加入给电动汽车制动系统的设计提出以下 2 个问题:一是如何分配前后轮(驱动轮和非驱动轮)的制动力矩;二是如何分配驱动轮上机械制动和再生制动的制动力矩。

制定再生制动控制策略的基本原则是:在满足制动安全性的前提下,尽可能多地回收制动能量。目前主要有以下 3 种控制策略。

1) 理想制动力分配策略

理想制动力分配策略使前、后轮制动力总是符合理想制动力分配曲线,以制动效能最佳为控制目标,同时还具有最佳的制动方向稳定性。这种控制策略能充分利用路面的附着条件,制动性能最佳,回收制动能量的效果好,但是控制系统复杂,适合于全可控的复合制动系统。

2) 最大制动能量回收策略

最大制动能量回收策略是在满足总制动力要求的前提下,向驱动轮(例如前轮)分配更多的再生制动力,以回收更多的制动能量。当所需的总制动力小于能提供的最大再生制动力时,只由再生制动系统提供制动;当需要的总制动力大于最大再生制动力时,再生制动系统提供其最大的制动力,剩余的制动力由机械制动力提供。机械制动力分配为前、后轮机械制动力时,要使前、后轮制动力尽量接近理想分配曲线。这种控制策略适合于并联式复合制动系统和全可控的复合制动系统。

3) 前后轮制动力固定比值策略

前后轮制动力固定比值策略是指前轮(驱动轮)的总制动力(摩擦制动力与电制动力之和)与后轮(非驱动轮)制动力(摩擦制动力)的比值是固定的,前轮电制动力与前轮机械制动力以固定的关系分配,前轮电制动力正比于制动主缸的液压压力。对于装载量变化不大的汽车(如轿车),这种策略可使前后轮制动力的分配接近于理想的制动力分配曲线,制动效能较好,在高制动强度时可更多地依靠机械制动,主要用于前轮驱动电动汽车的并联式复合制动系统。

第七节 纯电动汽车

一、纯电动汽车动力系统的组成

纯电动汽车动力系统的组成如图 4-48 所示,包括以下 3 个子系统。

1. 电驱动系统

电驱动系统由整车控制器、功率变换器、电动机、机械传动装置和车轮组成。

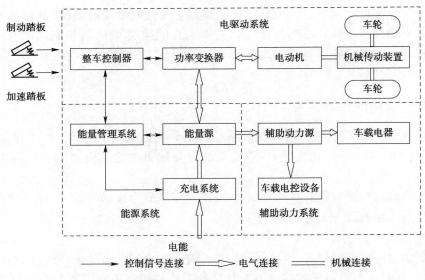

图4-48 纯电动汽车动力系统的组成

1)整车控制器

整车控制器的输入是反映驾驶意图的制动踏板、加速踏板信号及车速、电动机绕组电流、转子转速等汽车状态信号,根据一定的控制算法进行计算处理,发出控制指令来控制功率变换器中功率开关的通断,调整电源向电动机的电力输入,进而实现对电动机转矩和转速的控制。

2)功率变换器

功率变换器用于调节电源和电动机间电力的大小和流向。电动机类型不同,相应的功率变换器的结构和工作方式也不同。例如,直流电动机的功率变换器称为DC/DC变换器,以直流斩波的方式工作;交流异步电动机的功率变换器称为逆变器,具有将直流电转变成所需交流电的功能。

3)机械传动装置

多数电动机的转矩范围还不能满足直接驱动汽车的要求,电动机转速和车速也不完全匹配。因此,在电动机和驱动轮之间通常还配备减速器和挡位数较少的变速器。这样做的好处是,在满足行驶要求的前提下可减轻电动机和动力电池的负荷。由于电动机的转矩特性比内燃机的好,所以纯电动汽车采用挡位较少的变速器(2挡或3挡)即可满足汽车行驶阻力变化的要求。

2. 能源系统

1)能量源

能量源是纯电动汽车的能量来源,通过功率变换器向电动机提供电能,同时也是纯电动汽车上辅助动力系统、能量管理系统等其他部分的电源。常用的纯电动汽车能量源是铅酸电池、镍氢电池和锂离子电池,有的电动汽车配备超级电容或飞轮储能装置作为辅助储能装置。

2)能量管理系统

能量管理系统的具体功能包括采集和监测电池电压、电流、温度等基本参数,预测和显示电池电量状态、电池内阻等状态参数,充放电控制,能量回收控制等。

3)充电系统

充电系统用于向车载电池充电,应具备整流、变压、调压、滤波等基本功能。

3. 辅助动力系统

1)辅助动力源

辅助动力源用于向车载电器和电控设备提供电源,它的电能来自车载电池,需要用DC/DC变换器将车载电池电压转换成车载用电设备所需的电压。

2)车载用电设备

车载用电设备包括车载电器和车载电控设备。车载电器包括照明、仪表、刮水器、电动车窗、电动门锁、音响、空调等;车载电控设备包括电动助力转向系统(Electric Power Steering,EPS)、防抱死制动系统(Anti-lock Brake System,ABS)、车身稳定控制系统(Vehicle Stability Control,VSC)、牵引力控制系统(Traction Control System,TCS)等。

二、纯电动汽车驱动系统的布置形式

纯电动汽车的驱动系统有多种布置形式,如图4-49所示。按照电动机的驱动形式,可分为电动机集中驱动式和电动机分散驱动式。图4-49a)~c)为电动机集中驱动式,两侧的驱动轮有机械连接,并由同一电动机驱动;图4-49d)~f)为电动机分散驱动式,每个驱动轮由一个电动机单独驱动,两侧的驱动轮没有机械连接,驱动系统有多个电动机,通常采用双电动机或四电动机。

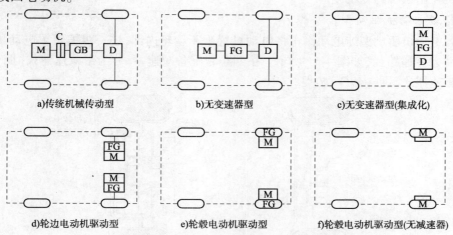

图4-49 纯电动汽车驱动系统布置形式

C-离合器;D-差速器;GB-变速器;FG-固定传动比减速器;M-电动机

1. 传统机械传动型

传统机械传动型纯电动汽车由燃油汽车底盘改装而成,保留燃油汽车的机械传动系统(离合器、变速器、万向传动装置、主减速器、差速器和半轴等),把内燃机换成电动机。

传统机械传动型的优点是技术难度低、成本低;由于传动系统传动比及其范围都较大,汽车驱动对电动机的要求低,故可选功率较小的电动机。缺点是动力部件多(包括电池、电动机、功率变换器,再加上机械传动系统),整车质量大,布置困难。

2. 无变速器型

无变速器型纯电动汽车的结构特点是取消了离合器和变速器,采用了固定传动比的减速器,通过对电动机的控制实现变速功能。

这种布置形式的优点是机械传动系统得到简化,质量和体积减小。缺点是对电动机要求较高,要求较大的起动转矩及较大后备功率,以保证汽车的起步、加速、爬坡等动力性要求。

图4-49c)为无变速器型的改进形式,电动机、主减速器和差速器集成一体。这种结构的特点是结构紧凑,占用空间小,装配方便,在小型电动汽车上应用较多。图4-50所示为集成化无变速器型系统结构。

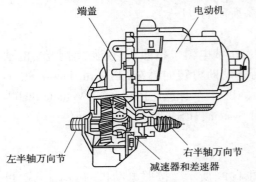

图4-50 集成化无变速器型系统结构

3. 轮边电动机驱动型

轮边电动机驱动型纯电动汽车不带变速器,通过电动机控制实现变速功能。驱动系统采用多电动机(2个或4个),电动机位于车轮一侧,每个电动机配备一个减速器,没有机械差速器,两侧电动机的控制系统实现电子差速的功能。

轮边电动机驱动的优点是无离合器、变速器、传动轴等机械装置,无相应操纵机构,结构得到简化;电动机装在车身(或车架)以下,增加了车身内部有效空间。其缺点是电动机置于汽车底部,影响汽车的通过性;电子差速增加了电动机控制系统的复杂度。

4. 轮毂电动机驱动型

轮毂电动机驱动型纯电动汽车将电动机置于驱动轮内部,进一步缩短了电动机与驱动轮间的动力传递路径,如图4-51所示。按照是否配备减速器,分为带减速器式[图4-49e)]和不带减速器式[图4-49f)]两类。

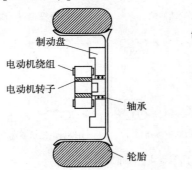
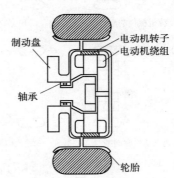

a) 高速内转子轮毂电动机　　b) 低速外转子轮毂电动机

图4-51 轮毂电动机

带减速器式轮毂电动机一般采用高速内转子电动机,转速可高达10000r/min,必须配置减速器来降低转速,如图4-51a)所示。不带减速器式轮毂电动机一般采用低速外转子电动机,外转子安装在车轮轮缘上,电动机转速和车轮转速相等,最高转速在1000~1500r/min,不需要减速装置,如图4-51b)所示。但是,低速外转子电动机的体积、质量较大,成本较高。

轮毂电动机驱动的优点是无复杂机械传动系统,减轻汽车质量;动力部件结构紧凑,便于布置,增加了车内空间;便于整车的电子化、智能化、线控化。缺点是多个电动机的控制与相互协调技术难度大;轮毂电动机的散热、电磁干扰、防水、防尘任务较难完成;电动机置于车轮对汽车的平顺性、操纵稳定性、通过性有一定的负面影响。

三、纯电动汽车动力系统设计

纯电动汽车动力系统中电池、电动机、传动系统的参数对汽车的动力性和经济性有很大影响。在确定这些部件的参数时,必须充分考虑满足以下2个基本性能要求。

1. 电动机的选择

1)电动机类型的选择

汽车的车速和行驶阻力变化范围大,作为动力装置的电动机必须适应这些变化以满足汽车行驶的要求。纯电动汽车对电动机性能的基本要求有:低转速下发出大转矩,以适应汽车的起步、加速、爬坡、频繁起停等工况;在高转速下能恒功率运行,以满足平路高速行驶工况;在宽的转速范围内都要有较高的运行效率,以提高续驶里程;在加速、爬坡时有一定的过载能力。

电动机类型的选择不仅要考虑电动机的转矩特性和效率,还需要从电动汽车的整车设计目标、驱动系统的结构、成本控制等方面出发,综合考虑电动机的环境适应性、可维护性、质量体积、结构强度、成本等。纯电动汽车用电动机的性能对比见表4-8。

纯电动汽车用电动机的性能对比　　　　　　　　　　　　　表4-8

性能	直流电动机	交流异步电动机	永磁电动机	开关磁阻电动机
功率密度	低	较高	最高	高
效率	较高	高	最高	较高
过载能力	一般	强	较强	强
转速范围	窄	宽	宽	很宽
功率范围	宽	宽	窄	宽
外形尺寸	大	较大	小	小
质量	重	较轻	轻	轻
可靠性	一般	好	较好	好
结构坚固性	一般	好	一般	好
可控性	好	较好	较好	较好
电动机成本	高	较低	高	低
控制器成本	低	高	高	较低
应用情况	低速电动汽车	普遍应用	发展迅速,应用前景好	发展迅速,应用前景好

2)电动机功率的确定

电动机的功率指标有额定功率和最大功率。电动机可在额定功率下连续运行,在最大功率时属于过载状态,只能短时运行(几分钟)。对于纯电动汽车,最高车速对应的是电动机的连续工作区,即电动机的额定功率,而最大爬坡度和全力加速能力对应电动机的短时工作区,即电动机的最大功率。

设计中通常从保证电动汽车预期最高车速来初步选择电动机应有的额定功率。最高车速虽然只是汽车动力性能的一个指标,但实质上也反映了汽车的加速能力和爬坡能力。这是因为最高车速越高,要求的电动机功率也越大,汽车的后备功率大,加速和爬坡能力必然较好。

若电动汽车设计的最高车速为 u_{amax}(km/h),则电动机的额定功率 P_N(kW)应不小于汽车在良好路面上以最高车速行驶时的阻力功率,即:

$$P_N \geq \frac{1}{\eta_t}\left(\frac{Gf}{3600}u_{amax} + \frac{C_D A}{761400}u_{amax}^3\right) \qquad (4-5)$$

式中:G——汽车重力,N;
$\quad\quad f$——滚动阻力系数;
$\quad\quad C_D$——空气阻力系数;
$\quad\quad A$——迎风面积,m^2;
$\quad\quad \eta_t$——机械传动效率。

电动机的最大功率 P_{max} 为:

$$P_{max} = \beta P_N \qquad (4-6)$$

式中:β——电动机过载系数,一般取 2~3。

3)电动机额定转速和最高转速的选择

额定功率相同的电动机,额定转速越高,电动机体积越小,质量越轻,造价越低,因此,选择高速电动机比较经济。但是电动机转速越高,需要的传动机构的传动比大,使传动机构越复杂。

电动机最高转速与额定转速的比值称为扩大恒功率区系数 γ。γ 越大,恒功率区越宽,电动机的驱动特性越接近汽车行驶理想的驱动特性,即低转速大转矩。转矩随着转速的增加而逐渐减小,能很好地满足汽车起步加速和稳定运行的要求。当电动机额定功率一定时,增加 γ 有 2 种方式,一是减小额定转速,二是增加最高转速。但减小额定转速这种方法的缺点是需要增加电动机的额定转矩,额定转矩变大,一方面对电动机的支撑要求变高,电动机的质量和体积增大,另一方面要求更大的电动机和电力电子器件电流,增加了功率变换器的尺寸和损耗。所以,增加 γ 的主要方式是增加电动机最高转速,但转速过高会增加传动机构的复杂程度和成本。γ 一般取值范围为 3~6。

4)电动机额定电压的选择

纯电动汽车用电动机的额定电压选择与动力电池组电压密切相关。在相同输出功率条件下,电池组电压高则电流小,对导线和电力器件要求较低。但较高的电压需要较多的电池串联,且车载设备的安全保护级别也需提高。电动机的额定电压如果选得太低,则要求导线截面积更大,电力器件额定电流更大,增加了导线布置安装的难度及电力器件的成本,还会使电力器件的额外损耗增加,使用寿命缩短。

合理地选择电动机额定电压对电驱动系统的合理匹配和整车性能提高十分重要。选择电动机额定电压的一般要求是,在允许的范围内尽可能采用高电压,以减少电动机、电力器件、导线等装备的尺寸。通常,微型电动汽车电动机的额定电压范围为 48~288V,普通电动汽车电动机的额定电压在 300V 左右,电动大客车电动机的额定电压范围为 400~600V。

2. 蓄电池的选择

1) 蓄电池类型的选择

铅酸电池由于质量大、充电时间长等不足,目前只在小型电动汽车上应用;镍氢电池和锂离子电池是当前动力电池的主流。

动力电池分为功率型和能量型两类。功率型电池的比功率大,有利于提高汽车的动力性;能量型电池的比能量大,有利于提高汽车的续驶里程。当前,纯电动汽车大多侧重于增加续驶里程,因此应当选用能量型电池。此外,还可以采用主副电池混合的方案,主电池采用能量型电池,副电池采用功率型电池,这样可以兼顾续驶里程和动力性的要求。为了获得更好的动力性,副电池还可以采用比功率更高、放电能力更强的超级电容或飞轮电池。

2) 电池数量的确定

由于单块电池不能满足整车的电压和能量的要求,因此,纯电动汽车的电池系统需要采用多块电池,以串联、并联或混联方式形成电池组。电池的数量既要能够满足纯电动汽车最大行驶功率的要求,又要能够满足规定的汽车续驶里程要求。

满足最大行驶功率要求所需要的电池数量 n_1 为:

$$n_1 = \frac{P_{\max}}{\eta_m \eta_c D_b m_b} \tag{4-7}$$

式中:η_m、η_c——电动机和功率变换器效率;
　　　D_b——电池的比功率,kW/kg;
　　　m_b——单块电池的质量,kg。

假定设计的纯电动汽车对续驶里程的要求是能以车速 u_a(km/h)行驶的里程为 S(km),则需要的电池块数 n_2 用下式估算。

$$n_2 = \frac{\left(Gf + \dfrac{C_D A u_a^2}{21.15}\right)S}{3.6 C_N U_N D \eta_d \eta_m \eta_t} \tag{4-8}$$

式中:C_N——单块电池的额定容量,A·h;
　　　U_N——单块电池的电压,V;
　　　D——允许的放电深度;
　　　η_d——电池放电效率;
　　　η_t——机械传动效率。

所需的电池数量为 n_1 和 n_2 中的较大值。

3. 传动系统的设计

目前的纯电动汽车只有少数采用电动轮直接驱动的形式,多数汽车的驱动系统为电动机匹配了机械传动系统,以满足整车的动力性要求,并可减轻电动机的负荷,提高电动机在复杂行驶工况下的运行效率,有利于获得较大的续驶里程。

1) 最小传动比的确定

纯电动汽车机械传动机构包括主减速器和变速器。汽车多数时间以最高挡行驶,即以最小传动比挡位行驶。普通汽车没有分动器和副变速器,最小传动比是主减速比和变速器最高挡传动比的乘积。若变速器最高挡为直接挡,最小传动比就是主减速比。

纯电动汽车的最小传动比应保证能够实现设定的最高车速。假定电动机最高转速为 n_{max},则最小传动比 i_{min} 应该满足:

$$i_{min} \leq \frac{0.377 n_{max} r}{u_{amax}} \quad (4\text{-}9)$$

式中:r——驱动轮的半径,m。

最小传动比不宜取得过小,应保证最高车速出现在电动机的恒功率区,而不出现在恒转矩区,此时最小传动比 i_{min} 要满足:

$$i_{min} > \frac{0.377 n_N r}{u_{amax}} \quad (4\text{-}10)$$

式中:n_N——电动机额定转速,r/min。

2) 最大传动比的确定

传动系统最大传动比是变速器 1 挡传动比和主减速比的乘积。当主减速比已知时,确定最大传动比也就是确定变速器 1 挡的传动比。最大传动比应满足最大爬坡度和附着条件两个方面的要求。

假定要求的汽车最大爬坡角度为 α_{max},电动机最大转矩为 T_{max},则最大传动比 i_{max} 应该满足:

$$i_{max} \geq \frac{G(f\cos\alpha_{max} + \sin\alpha_{max})r}{T_{max} \eta_t} \quad (4\text{-}11)$$

最大传动比确定后,还应该校核附着条件是否满足爬坡或加速的附着力要求。若不满足,需要调整最大传动比的取值,或者从汽车总布置和结构入手,改善汽车的附着条件。

3) 挡位数和各挡传动比的确定

传动系统挡位多,可以减轻电动机的负荷,增加电动机在高效区的工作机会,对改善整车的动力性和经济性都是有利的。

挡位数影响各挡位之间传动比的比值。该比值不宜大于 1.7~1.8,比值过大会造成换挡困难。因此,挡位数主要根据最大传动比与最小传动比的比值大小确定。比值越大,挡位数应越多。

电动机具有低速大转矩的特点,并且有一定的调速能力。因此,相对于燃油汽车,纯电动汽车的最大传动比与最小传动比的比值较小,多数汽车采用 2~3 挡的变速器就可以满足使用要求。

各挡传动比可采用等比级数进行分配。例如,某纯电动汽车采用一个 3 挡变速器,各挡传动比符合如下关系:

$$\frac{i_{g1}}{i_{g2}} = \frac{i_{g2}}{i_{g3}} = q \quad (4\text{-}12)$$

式中:q——各挡之间的公比。

由于 i_{max} 和 i_{min} 已经确定,并且 $i_{max} = i_{g1} \cdot i_0$,$i_{min} = i_{g3} \cdot i_0$,所以:

$$q = \sqrt{\frac{i_{max}}{i_{min}}} \quad (4\text{-}13)$$

若最高挡(即 3 挡)传动比为 1,则 1 挡和 2 挡的传动比分别为 q^2 和 q。

四、典型的纯电动汽车

1. 特斯拉纯电动汽车

特斯拉(Tesla)纯电动汽车是由美国特斯拉(汽车)公司生产的,目前共有三款车型Model S、Model X 和 Model 3。特斯拉第一款汽车产品 Roadster 发布于 2008 年,为一款两门运动型跑车。2012 年,特斯拉发布了其第二款汽车产品 Model S,一款四门纯电动豪华轿跑车。第三款汽车产品 Model X 为豪华纯电动 SUV,于 2015 年 9 月开始交付。最近的一款汽车为 Model 3,首次公开于 2016 年 3 月,并已于 2017 年末开始交付。

以下重点介绍特斯拉 Model S。

1) 总体特点

特斯拉 Model S 是一款全新设计制造的高性能电动轿车,其性能参数见表 4-9。空气阻力系数仅为 0.24。

特斯拉 Model S 的性能参数　　　　表 4-9

整车参数	长×宽×高	4978mm×1964mm×1435mm
	整备质量	2108kg
蓄电池(组)	类型	钴酸锂电池
	输出电压	360V
	总容量	85kW·h
电动机	类型	三相四极交流感应电动机
	最大功率	270kW
	最大转矩	440N·m
减速器	类型	两级外啮合圆柱斜齿轮
	固定传动比	9.72
性能参数	最高车速	200km/h
	0~100km/h 加速时间	5.6s
	最大续航里程	502km
	充电时间	10kW 车载充电器 10h,20kW 双车载充电器 5h,40A 壁挂式适配器 5h

特斯拉 Model S 的组成如图 4-52 所示。电池组被整合成平板安置在车身底板内,因而整车重心更低,有利于获得优异的操控性能。两驱车的驱动电机布置在后桥内。燃油汽车的前舱(发动机舱)空间被完全释放,变成了一个行李舱。后部的驱动电机也没有影响汽车后行李舱。车身底部平整,以降低风阻。前、后悬架均为独立悬架,前悬架为双叉臂、后悬架为多连杆形式。前、后悬挂均采用空气弹簧,车身高度可调,共有四挡。

车身为承载式结构,材料主要采用铝合金,质量轻。悬架的连接杆件采用铝合金锻铸,并且通过镂空工艺以减轻质量。除了 900kg 的电池质量,其他所有部件总质量仅为 1208kg。通过各种铝型材、冲压件和铸造件的合理组合,车身安全性好。由于没有前置的发动机,车身前部的溃缩吸能区能够被最大限度地优化。在关键部位的高强度硼钢加强件提高了车身的安全性。为了确保电池组的安全,在汽车受到碰撞时,电池组的外部结构可以保护电池免收冲击,并自动切断电源。

图 4-52 特斯拉 Model S 的组成

2) 驱动系统

特斯拉 Model S 四驱汽车的驱动系统如图 4-53 所示。电池组布置在中部车身底板上，与轮距同宽，长度略小于轴距，尺寸为长 2.7m、宽 1.5m、厚度 0.10~0.18m。驱动电机布置在前后桥的中部，电动机输出的动力经过减速器、差速器、半轴后到两侧的驱动车轮。

图 4-53 特斯拉 Model S 的驱动系统

动力电池采用的是松下 18650 型三元材料（镍钴铝酸锂）锂离子电池，这种电池普遍用于笔记本电脑，单个电池的容量为 3100mA·h，电池的容量和内阻能够在 3000 次充放电后保持相对稳定，电池性能对充电电流和温度不敏感。与现在电动车电池的主流趋势不同，特斯拉是唯一一家直接采用 18650 型锂离子电池的公司（其他电动汽车采用的都是大尺寸电池）。特斯拉需要 7000 多节 18650 型锂电池（普通家用笔记本电脑只要 7~8 节）。为了方便地监测和控制每个单体电池的温度和电压，特斯拉采用分层管理方法：69 个单体电池并联封装成一个电池砖，9 个电池砖串联成一个电池片，最后多个电池片连接成电池组。

但是将众多（7000 多个）的单体电池组成电池组，将会大幅增加电池单体之间的不一致性，导致单体温度、电压出现不平衡现象，引起个别电池过充、过放并产生静电反应，从而降低电池组寿命以及安全性。这些问题通过电池管理系统解决。特斯拉的解决方案如下：

(1) 源头保证锂电池单体的一致性。特斯拉拥有一个锂电池监测实验室并依据锂电池单体化学性能、形状系数建立了一个完备数据信息中心，通过这个实验室以及数据中心将电池供应商所提供的电池进行严格的性能测试和一致性筛选,主要关注指标包括:单体容量大小、储能持久性、功率输出大小、电压上下限等。其中一致性、安全性较好的电池作为车用电池。

(2)荷电平衡,有效排除故障单体。特斯拉研发了单体荷电平衡系统,可有效排除故障单体。电池组尾部安装有印刷电路板,内置许多电源开关,每个电源开关一端连接某个电池单体,另一端连接控制器(单体荷电监控器)。当电池组中某一个电池因过充、过放、温度过高导致电量与其他电池不同时,控制器就会将能量在电池之间进行相互转移,防止其电压超过安全范围而产生异变。而当该电池真的产生异变时,控制器将控制电路板上相对应的电源开关弹开,从而将此电池单体隔离,避免产生的静电反应而引起爆炸。

(3)电池温度管理。特斯拉汽车电池组中每一个电池单体都连接一个热敏电阻以及一系列的光导纤维,同时将热敏电阻连接到电池监控器,将光导纤维连接到光敏感应器。当某个电池单体温度超过安全标准时,热敏电阻将产生一个电信号传达至电池监控器以便起动电池冷凝系统保证电池安全性能。当电池发生热逃逸等现象时,将影响光导纤维中光束的传输,进而刺激光敏感应器发出相应信号进行调节。而当汽车发生剧烈碰撞时,电池组与电动机的能量传输路径将被立即切断,电池组外保护层将保护电池组免受碰撞影响,从而避免发生剧烈爆炸。

(4)实时温度控制,电池组液体冷凝。特斯拉 Model S 的机体液体冷凝系统为双模式冷却系统,其中第一层冷却回路专门为电池组降温,电池回路将电池组与冷却泵相连接,回路中充满了冷却剂,且延伸多个冷却管覆盖至每个电池单体。第一层冷却回路将控热系统、通风设备以及其他散热装置与电池组热量管理系统连接起来,从而保证每个电池单体温度在安全值以内,保证散热、确保安全。第二层冷却回路包括第二冷却储液罐并与至少一个转动部件进行热交换,保证电池组冷却系统的独立性。

特斯拉公司承诺为特斯拉 Model S 电池组提供 8 年或是 10 万英里的质量保证,其他部件提供 4 年或是 5 万英里的质量保证。

2. BK6122EV 型纯电动客车(奥运纯电动大客车)

1)整车概述

BK6122EV 型纯电动客车具有完全的自主知识产权;采用专用电动化低地板底盘,整车达到内燃机客车超二级相关要求,并解决了与无轨电车电网兼容的电—电混合的关键技术。该车使用先进的锂离子动力电池组、分散式充电快速更换方案、无离合器三挡机械自动变速电驱动系统、电动涡旋式一体化冷暖空调器等具有自主知识产权的关键部件,综合技术水平和产品化程度高,整车能耗低。其各项参数见表4-10。

BK6122EV 纯电动大客车的各项参数　　　　表 4-10

	长×宽×高	11850mm×2540mm×3300mm
	轴距	5800mm
	轮距(前/后)	2096mm/1836mm
尺寸参数	前悬/后悬	2560mm/3490mm
	接近角	≥7°
	离去角	≥7°
	最小离地间隙	152mm

续上表

尺寸参数	乘客门一级踏步高度	370mm
	车厢地板离地高度	390mm
	车厢内最大高度	2430mm
	乘客座位数	22～32个
质量参数	整备质量	14500kg
	乘客数	50人
	总质量	18000kg
	轴荷分配	空车：前轴4500kg，后轴10000kg 满载：前轴6500kg，后轴11500kg
性能参数	最高车速	≥80km/h
	0～50km/h加速时间	≤25s
	最大爬坡度（满载）	≥20%
	制动距离（30km/h 初速）	<9.5m
	续驶里程（40km/h 等速）	标准型：360A·h 电池组，≥180km 扩展型：480A·h 电池组，≥240km
	最小转弯直径	24m

2）整车布置

BK6122EV 型纯电动客车采用动力装置后置、后轮驱动形式。动力电池组全部放置在车的下部，车内全部采用双排座椅，冷暖一体化空调器置于车顶前部，电动机控制器等高电压部件放置在后舱。整车具有合理的轴荷分配和良好的操纵稳定性。

3）整车技术方案

（1）先进的超低地板结构。

低地板结构方式给整车布置带来了困难，对于纯电动客车来说，由于电池组数量多，占用空间大，采用低地板布置更加困难。BK6122EV 型纯电动客车同时服务于北京奥运会和残奥会的中心区，低地板结构是必然选择，这也是国际奥委会和北京奥组委提出的要求。围绕整车高效节能的要求和奥运需求，设计时彻底摒弃了纯电动汽车以改装设计为主的传统思路，开发了低地板公交车专用电动化底盘，解决了动力系统的集成与匹配、整车轻量化、结构和高电压安全、二次绝缘、电磁兼容等核心技术困难，开发了国际上首创的电动低地板公交客车。该车技术指标达到了住房和城乡建设部《城市客车分等级技术要求与配置》（CJ/T 162—2002）标准中最高级别——大型客车超二级标准要求。

（2）先进的能量源和动力驱动系统。

BK6122EV 型纯电动客车整车技术方案如图4-54 所示。该车是世界上锂离子动力电池第一次大规模的应用，同时为了保证奥运期间24 小时不间断运行，采用了集中充电、快速更换电池的运行方案。为此开发了新型标准化动力电池箱，它具有防水、防尘、防火的功能，支持快速更换；同时开发了手动和自动快速更换装置，建设了充电站。

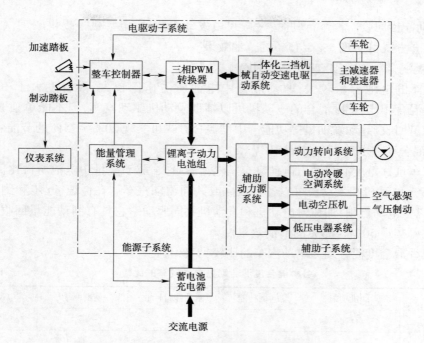

图 4-54　BK6122EV 型纯电动客车整车技术方案

传统电动客车设计中多采用无变速器设计或者二挡手动变速器，不能很好地保证整车的动力性和经济性。BK6122EV 型纯电动客车采用三相交流感应电动机和多挡机械自动变速器（AMT）组成的一体化电驱动系统。整车控制器通过网络化信息系统进行智能监控，提高了整车的能量利用效率，使整车的动力性能和经济性能明显得到改善，可靠性和舒适性大大提高。

第八节　混合动力电动汽车

一、概述

目前，最常见的混合动力电动汽车（简称混合动力汽车）是同时具有内燃机和电动机两种能量转换装置的汽车。其中一个储能装置是内燃机的燃料箱（罐），为发动机提供能源；另一个是能充电的储能装置，可以是蓄电池、超级电容和飞轮电池等，为电动机提供能源，在必要时可以吸收发动机的多余能量和制动能量再生的电能。

1. 混合动力电动汽车的分类

1）按混合度分类

混合度指电动机的功率与汽车总功率（发动机功率和电动机功率之和）的比值，反映电驱动能力在整个驱动能力所占比例。按照混合度大小，混合动力电动汽车可以分为以下 3 类。

（1）微混合动力电动汽车（Micro HEV）。这种汽车的电池容量很小，驱动能量中电池所占比例极小，混合度小于 10%。电动机仅作为发动机的起动机/发电机使用。电动机的控制策略：短暂停车时，发动机熄火，汽车起步时，电动机作为起动机立即起动发动机；汽车制动时，电动机以发电机模式运行，向蓄电池充电,实现制动能量回收。汽车行驶时,一般仅由发动机驱动,电动机不提供驱动汽车的辅助力矩。微混合方式可实现5%~15%的节油效果。

(2)中度混合动力电动汽车(Mild HEV)。

这种汽车的电池容量较大,驱动能量中电池所占比例较大,混合度大于10%、小于30%。与微混合相比,中度混合的电动机可以辅助发动机驱动汽车,但不能单独驱动汽车,具有制动能量回收、起动发动机等功能。中度混合方式可实现20%~25%的节油效果。

(3)全混合动力电动汽车(Full HEV)。

这种汽车也称重度混合动力电动汽车。电池容量大,驱动能量中电池所占比例大,混合度大于30%。电动机和发动机可以各自独立或共同驱动汽车。在低速、起步和倒车等情况下,汽车可以全电动行驶;加速时电动机和发动机共同驱动。它具有制动能量回收功能。重度混合方式可实现50%~55%的节油效果。

上述三种混合度混合动力电动汽车的比较见表4-11。

各种混合度混合动力电动汽车的比较 表4-11

混合度	起动机功能	发电机功能	制动能量回收	辅助驱动	纯电动行驶里程
微混合	有	有	有	一般无	无
中混合	有	有	有	有	无或极短
全混合	有	有	有	有	有

2)按动力系统布置分类

(1)串联式混合动力电动汽车(Series HEV)。

串联式混合动力电动汽车的驱动力只来源于电动机。其典型结构特点是发动机带动发电机发电,电能通过功率变换器输送给电动机,由电动机驱动汽车行驶。动力电池可以单独向电动机供电,发电机和电池也可以共同向电动机供电,驱动汽车。

(2)并联式混合动力电动汽车(Parallel HEV)。

并联式混合动力电动汽车的驱动力由发动机和电动机单独或共同提供。其典型结构特点是发动机和电动机都与驱动轮有机械连接,即各有独立的动力传动路线,汽车可以单独使用发动机或电动机作为动力源,也可以同时使用发动机和电动机作为动力源。

(3)混联式混合动力电动汽车(Combined HEV)。

混联式混合动力电动汽车具备串联式和并联式两种混合动力系统结构。汽车可以在串联式模式下工作,也可以在并联式模式下工作,兼有串联式和并联式两种混合动力系统的结构特点。

3)按外接充电能力分类

(1)插电式混合动力电动汽车(Plug-in HEV)。它可以从非车载装置中获取电能。

(2)非插电式混合动力电动汽车。在正常情况下只能从燃料获取能量。

应注意的是,有些汽车虽然有车外充电接口,但仅用作储能装置的不定期电量调节或维护,而非用作常规的车外电能补充,这类汽车也不认为是插电式混合动力电动汽车。

另外,混合动力电动汽车还可以按照储能装置、驱动装置、技术特征、燃料类型、功能结构和用途等其他方法进行分类。

2. 混合动力电动汽车的特点

1）混合动力电动汽车的节油方式

（1）大大减少甚至消除了发动机怠速，短暂停车时可关闭发动机，再行驶时利用电动机迅速地重起发动机。

（2）制动时可利用电动机的发电机模式来回收制动能量。

（3）设计时，混合动力电动汽车可选相比传统汽车发动机功率小的发动机，发动机设置在高效区稳定工作，加速、爬坡的峰值功率大部分由电池提供。

2）与纯电动汽车相比，混合动力电动汽车的优点

（1）电池的容量减小，使整车自重减小、成本有所降低。

（2）汽车的续驶里程和动力性可达到内燃机汽车的水平。

（3）不需要建设庞大的充电设施，不需要每天充电维护。

3）与传统内燃机汽车相比，混合动力电动汽车的优点

（1）可使发动机在最佳的工作区域稳定运行，降低发动机的油耗、污染物排放和噪声。

（2）可实现纯电动模式，在居民区、市中心等人员密集的地区，关闭发动机，实现零排放。

（3）通过电动机回收制动时的能量，提高能量利用率，进一步降低汽车的能量消耗和排放污染。

总之，与纯电动汽车和内燃机汽车相比，混合动力电动汽车综合了它们的优点，避免了它们的缺点，目前已实现了大规模生产。混合动力电动汽车、纯电动汽车、燃料电池汽车和内燃机汽车有关性能的比较见表4-12。

各类汽车有关性能的比较 表4-12

性能指标	混合动力电动汽车	纯电动汽车	燃料电池汽车	内燃机汽车
续驶里程	长	短	较长	长
能量转换效率	较高	高	高	低
高效工况区范围	较宽	宽	宽	窄
尾气排放	少量	无	无	多
能量来源	较广	广	较窄	窄
有无再生制动	有	有	有	无

二、串联式混合动力电动汽车

1. 串联式混合动力电动汽车的工作模式和特点

1）串联式混合动力电动汽车的工作模式

串联式混合动力电动汽车动力系统主要由发动机、发电机、电池、电动机、功率变换器和机械传动装置等组成，结构布置如图4-55所示。发动机带动发电机发电，两者通常组合在一起称为辅助动力单元（Auxiliary Power Unit，APU）。APU输出的电能可通过功率变换器为电池充电，也可以供给电动机驱动汽车。另外，电池也可以放电向电动机提供驱动功率。电动机是串联式混合动力电动汽车的唯一动力装置，而发动机与驱动车轮无机械连接，发动机的运行工况可以设置成与汽车行驶工况脱离关系。

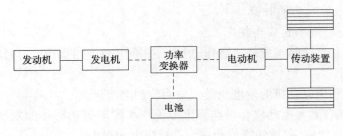

图 4-55 串联式混合动力电动汽车动力系统结构

根据汽车行驶工况的不同,串联式混合动力电动汽车可以有多种工作模式(图 4-56)。

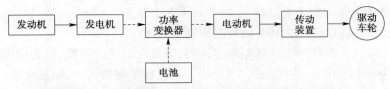

a)正常车速全力行驶(如超车、爬坡等)时,发动机和电动机共同驱动

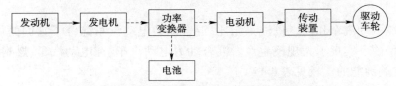

b)正常车速下,发动机有剩余功率时,发动机单独驱动、电池充电

c)正常车速时,发动机单独驱动

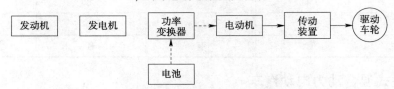

d)汽车起步时,电池单独驱动

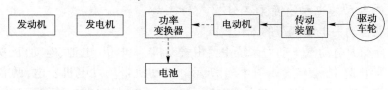

e)汽车制动时,制动能量再生

—— 机械连接　----- 电气连接

图 4-56 串联式混合动力电动汽车的工作模式

2)串联式混合动力电动汽车的特点
(1)优点。
①适合于在城市中运行。汽车在城市中运行时,需要频繁起步、停车、加速和低速运行。在这些工况下,传统燃油汽车发动机的油耗高、排放性能差,而串联式混合动力电动汽车的发动机受行驶工况影响小(或者不受影响),可工作于稳定、高效的最佳工况区域。
②发动机/发电机组与机械传动装置无机械连接,布置较灵活。
③结构和工作原理比较简单,系统的设计和实现难度相对较低。
(2)缺点。
①能量转换、传输环节多,能量转换效率比较低。
②电动机的额定功率要求比较大,相应体积和质量也较大。这是因为电动机是唯一直接驱动汽车的动力装置,需要满足最高车速、加速、爬坡等所有工况的功率要求。

2. 串联式混合动力电动汽车的控制策略

混合动力电动汽车有多个能量源,汽车运行时能量流动有多个方向。混合动力电动汽车的能量管理,就是控制汽车在不同工况下各动力部件(发动机、电动机、电池、传动装置等)的能量流的大小和流向。制定合适的功率控制策略是优化能量流动、协调各动力总成运行的核心。能量管理策略包括功率控制策略、传动装置控制策略和制动能量回收策略三部分。所谓功率控制策略,就是根据驾驶人意图和行驶工况以及各部件的特性和运行状态来确定汽车的运行模式和各部件功率的大小。功率控制策略是混合动力电动汽车的关键技术之一,它影响能量在汽车内部的流动及整车性能。制定功率控制策略是一项综合性的任务,需考虑多个因素,不同类型和大小的混合动力电动汽车各有所侧重,功率控制策略实现的主要目标如下。

(1)发动机在最优的工作点或工作区域运行,以获得最佳的燃料经济性和排放性能。
(2)根据汽车行驶工况的要求,合理分配发动机、电动机、电池等部件的功率大小,满足汽车的动力性要求。
(3)尽量稳定发动机运行工况,避免低转速下运行,提高发动机负荷率,减少发动机的开/关次数,避免发动机起动时的低效率和高排放。
(4)电池 SOC、电压等参数维持在正常范围内,延长电池的使用寿命。

制定控制策略需要掌握各部件的性能与特性,包括发动机的万有特性、电动机的转矩特性、电池电压特性、电池的充放电效率、电动机效率特性等。一个好的控制策略可以充分发挥各动力部件效率的潜力,尽量避免各部件低效率,优化混合驱动效率,达到最佳的整体效率。

1)发动机开关式

这种控制策略下,发动机有开启和关闭两种状态,开启时固定在一个转速和功率下运行。该策略的控制参数是电池的 SOC,设定 SOC 的一个上限值 SOC_{max} 和一个下限值 SOC_{min}。具体控制规则如下。

(1)发动机开启时,设置在经济点稳定地运行,带动发电机发电仅向电池充电。
(2)当电池 SOC 超过 SOC_{max} 时,发动机关闭,电池放电,单独向电动机提供电能。
(3)当电池 SOC 小于 SOC_{min} 时,发动机开启,带动发电机向电池充电。

这种控制策略的优点是发动机处于经济点稳定运行,效率高、排放低。缺点是动力的传递要经过发动机、发电机、电池充放电、电动机、机械传动装置等，传递环节多，特别是目前电池充放电循环效率较低，所以整个动力系统的效率较低，汽车油耗偏高。

2）发动机功率跟随式

该控制策略的控制参数是汽车所需的行驶功率，控制规则如下。

（1）发动机一直开启，其功率跟随着电动机的功率变化而变化。

（2）设定发动机功率下限值，当行驶所需功率低于该值时，发动机以下限值功率带动发电机发电，发出的电功率主要满足行驶功率的要求，剩余功率向电池充电。

（3）当汽车行驶功率很大，发动机最大输出功率不能满足驱动要求时，电池放电输出电能补充，两者共同带动电动机驱动。

这种控制策略的特点是尽量利用发电机发出的电能驱动电机而少利用电池，以减少动力传递环节，避免电池低充放电循环效率对整体效率产生的不良影响。设置发动机功率下限的目的是避免发动机在低负荷工况下极高的油耗率。该策略的优点是，如果发动机匹配合理，使其运行于经济区域，可获得良好的燃料经济性。缺点是，发动机工况不断变化，排放降低不如发动机开关式。

3）复合式

为了综合发动机开关式策略低排放和发动机功率跟随式策略低油耗的优点，可采用将两者结合起来的方案，即复合式控制策略，该策略的控制参数为 SOC 和需求行驶功率 P_r 两个，具体控制规则见表 4-13。表中，P_{e0} 为 APU 下限功率，P_{emax} 为 APU 最大功率，P_{be} 为电池充电功率，P_{bd} 为电池放电功率。

串联式混合动力电动汽车复合式控制策略 表 4-13

功率大小	SOC≤SOC$_{min}$	SOC$_{min}$≤SOC≤SOC$_{max}$	SOC≥SOC$_{max}$
P_r≤P_{e0}	APU 以下限功率运行，向电动机供电，剩余功率给电池充电 $P_e = P_{e0} = P_r + P_{be}$	APU 以下限功率运行，向电动机供电，剩余功率给电池充电 $P_e = P_r + P_{be}$ 电池单独供电，APU 关闭 $P_{bd} = P_r$ $P_e = 0$	电池单独供电，APU 关闭 $P_{bd} = P_r$ $P_e = 0$
P_{e0}≤P_r≤P_{emax}	APU 除了提供行驶功率，还向电池充电 $P_e = P_r + P_{be}$	APU 除了提供行驶功率，还向电池充电 $P_e = P_r + P_{be}$ APU 只提供行驶功率 $P_e = P_r$ $P_{be} = 0$	电池单独供电，APU 关闭 $P_{bd} = P_r$ $P_e = 0$
P_r≥P_{emax}	应避免出现这种状况	APU 以最大功率运行，不足功率由电池放电提供 $P_e = P_{emax}$ $P_{bd} = P_r - P_{be}$	APU 以最大功率运行，不足功率由电池放电提供 $P_e = P_{emax}$ $P_{bd} = P_r - P_{be}$

复合式控制策略是发动机开关式和功率跟随式两种极端模式的组合，具有可同时满足低排放和低油耗性能的潜力。实际上，复合式控制策略在两种极端模式之间存在着最优点（即优化点），在该点发动机和电池合理分担行驶功率，发动机和电池混合驱动效率最高。优化点的位置取决于发动机经济区的大小和电池的充放电效率。若发动机经济区扩大或电池效率降低，优化点向功率跟随式策略移动；反之，发动机经济区变窄或电池效率升高，优化点靠近开关式策略。

3. 典型的串联式混合动力电动汽车

丰田柯斯达（Coaster）混合动力客车采用串联式结构。该车是由柯斯达燃油车型开发而成，一次加油的续驶里程为 400～500km，HC 排放和 NO_x 排放比燃油汽车低 90%，CO 排放比燃油汽车低 66%。柯斯达混合动力客车的有关参数见表 4-14。

柯斯达混合动力客车的有关参数　　　　　　　　表 4-14

整车参数	长×宽×高	6990mm×2070mm×2580mm
	整备质量	3930kg
	乘员数	25 人
发动机	类型	DOHC 直列四缸汽油机
	排量	1.496L
	最大功率	68kW @ 6000r/min
	最大转矩	124N·m @ 3200r/min
电动机	类型	薄型无刷直流电动机
	最大功率	70kW @ 1650～4500r/min
	最大转矩	405N·m @ 0～1650r/min
减速器	传动比	15
蓄电池	类型	铅酸电池
	容量	58A·h

柯斯达混合动力客车的系统结构如图 4-57 所示。发动机/发电机组装在汽车的前部，发动机与发电机用一个增速器连接。发动机为直喷式汽油发动机。发动机可保持在最佳状态下运转，有害污染物排放量大大减少，噪声也较低。电池组采用密封式铅酸电池。电动机经过减速器至驱动后轮。电池组的电能可经过逆变器传送到电动机。发动机/发电机组所发出的电能，可经过变频器输送到电动机，也可以输入到电池组中。在市郊行驶时，发动机/发电机组发电供应电动机，并向电池组充电，增加汽车的续驶里程。在城区行驶时，发动机/发电机组可停止工作，依靠电池组的电能驱动，实现零排。在制动时，可实现制动能量回收。

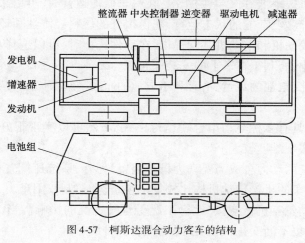

图 4-57　柯斯达混合动力客车的结构

三、并联式混合动力电动汽车

1. 并联式混合动力电动汽车的工作模式和特点

1)并联式混合动力电动汽车的工作模式

并联式混合动力电动汽车动力系统主要包括发动机、电池、电动机、动力合成装置、机械传动装置等部件,典型的系统布置如图4-58所示。发动机和电动机都和驱动轮有机械连接,两者的动力通过动力合成装置合成。发动机一般是主动力源,具有独立驱动汽车的能力。电动机的主要功能是在必要时(如汽车起步、加速、爬坡等工况)通过动力合成装置辅助发动机驱动。对于电动机额定功率较大和电池总容量较大的汽车,电动机具有单独驱动汽车的能力。在汽车制动时,电动机以发电机模式工作,把汽车的动能转化成电能,存储于电池中。

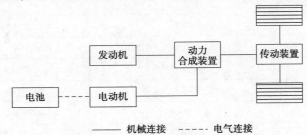

图4-58 并联式混合动力电动汽车动力系统结构

并联式混合动力电动汽车有发动机和电动机两套驱动系统,两者的组合可以实现多种驱动方式,为适应复杂的汽车行驶工况的动力需求,并联式混合动力电动汽车的主要工作模式,如图4-59所示。

2)并联式混合动力电动汽车的特点

(1)优点。

①汽车动力性好,最高车速、加速能力和爬坡能力可以做到与燃油汽车相同。

②发动机的动力可通过机械传动装置直接输出到驱动轮,中间没有机械能—电能的互相转换。与串联式布置相比,系统效率较高,更有利于获得好的燃料经济性。

③可避免发动机效率低、排放差的工况,在汽车低速运行时,可以采用电驱动方式行驶,设定发动机以稳定、高效、节能的状态运行,获得很好的燃料经济性和环保性能。

④行驶功率由发动机和电动机共同提供,在部件选型时,可以选择功率稍小的发动机和电动机。部件体积小,有利于在车上的安装和布置。

⑤与串联式相比,电池的数量少,有利于电池的布置、整车质量的减小以及降低成本。

(2)缺点。

①动力部件多,具有多种驱动组合和运行模式,虽然可以实现很好的控制效果,但使得控制系统的设计和实现难度较大。

②两套驱动系统的动力合成需要动力耦合装置,另外,系统还配置有离合器、变速器、驱动桥等传动装置,整车的机械传动机构比较复杂,布置和控制较困难。

③发动机与驱动轮有机械连接,运行工况受行驶工况的影响。当汽车行驶工况频繁变化时,发动机的状态也不断变化,不利于降低发动机排放。

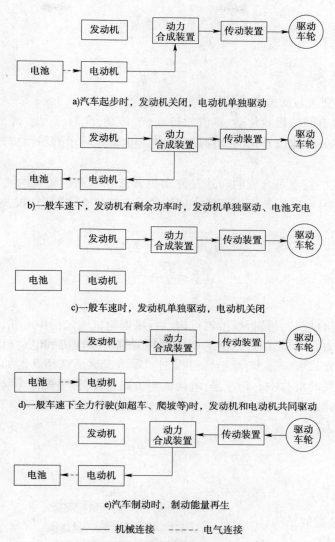

图 4-59 并联式混合动力电动汽车的工作模式

2. 并联式混合动力电动汽车的动力合成

1)动力合成方式

在并联式混合动力系统中,发动机和电动机有时需要共同驱动汽车,这就要求将二者的动力进行合成,动力合成示意如图 4-60 所示,图 4-60 中,T_1、n_1 分别为发动机的输入转矩和转速,T_2、n_2 分别为电动机的输入转矩和转速,T_3、n_3 分别为动力合成后的输出转矩和转速。动力合成有转矩合成和转速合成 2 种方式。

图 4-60 动力合成示意

(1)转矩合成。

转矩合成的特点是合成的转矩是发动机转矩和电动机转矩的线性组合,合成动力的转速、发动机转速、电动机转速三者具有比例关系。转矩方式合成时,输入输出应该满足如下条件:

$$T_3 n_3 = T_1 n_1 + T_2 n_2 \tag{4-14}$$

$$T_3 = k_1 T_1 + k_2 T_2 \tag{4-15}$$

$$n_3 = \frac{n_1}{k_1} + \frac{n_2}{k_2} \tag{4-16}$$

式中：k_1、k_2——分别为与动力合成装置的有关常数。

转矩合成装置有圆柱齿轮传动、锥齿轮传动、带传动，此时，k_1、k_2 就是相应的齿轮副或带传动传动比。有一种比较常见的结构是发动机和电动机转子同轴，此时 $k_1 = k_2 = 1$。

（2）转速合成。

转速合成方式的特点是合成的转速是发动机转速和电动机转速的线性组合，合成动力的转矩、发动机转矩、电动机转矩三者具有比例关系。转速合成时，输入、输出应该满足如下条件：

$$T_3 n_3 = T_1 n_1 + T_2 n_2 \tag{4-17}$$

$$T_3 = \frac{T_1}{k_1} + \frac{T_2}{k_2} \tag{4-18}$$

$$n_3 = k_1 n_1 + k_2 n_2 \tag{4-19}$$

最常用的转速合成装置是行星齿轮机构。行星齿轮机构包括中心轮、行星架、齿圈三个运动部件，用作动力合成装置时，其中的两个部件分别与发动机和电动机相连，另外一个部件作为输出，连接方式可以有多种组合，可根据实际情况灵活选用。例如，在一种行星齿轮动力合成装置中，发动机与中心轮连接，电动机与齿圈连接，行星架作为输出部件，z_1、z_2 分别为中心轮和齿圈齿数，令 z_2 与 z_1 之比为 α。根据行星齿轮的传动关系，可以得到输入、输出转矩、转速的关系为：

$$T_3 = \alpha T_1 = \frac{1+\alpha}{\alpha} T_2 \tag{4-20}$$

$$n_3 = \frac{1}{1+\alpha} n_1 + \frac{\alpha}{1+\alpha} n_2 \tag{4-21}$$

2）动力合成装置的结构

（1）单轴式结构。

单轴式结构如图 4-61 所示，发动机的输出与电动机的转子同轴，合成的转矩等于发动机转矩与电动机转矩之和，因此属于转矩合成方式。另外，电动机转速与发动机转速相同，限制了电动机的工作区域，故需要合理选择匹配电动机的特性。

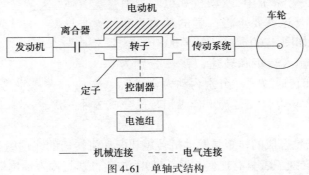

图 4-61 单轴式结构

在发动机和电动机之间还设置一个离合器,根据需要可以切断或者接合发动机和电动机及传动系统间的动力传递,具体工作方式有:在汽车起步时,离合器接合,电动机作为起动机工作带动发动机起动;正常运行时,发动机单独驱动,电动机不工作,此时离合器处于接合状态,如果发动机有多余动力,带动电动机以发电机模式工作,向蓄电池充电;急加速或爬坡时,电池向电动机供电,此时发动机和电动机共同驱动以满足驱动要求;短暂停车时,发动机关闭以避免怠速工况;制动时,发动机关闭,离合器分离,汽车带动电动机以发电机模式工作,向蓄电池充电,回收制动能量。

这种结构中,电动机综合了起动机、辅助驱动电机、发电机的功能,有利于发动机、电动机和变速器的一体化模块设计,使动力总成体积小、质量轻,便于布置和节省空间,但电动机的功率一般不大,不能单独驱动汽车或者可单独驱动的里程很短,采用该结构的汽车属于中度混合动力车型。

(2)双轴式结构。

双轴式结构中,发动机和电动机的轴线位于两条不同的直线上,两者的动力经过动力合成装置合成之后,再通过传动系统来驱动汽车。按照动力合成的位置不同,双轴式结构又分为2种:一种是动力合成发生在变速器之后(图4-62),另一种是动力合成在变速器之前完成(图4-63)。

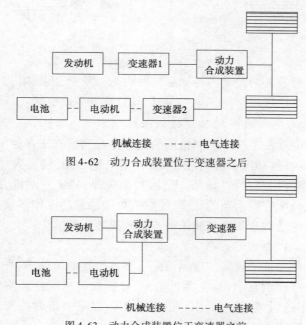

图 4-62　动力合成装置位于变速器之后

图 4-63　动力合成装置位于变速器之前

在动力合成装置位于变速器之后的结构中,发动机和电动机各有一个变速器,考虑到电动机的转矩特性,电动机变速器可以只设置较少挡位数或者取消。由于具有多个挡位的选择,发动机和电动机的转速比例关系是可调的,通过调节它们之间的转速关系,使发动机、电动机的工况调节更灵活。另外,两个变速器的多挡位和两种动力的合成可形成多种驱动力特性曲线。因此,这种结构可以为发动机和电动机处于最佳区域提供更大机会,可获得良好的汽车动力性和系统整体效率。该结构缺点是换挡复杂,传动系统结构复杂,不利于在汽车上的布置。

在动力合成装置位于变速器之前的结构中,发动机和电动机的动力在输出之后直接在动力合成装置中合成,之后通过变速器,变速器能以相同的倍数提高发动机和电动机的转矩。相对于动力合成装置位于变速器之后,这种结构系统部件得到了简化。发动机和电动机的转速成比例关系,这就要求合理选择动力合成装置的传动比,使发动机、电动机都工作于各自合理区域,高效率地发挥出各自的动力优势。

(3)分路式结构。

分路式结构如图4-64所示,发动机和电动机各自带有一套传动系统,分别驱动前轮或后轮,动力的合成是通过牵引力在路面的复合来完成的,汽车的牵引力由两个驱动轴承担。与单轴驱动相比,双轴驱动每一轴上承担的牵引力减少,不容易超出路面附着极限,汽车的通过性好。发动机和电动机的双动力使得汽车具有良好的动力性,同时,与燃油四轮驱动汽车相比,可获得更低的油耗和排放。

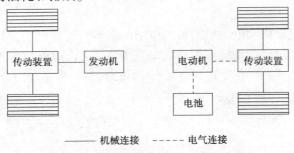

图4-64 分路式结构

这种结构的缺点是装备两套动力传动系统使得结构复杂、不紧凑,不适合于尺寸较小的车型,并且布置困难,占用较多空间,减小了乘员和行李的有效空间。

3. 并联式混合动力电动汽车的功率控制策略

并联式混合动力电动汽车功率控制策略的任务是在满足汽车各种工况驱动要求的前提下,针对各部件的性能特性和汽车的行驶工况,根据电池SOC、驾驶人加速踏板和制动踏板位置、车速和行驶功率等控制参数,按照一定的控制规律,确定发动机、电动机、电池等部件的工作模式并合理地分配它们承担的功率,使它们处于最佳的工作区域。

并联式混合动力电动汽车功率控制策略主要有以下3种。

1)电动机辅助驱动控制策略

这种控制策略也称为基于规则的控制策略。在这类控制策略中,发动机作为主动力源,电动机在必要时辅助发动机驱动,其主要思想是:根据发动机的性能特性,以一个或多个变量作为控制参数,如车速、行驶功率需求、加速信号等,设定一定的控制规则,判断和确定动力部件的工作模式与功率大小,使汽车运行在高效区。

(1)以车速为控制参数。

这是并联式混合动力电动汽车最早采用的一种控制策略。设定一个临界车速v_0,将实际车速v与临界车速v_0进行比较,并以比较结果作为控制依据。这种策略利用了电动机低速大转矩的特性,避免了发动机在低速时的低效率,当车速较高时发动机处于高效率区运行,此时采用发动机驱动可避免高速纯电动行驶时的电池快速放电损失。具体控制规则见表4-15。表中,P_e为发动机功率,P_m为电动机功率。

以车速为参数的功率控制策略　　　　表4-15

$v \leq v_0$	发动机关闭,电动机单独驱动 $P_m = P_r \quad P_e = 0$	
$v > v_0$	SOC > SOC$_{min}$	SOC ≤ SOC$_{min}$
	发动机开启,电动机关闭 $P_e = P_r \quad P_m = 0$	发动机开启,除了提供行驶功率,还向电池充电 $P_e = P_r + P_{be}$

（2）以行驶载荷为控制参数。

此方法以行驶载荷（常用行驶功率或驱动转矩）作为控制参数,其思想是均衡发动机的运行负荷,避免发动机的低负荷工况,在大的行驶载荷时电动机辅助驱动以减小发动机负荷,使发动机始终处于经济运行区工作。该策略设定一个行驶载荷临界值,当实际行驶载荷低于该值时,发动机在临界点工作,剩余的动力用于给蓄电池充电,当实际行驶载荷大于发动机能提供的最大动力时,电动机辅助驱动,汽车以发动机和电动机共同驱动模式运行。表4-16为以行驶功率为控制参数的功率控制策略。

以行驶功率为控制参数的功率控制策略　　　　表4-16

$P_r \leq P_{e0}$	发动机以下限功率运行,剩余功率给电池充电 $P_e = P_{e0} = P_r + P_{be}$
$P_{e0} < P_r < P_{emax}$	发动机单独驱动,电动机关闭 $P_e = P_r \quad P_m = 0$
$P_r \geq P_{emax}$	发动机以最大功率运行,不足功率由电动机提供 $P_e = P_{emax} \quad P_m = P_r - P_{emax}$

（3）多控制参数。

单变量控制策略简单且易于执行,但能实现的混合动力系统工作模式较少,不能保证各部件的良好匹配,无法获得整车系统的最大效率。为了实现更多的系统工作模式,需要采用多个变量作为控制参数。在多参数控制策略中,各参数被划分成多个区间,这些区间进行组合可将汽车的运行工况划分成较多的子状态,有利于实现更多的汽车工作模式。表4-17为以车速、行驶功率和电池SOC为控制参数的并联式混合动力电动汽车功率控制策略。

多参数功率控制策略　　　　表4-17

	$v \leq v_0$	$v > v_0$	
$P_r \leq P_{e0}$		发动机以下限功率运行,剩余功率给电池充电 $P_e = P_{e0} = P_r + P_{be}$	
$P_{e0} < P_r < P_{emax}$	发动机关闭,电动机单独驱动 $P_m = P_r \quad P_e = 0$	SOC > SOC$_{min}$	SOC ≤ SOC$_{min}$
		发动机开启,电动机关闭 $P_e = P_r \quad P_m = 0$	发动机开启,除了提供行驶功率,还向电动机充电 $P_e = P_r + P_{be}$
$P_r \geq P_{emax}$		发动机以最大功率运行,不足功率由电动机提供 $P_e = P_{emax} \quad P_m = P_r - P_{emax}$	

基于规则的电动机辅助驱动控制策略虽然算法简单、容易实现,但是属于静态控制策略,没有考虑各部件的动态特性,而且只考虑发动机的燃料经济性,不考虑发动机排放。另外,没有针对实时的电池状态来考虑充电力度的问题,而无节制的电池放电或利用制动能量

为电池充电,会导致电池的电压过低或过高而影响其性能和寿命。所以从理论上讲,基于规则的控制策略并不是最优的控制策略。

2)实时优化控制策略

实时优化控制策略也称为自适应控制策略。对于混合动力电动汽车来讲,实时优化控制就是根据对汽车性能提出的控制目标,利用最优控制原理,考虑发动机的性能特性,建立相应的目标函数,并使目标函数值最小来实现所要求的控制目标。实时优化控制策略需要建立发动机性能特性模型,或者预先在控制系统中存储发动机的性能特性数据。在汽车运行时,系统实时采集发动机运行状态参数,由发动机模型或数据确定实际性能指标,并与设定的控制目标进行比较,根据比较结果实时调整发动机的运行状态,以达到最优的发动机性能。

实时优化控制的目的有两个,一是发动机燃料经济性最佳,二是发动机排放最小。发动机的转速和功率范围较宽,其最佳燃料经济工作区与最低排放工作区不完全一致,并且不同排放物(如 NO_x、HC、PM 等)最小值区域也不重合。因此,要求燃料经济性和排放在所有工况下同时达到最佳是不切实际的,实际控制策略需要实时地在两类优化目标之间权衡。实时优化控制可以综合考虑燃料经济性和各种排放,通过一组权值来描述各自的重要性,用户可以根据自己的要求来设定这组权值,从而在燃料消耗和排放之间获得权衡。例如,在市区行驶时,可以提高目标函数中优化排放的权值,适当牺牲燃料经济性;在高速公路上行驶时,则提高燃料经济性的权值,以减少的燃料消耗。

实时优化控制虽然可实现性能最优控制,但优化过程复杂,计算量大,控制系统的软硬件都比较复杂,这对实时性要求较高的汽车控制系统是不利的。

3)模糊逻辑控制策略

混合动力电动汽车动力系统具有明显的非线性和时变的特点,而对于难以建模的复杂非线性时变系统,采用线性系统控制往往难以实现最理想的控制效果。智能控制从模仿人类的智能出发,根据复杂被控动态过程的定性和定量信息,进行综合集成和推理决策,对非线性时变系统有较好的控制效果。模糊逻辑控制从模仿人类思维方式的角度出发,是一种基于知识库的智能控制,具有不需要精确数学模型和对时变系统适应能力强的优点,因此适合用于混合动力电动汽车动力系统的控制。

从本质上说,模糊逻辑控制策略也是一种基于规则的控制策略,但是与经典逻辑门限值控制的区别在于门限值的表示方式。经典逻辑门限值控制是基于布尔逻辑,可用精确值描述控制规则,而模糊逻辑控制是基于模糊逻辑,用模糊值描述控制规则。实际的控制系统中,各种控制模式间有时存在过渡区,且有的控制规则无法用精确参数表达,从这个角度来说,采用门限值模糊化的模糊逻辑控制具有优势。

在混合动力电动汽车模糊控制系统中,模糊控制器将检测的整车和部件状态参数精确信号转换成模糊量,根据专家制定的推理机制,应用基于专家知识和经验的规则库中的相关规则,得出模糊结论,并将其转换成精确量作为控制指令,协调汽车各部件的功率流,使整车的燃料经济性和排放达到最佳。

4. 典型的并联式混合动力电动汽车

1)本田 Insight

本田公司 1999 年发布的 Insight 是在美国市场上销售的第一款混动车型。2009 年本田推出了第二代 Insight,相对于上一代产品,最大的改进是车身尺寸加大,内部空间加大,乘员数由一代的 2 人增加到 5 人,实用性增强。本田 Insight 混合动力轿车的有关参数见表 4-18。

本田 Insight 混合动力轿车的有关参数　　　　　表 4-18

整车参数	长×宽×高	4390mm×1695mm×1435mm
	整备质量	1223kg
	乘员数	5 人
发动机	类型	SOHC 直列四缸汽油机
	排量	1.339L
	最大功率	65kW @ 5800r/min
	最大转矩	121N·m @ 4500r/min
电动机	类型	薄型无刷直流电动机
	最大功率	10kW @ 1500r/min
	最大转矩	78N·m @ 1000r/min
变速器	类型	CVT 无级变速/7 速手自一体
蓄电池	类型	镍氢电池
	输出电压	100V
性能参数	最高车速	180km/h
	0~100km/h 加速时间	10.3s
	综合百 km 油耗	4.4L

本田 Insight 采用的是并联式混合动力,发动机输出轴和永磁无刷直流电动机的转子同轴,本田将这种电动机称为集成电动机辅助系统(Integrated Motor Assist,IMA)。电动机的最大功率为 10kW,发动机最大功率为 65kW,混合度为 13%,属于中度混合动力电动汽车。

本田 Insight 的混合动力系统由 1 台 1.3Li-VTEC 汽油发动机、1 台超薄无刷直流电动机、1 个镍氢电池组、1 台无级变速器等部件组成,具有结构简单、质量轻、组成部件占用车体空间更小、便于布置等优点。

考虑到整车配重平衡的问题,发动机、电动机及变速器布置在汽车前部,而电池布置在汽车后部,系统布置如图 4-65 所示。

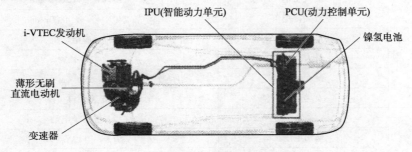

图 4-65　本田 Insight 的混合动力系统

本田 Insight 的 i-VTEC 发动机采用可变气门正时和升程控制 VTEC 技术,并在此基础上应用了可变汽缸管理技术,能根据行驶工况,智能控制工作汽缸数,降低燃料消耗。高效率的燃烧控制,实现更高的燃料经济性和低排放。电动机采用高密度绕组和高性能永磁体,厚度极薄,只有60mm,实现了轻量化和体积小型化,可以容纳在发动机和变速器之间。

2)上海通用君越混合动力轿车

上海通用君越混合动力轿车的动力系统属于双轴式并联混合动力结构,是混合度为10%的微混合系统,上海通用将其称为eAssist系统。如图4-66所示,eAssist系统采用1台2.4L SIDI智能直喷发动机,使用了缸内直喷、D-VVT电子可变气门正时系统及智能发动机管理模块等多种先进技术。1台紧凑型感应电动机安装在发动机的缸体边上,通过一根传动带与发动机轴连接,实现电动机和发动机的动力合成,这种结构被称为BAS(Belt Alternator Starter)。电动机可为发动机提供15.3kW的辅助动力,并拥有15kW的发电功率。汽车起步时,电动机可起动发动机,上坡、加速时为发动机提供额外动力;减速时,能够稳定汽车行驶状态。

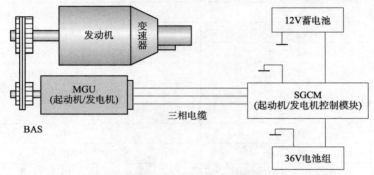

图4-66 君越混合动力轿车的eAssist系统

君越混合动力轿车应用锂离子电池,采用空气强制冷却,在发动机停机时向电动机提供电能,并可回收制动能量及发动机剩余能量。整合于其中的功率变换器还可输出12V直流电。君越混合动力轿车的有关参数见表4-19。

君越混合动力轿车的有关参数　　　　　表4-19

整车参数	长×宽×高	5005mm×1858mm×1496mm
	整备质量	1750kg
发动机	类型	SIDI智能直喷发动机
	排量	2.4L
	最大功率	137kW @ 6200r/min
	最大转矩	240N·m @ 4800r/min
电动机	类型	感应电动机
	最大功率	15.3kW
	最大转矩	65N·m
变速器	类型	6速手自一体
蓄电池	类型	锂离子电池
	输出电压	115V
	容量	4.4A·h
性能参数	最高车速	180km/h
	0~100km/h加速时间	10.3s
	综合百km油耗	8.3L

君越混合动力轿车动力系统的工作模式如下。

（1）汽车停车阶段：踩下制动踏板直至停车，发动机进入自动停机模式，此时发动机处于关闭状态。

（2）发动机自动起动阶段：当汽车需要起步时（驾驶人松开制动踏板或踩下加速踏板），电动机带动发动机运转，燃油供应恢复，发动机自动起动。

（3）燃油供给阶段：此阶段发动机正常工作，消耗燃油。

（4）电动助力阶段：当驾驶人踩下加速踏板比较深时，通过电动机对汽车进行电动助力。

（5）智能充电阶段：电动机以发电机模式工作，由发动机带动发电，电池得到充电。

（6）滑行阶段：当汽车进入滑行阶段时，发动机燃油被切断，在某些滑行期间，为了保证转矩的平稳性和驾驶性能，电动机将带动发动机转动（此时未供油）。

（7）再生制动阶段：汽车减速时，发动机停止供油，汽车带动发动机转动，发动机通过皮带带动电动机，电动机以发电机模式工作发电，向电池充电，系统进入再生制动阶段，电动机此时相当于汽车的负载，对汽车有制动作用。

四、混联式混合动力电动汽车

1. 混联式混合动力电动汽车的工作模式和特点

1）工作模式

混联式混合动力电动汽车是串联式和并联式两种模式的综合，可以以串联式模式工作，也可以以并联式模式工作，还能以两种模式混合工作。与单一的串联式或并联式相比，混联式的动力部件更多，主要包括发动机、动力分配装置、发电机、电动机、动力合成装置、传动装置、驱动轮等。这要求有一个智能化的控制系统来控制这些部件协同工作。

混联式混合动力电动汽车的动力系统结构如图 4-67 所示。发动机的动力经过动力分配装置分成两部分，一部分通过机械传动系统传递到驱动轮，另一部分则用于带动发电机发电。其中，发动机分离出的第一部分动力和电动机的动力在合成装置合成，形成混合驱动，电动机必要时也可以单独驱动，这属于并联式工作模式。另外，发电机发出的电可以有两个去向，一路用于驱动电机，另一路可用于向电池充电，这又属于串联式工作模式。需要注意的是，有的动力分配装置除了具有动力分配的作用，还可以兼有动力合成装置的功能，即两种装置可以集成为一个部件。目前，混联式结构常以行星齿轮机构作为动力分配装置。

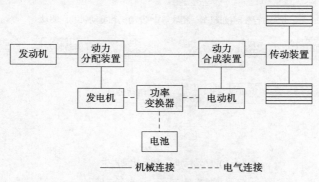

图 4-67 混联式混合动力电动汽车的动力系统结构

混联式混合动力电动汽车结合了串联式和并联式的特点,可以实现多种驱动方式,主要工作模式如图 4-68 所示。

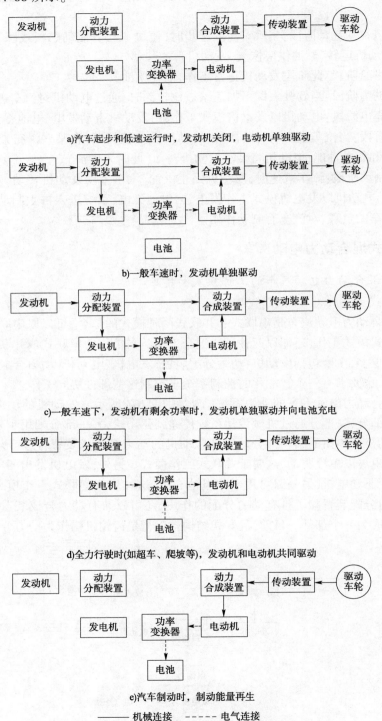

图 4-68　混联式混合动力电动汽车的工作模式

2) 特点

(1) 优点。

①动力性能与燃油汽车相同,甚至还可以更好。

②不需要充电,使用方便,实现了能量管理、动力部件控制和部分驾驶操作的自动化和智能化。

③有多种驱动和工作模式,选择灵活,能很好地适应复杂多变的汽车行驶工况。

④可以综合串联式的排放性能好和并联式的燃料经济性好的优点,使发动机、发电机、电动机等部件匹配最优化,结构上保证在复杂的工况下系统能实时以最优状态工作,实现排放和油耗最少的目标,是节能环保性能最佳的混合动力系统。

(2) 缺点。

①动力系统部件多,增加整车质量,结构复杂,系统布置难度较大。

②控制系统需要监测、控制、协调多个动力部件的工作状态,以保证汽车实时高效运行,系统的研发难度大。

③目前成本较高。

2. 混联式混合动力电动汽车的功率控制策略

混联式混合动力电动汽车的控制策略通常将控制目标(如油耗、排放等)表示为系统状态参数、控制参数等的函数,再求出目标值最小时的动力部件状态参数值,如发动机和电动机的转矩、转速,电池电流等。具体实施有以下 4 种控制策略。

1) 发动机恒定点工作策略

发动机作为主要动力源,电动机和电池通过附加转矩的形式进行功率调峰,使系统获得足够的瞬时功率。由于采用了变速机构使发动机转速不随车速变化,这样使发动机工作在最优的工作点,提供恒定的转矩输出,而剩余的转矩由电动机提供。由电动机来负责动态部分,避免了发动机动态调节带来的损失。与发动机相比,电动机的控制也更为灵敏,容易实现。

2) 发动机最佳油耗线策略

这种策略从静态条件下的发动机万有特性出发,经过动态校正后,跟踪由驱动条件决定的发动机最优工作曲线,从而实现对发动机及整车的控制。在这种策略下,使发动机工作在万有特性的最佳油耗线上。发动机在高于设定的转矩或功率限值后才会打开。

3) 瞬时优化策略

在发动机最佳油耗线策略的基础上,在控制目标中加入排放最小,对整车在某工况点下整个动力系统的综合控制目标进行优化,得到实时最优工作点,然后基于该点对各个状态变量进行动态再分配。在该策略中,对发动机工作点的设定不仅要根据油耗和排放特性,还要考虑电动机效率特性、电池 SOC 等因素。

4) 全局优化策略

由优化理论可知,瞬时最小值之和并不等于和的最小值,因此瞬时优化并不是获得全局最优的控制策略。全局优化策略可实现真正意义上的最优化,但实现这种策略的控制算法往往比较复杂,计算量大,很难应用于汽车的实时控制中。通常的做法是将全局优化算法得到的控制策略作为参考,与其他控制策略相结合,在保证可操作性和可靠性的前提下进行优化控制。经典的动态最优控制理论有变分法、极小值原理和动态规划法。

3. 典型的混联式混合动力电动汽车

1) 丰田普锐斯

丰田普锐斯(Prius)混合动力轿车是世界上最早量产的混合动力车型之一,也是目前总销量最大的混合动力电动汽车。普锐斯自推出以来经过了多次改进,动力性能和节油水平得到不断提升,目前已发展到第三代。普锐斯采用的是混联式混合动力结构,混合度为45.11%,属于全混合动力电动汽车。普锐斯具有纯电动的行驶能力,车速在55km/h以下时,能够行驶几百米到2km,行驶距离和车速会因电池的电量状况而异。普锐斯混合动力轿车的有关参数见表4-20。

普锐斯混合动力轿车的有关参数　　　　表4-20

整车参数	长×宽×高	4485mm×1745mm×1510mm
	整备质量	1395kg
发动机	类型	4缸直列顶置双凸轮轴16气门VVT-i汽油机
	排量	1.798L
	最大功率	73kW @ 5200r/min
	最大转矩	142N·m @ 4000r/min
电动机	类型	永磁同步交流电动机
	最大功率	60kW
	最大转矩	207N·m
变速器	类型	电子无级变速器(ECVT)
蓄电池	类型	镍氢电池
	容量	6.5A·h
性能参数	最高车速	180km/h
	0~100km/h加速时间	10.4s
	综合百km油耗	4.3L

丰田将其混合动力技术命名为THS(Toyota Hybrid System),普锐斯采用了该系统。THS系统结构如图4-69所示。THS系统用一个行星齿轮机构作为动力分离装置,行星架与发动机输出轴相连,中心轮和发电机转子相连,齿圈和电动机转子同轴固连。发动机的动力,经过动力分离装置,分离为两部分,一部分动力经行星架和行星齿轮传到齿圈,和电动机的动力在齿圈合成,再经减速机构传到驱动轮,这条路线是并联式结构传动;发动机的另一部分动力经行星架和行星齿轮传到中心轮,中心轮带动发动机发电,发出来的电能可用于带动电动机或者向电池组充电,这条传动路线属于串联式传动。该系统可以根据行驶工况,灵活地选择串联式、并联式、串并联混合、纯电动等工作模式。另外,汽车制动时,发动机不工作,汽车带动电动机以发电机模式工作,向电池充电,回收制动能量。

近期,THS系统升级到了THS-Ⅱ型。THS-Ⅱ混合动力系统如图4-70所示。THS-Ⅱ系统由1个汽油发动机、1个发电机(MG1)、1台永磁同步交流电动机(MG2)及镍氢电池、动力分离装置等主要部件组成。THS-Ⅱ与THS相比,THS的电动机直接与齿圈相连,而THS-Ⅱ电动机(MG2)多了一套行星齿轮减速机构,只不过这套轮系的行星架已被固定,少了一个自由度,只作为电动机(MG2)的减速增扭机构,相同负荷条件下减小了电动机的尺寸和质量。在汽车运行时,发电机(MG1)、行星齿轮动力分离装置、行星齿轮减速机和电动机(MG2)除了需要与发动机相互协调实现混合驱动之外,也承担了传统变速器的换挡任务,消除了换挡冲击,这种依靠行星轮系的运转来改变传动比实现无级变速的机构称为电子无级变速器(ECVT)。

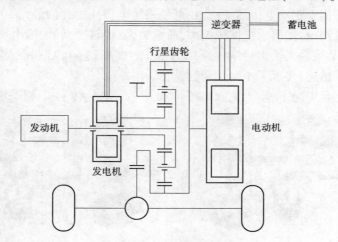

图 4-69　THS 混合动力系统

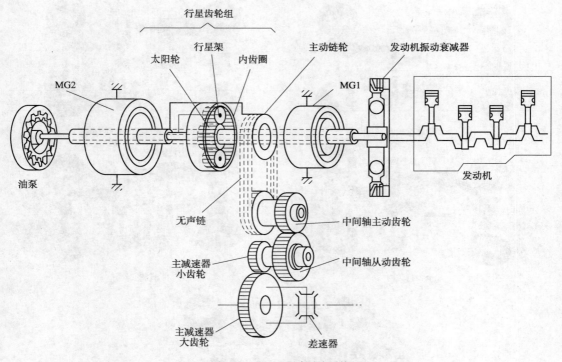

图 4-70　THS-Ⅱ混合动力系统

普锐斯混合动力系统采用了多项新技术。例如,1.798L 汽油发动机采用阿特金森循环,减少了泵气损失,改善小负荷时的燃料经济性,在大负荷时则结合排气 VVT-i 和精确控制 EGR 率来改善燃料经济性。在发动机和机械传动系统之间,安装了一个两级扭转减振器,用于在发动机频繁关闭和起动时起减振和降噪作用。镍氢电池组封闭在密闭的金属外壳中,可以屏蔽电气元件的电磁辐射,同时安装了碰撞传感器,在碰撞时发送信号至控制系统以及时中断电流。对电池冷却系统和主继电器进行了优化,冷却系统进出气口和风扇采用了小型化设计,减轻了质量,扩大了行李箱空间。采用可变电压功率变换器能有效控制镍氢电池的直流电和用于驱动电机的交流电,可使系统电压从原有的最大500V提升为650V,大幅提升了电动机转矩,使得系统体积更小,质量更轻,运转更高效,输出功率更强劲。相对于上一代车型,电动机最大输出功率由原来的50kW提高到60kW,并通过增加电动机转矩及采用减速齿轮等措施,实现了小型化及轻量化。

普锐斯在各运行工况下,动力流向如图4-71所示。其具体的工作模式如下。

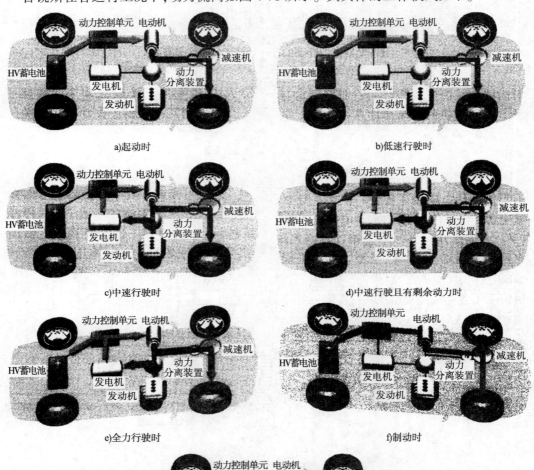

图4-71 各运行工况下的动力流向

（1）起动时。

汽车由电动机起动，发动机不工作。这样可充分利用电动机起动时的低速大转矩特点，而发动机不能在低速时输出大转矩。

（2）低速行驶时。

汽车由电动机单独驱动，发动机不工作。这是因为此时发动机的负荷率低、热效率低、油耗、排放大，而电动机可以高效地利用电能驱动汽车。

（3）中速行驶时。

发动机作为主动力源，处于最经济区运行，发动机大部分动力直接起动车轮，另一部分功率分配给发电—电动机，发电机产生的电能供给电动机，电动机辅助发动机驱动。

（4）中速行驶且有剩余动力时。

发动机处于最佳经济区运行，当发动机有多余动力或电池电量不足时，发动机将多余的动力分配给发电—电动机，产生的电能用于向电池充电。

（5）全力行驶时。

在需要强劲动力时（如爬陡坡及超车），电池提供电力，加大电动机的驱动力，通过发动机和电动机的共同驱动，满足汽车的动力性要求。

（6）制动时。

当踩下制动踏板和松开加速踏板时，电动机被带动运转，将其作为发电机使用，动能转换成电能，回收到电池中。

（7）短暂停车时。

发动机、电动机、发电机全部自动停止运转，消除发动机的怠速工况。

2）通用凯雷德

2006年，通用汽车、戴姆勒—克莱斯勒集团和宝马集团联合开发的完全混合系统称为双模混合动力系统，其结构如图4-72所示。不同工作模式下，各机构的工作状态见表4-21。

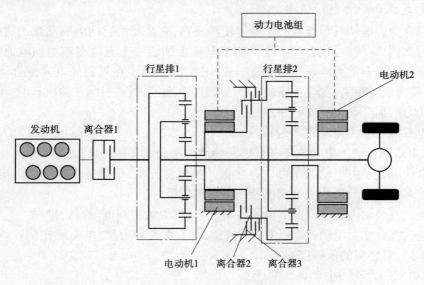

图4-72　双模混合动力系统的结构

不同工作模式下，各机构的工作状态　　　　　　　　表 4-21

工作模式	离合器1	离合器2	离合器3	发动机	行星排1	行星排2
纯电动机驱动	分离	分离	接合	关机	不转动	固定速比
低速运行模式	接合	分离	接合	工作	功率分流	固定速比
高速运行模式	接合	接合	分离	工作	功率分流	功率分流

　　双模混合动力系统，包括从起动至低速区域的"发动机输入功率分流"模式和高速区域的"发动机和两个电动机之间的复合功率分流"模式，实现了汽车高、低速的电子连续可变速比工作模式(ECVT)，保证了发动机的高效工作。该系统具有 4 个固定速比，以适合动力高效传递，提升汽车的操控能力。通用的 Two-Mode Hybrid、宝马的 Active Hybrid 和奔驰的 Blue Hybrid 的混合动力系统均是基于双模混合动力系统开发的系列产品。

　　通用凯雷德汽车的双模混合动力系统由 1 台 V8 发动机(排量 6.0L、额定功率 224kW)，2 个 60kW 的电动机，由 3 组行星排、4 个湿式离合器和 2 个液压油泵组成的混合动力变速器，300V 镍氢动力电池组以及控制器等组成。其工作过程如下。

　　(1)在发动机自动停机模式下，发动机关机，汽车轻载运行时，仅第二个电动机以电动方式驱动汽车，直至车速达到 50km/h。

　　(2)在需要发动机起动工作时，由第一个电动机起动发动机。

　　(3)发动机起动工作后，发动机和两个电动机联合工作满足汽车的行驶动力需求，通过 4 个固定速比、两种工作模式的适时调整，获得良好的综合性能。

　　(4)在汽车轻载高挡运行时，V8 发动机关闭 4 个缸工作，第二个电动机输出最大 22kW 功率的电动助力。

　　(5)汽车减速制动时，由一个或两个电动机实施制动能量回收。

五、插电式混合动力电动汽车

1. 插电式混合动力电动汽车概述

　　随着混合动力电动汽车技术的不断进步和成熟，有必要使它向电驱动化迈进一步，增加电能使用的比例。在普通混合动力电动汽车基础上加装一个充电器和增加电池容量，这种汽车就是插电式混合动力电动汽车(Plug-in HEV，PHEV)。在驾驶插电式混合动力电动汽车时，当路程为较短距离(如上下班时)，可以以纯电动模式行驶；当长途旅行时，可以采取发动机为主动力的混合动力模式行驶。

　　1)插电式混合动力电动汽车的特点

　　(1)插电式混合动力电动汽车与普通混合动力电动汽车的主要区别。

　　①插电式混合动力电动汽车可以直接由外接电源充电，而传统的混合动力汽车只在汽车行驶时通过发动机为电池充电及回收制动能量。

　　②插电式混合动力电动汽车的电池容量较大，有更大的纯电动行驶里程。

　　③插电式混合动力电动汽车行驶时优先以电力作为动力源，电驱动比例比普通混合动力电动汽车高，对燃料的依赖度减小。

　　(2)插电式混合动力电动汽车的优点。

　　①驱动模式多，选择灵活，汽车可获得良好的动力性。

②中短程行驶时,具有纯电动汽车的全部优点,如零排放、低噪声及能量利用效率高等。

③与普通混合动力电动汽车相比,增加了电驱动的比例,降低了油耗,减少了有害气体、温室气体的排放。

④电驱动成本低于燃油,插电式混合动力电动汽车优先使用电能降低了汽车的运行成本。

⑤可利用电网晚间低谷电对车载电池进行充电,有利于改善发电厂的发电效率。

⑥有加油和充电两种补充汽车能源的方式,增加了能源选择的自由度,有的车型还是"灵活燃料"汽车,可灵活补充普通燃油、生物燃料、气体燃料等多种能源。

2) 插电式混合动力电动汽车面临的问题

插电式混合动力电动汽车的研发和应用面临的问题主要来自动力电池、电动机和充电基础设施3个方面。

(1) 插电式混合动力电动汽车对电池的要求。

①要保证插电式混合动力电动汽车有良好的动力性能和足够的纯电动行驶里程,但又不增加太多的整车质量,因此其动力电池必须具有较大比功率和比能量。

②与普通混合动力电动汽车不同,插电式混合动力电动汽车经常采用纯电动模式,电池常有深度放电,要求保持长的使用寿命。

③为满足深度放电,要求低 SOC 时能大电流放电,为回收制动能量,要求电池能承受较大电流充电。

④电池成本不能太高,以降低整车成本。

与铅酸电池、镍氢电池相比,锂离子电池在比能量、比功率等性能方面均较优,被普遍认为是适合插电式混合动力电动汽车用的电池,但目前成本还较高。

(2) 插电式混合动力电动汽车对电动机的要求。

与普通混合动力电动汽车相比,插电式混合动力电动汽车电动机的负荷更大、使用更频繁,对其有较高的要求。

①为满足汽车在起动、加速、爬坡、高速行驶等工况下的动力性要求及具有一定的纯电动行驶里程,要求电动机输出功率大、低速时高转矩、调速范围宽、高效率。

②考虑到整车布置和使用寿命等因素,应选取高密度、小型轻量化、高可靠性、高耐久性、强适应性的电动机。

(3) 充电基础设施建设。

充电基础设施包括充电电网和充电站两大部分。充电电网和充电站的建设需要合理规划和大量资金投入,涉及电力、城建、国土和市政等多个部门,是一项规模庞大的系统工程。

对于充电基础设施,需进一步研究解决无独立车库的家庭汽车充电的方案;另一方面,公务车、公交车、特种车都有专用的停车地点或车库,可以考虑安装充电设备。

除上述问题外,插电式混合动力电动汽车还面临着许多问题,如充电时间长,通信、控制系统、充电设备等的接口标准的制定和统一,各层面的政策支持,以及消费者对该类汽车认可和接受等。

2. 插电式混合动力电动汽车的结构和工作模式

1) 插电式混合动力电动汽车的结构

插电式混合动力电动汽车可以从外部电网充电,兼有传统混合动力电动汽车与纯电动汽车的基本特征。插电式混合动力电动汽车较普通混合动力电动汽车的电动机功率和电池容量更大。插电式混合动力电动汽车结构与基本型混合动力电动汽车的结构类似,也可以分为串联式、并联式和混联式3种类型,如图4-73所示。

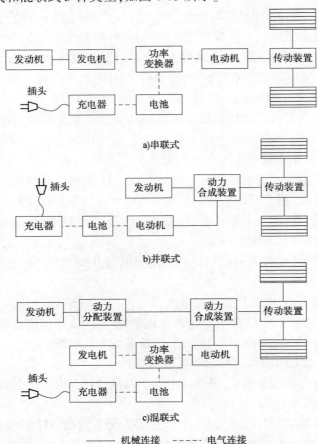

图4-73 插电式混合动力电动汽车动力系统

串联插电式混合动力电动汽车有时也称为增程式电动汽车,其特点是发动机带动发电机发电,发出的电能通过功率变换器直接输送给电动机,电动机驱动汽车行驶。动力电池可从外部电网充电,在汽车行驶时,还可以接收发电机发出的电能和制动时回收的能量。在必要时,可关闭发动机,实现电池单独给电动机供电来驱动汽车。在大强度加速和爬坡时,以发电机和电池混合动力模式工作。当电池组不起作用(或不能使用)时,发电机可单独驱动电机带动汽车运行。在停车状态下可通过车载充电器对动力电池进行外接充电。

并联插电式混合动力电动汽车的发动机和电动机是两个相对独立的系统,既可实现纯电动行驶,又可实现发电机单独驱动行驶,在功率需求较大时还可以实现混合动力行驶。制动时,具有回收制动能量的功能。在停车状态下可通过车载充电器进行外接充电。

混联插电式混合动力电动汽车的动力系统是串联式与并联式的综合,可兼有串联式和并联式的工作方式,但系统较为复杂。汽车低速行驶时,主要以串联式方式工作;汽车中高速稳定行驶时,则以并联工作方式为主。制动时,具有回收制动能量的功能。在停车状态下可通过车载充电器进行外接充电。

2）插电式混合动力电动汽车的工作模式

插电式混合动力电动汽车由3种结构的混合动力电动汽车派生而来，可以实现前面介绍的相应类型的工作模式。另外，除了按照驱动方式分类，根据车载电池电量状态的变化特点，可以将插电式混合动力电动汽车的工作模式分为电量消耗和电量保持模式，汽车行驶时优先采用电量消耗模式。

（1）电量消耗模式。

在电池充满电后的初期行驶阶段，汽车主要使用电池的能量来行驶，此时电池电量在不断消耗，直至达到某一规定的值为止，此过程称为电量消耗模式。根据发动机是否参与工作，电量消耗模式又可分为纯电动和混合动力两种子模式。

电量消耗—纯电动子模式的特点是发动机关闭时，电池是唯一的能量源，零排放，电池的SOC降低，整车一般只达到部分动力性指标。当汽车起动、低速或者只要求部分动力性指标时，采用此模式。

电量消耗—混合动力子模式的特点是发动机和电池共同提供行驶功率，电池通过向电动机供电承担主要的整车行驶功率需求，发动机用来补充电池输出功率不足的部分，电池的SOC也在降低，直至降到SOC下限值。该模式适合中高速，要求全面达到动力性指标时采用。

（2）电量保持模式。

在电池组的能量消耗到一定程度，即SOC达到下限值时，为了保证汽车性能和电池组的使用寿命，进入电量保持模式。电量保持模式工作方式与传统的混合动力模式类似，发动机作为主动力源，提供主要的行驶功率，电池只是提供辅助功率，电池还可接收发动机在动力富余时的充电和制动回收的能量，电池组SOC有波动，但其平均值保持在某一水平上。

在电量消耗—纯电动、电量消耗—混合动力和电量保持模式之间能够根据整车能量管理策略进行无缝切换，是否切换的主要根据是整车功率需求和电池SOC。

3. 典型的插电式混合动力电动汽车

通用雪佛兰沃蓝达（Volt）紧凑型轿车，动力系统如图4-74所示。发动机和电驱动单元布置于前舱，前轮驱动。该车采用串联式结构，发动机不直接驱动汽车，仅用于带动发电机发电，汽车由电动机驱动。沃蓝达插电式混合动力轿车的有关参数见表4-22。

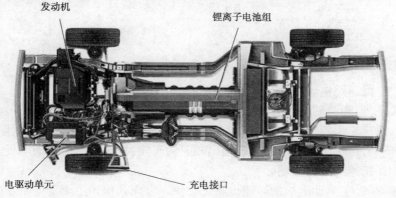

图4-74　雪佛兰沃蓝达动力系统布置

沃蓝达插电式混合动力轿车的有关参数　　　　表 4-22

整车参数	长×宽×高	4498mm×1787mm×1439mm
	整备质量	1700kg
发动机	类型	直列4缸汽油机
	排量	1.398L
	最大功率	63kW @ 4800r/min
	最大转矩	126N·m @ 4250r/min
发电机	功率	55kW
电动机	类型	永磁直流无刷电动机
	最大功率	111kW
	最大转矩	370N·m
变速器	类型	无级变速器（CVT）
蓄电池	类型	锂离子电池
	输出电压	360V
	容量	16kW·h
性能参数	最高车速	160km/h
	0~100km/h 加速时间	9.0s
	综合百 km 油耗	1.2L

与普通混合动力电动汽车不同的是，沃蓝达的发电机在必要时可作为副电动机使用，进一步增加汽车的动力，这个功能由 1 个行星齿轮动力分配装置、2 个离合器（C_1 和 C_2）和 1 个制动器 B 共同配合完成，有以下 4 种工作模式，工作原理如图 4-75 所示。

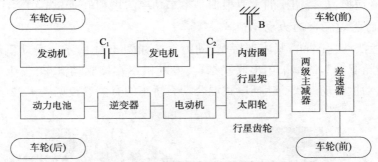

图 4-75　雪佛兰沃蓝达动力系统工作原理

（1）模式 1（低速纯电力驱动）。

在该模式下，齿圈被制动器 B 锁止、而离合器 C_1 和离合器 C_2 均处于脱开状态。故发电机与发动机以及行星齿轮均无连接，两者都不工作。电动机输出的动力经太阳轮通过行星齿轮减速后将动力传输给行星齿轮架和输出轴驱动车轮，汽车仅由主驱动电机驱动。

（2）模式 2（高速纯电力驱动）。

随着车速增加，主驱动电机的转速也随之加快。考虑到保护主驱动电机 MG2，为降低转速，就不适合再仅仅由单电动机驱动。因此，这一模式被设计成制动器 B 脱开、离合器 C_1 分离、离合器 C_2 接合,发电机与齿圈连接,驱动电机 MG1 和驱动电机 MG2 合力驱动汽车。此时驱动电机 MG1 从动力电池中获取能量以输出动力。而双电动机驱动,使得驱动电机转速从 6500r/min 降低至 3250r/min。但是,发动机没有参与到提供动力的进程中来。

(3)模式3(低速增程)。

当电池组达到其设定的电量剩余临界点时,第三种模式将起动。离合器 C_1 接合、制动器 B 锁止,此时发动机就会直接驱动电机 MG1 进行发电,而由于齿圈固定不转,汽车仍然是由主驱动电机 MG2 驱动。主驱动电机从电池以及由发动机带动发电机产生的电能组合中获取电能,从而驱动车辆。

(4)模式4(高速增程)。

与模式2一样,双电动机驱动模式将再次启用。制动器 B 脱开、离合器 C_1 和 C_2 同时接合。汽车的驱动力来自电动机和发动机的动力耦合。

沃蓝达配备的锂离子电池组呈 T 形组装,布置在车身底部,位于中间和后排座椅下。电池组使用层压式结构,288 个电池单元并列布置,在每个单元之间设计了冷却水管路,低温时为温水,高温时为冷水,由此可一直保持电池在最佳的工作温度。电池用普通的 220V 电源充电即可,充电时间约 6h,满电可实现最高 80km 的纯电动里程,可满足大多数日常行驶需求,这期间完全零油耗、零排放。沃蓝达还携带了 35L 的油箱,可行驶 490km,满电满油状态可以行驶 570km。沃蓝达提供了普通模式、运动模式、山路模式和保持模式共 4 种驾驶模式,能够在全路况下行驶。

六、混合动力电动汽车动力系统设计

1. 概述

混合动力电动汽车的动力系统不同于传统燃油汽车,特点是动力部件多,有至少两种的能量存储形式及机械动力和电力两种动力传递,因此混合动力系统的设计涉及诸多方面的问题和要求,如车辆的使用场合及性能要求、系统结构形式、不同能量的分配、驱动力的分配、动力部件的选型与布置以及整车的分配等。

对混合动力系统的设计要求如下。

(1)保证汽车具有良好的动力性,最高车速、爬坡度和加速能力不低于同型的燃油汽车。

(2)续驶里程不低于同型的燃油汽车。

(3)与燃油汽车相比,油耗和排放要大幅降低。

(4)至少有一种方便快捷的能源补充途径,如加油、加气,以增强汽车的实用性。

(5)质量较轻,结构紧凑,占用空间尺寸减小,便于在车辆上布置。

(6)成本较低,以利于混合动力电动汽车的推广。

不降低汽车的动力性是混合动力电动汽车的基本要求。混合动力电动汽车行驶功率有机械功率和电功率两个来源,如果能够合理分配这两种功率,发挥出不同动力装置各自的优势,就可获得超过燃油汽车的动力性能。电动机具有低速转矩大、有过载能力、响应快的特点,适合于起步、爬坡及大强度加速时提供峰值功率等工况,但只有配备大容量电池的汽车才可保持电动机长时间运行。发动机具有高速运行时效率高、功率大、可连续运行等特点,故适合于中高速时为汽车连续提供动力。

混合动力电动汽车的续驶里程主要与汽车携带的发动机燃料量和电池容量相关。多数混合动力电动汽车以燃油作为主能源来保证续驶里程,对纯电动行驶里程没有要求或要求较低,电池只需提供足够的功率满足车辆的动力性需求,所以电池容量可以选择得较低,大大减小电池的质量和成本。电池一般也不需要停车充电,电量的补充来自汽车行驶时发动机剩余功率的充电及回收的制动能量,整个行驶过程电池的电量维持在一定范围内,这种设计称为"电量维持式"。而对于插电式混合动力电动汽车,要求有较长的纯电动行驶里程。电池容量的大小决定于纯电动里程的长短,电动机的最大功率决定了纯电动行驶的动力性能。如果插电式混合动力电动汽车的发动机功率选择得较小(低于平均行驶功率),汽车不得不用电池能量来满足行驶要求,这种设计称为"电量消耗式"。如果发动机功率选择得足够大,有足够的剩余功率给电池充电,就形成"电量维持式"设计。

混合动力电动汽车的燃料经济性和排放性能很大程度上取决于动力系统各部件的匹配。动力系统的匹配,就是根据汽车的使用要求和行驶条件,合理选择各动力部件及其参数(如发动机的排量和功率,蓄电池的类型和容量,电动机的类型、额定功率、电压和转速,功率变换器的形式、容量和电压,传动系统的传动比和挡位数等)。动力系统匹配有两个层次的要求,基本要求是各部件的容量足够,不出现动力传输瓶颈,能够保证车辆的动力性;更关键的是各动力部件的工作特性尤其是效率特性要相互协调,以实现整车的低油耗和低排放。如果动力部件与使用条件之间不匹配,选择得过大或过小,会造成"大马拉小车"或"小马拉大车"的现象。"大马拉小车"会导致低负载率和高油耗;"小马拉大车"会导致动力性不足,不能满足使用要求。

汽车的行驶工况是复杂多变的,车速、行驶阻力都在较大的范围内变化。为适应这种复杂使用条件,要求混合动力电动汽车的驱动装置有较大的转矩和转速范围,以满足加速和爬坡的要求,并且使整个动力系统在常用工况具有高的整体效率。要使系统能够高效运行,直接的方法是提高各个动力部件的效率,但受技术水平、成本的限制,短期内的提高幅度是有限的,并且不同部件对整体效率的影响程度不一,盲目追求部件高效率,可能会出现整体效率提高不大但成本却大大增加的现象。所以,系统设计时需要掌握各部件的运行特性及典型汽车行驶工况的功率与车速分布,找出动力部件的常用工作区域,合理选择动力部件的类型、参数以及功率控制策略,达到动力系统与行驶工况和各部件之间的优化匹配。

此外,混合动力系统的尺寸不能太大,要易于在汽车上布置。系统质量不宜过重,前后轴的分配要合理。动力部件的选型不能盲目追求高性能指标,要合理控制成本,利于整车实用性和大众接受度的提高。

能源和动力的多样性使得混合动力系统的部件具有很大的设计空间,可形成各种类型的混合动力电动汽车,应用于各种使用场合,满足动力性、续驶里程、纯电动里程、燃料经济性等方面的使用要求。值得注意的是,各动力部件的设计自由度也意味着没有一种固定的设计方法适用于所有类型的混合动力电动汽车。

2. 串联式混合动力电动汽车动力系统设计

1)电动机的选择

电动机是串联式混合动力电动汽车的唯一驱动装置,相关要求和设计方法与纯电动汽车的电动机选择方法相同。

2) 发动机的选择

串联式混合动力电动汽车的发动机与驱动轮没有机械连接,它与发电机组成发动机/发电机组向电动机供电或向电池充电。发动机功率的选择与串联式混合动力电动汽车的功率控制策略相关。如果采用"开关式"控制策略,汽车驱动能量主要来自电池,发动机/发电机组不向电动机直接提供电力驱动功率,只在电池 SOC 下降到下限值时开启向电池充电,起延长汽车续驶里程的作用。因此,该策略下发动机的功率可以选择得较小,一般在 8~20kW。

对于采用"功率跟随式"控制策略的串联式混合动力电动汽车,发动机的功率随着行驶功率的变化而变化,发动机/发电机组发出的电主要向电动机提供电力驱动。综合整车动力性和燃料经济性的要求,发动机的功率 P_{emax} 应按该车辆的常用行驶工况下的平均行驶功率 P_{av} 来选择。平均行驶功率由整车参数和典型行驶工况来决定,可用下式表达:

$$P_{emax} > P_{av} = \sum_{i=1}^{n} P_i f_i \tag{4-22}$$

式中:P_i——典型行驶工况统计的第 i 个功率区间的功率;

f_i——第 i 个功率区间的使用频率。

也可采用巡航车速对应的行驶功率,按下式来选择发动机功率:

$$P_{emax} > \frac{1}{\eta_t} \left(\frac{Gf}{3600} u_{ac} + \frac{C_D A}{76140} u_{ac}^3 \right) \tag{4-23}$$

式中:u_{ac}——巡航车速,一般可取 $0.6 \sim 0.8 u_{amax}$。

考虑发动机附件驱动功率和向电池充电的需求,发动机功率选择得比计算值稍大。

3) 电池的选择

对于"开关式"控制策略的串联式混合动力电动汽车,电池提供主要的驱动能量,需要较多的电池数量,以满足电池单独供电的续驶里程要求,同时电池组还要满足向电动机提供最大驱动功率的要求。假定 n_1 和 n_2 分别为满足最大行驶功率需求的最少电池数和单独供电续驶里程需求的最少电池数,计算方法见式(4-7)和式(4-8)。所需的电池数 n_b 量为 n_1 和 n_2 间的较大值,即:

$$n_b = max(n_1, n_2) \tag{4-24}$$

对于"功率跟随式"控制策略的串联式混合动力电动汽车,电池在加速、爬坡等工况下辅助发动机/发电机组供电,共同承担峰值行驶功率,需要的最少电池数量由下式得到:

$$n_b = \frac{P_{mmax} - P_{emax}}{\eta_m \eta_c D_b m_b} \tag{4-25}$$

式中:P_{mmax}——电动机最大功率,kW;

P_{emax}——发动机最大功率,kW;

D_b——电池的比功率,kW/kg;

m_b——单块电池的质量,kg。

3. 并联式混合动力电动汽车动力系统设计

1) 发动机的选择

并联式混合动力电动汽车的发动机可以单独驱动汽车,是汽车驱动的主要动力源。为了提高发动机的负荷率,达到降低油耗的目的,其功率按照平均行驶功率需求来选择。

2)电动机的选择

在加速、爬坡等重负荷工况下,发动机功率不足时,就需要电动机辅助驱动,以提供峰值功率的不足部分。假定汽车最大强度加速或爬坡所需的行驶功率为 $P_{\max}$,则电动机的最大功率 P_{mmax} 应满足:

$$P_{\text{mmax}} \geq P_{\max} - P_{\text{emax}} \tag{4-26}$$

3)电池的选择

并联式混合动力电动汽车基本上没有纯电动行驶里程的要求,所以只需满足加速和爬坡时向电动机提供最大功率的要求,电池数量要求按式(4-26)计算。

4. 混联式混合动力电动汽车动力系统设计

1)发动机的选择

混联式混合动力电动汽车有更多的运行模式,可以串联式或并联式的任一种模式工作,也可以两种模式共同存在,有利于实现最佳的汽车性能。为了获得优异的燃料经济性,其发动机功率按照平均行驶功率来选择。

2)电动机的选择

混联式混合动力电动汽车电动机的最大功率要满足加速、爬坡时峰值行驶功率的需求,见式(4-26)。

另外,混联式混合动力电动汽车要有一定里程的纯电动行驶能力,这就要求电动机有以一定车速单独连续驱动车辆的能力,设定的纯电动最高车速为 u_e,则电动机的额定功率 P_{mN} 应满足:

$$P_{\text{mN}} > \frac{1}{\eta_t}\left(\frac{Gf}{3600}u_e + \frac{C_D A}{76140}u_e^3\right) \tag{4-27}$$

3)电池的选择

混联式混合动力电动汽车的电池数量要满足最大行驶功率的要求,按式(4-7)计算。如果需要较长的纯电动行驶里程,电池数量还要满足式(4-8)的计算值。所需的最少电池数量取两者的较大值。

第九节 燃料电池电动汽车

一、概述

1. 燃料电池电动汽车的组成

燃料电池电动汽车(FCEV)的外形和内部空间与燃油汽车基本相同,区别在于动力系统。FCEV 的储能单元相当于燃油汽车的燃料箱,燃料电池发电系统相当于燃油汽车的发动机。与二次电池电动汽车(BEV)相比,FCEV 用储能单元和燃料电池发电系统取代了二次电池,其余类似。

由于燃料电池起动时间较长[质子交换膜燃料电池(PEMFC)最短,也需要几分钟],多数燃料电池电动汽车还配置了辅助动力源,常用的是蓄电池组、飞轮电池或超级电容,构成双电源系统。辅助动力源的作用如下:

(1) 驱动汽车快速起步(或者提供电能带动燃料电池发动机起动汽车)。

(2) 储存汽车制动能再生时反馈的电能。

(3) 为控制系统、仪表、车载电器、照明系统、信号系统等提供低压电源。

(4) 在汽车加速和爬坡时,若燃料电池发动机提供的电能不足以满足汽车驱动要求,则由辅助动力源提供额外的电能,形成燃料电池发动机和辅助动力源的双电源供电。

(5) 当燃料电池发动机发出的电能用于驱动汽车外还有剩余时,剩余的电能储存到辅助动力源中。

2. 燃料电池电动汽车的类型

燃料电池电动汽车的类型和特点主要是由燃料电池决定的。

1) 按燃料的来源方式

(1) 直接燃料式燃料电池汽车。

直接燃料式燃料电池电动汽车中的车载燃料为纯氢。氢燃料的储存方式有高压储氢、液氢储存和金属储氢等。目前大多数的燃料电池汽车,特别是燃料电池轿车,是以压缩氢气或液化氢气作为燃料。

氢燃料电池汽车普及的关键是氢的供应和储存。为了保证汽车的用氢需求,必须建造氢站,这就增大了燃料电池汽车产业化和推广的难度。此外,尽管纯氢的比能量很高,但由于氢常温为气态,密度极小,所以纯氢的能量密度很低(比甲醇、汽油等传统燃料的能量密度低很多),在 20MPa 高压下仅为 600W·h/L,液氢也只有 2400W·h/L,且使用成本很高。这意味着在相同容积的燃料罐条件下,燃料电池汽车能携带的能量大大减小,长途行驶能力差。为此,人们采用重整式燃料电池汽车作为一种解决方案。

(2) 重整式燃料电池汽车。

重整式燃料电池汽车使用甲醇、汽油、天然气、液化石油气等燃料,在汽车上通过重整器生成氢气,再将氢气供给燃料电池组作为阳极燃料。燃料重整过程中,可能会产生微量的 CO,由于 CO 会导致质子交换膜中毒损坏,因此将 CO 的浓度降低到 20×10^{-6} 以下。

2) 按有无辅助动力源

(1) 纯燃料电池汽车。

纯燃料电池汽车以燃料电池作为唯一动力源,汽车所有功率负荷都由燃料电池承担。这种汽车对燃料电池的动态性和可靠性要求很高,且无法回收制动能量,目前很少应用。

(2) 混合驱动燃料电池汽车。

这种汽车除了燃料电池,还配备了辅助动力源(常用的为蓄电池和超级电容),汽车驱动由燃料电池和辅助动力源共同承担。按照采用的辅助动力源的类型,混合驱动燃料电池汽车分为"燃料电池+蓄电池"型、"燃料电池+超级电容"型和"燃料电池+蓄电池+超级电容"型3种。

图 4-76 为"燃料电池+蓄电池+超级电容"型燃料电池电动汽车的动力系统。在燃料电池起动阶段,蓄电池提供电能用于空压机或鼓风机的工作以及电池堆的加热、氢气和空气的加湿等。在汽车行驶过程中,蓄电池和超级电容充电或放电。在电压总线上并联一组超级电容,用于提供汽车加速或吸收紧急制动的尖峰电流,减轻蓄电池的负担,延长其使用寿命。

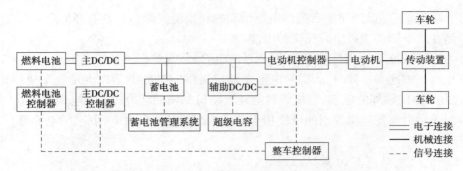

图 4-76 "燃料电池 + 蓄电池 + 超级电容"型燃料电池电动汽车的动力系统

3）按混合驱动比例

按燃料电池提供的功率占整个行驶功率的比例不同，混合驱动燃料电池汽车分为以下 2 种。

（1）能量混合型。

在燃料电池汽车发展早期，受技术水平限制，燃料电池功率较小，燃料电池只提供汽车行驶功率的一部分，配备大容量的辅助动力源，采用这种混合驱动方式的燃料电池汽车称为能量混合型燃料电池汽车。能量混合型燃料电池汽车的优点是燃料电池可常在系统效率较高的额定功率区域内工作；缺点是较多蓄电池使整车自重增加，动力性变差，在汽车上布置困难；每次运行后，除了加注氢燃料，还要利用电网给蓄电池充电。

（2）功率混合型。

随着燃料电池技术的进步，燃料电池性能也大幅提升，燃料电池能提供的功率比例增加，可大大减少辅助动力源的数量，但为了回收制动能量，还需保留一定数量的辅助动力源，辅助动力源只提供汽车行驶功率的一部分，这种混合驱动方式的燃料电池汽车称为功率混合型燃料电池汽车。功率混合型燃料电池汽车以燃料电池为主动力源，辅助动力源只在起动、爬坡、加速时提供动力，并在制动时回收制动能量。功率混合型燃料电池汽车的优点是只配备较少数量的辅助动力源，整车质量下降，有利于提高动力性。缺点是需配备较大功率的燃料电池，故整车成本较高；燃料电池工作状态随汽车工况波动较大，对燃料电池的动态性能要求高。

二、典型的燃料电池电动汽车

通用自主魔力（Autonomy）概念车是以氢为燃料的燃料电池汽车，有超前的流线形车身，滑板一样的平坦底盘。Autonomy 的构成如图 4-77 所示。

Autonomy 将汽车的发动机、制动和转向系统、燃料储存系统和控制器集成在一个 4.6m 长的"滑板"里，这个 15cm 厚的平台上可以放置任何设备。有了这套系统，在车身的设计上就不受任何约束了。通用汽车公司最初打算自己制造并销售一种"搭扣"式连接车身，它允许车主在"滑板"上面安装不同形式的车身（例如，在需要时，可以将轿车改成小型厢式车）。

Autonomy 概念车的所有车内系统都集中在底盘中，底盘上有操纵系统的标准接口，还有车身机械锁定装置与系统外联装置，这是一种通用的固定模式。但车身（车厢）部分形状可以多样化。将车身放在底盘上，通过机械锁定装置与系统外联装置，即刻合成了一辆汽车。

这样,将来客户只要拥有一个底盘,就可以根据自己的爱好和需求租用各种类型的车身,随意地变换使用。这也是 Autonomy 的"魔力"所在。

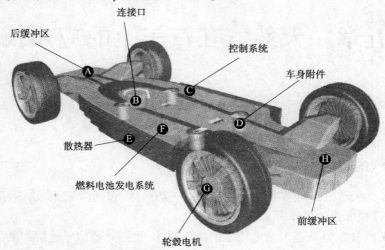

图 4-77　通用 Autonomy 燃料电池概念车的滑板设计

此外,这款概念车身上还有一个引人注目的地方,它采用了一种线传操控技术(X-by-Wire)。使用这种技术,使汽车的操纵系统、制动系统及其他辅助系统能够通过电子方式而不是传统的机械方式进行控制。也就是说,像转向盘柱、踏板连杆、变速杆连杆等刚性传动件将会消失,用导线、继电器、电磁阀等元件组成的传动系统则会代替刚性传动件。在这样的变化下,驾驶人既可坐在左侧或右侧,也可坐在中间,甚至在任意位置操纵汽车。由于采用线传操控技术,Autonomy 概念车的所有操纵系统都可以集中在底盘,底盘与车身之间只需用接口连接,即可将车厢内驾驶人的操纵信息传送至底盘内的操纵系统。车身与底盘的组合可以用多种不同的形式。

据了解,这种线传操控技术已经作为一种技术商品应用到一些新型汽车上了,如新型宝马 7 系列轿车采用线传操控系统,用于变速器和加速踏板,使其操控更为精确。而 Autonomy 概念车上的线传操控技术则是由瑞典 SKF 公司生产的。

第五章　天然气在汽车上的应用技术

第一节　概　　述

一、天然气的概念

广义的概念,天然气指自然界中天然存在的一切气体,包括大气圈、水圈、生物圈和岩石圈中各种自然过程形成的气体。

通用的"天然气",是从能源角度出发的狭义概念,指天然蕴藏于地层中的烃类和非烃类气体的可燃混合气体。

二、天然气的分类

1. 按烃组分含量分类

1) 干气

干气指压力为 0.1MPa、温度为 20℃ 条件下,$1m^3$ 井口天然气中戊烷重烃液体含量低于 $13.5dm^3$ 的天然气。干气甲烷含量高,通常含甲烷 80%~99%(体积),个别气田的干气甲烷含量可达 99.8%。

2) 湿气

湿气指压力为 0.1MPa、温度为 20℃ 条件下,$1m^3$ 井口天然气中戊烷重烃液体含量高于 $13.5dm^3$ 的天然气。湿气除含甲烷外,还含有较多乙烷、丙烷和丁烷等,必须经过分离处理后方能管道输送。

2. 按天然气的来源分类

根据形成和开采的方式不同,天然气可分为以下 5 种。

1) 气田天然气

气田天然气包括纯气田天然气和凝析气田天然气两种,在地层中都以气态存在,为非伴生气。

(1) 纯气田天然气,指从地下开采出来的气田气。

(2) 凝析气田天然气,是石油在高温高压条件下溶解在天然气中形成的混合物。

纯气田或凝析气田产生的天然气从地层流出井口后,随着压力的下降和温度的升高,分离为气液两相,气相是天然气,液相是凝析油。气田天然气的主要成分为甲烷,含量为 85%~95%,有少量乙烷。天然气产量中,主要是气田天然气。

2) 石油伴生气

石油伴生气指伴随石油开采产生的气体。聚集于油层顶部的称为气顶气,溶于石油中的称为溶解气。

伴生气通常是原油的挥发性部分,以气态形式存在于含油层之上,凡有原油的地层中都有伴生气,只是油和气的比例不同。即使在同一油田中的石油和天然气来源也不一定相同,二者由不同的途径和经不同的过程汇集于相同的岩石储集层中。

石油伴生气的甲烷含量通常为75%~90%,乙烷含量比气田气高。

天然气产量中,石油伴生气占一定比例。

3)煤层气和矿井瓦斯

煤层气和矿井瓦斯也是伴生气。

(1)煤层气。

煤层气是从井下煤层抽出的矿井气。煤层气指储存在煤层中以甲烷为主要成分、以吸附在煤基质颗粒表面为主、部分游离于煤孔隙中或溶解于煤层水中的烃类气体,属非常规天然气,俗称"瓦斯"。

(2)矿井瓦斯。

矿井瓦斯是开采煤炭时采集的矿井气。

煤层气和矿井瓦斯的甲烷含量较低,通常为50%~60%,并伴有CO_2,需经过处理才能用作汽车燃料。

对煤层气和矿井瓦斯的开采,已日益受到重视,产量逐渐增加。

4)页岩气

页岩气指赋存于以富有机质页岩为主的储集岩系中的非常规天然气,是连续生成的生物化学成因气、热成因气或二者的混合,可以游离态存在于天然裂缝和孔隙中,以吸附态存在于干酪根、黏土颗粒表面,还有极少量以溶解状态储存于干酪根和沥青质中,游离气比例一般在20%~85%。

页岩气的开发应用速度在加快,预计未来在天然气产量中所占的比例会很快增加。

5)天然气水合物

天然气水合物(Natural Gas Hydrate,简称 Gas Hydrate),分布于深海沉积物或陆域的永久冻土中,由天然气与水在高压低温条件下形成的类冰状的结晶物质。因其外观像冰一样且遇火即燃,所以又被称作"可燃冰",是一种固态块状物。$1m^3$ 的天然气水合物在常温常压下释放 $164m^3$ 的天然气和 $0.8m^3$ 的淡水。

2013年6月—9月,我国在广东沿海珠江口盆地东部海域首次钻获高纯度天然气水合物样品,并通过钻探获得可观的控制储量。2017年5月,我国首次海域天然气水合物试采成功。

天然气水合物有可能成为未来天然气的主要来源。

三、车用天然气

汽车上携带天然气燃料的方式有三种:压缩天然气(Compressed Natural Gas,CNG)、液化天然气(Liquefied Natural Gas,LNG)和吸附天然气(Adsorbed Natural Gas,ANG)。吸附天然气应用很少,不再赘述。

1. 压缩天然气(CNG)

民用天然气在 CNG 加气站经脱硫、干燥脱水等净化工艺,并加臭后,经过多级加压,将天然气的压力提高到20MPa,通过加气机给 CNG 汽车加注。按照《车用压缩天然气》(GB 18047—2000)的要求,CNG 的技术指标见表5-1。

压缩天然气的技术指标　　　　　　　　　表5-1

项　目	技术指标	试验方法
高位发热量(MJ/m³)	>31.4	GB/T 11062
总硫(以硫计)(mg/m³)	≤200	GB/T 11061
硫化氢(mg/m³)	≤15	GB/T 11060.1
二氧化碳体积分数(%)	≤3.0	GB/T 13610
氧气体积分数(%)	≤0.5	GB/T 13610
水露点(℃)	在汽车行驶的特定地理区域内,在最高操作压力下,水露点不应高于 −13℃;当最低气温低于 −8℃,水露点应比最低气温低5℃	GB/T 17283

2. 液化天然气(LNG)

LNG 是将气态天然气除去硫、水、CO_2 等后,采用深冷工艺,将气态天然气在常压下或较低的压力下降温至 −162℃ 使之液化,通过加气机给 LNG 汽车充装。

按照《液化天然气的一般特性》(GB/T 19204—2003)的要求,LNG 中甲烷含量应高于 75%,氮含量应低于 5%。我国的 LNG 组分和有关特性见表5-2。表中的数据为干气,在温度为 15℃、压力为 101kPa 条件下的值。

我国的 LNG 组分和有关特性　　　　　　　　表5-2

产地	CH_4	C_2H_6	C_3H_8	iC_4H_{10}	nC_4H_{10}	C_5H_{12}	N_2	高热值	低热值
	(体积分数,%)							(MJ/m³)	
广东	88.77	7.54	2.59	0.45	0.56	0.00	0.07	44.61	40.39
福建	71.89	5.64	2.57	1.44	0.00	3.59	14.87	43.16	39.21
海南	78.48	19.83	0.46	0.00	0.00	0.00	1.22	45.66	41.38
新疆	82.42	11.11	5.55	0.00	0.00	0.00	1.92	45.24	40.99
中原	95.88	3.36	0.34	0.05	0.05	0.02	0.30	41.05	37.07

四、天然气汽车的分类及其特点

1. 按储带天然气的压力和形态

1) 压缩天然气汽车

以高压气态储带天然气的汽车称为压缩天然气汽车(CNGV)。储带于储气瓶内的高压天然气(通常是 20MPa),工作时经降压、计量、经混合器后进入汽缸,也可以直接喷入汽缸或进气管。CNGV 是天然气汽车的主体。

2) 常压天然气汽车

以常压气态储带天然气的汽车称为常压天然气汽车(NNGV)。常压天然气汽车出现于第一次世界大战期间,20 世纪 50 年代在我国四川省有少量这种汽车使用。这种原始的储带方式因携带不便和安全隐患太大,已被完全淘汰。

3) 液化天然气汽车

以液态储带天然气的汽车称为液化天然气汽车(LNGV)。工作时液化天然气经升温、汽化,计量、经混合器后进入汽缸,也可以直接喷入汽缸或进气管。由于天然气液化后的体积仅约为标准状况下体积的1/600,储带方便,汽车续驶里程长。近年来得到了快速发展,主要是中型和重型汽车。

4) 吸附天然气汽车

以吸附方式储带天然气的汽车称为吸附天然气汽车(ANGV)。储带于储气瓶内的中压天然气(3.5~6MPa),工作时经降压、计量、混合后进入汽缸。这类汽车应用很少。

2. 按燃料的应用方式

1) 专用天然气汽车

专用(纯)天然气汽车是指燃用天然气的单一燃料(Mono Fuel,或 Single Fuel)汽车。其发动机为点燃式。

单一燃料天然气汽车专为燃用天然气而设计,充分考虑了天然气的性质和特点,使天然气的优点尽可能得到发挥,从而使天然气汽车的性能达到最优。例如,考虑到天然气辛烷值极高(大于120),较大幅度地提高发动机压缩比,可以使发动机的效率较大幅度的增加;又如,通过精确控制混合气浓度,配上专用天然气三元催化器,使汽车的污染物排放更低,提前达到更高一级排放标准。

专用天然气汽车需要重新设计制造或对原机进行较大幅度的改造,使用范围局限于有加气网络的地区。

专用天然气汽车又可分为以汽油机为基础的天然气汽车和以柴油机为基础(改为点燃式)的天然气汽车两种类型。

汽车的燃料,CNG 可以用于各型的单一燃料天然气汽车,LNG 常用于中型和重型的单一燃料天然气汽车。

2) NG—汽油两用燃料(Flexible Fuel)汽车

这类汽车上具有 NG 和汽油两套燃料供应系统,并加注 NG、汽油两种燃料。两用燃料汽车可以视情交替燃用 NG 或汽油,发动机是点燃式发动机。NG—汽油两用燃料汽车通常是在汽油车上加装一套天然气燃料供给系统而成,也称灵活燃料汽车。

NG—汽油两用燃料汽车的工作方式:燃用汽油时切断天然气的供给;燃用天然气时切断汽油的供给。不论燃用哪种燃料,混合气都是预混并通过电火花点燃。

NG—汽油两用燃料汽车的优点:改装方便,原机基本不做变动;在保证供应的情况下可以尽可能地燃用天然气,而在需要时又可以随时方便地改用汽油;由于添加了天然气燃料,汽车的续驶里程比原汽油车长。

NG—汽油两用燃料汽车的主要问题:燃用天然气时动力性下降显著。

NG—汽油两用燃料汽车的生产(改装)一直是整车厂进行,新车上公告。近年来,有少数地方允许汽车用户把注册后的汽油车改装成两用燃料车,许多用户选用混合器式的天然气系统来改装电控多点汽油喷射发动机,由于改装套件对天然气混合气浓度的控制精度低,加之汽油车的三元催化器对天然气(甲烷的稳定性好,需选配三元催化器贵金属的配方才能高效处理)的不完全燃烧产物 HC 的催化转化效率低,造成改装车辆燃用天然气时的 HC 和 CO 排放比燃用汽油时高很多,对社会造成了不良影响。

两用燃料天然气汽车的燃料,CNG 多用于出租车和公交车,LNG 的应用在逐渐增加。

3) NG—柴油双燃料(Dual Fuel)汽车

NG—柴油双燃料汽车是指同时燃用 NG 和柴油的汽车，通常以 NG 为主燃料，柴油起引燃作用。在柴油车上加装一套天然气供给和控制系统，即成为 NG—柴油双燃料汽车。这种双燃料汽车在无天然气时或无法运行天然气时，仍能以纯柴油运行，即在 NG—柴油双燃料和纯柴油之间还能两用。由于添加了天然气燃料，双燃料汽车的续驶里程比原柴油车长。

NG—柴油双燃料汽车的主要优点是可以大幅度地降低大负荷工况的颗粒物排放，但小负荷时的 HC、CO 排放和燃料消耗率有所增加。

双燃料汽车的天然气，CNG 应用较多，LNG 的应用在逐渐增加。

3. 按天然气的供给和控制方式

1) 真空进气式

真空进气式指天然气靠混合器喉管或进气管真空度引入天然气。其天然气供给方式类似于化油器式汽油机，属于机械控制式。

2) 电控喷射式

电控喷射式是指天然气以一定的压力经喷气嘴直接喷入汽缸或进气管。其燃料供给方式类似于喷射式汽油机供给方式。

和液态汽油相比，气态天然气的能量密度小，要得到同样的能量，天然气的体积流量大数十倍。由于发动机转速高，每工作循环的时间短，相应的天然气喷射阀需要的喷嘴通道面积大，体积大、难布置且成本高，应用较少。因此许多汽车的天然气供给计量采用的仍为混合器，加上混合气浓度闭环控制，就形成了电控混合器，属于机电联合控制式。和汽油的电控多点喷射相比，天然气的电控混合器是低一个等级的技术，存在许多不足，如动态响应慢、混合气浓度控制精度低。

五、天然气汽车的总体布置

1. CNG 汽车

CNG—汽油两用燃料轿车的专用装置总体布置如图 5-1 所示。CNG 经减压器后压力降至 0.3MPa 左右，经 NG 喷气轨后引至各缸进气管。油/气转换开关一般和 CNG 气量显示组合在一起。开关拨至 CNG 挡时，CNG 高压电磁阀通电打开，汽油电磁阀断电关闭。

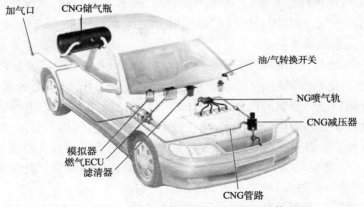

图 5-1　CNG—汽油两用燃料轿车的专用装置总体布置

2. LNG 汽车

在整车布置方面,LNG 汽车和 CNG 汽车的区别主要在储气瓶上。单个 LNG 储气瓶的体积大,一般的轿车很难布置,因此 LNG 很少用于轿车。LNG 货车或客车通常选用 1~2 个储瓶,采用横向或纵向布置,如图 5-2 所示。

a) 1 个 LNG 气瓶横置在半挂车驾驶室后　　　b) 2 个 LNG 气瓶纵置在车架两侧

图 5-2　LNG 货车气瓶布置

3. 双燃料汽车

CNG—柴油双燃料客车专用装置布置如图 5-3 所示。2~4 个 CNG 储气瓶布置在车架两侧,充气口位于储气瓶附近;其他专用装置位于后置发动机周围;燃料转换开关(图 5-3 中未标出)位于驾驶位仪表盘,通过电气控制实现汽车在双燃料和纯柴油之间的转换。

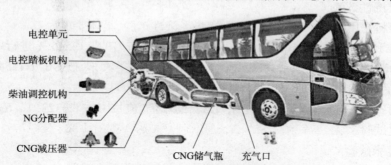

图 5-3　CNG—柴油双燃料客车专用装置布置

六、天然气汽车的试验和改装要求

1. 天然气汽车定型试验

《天然气汽车定型试验规程》(GB/T 23335—2009)规定了可燃用天然气汽车(包括 CNGV 和 LNGV)定型试验的要求、试验项目及方法和试验报告的内容。该标准适用于在已定型汽车产品上安装车用天然气专用装置或换装天然气发动机的天然气汽车。对于新开发的基本型天然气汽车,应按照汽车定型试验规程进行定型试验。

按照《天然气汽车定型试验规程》(GB/T 23335—2009)的规定,天然气汽车定型试验的符合性判定:基本性能和主要技术参数应符合产品技术条件(或产品标准)和相关国家标准要求;汽车任何系统或总成不应出现致命故障及严重故障。主要的定型试验项目及方法如下。

1）专用装置检验

（1）车用天然气专用装置的技术检验，应按 QC/T 245 或 QC/T 755 适应的规定进行。

（2）车用天然气专用装置的安装要求检验，应按 GB/T 19240 或 GB/T 20734 适应的规定进行。

2）汽车排放污染物测量

在各种燃料使用状态下均应分别进行污染物排放试验，具体要求为：

（1）最大总质量小于 3500kg 的轻型汽车应按 GB 18352 的规定进行排气污染物测量。

（2）安装点燃式发动机的汽车应按 GB 18285 进行怠速工况 HC 和 CO 浓度测量。

（3）安装压燃式发动机的汽车应按 GB 3847 进行自由加速烟度测量。

（4）安装在最大总质量大于 3500kg 汽车上的点燃式发动机应提供按 GB 14762 的规定进行的排放试验报告。

（5）安装在最大总质量大于 3500kg 汽车上的压燃式发动机应提供按 GB 17691 的规定进行的排放试验报告。

3）动力性试验

在各种燃料使用状态下均应分别进行动力性试验，试验项目包括：

（1）直接挡最低稳定车速试验，按 GB/T 12547 进行。

（2）加速性能试验，按 GB/T 12543 进行。测定项目包括直接挡（或常用挡）加速性能试验和原地起步连续换挡加速性试验。

（3）最高车速试验，按 GB/T 12544 进行。

（4）最大爬坡度试验，按 GB/T 13539 进行。

4）燃料经济性试验

在各种燃料使用状态下均应分别进行燃料经济性试验，具体要求为：

（1）M1 类和最大总质量小于 2000kg 的 N1 类汽车，按 GB/T 12545.1 进行。

（2）M2、M3 类和最大总质量大于或等于 2000kg 的 N 类汽车，按 GB/T 12545.2 进行。

5）汽车操纵稳定性试验

与原车相比，满载条件下轴荷变化超过 5% 的车辆，应按 GB/T 6323.4 ~ 6323.6 进行汽车操纵稳定性试验。

6）起动性能试验

按 GB/T 12535 进行。

7）可靠性行驶试验

（1）可靠性行驶试验可在汽车试验场进行，也可在常规可靠性试验道路上进行，里程分配见表 5-3。可靠性行驶试验方法参照 GB/T 12678 的规定进行。

天然气汽车可靠性行驶试验里程分配（单位：km）　　　　表 5-3

试验类型	车辆类型	坏路	平路	高速	总计
汽车试验场	M 类汽车	2000	1000	4000	7000
	N 类汽车	2500	1000	3500	7000
常规可靠性试验道路	M 类汽车	3500	2500	4000	10000
	N 类汽车	4000	2500	3500	10000

（2）对于两用燃料汽车，每天应使用天然气以外的燃料 2 次，每次使用时间不超过

20min,用以考核两用燃料汽车的燃料转换性能,行驶里程计入可靠性行驶试验里程。

(3)可靠性行驶试验过程中,每天试验后应检查天然气供气系统是否有泄漏,检查天然气储气瓶、减压调节器和汽化器的安装部位是否有损坏,以保证行车安全。

(4)可靠性行驶试验故障类别判定参照 QC/T 900 的规定进行。

2. 天然气汽车改装技术要求

天然气(包括 CNG 和 LNG)汽车改装技术要求根据《燃气汽车改装技术要求第 1 部分:压缩天然气汽车》(GBT18437.1—2009)、《压缩天然气汽车专用装置的安装要求》(GB/T 19240—2003)和《液化天然气汽车专用装置安装要求》(GB/T 20734—2006)的规定执行,具有要求详见以上标准。

3. 改装后的整车技术要求

(1)整车性能应符合 GB 7258 的规定,汽车排放应符合 GB 18285 的要求。

(2)整车质量增加不得超过原车整备质量的 5%。

(3)整车的动力性能在燃气时的功率输出值不得小于改装前功率输出值的 90%。

(4)两用燃料车在使用汽油时,整车动力性、排放性和经济性与改装前相同。

4. 改装后的天然气汽车检验

1)检验前的准备

检验前应按照安装技术要求,检视储气瓶、管路、电路稳固程度及天然气专用装置各部件安装位置是否符合要求。

2)紧固性检验

按照要求检查各主要部件安装紧固程度。

3)气密性检验

(1)天然气检漏应采用以下方法之一进行气密性检验。

①检漏液检验:将肥皂泡沫或其他非腐蚀性的发泡水的泡沫涂于所有管路接头上,待消除附着的表面气体后,3min 内应无气泡产生;进行 20MPa 天然气的高压气密性检验,5min 内不得有气泡产生。

②气体检漏仪检验:使用气体检漏仪检查所有管路接头,应不出现漏气现象。当气体检漏仪发现泄漏后,应确定泄漏部位并修复。

(2)如发现管路有气体泄漏,应关闭气瓶阀,待管路中的气体排出后,再拧紧卡套或接头,不应带压紧固。

4)改装后经调试

整车技术性能应满足改装后的整车技术要求。

5. 改装后的天然气汽车标志

(1)改装后的汽车应按照《天然气汽车和液化石油气汽车标志》(GB/T 17676—1999)的规定设置天然气汽车的标志。

(2)改装车出厂前,应在发动机舱内或充气阀附近安装永久性铭牌,应包括以下内容:a)燃料系统工作压力,b)改装企业的名称及改装出厂日期,c)储气瓶安装个数和气瓶的容积,d)储气瓶的出厂日期。

6. CNGV 燃料系统碰撞安全要求

CNGV 燃料系统碰撞试验方法和技术要求按照《压缩天然气汽车燃料系统碰撞安全要求》(GB/T 26780—2011)的规定执行,具体要求详见该标准。

七、天然气汽车技术发展

1. 燃料供给和控制方面

在天然气供给和控制方面,天然气汽车经历四代。目前,第三代有成熟的产品批量应用。

1) 第一代

第一代为机械式燃料控制系统,即在原发动机基本不变的情况下,采用减压器、比例式或文丘里式混合器及一些电磁阀组成的单一或两用燃料发动机。其特点是发动机空燃比控制精度不高,动力性较原机水平有较大下降,排放水平难以超过国三排放法规,已逐步淘汰。

2) 第二代

第二代为电控混合器。控制方式采用简单闭环控制,是在第一代基础上开发出来的,对发动机略有改进,高压减压器与第一代相同,混合器有较大改动,增加电子控制模块、氧传感器、燃料控制步进电动机,对空燃比进行闭环控制。但由于步进电动机瞬态响应慢,并且存在丢步现象,难以满足发动机瞬态动力响应、排放控制的要求,目前只用于对于瞬态要求不高的发动机上。

3) 第三代

第三代采用电控气体喷射和电控调压技术。电控气体喷射是一种全新的方式,采用单点喷射(电控混合器)或多点喷射,通过节气门位置传感器、气体流量传感器、转速传感器、水温传感器、进气温度传感器、压力传感器和氧传感器等经过中央控制器来控制点火、空燃比及实现全程调速控制。

单点喷射和多点喷射的原理及其优、缺点见表5-4。在混合器前有多个喷嘴之后汇合在一起进入混合器的,依然属于单点喷射。采用多个喷嘴的目的是为了提高天然气喷射量的控制精度,也是由于大流量的天然气喷嘴制造成本高。电控调压系统是基于电控调压器和混合器的连续流燃气供给系统,实现了混合器入口燃气压力的闭环控制。电控调压系统相对于单点喷射系统来说,在保持控制精度的同时,由于燃料是连续控制进入汽缸,燃料的响应性能得到大大提高;相对于多点喷射系统,由于燃料是由进气总管进入,可以保证各缸混合气浓度的均匀性,有利于发动机采用稀薄燃烧方式,且易于实现 LPG、CNG 和 LNG 电控系统的通用化。但是,电控调压系统中的电控调压器及混合器的体积较大,在发动机上布置相对较困难,一般用于大排量发动机。

第三代产品保证了动力性、经济性,满足国三、国四和国五排放法规要求,在国内外被广泛采用,但其开发难度大,成本也高。

天然气单点喷射和多点喷射的对比　　　　　　　　　　　表5-4

特点	单点喷射	多点喷射
原理	燃气喷嘴利用脉宽对燃料量进行控制,喷射的天然气通过混合器进入	各缸单独拥有一个喷嘴,燃气在进气道或汽缸内喷射,利用脉宽对燃料量进行控制

续上表

特点	单点喷射	多点喷射
优点	混合气浓度控制精度高,各缸混合气浓度均匀性好	混合气浓度控制精度高,动态响应性能好,对于缸内喷射,可以减少天然气占用进气容积,有利于提高发动机的升功率
缺点	动态响应性较差,瞬态性能不理想	成本高

4) 第四代

第四代为缸内直喷技术,柴油喷射或火花塞点火引燃,并配以 $DeNO_x$ 稀燃催化器技术,以达到更严的排放法规要求。柴油喷射引燃(即天然气—柴油双燃料),具有点火能量高、着火点多的特点,可充分提高发动机燃料经济性并降低排放。如西港康明斯公司的柴油引燃缸内天然气直喷技术,目前该技术处于研究开发阶段。

2. 燃烧组织和混合气浓度控制方面

在燃烧组织和混合气浓度控制方面,有以下两种技术路线值得关注。

1) 稀薄燃烧技术

稀薄燃烧技术主要通过将混合气的过量空气系数控制在1.0~1.5,并采用氧化型催化转化器技术来实现低气耗和低排放,稀薄燃烧技术由于降低了最高燃烧温度,从而使发动机压缩比尽可能提高,在提升燃料经济性的同时降低排温,并且能大大降低 NO_x 排放,有利于采用增压中冷技术来增加发动机的升功率。

天然气发动机采用稀燃技术的优点:良好的燃气经济性;发动机热负荷接近柴油机;如果燃烧系统设计合理,发动机升功率、平均有效压力等指标基本接近柴油机;使用氧化型催化转化器能轻易达到国三、国四排放水平。

对于要求高升功率、高可靠性的发动机来说,该技术是最好的选择。

实现该技术的关键因素在于:燃料供给量精确控制技术;宽域型氧传感器应用;空燃比闭环控制技术(重点是瞬态过程中的精确控制);高能独立点火控制技术;氧化型催化转换器。

单点喷射、多点喷射和电控调压控制技术均能实现天然气发动机稀薄燃烧控制。

2) 当量混合气燃烧技术

当量混合气燃烧技术主要将混合气过量空气系数 λ 控制在1附近。该技术通过采用三元催化技术来降低排放,使汽车排放达到国三以上水平。

天然气发动机采用当量混合气燃烧技术的主要优点:技术成熟,氧传感器和控制系统成本低;具有良好的动力响应;适用于自然吸气式发动机;应用三元催化转化器,污染物排放值能达到非常低的水平。

相对于稀燃技术,该技术的缺点:发动机的燃料经济性稍差;排气温度较高,可靠性较差;易爆震燃烧,增压受到限制。

实现该技术的关键技术:燃料供给量精确控制;空燃比闭环控制(重点是瞬态过程中的精确控制);爆震燃烧控制。

第二节　CNG 汽车专用装置

一、CNG 汽车专用装置的组成

CNG 汽车专用装置的主要部件,按功能包括以下三类:

(1) CNG 储气系统部件。包括 CNG 储气瓶(罐)、充气阀(加气口)、高压管及其接头等。

(2) CNG 供给部件。包括减压调节器、混合器、步进电动机空燃比调节器、NG 低压管路和冷却液管路等。

(3) 控制系统部件。包括燃料转换开关、模拟器、CNG 电磁阀、汽油电磁阀和燃气电控单元(ECU)等。

二、CNG 储气瓶

CNG 储气瓶(简称气瓶)的储气压力为 20MPa,这是综合考虑了车用气瓶的容积/质量比以及降低 CNG 加气站运行成本所确定的优化结果。过高的储气压力反而会导致气瓶容积效率比的下降及加气站设备成本和运行管理费用的升高。

1. CNG 储气瓶的分类和应用

1) CNG 储气瓶的分类

CNG 储气瓶分为四类:第一类是钢或铝合金金属瓶,多用钢瓶;第二类是钢或铝内衬加筒身经"环箍缠绕"树脂浸渍长纤维加固的复合材料气瓶;第三类是钢或铝内衬加"整体缠绕"树脂浸渍长纤维加固的复合材料气瓶;第四类是塑料内衬加"整体缠绕"树脂浸渍长纤维加固的复合材料气瓶。后三类也统称复合材料气瓶。

2) 各类储气瓶的经济性对比

由于气瓶的设计、材料、制造工艺、尺寸(长度和直径)的不同都会影响到气瓶的成本,另外气瓶成本除制造成本外,还包括企业一般开支和销售、管理成本等。美国气体研究学会采用"单位体积成本"的概念,对气瓶的各类成本(材料成本、制造成本和分摊成本)进行综合考量,得出了具有一定可比性的模型。分析结果:铝(包括采用高强度的铝,如 AA 7032 型铝)作为第一类和第二类气瓶的材料,与钢相比在价格上没有竞争性。主要原因:铝的强度低,导致了壁厚的增加和储存容积的减小;市场上铝的价格远高于钢,第一类气瓶的材料可能都将采用钢。

第三类和第四类气瓶面临的挑战有:这些气瓶有相当部分采用高性能碳纤维,这种材料的价格高;完全缠绕钢瓶生产企业目前典型的产量是 15000～30000 只/年,而第一类气瓶的生产企业年生产能力在 10 万～20 万只/年。碳纤维(或碳纤维与玻璃纤维混合)完全缠绕气瓶面临的需解决的主要问题是降低材料价格和提高产量,以降低分摊成本。

3) CNG 储气瓶的自重

采用"每单位储存容积的气瓶质量"来对比四类气瓶的自重。钢瓶的自重与容积之比约为 1.2～1.35kg/L,而复合材料气瓶为 0.68～0.72kg/L。显然,复合材料气瓶在自重方面有优势。

4）CNG 储气瓶的容积效率

"容积效率"即气瓶可使用的内部容积与整个外部气瓶体积的比值。各类气瓶的容积效率见表 5-5。在储存相同容积 CNG 条件下，复合材料气瓶质量约轻 40%，但体积约大 20%。高强度材料的气瓶因为可选用较薄的壁厚，所以具有较大的容积效率；例如高强度的第一类钢瓶容积效率可达到 90% 以上，而第三类玻璃纤维缠绕铝内衬气瓶为 74%。

各类 CNG 储气瓶的容积效率　　　　　　　　　　　表 5-5

气瓶类型	容积效率(%)	气瓶类型	容积效率(%)
第一类钢瓶	91	第三类铝/玻璃纤维完全缠绕	74
第一类铝瓶	78	第三类铝/碳纤维完全缠绕	84
第二类钢/玻璃纤维	85	第四类碳纤维	82
第二类铝/玻璃纤维环状缠绕	76	第四类(碳纤维/玻璃纤维)混合	77

5）CNG 储气瓶的应用

综合考虑四类 CNG 储气瓶的成本、自重和容积效率，它们的优缺点和适用范围见表 5-6。

四类 CNG 储气瓶的特点和应用　　　　　　　　　　　表 5-6

类型	第一类	第二类	第三类	第四类
优点	价格便宜	价格较便宜	有一定价格优势，外形尺寸变化较灵活	耐腐蚀能力好，外形尺寸变化灵活，安全性好
缺点	笨重，外形尺寸不易变化，耐腐蚀能力差	较重，外形尺寸变化较困难，耐腐差	耐腐差，价格稍高	价格较高
适用范围	大型车	大型车	大中型车	各型车

2. CNG 钢瓶

我国目前主要使用的是钢质气瓶。这类气瓶的生产成本较低，安全耐用，容积率高；但重容比大，自重大。CNG 钢瓶应符合《汽车用压缩天然气钢瓶》(GB 17258—2011)的规定。

1）CNG 钢瓶的结构形式

CNG 钢瓶有 3 种制造工艺，不同的生产工艺形成的瓶体外形有所不同。

2）公称水容积

CNG 钢瓶的公称水容积应不小于 30L。公称水容积为 30~120L 时，容积的允许偏差为 ±2.50%；公称水容积为 120~300L 时，容积的允许偏差为 ±1.25%。

3）试验和检验项目

CNG 钢瓶的试验和检验项目见表 5-7。具体的试验方法和要求详见《汽车用压缩天然气钢瓶》(GB 17258—2011)。

CNG 钢瓶的试验和检验项目　　　　　　　　表 5-7

序号	项目名称	出厂检验 逐只检验	出厂检验 批量检验	型式试验
1	壁厚	√		√
2	制造公差	√		√
3	内、外表面	√		√
4	瓶口内螺纹	√		√
5	拉伸试验		√	√
6	冲击试验		√	√
7	冷弯试验		√	√
8	压扁试验		√	√
9	硫化物应力腐蚀试验			√
10	端部解剖		√	√
11	金相试验		√	√
12	无损检验	√		√
13	水压试验	√		√
14	气密性试验	√		√
15	水压爆破试验		√	√
16	疲劳试验			√
17	火烧试验			√
18	枪击试验			√

3. CNG 钢瓶的定期检验与评定

CNG 钢瓶的定期检验与评定,按照《汽车用压缩天然气钢瓶定期检验与评定》(GB 19533—2004)的规定执行。

4. CNG 气瓶阀

瓶阀安装在 CNG 气瓶的一端,手动开闭。CNG 气瓶阀的形式和技术要求,按照《车用压缩天然气瓶阀》(GB 17926—2009)的规定执行。

三、CNG 减压调节器

除电控高压喷射天然气发动机外,一般发动机燃用天然气时的天然气和空气混合方式与燃用汽油时一样,都是采用缸外预混合方式。由于高压气瓶中的 CNG 气体压力随着燃料的使用不断变化,要保持较稳定的天然气出气压力,需要在 CNG 储气瓶与发动机之间安装一个减压调节器,无论气瓶内的压力高低,减压调节器可以保证进入混合器的 NG 压力基本恒定。减压调节器有以下三种类型。

1. 膜片式减压调节器

减压调节器将气瓶中的 20MPa 的高压天然气降至常压或负压(混合器式)进入混合器

与空气混合,一般要经过三级减压。减压调节器按三级减压室的组装方式分为分体式和组合式;按控制方式分机电开环控制和机电闭环控制;按混合器的进气方式分为正压进气和负压进气。对于喷射压力为 0.2~0.5MPa 的天然气喷射式,通常采用二级减压。

下面以 CYTZ-100 型减压调节器为例,说明 CNG 减压器的结构和工作原理。

CYTZ-100 型减压调节器的结构特点是一级(高压)减压阀体与二、三级(中、低压)减压阀体分别压铸成型,用螺钉连接成一体,为组合式结构。减压调节器本体上没有设置控制 CNG 气路截止功能的电磁阀,而是根据要求,在高压气路上另外单独安装 CNG 电磁阀控制天然气气路的通断。

CYTZ-100 型减压调节器的结构如图 5-4 所示。减压调节器由一级减压腔、二级减压腔和三级减压腔组成。20MPa 的高压天然气经一级减压后,输出压力为 0.25~0.80MPa(根据配套的发动机排量不同,按需要调整),二级减压腔工作压力为 0.018~0.020MPa(表压),三级减压后输出压力可调整范围为 -2~3kPa。分工况的减压稳压工作原理如下。

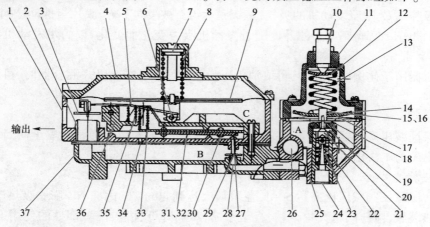

图 5-4 CYTZ-100 型减压调节器的结构

1-出气孔;2-三级阀座口;3-三级阀片;4-三级上盖;5-杠杆;6-挂钩;7-三级调压螺栓;8-正压弹簧;9-三级膜片组;10-一级调压螺栓;11-一级上盖;12-小顶板;13-主弹簧;14-大压板;15-螺母;16-平垫圈;17-一级膜片;18-小压板;19-高压螺母;20-高压密封片;21-一级阀芯;22-一级滤芯;23-滤芯弹簧;24-进气口;25-一级壳体;26-加热循环水通道;27-二级顶杆;28-二级阀口;29-二级阀片;30-小三角板;31-大三角板;32-二级膜片;33-二级弹簧;34-通气孔;35-负压弹簧;36-二级内盖;37-二级底盖

1) 减压器未进气状态

减压器一、二级处于常开,三级经调整后既可处于常开也可处于常闭状态。

一级减压器经调整一级调压螺栓 10 后,主弹簧 13 被压缩,推动一级膜片 17、小压板 18 和一级阀芯 21 下移,使一级阀芯的锥面与高压螺母 19 内锥面之间形成间隙,使一级减压器处于常开状态。

二级减压器膜片组 32 在二级弹簧 33 的作用下使二级减压器膜片组的小三角板离开二级顶杆 27,使二级阀片 29 离开二线阀口 28,形成间隙,使二级减压腔也处于常开状态。

三级减压器根据用途可调成常开状态或常闭状态,其状态由调整三级调压螺栓 7 改变正压弹簧 8 和负压弹簧 35 的平衡关系来实现。减压器与文丘里管混合器配套时可调成常闭状态,即负压输出;与比例调节混合器配套时可调成常开状态,即正压输出。

2)减压器进气及工作状态

当一级减压器进口通入不大于 20MPa 的 CNG 后,一级阀芯 21 与高压密封片 20 之间的阀口即有气体流过,使一级腔(A 腔)压力上升的同时该气压将一级膜片推动并压缩主弹簧 13。当膜片的推力大到足以克服主弹簧的预压力时,一级阀口关闭。在发动机负荷不断变化使 NG 流量变化时,A 腔内压力及膜片的向上推力也随之变化。当主弹簧的预压力大于膜片推力的情况下,一级阀口又开启。这样随着 NG 流量的变化,一级阀跟随变化开度,保持一级输出压力在小幅度内变动趋于稳定。通过调压螺钉 10 调整主弹簧的预压力可以将 A 腔的稳定压力控制在不大于 0.8MPa 的范围内。

A 腔的气体经二级阀口 28 进入 B 腔。B 腔气压经通气孔 34 推动二级膜片 32 向上压缩二级弹簧 33,同时压迫二级顶杆 27,关闭二级阀口 28。当三级阀口座 2 打开后,B 腔压力下降,二级膜片 32 在二级弹簧 33 的推动下放松二级顶杆 27 及二级阀片 29,打开二级阀口 28。随着三级阀口流量的变化,二级阀口开度也随之变化,并保持 B 腔压力稳定在 0.02MPa 左右。

在三级腔室 C,随着发动机的吸气,三级膜片组 9 被吸向下方,膜片组推动挂钩 6 和杠杆 5 打开三级阀座口 2,阀座口 2 的开度随着发动机吸力变化而变化,以满足发动机不同工况所需的 NG 流量。

该减压器用于比例调节器时,可取消负压弹簧 35;用于文丘里式混合器时,可取消正压弹簧 8。

3)安全阀

为了保证减压调节器的安全,在一级减压阀的减压室安装有弹簧式安全阀。当压力大于额定输出压力 1.3 倍时,安全阀将自动排气泄压。

4)加热装置

由于一级减压阀减压比高达 50:1,流量最大达到 40m³/h,因此 NG 膨胀吸热严重,如果不设置加热装置,减压阀将大量结霜,直至结冰,从而降低性能,缩短部件的使用寿命,同时也可能造成管道冰堵。因此减压调节器均设有加热防冻装置。其加热介质有利用发动机循环水加热、发动机废气加热和电加热等多种方式。CYTZ-100 型减压调节器采用发动机循环水加热方式。

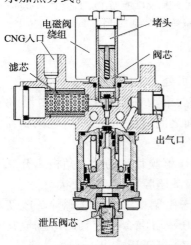

图 5-5 弹簧活塞式减压调节器

CNG 减压调节器的型号标记、要求、试验方法和检验规则等,按《汽车用压缩天然气减压调节器》(GB/T 20735—2006)的规定执行。

2. 活塞式减压调节器

弹簧活塞式减压调节器如图 5-5 所示,其原理与弹簧膜片式减压调节器类似,只是压力平衡机构由膜片变成活塞,这种结构由于不用膜片,从而没有因为膜片老化带来的可靠性降低的问题,但由于活塞惯性较大,瞬态响应性能和出口压力稳定性不如弹簧膜片式减压器。

弹簧活塞式减压调节器多为二级减压,与单点喷射或多点喷射系统匹配使用,没有加浓机构,出气压力常为 0.7~1.1MPa。

3. 电控调压器

电控调压器(Electronic Pressure Regulator, EPR)工作原理主要是基于两点：一是采用流体的节流原理，利用杠杆—挡板节流装置在气动回路中造成一种局部阻力，通过改变局部阻力来调节流量变化和压力变化，使调节后的压力和流量稳定在需要的值上，确保系统压力的稳定性；二是采用燃气压力闭环反馈控制原理，根据电控单元的指令控制电磁驱动单元的移动绕组运动，从而带动三级膜片移动从而控制三级输出压力。

电控调压器由三个部件组成：电控单元(驱动模块)、电磁驱动单元(电磁铁及移动绕组)和机械执行单元(二、三调压器)。美国 ECI 公司的电控调压器结构图 5-6 所示。

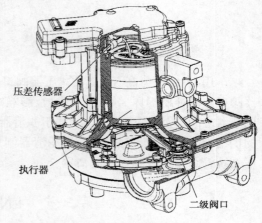

图 5-6 电控调压器结构

四、CNG 加气口

加气口是安装在汽车上，与加气站售气机的加气枪连接后给车用气瓶充装 CNG 的装置的总称。通常由接口、止回阀、防尘盖(塞)、输气接头和安装件组成。它的主要作用是在加气站给车用气瓶充气时，可靠地接通高压充气气路；在充气结束后，能可靠地封闭充气口，防止燃气从充气口泄漏。为保证在不同加气站之间加气插头的通用性，对加气口的接口形状和尺寸规定了统一要求。

CNG 加气口的形式、技术要求、试验方法、检验规则等，按《压缩天然气汽车加气口》(GB/T 18363—2001) 的规定执行。

五、手动截止阀

CNG 储气瓶到减压调节器之间应设置手动截止阀，又称主气阀。当 CNGV 加气、修理、入库停车时，用来截止 CNG 气瓶到减压调节器之间的气路连接。

主气阀是 CNG 系统安全可靠的关键部件，要求能够做到快速"开"和"关"，启闭范围应为 0.25～1.5 圈，并清楚标明"开"和"关"的方向。主气阀应安装在易于操作的位置，但阀体不能直接安装在驾驶室内。主气阀应安装在限流阀的下游。

六、高压管线及高压接头

CNG 高压管线采用不锈钢无缝钢管或其他车用高压天然气专用管线。我国目前采用的是 Φ6、Φ8 的 1Cr18Ni9Ti 不锈钢无缝钢管。高压管接头应采用符合 GB 765 规定的卡套式管接头，它由接头体、卡套和压紧螺母三部件组成，其结构如图 5-7 所示。使用时，拧紧压紧螺母，使卡套受力，由于接头体内锥面的作用，卡套的中部产生弹性弯曲变形，前部则产生径向收缩变形，迫使前端内侧刃口切入钢管，深度为 0.15～0.25mm，形成密封和防止管体拔脱；同时，卡套后端外侧分别和接头体、螺母和内锥面形成锥面密封。

高压管路(包括刚性和柔性)和接头等的技术要求、试验方法、检验规则等，按《压缩天然气汽车高压管路》(QC/T 746—2006) 的规定执行。

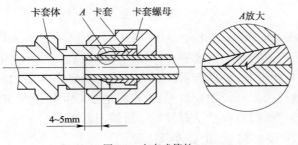

图 5-7 卡套式管件

七、滤清器

车用 CNG 压力高，CNG 在减压器阀口处的流速很高，气体中微小的颗粒杂质易对减压器阀口造成冲刷损坏，导致密封失效，影响减压器工作的安全可靠性。因此在储气瓶到减压调节器之间，应设置滤清器。为便于滤清器既能滤除 CNG 中的颗粒物质而又不影响天然气的供给，并易于检查和清洗，有些滤清器制成管接头状直接装在减压器进气口上；有些在高压系统管路中加装独立的滤清器。

第三节　LNG 汽车专用装置

一、LNG 汽车专用装置的组成

LNG 汽车专用装置的组成如图 5-8 所示，主要包括：LNG 储气瓶总成，主要用于储存 LNG，同时还有瓶内压力显示、液位显示、安全保护等功能；汽化器，主要用于把 LNG 加热变为气态；管路，一般采用刚性无缝不锈钢钢管，特殊部位采用挠性管；燃料加注系统，包括快速加注接口和气相返回接口。

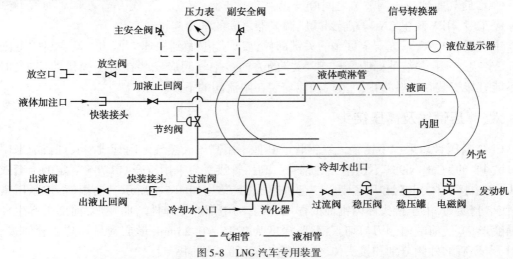

图 5-8　LNG 汽车专用装置

LNG 发动机供气系统的工作原理：LNG 通过管路系统进入汽化器后，由发动机的冷却水加热，经过吸热膨胀后变为饱和气体，经过稳压阀使压力降至适合发动机的需要；再通过稳压罐进行缓冲稳压,经电磁阀后饱和气体以恒定的压力与同时进入混合器的空气混合,配制出发动机所需的混合气进入汽缸内燃烧。

LNG 汽车专用装置的一般要求、专用装置的材料及要求等详见《液化天然气(LNG)汽车专用装置技术条件》(QC/T 755—2006)。

二、LNG 储气瓶总成

1. LNG 储气瓶总成的组成和技术参数

1)组成

LNG 储气瓶总成包括 LNG 储气瓶及安装在储气瓶上的液位显示装置、压力表、安全阀等附件,其结构示意如图 5-9 所示(还可参见图 5-8)。

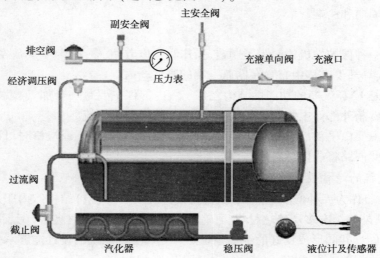

图 5-9 LNG 气瓶总成示意

2)技术参数

车用 LNG 气瓶,属于小型移动式真空绝热低温容器,目前没有公称容积(设计的 LNG 内胆容积)小于 200L 的车用 LNG 气瓶。由于 LNG 气瓶不能完全充满液体,上部有一部分空间为气态天然气,因此充装液体的容积(称为有效容积)约为公称容积的 85%~90%。

2. 车用 LNG 气瓶的结构

车用 LNG 气瓶,主要由内胆、外壳、绝热结构、内部支撑系统和附件等组成。

1)内胆

LNG 气瓶内胆主要用于盛装液化天然气,它与低温液体直接接触,承受来自液体的压力和低温。因此,需要保证良好的气密性、防腐蚀性和耐低温性。内胆所采用的材料应该具有高强度、高韧性、耐腐蚀、耐低温等特点。内胆设计温度为 -196℃,设计压力为 2.5MPa,最大允许工作压力为 1.6MPa,内部设有液体喷淋管、液体排出管和气体排出管等装置,外壁上缠绕多层绝热层。

2)外壳

外壳主要对内胆起到保护作用,与内胆之间有一定距离,不直接接触低温 LNG,外壳和内胆之间是密闭的真空夹套空间,夹套间填充了具有高绝热性能的玻璃棉和低热导率的铝箔等绝热材料。外壳还对气瓶整体起支撑作用。

3) 绝热结构

保温层是介于内筒和外筒间的高真空夹层,为避免气体的对流传热,需抽去夹层中的气体形成高真空来避免气体的对流传热,绝对压力一般保持在 2~10Pa,以保持气体的对流相对静止。在夹套间设置了低温吸附剂和常温吸附剂,可保证气瓶不论在低温使用或是常温闲置时,都有良好的夹套空间真空度。LNG 气瓶所有的管路、阀件都设置在气瓶的一端,并用保护罩进行保护。

4) 内部支撑

内部支撑介于内胆和外壳之间,通常采用玻璃棉等材料,一般以点状形式分布于两者之间环形空间的周向和两端。

5) 附件

阀件仓是一种保护性机构。为了制造、操作和检修方便,安全阀、手动放空阀、饱和压力调节器、压力表等部件都集中布置在储瓶一端的阀件仓内。

加气回路是 LNG 气瓶的功能性结构之一。瓶内部件主要是一个加气喷淋装置,位于瓶体上部 1/10 处;瓶外部件主要有止回阀,保证加入的燃料不倒流。

放空回路主要由手动放空阀和放空管道构成。在紧急状态下或检修时可以打开饱和压力调节器通过此回路将瓶内燃料排尽。

3. LNG 气瓶的结构设计

车用 LNG 瓶作为一种低温绝热压力容器,设计有双层(真空)结构。内胆用来储存低温液态 LNG,在其外壁缠有多层绝热材料,具有超强的隔热性能,同时夹套(两层容器之间的空间)被抽成高真空,共同形成良好的绝热系统。外壳和支撑系统的设计能够承受运输车辆在行驶时所产生的相关外力。

外壳在内部超压条件下的保护是通过一个环形的抽空塞来实现的。如果内胆发生泄漏(导致夹套压力超高),夹层压力达到 0.1~0.2MPa 抽空塞将自动打开泄压。当抽空塞发生泄漏或真空破坏,使绝热能力下降或失效。这时可能发生外壳"冒汗"或结霜现象,这是不正常的。若 LNG 流出时,在与气瓶连接的管道末端出现的结霜或凝水现象,这是正常的。

LNG 车载气瓶采用卧式双圆筒结构,内胆允许的最大盛液容积取 0.9 倍的公称容积;内胆的组成最多不超过 3 部分,即采用纵缝 1 条、环缝 2 条的结构。

4. LNG 气瓶接口组件

LNG 气瓶接口组件名称及其作用见表 5-8。

LNG 气瓶组件名称及其作用 表 5-8

序号	名称	作用
1	出液过流阀	当出液管路断裂时,液体喷出,过流阀会自动切断供液管路,防止液体大量泄漏
2	压力传感器	感应气瓶内的压力
3	出液截止阀	控制气瓶内液体的流动
4	充液止回阀	控制气瓶进液,进液停止后自动关闭,防止充入气瓶的液体流出

续上表

序号	名称	作用
5	增压回气阀	打开或关闭增压系统
6	增压出液阀	与增压调压阀联合使用,增加气瓶内的压力
7	管道安全阀	增压系统工作时,防止增压系统压力过高,保护增压系统管路
8	液相过流阀	汽化器管路断裂,液体喷出,过流阀会紧急切断管路,阻止液体大量泄漏
9	气相过流阀	串接在汽化器后,当汽化器后管路断裂气体喷出,过流阀会自动关断管路,防止气体大量泄漏
10	增压调压阀	把少量液态天然气汽化后返回气瓶上方,增加气瓶内压力,与增压出液阀联合作用,控制气瓶内压的压力。在LNG消耗量很大时,维持气瓶的压力
11	经济调压阀（节约阀）	气瓶内压力超过设定工作压力时,经济阀打开,首先使用气相;气瓶内压力达到设定工作压力时,经济阀关闭,使用液相
12	回气止回阀	打开排气截止阀,排放气瓶内气体泄压
13	副安全阀	气瓶限压
14	主安全阀	气瓶限压
15	压力表	显示气瓶内的天然气压力
16	液位传感器	气瓶内的液位计量

组件中的许多部件是LNG系统的安全装置,主要包括主安全阀、副安全阀、压力表、过流阀、放空阀和止回阀等。

1) 主、副安全阀

气瓶内胆设计有两级安全阀,在超压时起到双重保护的作用。在超压情况下首先打开的是主安全阀,副安全阀的压力设定值比主安全阀高,在主安全阀失效或发生堵塞时,副安全阀启动。

主、副安全阀均安装在瓶体上,通常主安全阀设定压力为1.6MPa,副安全阀设定压力为2.4MPa。如果气瓶的压力超过最大工作压力,则主安全阀起跳泄压保证气瓶安全;当发生意外事故(如气瓶外壳被外力破坏、真空失效或系统压力急剧升高)时,主、副安全阀先后打开泄压,保证安全。

2) 液位计

通常采用电容式液位计,由传感器、信号转换器和显示仪表组成,瓶内低温液体的液面高低能够导致传感器探头内电容介电常数发生变化,而电容的变化可通过变送电路变换为电压变化信号,该信号被传送到一个可以安装在汽车仪表盘上的液位表。

3) 过流阀

又称超流量截止阀,安装在供气管路接近气瓶的一端。一旦下游(主要指汽化器之后)发生供气管路破裂或断开事故时,由于燃气流量超过设定值,过流阀迅速切断气路,避免燃气大量外泄。

4) 放空阀

设置在气瓶阀件仓内,在系统检修或车辆长期停驶时用来排尽瓶内残存的燃料。放空管线一般设置在车辆外廓的最高点,远离火源和蓄电池等部件。安全阀和放空阀一般共用放空管。

5）止回阀

为防止燃料倒流,在加气回路和供气回路中都设置有止回阀。

5. LNG 车载气瓶的试验

1）水压试验

水压试验压力为工作压力的 2 倍,气压试验压力为工作压力的 1.8 倍,安全阀开启压力为工作压力的 1.1~1.2 倍,爆破片爆破压力不大于工作压力的 2 倍。

LNG 车载气瓶还必须通过一系列安全性能试验,包括振动试验、火烧试验、跌落试验等。

2）振动试验

振动试验主要模拟检验 LNG 车载气瓶在汽车运行条件下,内胆与外壳的支撑结构、管道系统等附件的耐久性。振动试验前气瓶中充装与装满 LNG 等质量的液氮,气瓶处于完全冷却状态,压力为 0MPa。振动加速度为 $3g$,振动方向为汽车前进方向的垂直方向。振动完毕后,任何部位不得出现泄漏,静置 30min 以上气瓶外壳没有结露或结霜现象为合格。

3）火烧试验

火烧试验考察在汽车发生火灾情况下,LNG 车载气瓶绝热系统性能的安全可靠性。试验前气瓶中充装与装满 LNG 等质量的液氮。试验采用天然气（或液化石油气）为燃料,在卧放的气瓶正下部布置燃气管道和燃烧装置,保证气瓶最低点距燃烧装置 120~130mm。燃烧装置大小应足以使气瓶的主体边缘完全置于火焰之中,燃烧装置长度至少超出气瓶在水平面投影长度 100mm,宽度至少超出气瓶在水平面投影宽度 100mm,但超出长度均不大于 200mm。保证足够燃烧时间,气瓶在规定时间内安全阀不起跳为合格。

4）跌落试验

跌落试验模拟在汽车发生翻车情况下检验 LNG 车载气瓶受冲击后的完整性。跌落试验包括对气瓶最关键部位（自行指定,如封头、筒体等,管道系统端除外）进行 10m 高的跌落试验和对管道系统端 3m 高的跌落试验。跌落试验前,气瓶应装满与 LNG 等质量的液氮,气瓶处于完全冷却状态,压力为 0MPa,地面为混凝土地面。跌落试验完毕后的 1h 内,气瓶外壳没有结露或结霜现象为合格。

三、LNG 汽化器

LNG 汽化器为水浴式,如图 5-10 所示。汽化器以发动机循环冷却液作热源,通常与冷却系统散热器并联。为避免汽化器出口天然气温度过高,采用顺流换热方式,利用发动机冷却液对 LNG 进行加热气化。发动机工作在不同工况下,流经汽化器的燃料流量也将随之变化,这种流量的变化主要依赖于气瓶和汽化器出口的压力差。随着发动机负荷的增加,该压力差也将随之增加,从而使天然气流量也增加,反之亦然。

发动机正常工作后,从 LNG 气瓶到汽化器进口的管路上有结霜是正常现象。若汽化器出口处发生结霜、结冰现象,通常是汽化器故障所致。

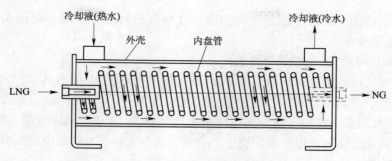

图 5-10 水浴式 LNG 汽化器

四、LNG 燃料加注系统

LNG 加注装置由加液口和回气口等组成，是用于充装和回收储气瓶中 LNG 的连接部件。加液口装在车上，与加气机加液枪连接后给车用储气瓶充装 LNG。回气口装在车上，与加气机回气枪连接后用于回收车用储气瓶中余气。加液口气路通径应不小于 Φ21mm，回气口气路通径应不小于 Φ12mm。加注装置应有防止水和灰尘进入接口并能防止接口损伤的防尘盖；有避免防尘盖脱开接口后丢失的构件，防尘盖的材质应耐低温 -80℃。加注装置应具有自密封功能的止回阀，为了防止在加液枪和加液口分离过程中产生过大的压力，加液口应有泄去分离时所生成的气体的安全泄放孔。

LNG 加注装置的技术要求、试验方法和检验规则等按《液化天然气汽车加气装置》(GB/T 25986—2010) 的规定执行。

第四节 两用燃料发动机技术

一、两用燃料发动机的类型和结构

天然气—汽油两用燃料汽车是在汽油车的基础上加装一套天然气专用装置改装而成。两用燃料汽车的天然气，CNG 的应用较多，LNG 的应用较少。

1. CNG—汽油两用燃料发动机的类型

1) 对混合气浓度的控制及其特点和应用

(1) 开环控制。

混合气浓度的控制仅以设计的状态运行。由于对混合气浓度的控制精度很低，发动机的污染物排放高。随着化油器式汽油机的淘汰，天然气混合气浓度开环控制应用越来越少。

(2) 闭环控制。

利用原汽油机（或加装）的氧传感器，基于氧传感器的信号，对混合气浓度进行闭环控制。混合气浓度闭环控制是发动机排放低的必要条件，天然气混合气浓度闭环控制的精度也会影响污染物排放的高低。

2) 按混合气的形成

(1) 文丘里混合器式。

在混合气形成路线中加装天然气混合器，采用负压进气，天然气被吸入文丘里管，这种混合器有天然气计量和混合气形成两种功能。这种方式对混合气的控制很少采用闭环方式,因此应用越来越少。

(2)电控单点喷射式(电控混合器式)。

由于天然气的能量密度比汽油小很多,天然气喷射阀体积大、成本高、难布置,在混合器前,由一组电控天然气喷射阀控制天然气的量,从混合器引入。这种方式,混合器对天然气没有计量作用,仅起混合作用。混合气浓度采用闭环控制,其动态响应较多点喷射稍差,混合气浓度的控制精度主要由电控系统决定。这种方式在大排量发动机中广泛应用。

(3)电控多点喷射式。

与汽油喷射类似,天然气采用多点喷射,正压供气,其供给量采用脉宽调节控制。喷射位置为进气门背后(阀口喷射)或进气歧管内(进气管喷射)。这种方式对混合气的控制采用闭环方式,应用越来越多。

2. CNG—汽油两用燃料发动机的结构

CNG—汽油两用燃料汽车的天然气专用装置主要包括CNG气瓶、天然气管路、减压调节器、燃料转换装置等(详见第二节)。CNG—汽油两用燃料发动机通常还有模拟器和点火时刻转换器等。

1)开环控制两用燃料天然气发动机

由电控汽油机改装的CNG—汽油两用燃料发动机供气系统原理如图5-11所示。在进气管前,燃气供给和汽油供给是并列的。发动机工作时,由油气转换开关控制燃气电磁阀和电动汽油泵通断。

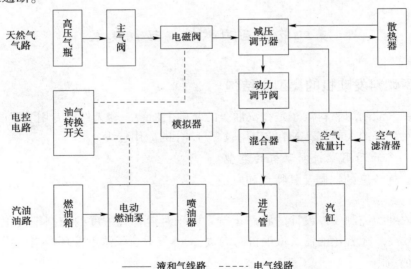

图5-11 CNG—汽油两用燃料天然气发动机开环控制供气系统原理

2)闭环控制两用燃料天然气发动机

在开环控制系统中,天然气混合气空燃比只能由改装或维护调试时调定的燃气动力阀开度和混合器的供气特性配合确定,不能保证在各种工况下都能获得最佳的空燃比。空燃比闭环控制系统,在减压调节器和混合器之间安装由ECU控制的调节阀,采用氧传感器信号闭环调节混合气浓度。

CNG—汽油两用燃料天然气发动机闭环控制供气系统原理如图5-12所示。与开环控制系统的主要区别是由燃气ECU、氧传感器和电控调节阀共同实现天然气混合气浓度的闭环控制。

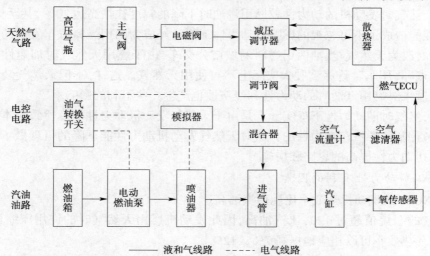

图5-12 CNG—汽油两用燃料发动机闭环控制供气系统原理

国产的CYTZ—100型CNG—汽油两用燃料发动机闭环控制系统如图5-13所示。该系统的主要特点是：燃用CNG时，执行燃气ECU指令控制燃气供给量的是步进电动机型调节阀。

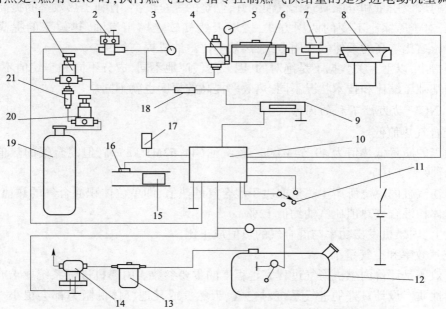

图5-13 CYTZ型闭环控制CNG—汽油两用燃料发动机供气系统组成

1-主气阀；2-CNG电磁阀；3-高压表；4-安全阀；5-低压表；6-减压调压器；7-步进电动机；8-混合器；9-压力显示器；10-天然气ECU；11-油气转换开关；12-汽油箱；13-汽油滤清器；14-汽油电磁阀；15-三元催化转换器；16-氧传感器；17-转速传感器；18-压力传感器；19-CNG气瓶；20-充气阀；21-天然气滤清器

CNG—汽油两用燃料发动机的技术要求、试验方法和检验规则等按《汽油/天然气两用燃料发动机技术条件》(QC/T 692—2011)的规定执行。

二、两用燃料发动机动力性分析

燃用天然气时发动机的动力性较燃用汽油时下降的幅度往往高达20%，甚至更多，对汽车的动力性能造成了不可忽视的影响。动力性下降已经成为两用燃料汽车发展的重要制约因素。例如，改为天然气/汽油两用燃料的城市公交车，由于燃用天然气时加速性能降低过多，经常误点和"压车"，许多驾驶人实际上不再使用天然气。这样，不但天然气装置形同虚设，而且反过来对燃用汽油时的动力性和经济性也产生一些不利的影响。

燃用天然气时的动力性下降实际上是由于天然气发动机动力性下降所致。本节利用第二章所述考评新能源汽车动力性的方法对天然气发动机动力性能下降的机理做了具体的分析，进而论述动力性提高的思路和措施。

1. 对NGV动力性有利的因素

燃用NG时的发动机热效率比燃用汽油高。

天然气的辛烷值超过120，比汽油高，因此发动机燃用天然气时的许用压缩比为10～12，理论循环热效率可以相应地提高7%～12%。

天然气—汽油两用燃料方式，压缩比不变，通过适当调大点火提前角也可以使热效率有所提高，但与提高压缩比相比难免大打折扣。

尽管有关于天然气与空气不易混合的报道，但天然气以纯气态进入汽缸，其与空气形成的混合气的形成质量和分配质量比汽油的好，燃烧的完全度高，有利于热效率的提高。

总之，对于压缩比不变的两用方式，燃用天然气较之燃用汽油，热效率的提高率小于4%；对于压缩比增高的天然气专用方式，热效率比汽油机提高约9%。

应当指出，以上有关数据不是绝对的，因天然气产地不同，成分不同和辛烷值不同，以及发动机的基础压缩比和技术状况不同，热效率提高的幅度也就不同。

2. 对NGV动力性不利的因素

1) 混合气热值低

天然气的质量低热值为49.54MJ/kg，较汽油(44.52MJ/kg)高，但混合气的热值却较低（具体值详见表2-10）。

燃料在汽缸内燃烧所产生热量取决于混合气的热值，即单位体积混合气的热值，而天然气的单位体积混合气热值比汽油约低12%。

理论上，内燃机发出功率与混合气的热值成正比。

2) 充气效率和空气量小

充气效率是评价内燃机换气过程完善程度的重要参数。内燃机进气系统要求有良好的流体力学性质。设计良好的进气系统对空气、天然气或其他气体的阻力都会很小。对进气系统基本素质的评价应当与通过的流体的化学成分无关。充气效率定义中的"充量"是否包括气态燃料？若不包括气态燃料，即充气效率定义中的"充量"只考虑空气，则燃用天然气时充气效率存在大幅度下降，反之下降幅度就不大。如果充气效率定义中的"充量"只包括空气，那么不管多么优秀的进气系统仅仅由于充量中含有天然气，其重要标志性指标充气效率就总是很低，充气效率与进气系统基本素质之间将出现不一致。针对汽油混合气，理论混合气时，汽油的体积仅占理论混合气总体积1.66%，"充量"是否考虑汽油，带来的差别很小。

但对于天然气混合气,理论混合气时,天然气的体积占混合气总体积的比例为9.52%,若"充量"不考虑天然气,带来的差别会很大。因此,充气效率定义中的"充量"应当包含空气和一同进入汽缸的气态燃料。下面我们在这样的认识基础上来分析充气效率。

汽油在进气过程中受高温机件和高温气体的加热发生汽化,与此同时吸收汽化潜热,使进气温度下降。而天然气则在相同工况下进气温度可能较高,从而使充气效率较低。

将汽油车改为两用燃料汽车时,对于真空进气型,需加装一个引入气体燃料的混合器,即在进气线路中增加了一个阻力,这将会使进气压力降低并使充气效率下降。

这些因素使燃用天然气时的充气效率较原机减小1%~6%。但若设计良好,充气效率可保持与原机相当。

应当指出,通过充气效率的变化可以分析从流体力学角度导致的空气量减少,而实际进入汽缸的空气量的减少不仅仅因为充气效率下降,更是因为天然气还占据了可观的容积。即天然气挤占空间是燃用天然气使空气量减少的主导因素。

发动机燃用天然气时,进气量仅为燃用汽油时进气量的90%左右,即仅进气量下降一项即可使发动机的动力性能下降约10%(与第二章的理论分析结果是一致的)。

在分析两用燃料发动机动力性变化时,用汽缸充气质量和混合气总能量的变化对比是合理的,而简单的空气充气效率变化对比是不合理的。

3)分子变更系数

燃用天然气时的实际分子变更系数为1,进而得循环功的降幅为6.23%(表2-11)。

汽油车改为NGV后,虽然热效率增加,但混合气热值及充气量减小幅度较大,加之分子变更系数也有所减小(具体数值不能简单叠加),使动力性有较大幅度下降。

图5-14为大宇发动机燃用CNG和汽油的外特性转矩M_e对比,可以看出:转矩下降幅度超过20%。

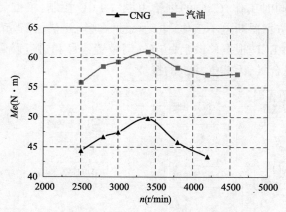

图5-14 燃用CNG和汽油的外特性转矩对比

对于专用NGV,因发动机进行了与NG相对应的设计,例如,可以通过增加排量或提高转速来增加发动机的动力性。如果设计优良,其动力性可以达到或接近原汽油机的水平。

三、两用燃料发动机动力性提高

NGV动力性低的原因是由于混合气热值低、进入的空气量少及分子变更系数小所致。

混合气热值低和分子变更系数小的原因是天然气的理论空气量较大及分子量较小。理论空气量较大是由于天然气分子中含氢比例较大;进入的空气量少是由于天然气占据了一部分容积以及充气效率较小。充气效率较小则是由于混合器带来附加的进气损失所致。

不考虑在燃料分子的组成及结构上采取措施,要提高 NGV 的动力性应当从优化点火提前角、减小混合器阻力和降低进气温度等方面努力。

1. 优化点火提前角

天然气混合气火焰传播速度较低,可以通过增大点火提前角度适当弥补。与汽油相比,天然气的最佳点火提前角在外特性上可增大 8°CA ~ 10°CA,在负荷特性上可增大 10°CA ~ 14°CA。由此,可使动力性增加 2% ~ 3%。

添加点火提前调节器可以在燃用天然气时加大初始点火提前角,起到增加动力、降低能耗的作用。但对于采用爆震传感器对点火提前角进行闭环控制的汽油发动机来说,加装点火提前调节器的作用很小甚至没有作用。这是因为在天然气运行时,点火提前角可以自动加大。

2. 添加动力性提高装置

1) 两种动力性提高控制方案的对比

以广泛应用的 LOVATO 天然气电子控制闭环供给系统为例,我们提出两个改进方案。方案一:以节气门位置信号为控制信号,大、满负荷工况下,减小 CNG 供气量并加入少量的汽油掺烧。方案二:以节气门位置信号为控制信号,大、满负荷工况下断气纯烧油。

(1) 方案一的试验研究。

方案一的电路原理如图 5-15 所示。其燃料供给特点是:在中、小负荷工况下,发动机燃用 CNG;当发动机负荷达到某设定值时,由节气门位置信号控制,使 CNG 燃料供给系统和汽油供给系统两个系统同时工作,CNG 的供给由燃气 ECU 控制,根据氧传感器信号来控制天然气供给量;同时,使仿真器断电不工作,电动汽油泵通电运转,修改节气门位置信号和进气歧管压力信号,使燃油 ECU 根据修改后的节气门位置信号和进气歧管压力信号向发动机喷入适量的汽油,加浓混合气,天然气和汽油掺烧。

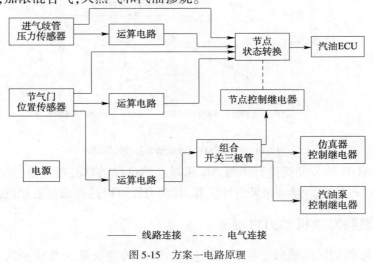

图 5-15 方案一电路原理

发动机使用装置一后,在转速为 $n=3000r/min$、节气门全开时,不同压力信号比例的转矩和转矩百分比如图5-16所示。可以看出:在不切断天然气供给的情况下掺烧汽油,转矩总体上是增加,但幅度不大,甚至出现下降的情况。转矩从燃用纯气的 $47.6N\cdot m$ 到 80% 压力信号比例下的 $54.4N\cdot m$,增加仅为 11.29%。在节气门全开的情况下,不切断天然气的供给,天然气的进入挤占了空气的进入空间,使进入汽缸的空气质量减小;而汽油ECU根据压力信号和发动机转速控制喷油量,在小压力信号比例时,喷油量较小;燃气根据氧传感器信号通过步进电动机控制天然气的供给量,在过量空气系数小于1时,不会增加天然气的供给。所以在小压力信号比例时,混合气浓度与纯气时混合气的浓度接近,转矩有所增加,但增加幅度不大;随着压力信号比例的提高,喷油量加大,混合气变浓,转矩增加较大。

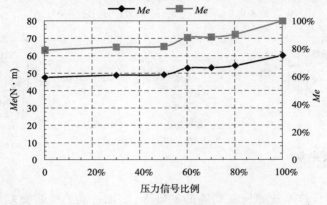

图5-16 不同压力信号比例的转矩和转矩百分比

但是通过燃气控制减少天然气的供给量来增加空气的进入在较大压力信号幅值比例时效果不明显。CNG和汽油的燃料消耗量 B 随压力信号比例的变化如图5-17所示。图5-17中压力比例为 100% 点是通过关闭燃气电磁阀来关闭CNG的供给,即只燃用汽油。在压力比例信号大于 50% 后,CNG的减少幅度变小,CNG的消耗量与压力比例的线性关系不好。因为步进电动机有最佳的工作位置和最大、最小的工作开度,根据氧传感器信号判断混合气是否过浓来控制步进电动机在最大和最小的工作开度范围内加大或者减小流通面积,由于受步进电动机的最小工作开度所限,不能完全关闭燃气通路的情况下,一定量的天然气会进入汽缸,这时的靠压力信号来控制掺烧比就不准确了。所以,在大压力比例时,仍然有一定量的天然气进入汽缸,天然气挤占空气的进入空间使发动机的空气充量减少的问题没有解决,而且混合气过浓,动力性提高效果不大。

(2)方案二的试验研究。

方案二的电路原理如图5-18所示。其燃料供给特点是:在中、小负荷工况下,燃用CNG;在负荷达到某设定值时,由节气门位置信号控制,使燃气供给系统停止工作,同时使燃油系统工作,发动机转成燃用汽油。采用方案二,外特性试验时,控制装置已切断CNG供给,转为汽油运行。因此,动力性提高的转矩和功率与汽油的相同,可以使动力性得到彻底恢复。

综合分析方案一和方案二的试验结果,方案二较方案一对LOVATO天然气电子控制闭环供给系统的改进效果更佳。

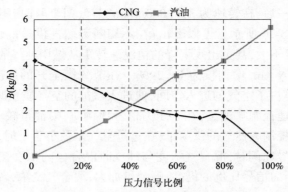

图 5-17 CNG 和汽油消耗量随压力信号的变化

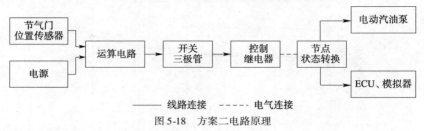

图 5-18 方案二电路原理

2) 控制装置的开发

(1) 基本原理。

控制装置在保证该系统原所有功能的基础上,增加了动力性提高功能。动力性提高功能实现方法:由节气门位置信号控制,在负荷达到某设定值时,使燃气供给系统停止工作,同时使燃油系统工作,发动机转成燃用汽油。

(2) 转换点的确定。

燃料转换点是发动机从燃用天然气向燃用汽油转换时所对应的工况点。由于控制装置的输入控制燃料转换信号是节气门位置传感器信号,所以转换点的确定就是确定燃料转换时的节气门开度。转换点的确定遵循以下 4 个原则:①以发动机的动力性提高为首要目的。②兼顾发动机的燃料经济性、排放特性。③发动机尽可能多的燃用天然气。④燃料转换不影响发动机运行的稳定性。

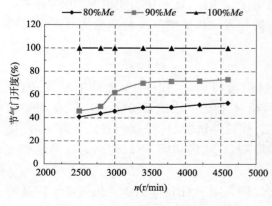

图 5-19 不同百分比 Me 对应的节气门开度

图 5-19 为发动机燃用 CNG 时,不同百分比的转矩 Me 在不同的转速下对应的节气门开度,其中 100% Me 为外特性下测得的转矩,80% Me 为各转速下外特性转矩的 80%,90% Me 为各转速下外特性转矩的 90%。80% Me 和 90% Me 曲线变化比较平缓,说明:在某一转矩幅值下,转速的增加对节气门开度的影响不大,用节气门位置信号作为控制装置的唯一的输入控制信号可行。

燃用 CNG 时,转矩增长率随节气门开度的变化如图 5-20 所示。增长率基本上随着节气门开度的增加而减小,节气门开度在大于50%时,增长率已经小于1%,再通过加大节气门开度来增加转矩的效果不明显。可以切换燃料,通过燃烧汽油来恢复转矩的增长。

图5-21为发动机分别燃用CNG和汽油,转速$n=3000\text{r/min}$,能耗b_e随节气门开度的变化情况。在节气门开度小于70%时,CNG的能耗比燃用汽油的略低;而在节气门开度大于70%后,CNG的能耗比汽油的降低幅度较大。这主要是由于汽油在大、满负荷加浓混合气所致。

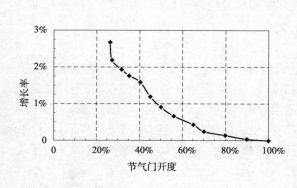

图5-20 转矩增长率随节气门开度的变化

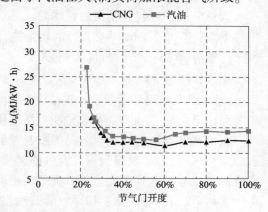

图5-21 能耗随节气门开度的变化

通过以上试验,发动机从燃用CNG切换到燃用汽油所对应的节气门开度定为50%。

3) 试验结果

(1) 发动机台架检验结果。

外特性试验表明:原机燃用CNG时的最大转矩为燃用汽油时的81.91%,燃用CNG时的能耗比燃用汽油时的能耗平均降低3.22%;动力性提高的转矩、功率、能耗、CO排放、HC排放和NO_x排放均与燃用汽油时的一样。

负荷特性试验表明:在中、小负荷工况下,动力性提高的能耗、CO排放、HC排放和NO_x排放均与燃用CNG时的一样;在大、满负荷工况下,动力性提高的能耗、CO排放、HC排放和NO_x排放均与燃用汽油时的一样。

怠速排放试验表明:动力性提高的CO排放、HC排放和NO_x排放均与燃用CNG时的一样,CO排放比燃用汽油时降低50%,HC排放比燃用汽油时降低42.5%,NO_x排放比燃用汽油时降低10.5%。

(2) 汽车道路检验结果。

加速性能试验表明:CNG模式稍差、动力性提高模式和汽油模式基本相同。

限定条件下的燃料消耗试验表明:以CNG模式运行时,100km的CNG消耗量为6.82m^3;以汽油模式运行时,100km的汽油消耗量为7.18L;以动力性提高模式运行时,100km的CNG消耗量为6.54m^3,100km的汽油消耗量为0.31L。

第五节 单一燃料发动机技术

单一燃料天然气专用发动机,简称单一或单燃料发动机,是针对天然气专门设计制造的。采用混合器计量供气的单一燃料发动机已被淘汰。现在单一燃料发动机广泛采用的混合气浓度闭环控制加三元催化器,以达到降低排放的目的,使燃用天然气这一"清洁燃料"的汽车真正成为"清洁汽车"。

一、单一燃料发动机改制的技术问题

单一燃料发动机通常是由柴油机或汽油机改制而成。

天然气单一燃料发动机的技术要求、试验方法和检验规则等按《车用天然气单燃料发动机技术条件》(QC/T 691—2011)的规定执行。

1. 基于柴油机改制的技术问题

柴油机改燃天然气并用电火花点燃。改燃天然气后,一般情况下混合气形成采用预混方式,发动机的工作循环由混合加热循环变为奥托循环。虽然天然气的辛烷值很高,但原柴油机的压缩比仍太大,为此应将原柴油机的压缩比适当降低,以避免发生爆震和过高的机械负荷。

柴油机的燃烧室结构形状是为配合柴油喷雾、组织缸内气流运动和燃烧过程而设计的。改燃天然气后,为了组织预混混合气的燃烧,还应修改原柴油机燃烧室的结构形状。为了改变缸内气流运动和预混混合气分配均匀性问题,进气歧管也应改造。

采用电火花点火,在去掉原机的柴油供给系统换用天然气供给系统的同时,还要增设一套电点火装置。点火装置本身有一个优选问题,点火提前角有一个优化调整问题。火花塞可利用原柴油机喷油器的安装孔来安装,比较方便。火花塞在燃烧室中的位置对燃烧过程的进展有重要影响,并进而影响发动机的动力性、燃料经济性和排放等性能。但原喷油器孔位置对于改制后的天然气专用发动机火花塞却未必最佳。要将火花塞安排到最佳位置须结合汽缸盖的重新设计一并进行。

天然气的供给可采用电控混合器式或多点喷射式。采用电控混合器式时,要配合原机空气通道的尺寸研制出能使天然气发动机性能最佳的混合器。电控多点顺序喷射式可提供更优良的控制性能,但喷射阀的结构、安装位置、喷射压力和喷射定时等一系列问题仍需深入研究。若采用缸内喷射,喷射阀可利用原机喷油器孔安装,但火花塞的安装需另行考虑。

将柴油机改制为天然气专用发动机时,还需对原机的配气相位进行优化调整,以便获得良好的动力性、经济性和排放性。由于配气相位调整的幅度有限,而且一般调整不能解决早开角与晚关角优化方向的矛盾。因此,要得到最佳的配气相位,需要重新设计制造凸轮轴。

燃用天然气时,发动机由燃用柴油时的质调节改变为量调节,进气管的真空度会增大,有可能引发润滑油由气门杆与气门导管间隙向汽缸渗漏,使积炭增加,机油超耗和微粒排放增加。必要时应考虑加强气门组件的防漏油措施。

柴油机改为天然气发动机后,排气温度可能会升高,而且排气中具有减磨性质的微粒也会大为减少,这就意味着气门及气门座将面临更为严峻的考验。必要时应考虑改进气门和气门座等部件的材质。

对于增压柴油机改制为天然气发动机,还要考虑因工作方式改变所产生的一系列问题,诸如增压比的重新优化、排气温度提高对涡轮寿命的影响等。

2. 基于汽油机改制的技术问题

相对于柴油机改制,汽油机改制单燃料天然气发动机,要简单容易很多。因为汽油机自身就是电火花点火,只不过把燃料由汽油换成天然气。但毕竟这两种燃料有很大的不同,因此在点火提前角、压缩比、空燃比控制和混合气特性等方面需要做出一些调整和优化,以确保天然气的清洁高效利用。由于天然气是以气态形式进入汽缸,占据汽缸容积的比例达 9.52%,使空气进气量减少,导致发动机动力性和汽油机相比下降幅度较大。在发动机排量不变的条件下,天然气发动机需要通过提高额定转速、提高压缩比等方法,才能达到与汽油机相近的动力性。

汽油机改为天然气发动机后,排气中具有减磨性质的微粒也会大为减少,这就意味着气门及气门座将面临更为严峻的考验。必要时应考虑改进气门和气门座等部件的材质。

二、单一燃料发动机

1. 发动机的技术特点

1)组成和工作原理

以 LNG 发动机为例,发动机的组成和原理如图 5-22 所示。车辆起动前,首先将 LNG 气瓶主阀门打开,气瓶内的 LNG 通过气瓶自身的压力,将液体释放到汽化器中。汽化器通过发动机冷却液对低温液体进行加热,使液态天然气被气化成气态天然气,再进入缓冲罐进行缓冲稳压,经过压力调节装置后天然气以恒定的压力进入到混合器,并与空气混合作为燃料供给发动机。

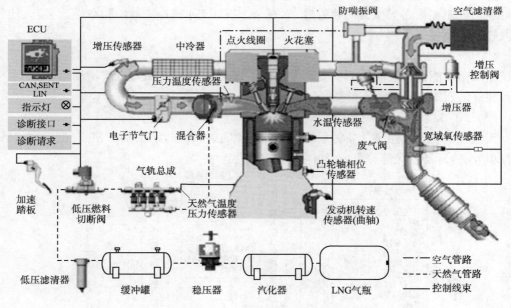

图 5-22 LNG 发动机组成和原理

LNG 发动机主要有以下几大技术特点。

(1)燃料供给系统。

取消了原柴油机燃油喷射系统相关的零部件,增加了汽化器、调压阀、缓冲罐、安全阀、喷气阀和混合器等控制天然气喷射量和喷射时间的相关零部件。

(2)点火系统。

柴油机是压燃式发动机,而天然气发动机采用的是与汽油机相同的点火式燃烧。因此去掉了喷油器和高压油泵等部件,将原缸盖上的喷油器孔改为了火花塞孔,在原高压油泵安装位置上布置了一个点火传动装置,通过凸轮轴位置传感器获得发动机的点火正时信号;增加了电控模块、点火线圈及火花塞等零部件组成的点火系统。

(3)排气系统。

天然气发动机的排气温度可达到600~650℃,布置空滤器时应避免排气管高温高热的影响,需要给排气管包一层隔热层。天然气发动机要使用催化转化器,因此排气背压要求与柴油机略有不同,具体要求为:排气背压不能大于20kPa。

(4)控制系统。

天然气发动机是一种电控发动机,与原机械式喷油系统柴油机相比,各工况的空燃比、点火提前角、增压压力都实现了更精确的控制,增加了相应的传感器,以应对天然气温度、天然气压力、发动机冷却水温度、进气空气压力及温度、环境压力、湿度及温度、点火正时以及氧浓度等的控制要求。

(5)压缩比。

一般天然气发动机压缩比为10~12,较汽油机略高,但较柴油机低。

(6)空燃比控制。

对于当量混合气运行的发动机,通过开关型氧传感器(对于稀燃发动机采用宽域氧传感器)的信号,不断修正天然气的喷射量,实现全工况闭环控制,精确控制空燃比,使天然气在缸内燃烧实现最优化。

(7)增压控制。

增压中冷能大大提高发动机的动力性能。LNG发动机使用先进的增压器,保证发动机具有良好的转矩曲线及瞬态性能。

(8)LNG发动机电子控制系统。

天然气发动机电控燃气喷射系统与电控燃油喷射系统的结构基本相同,都是由传感器、电控单元、执行器三大部分组成,如图5-23所示。

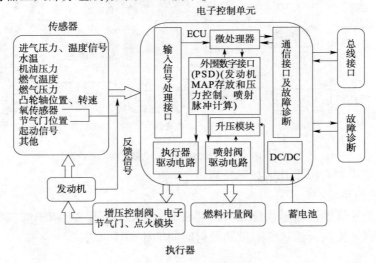

图5-23　电子控制燃气喷射系统

电控燃气喷射系统的传感器主要包括以下几种：进气压力传感器、温度传感器、节气门后进气压力传感器、节气门后温度传感器、节气门前进气压力传感器、燃气压力传感器、燃气温度传感器、转速传感器、冷却液温度传感器、氧传感器和踏板位置传感器。

ECU 一方面采集进气压力/温度、节气门前压力、燃气压力、燃气温度、发动机相位、转速、出水温度、排气氧浓度、踏板开度等传感器信号；另一方面是把接收到的信息处理后，向控制点火模块、电子节气门、喷射计量单元、EGR 控制阀、电磁阀等执行部件发出控制指令控制相关执行器的动作，以实现对发动机的电子控制，使发动机的工作始终处于最佳的空燃比状态。

2) 单点喷射系统和多点喷射系统

(1) 单点喷射系统。

单点喷射的基本原理为利用响应性很好的燃气喷嘴对燃料量进行计量，多个或单个喷嘴喷射的燃料汇合后通过混合器进入进气总管，由于燃气进入空气流并与之混合只有一个途径，所以称为单点喷射。单点喷射可以采用宽域氧传感器对空燃比进行闭环控制，同时利用 EGR 控制阀对增压压力进行闭环控制。图 5-24 所示为典型的单点喷射控制系统。

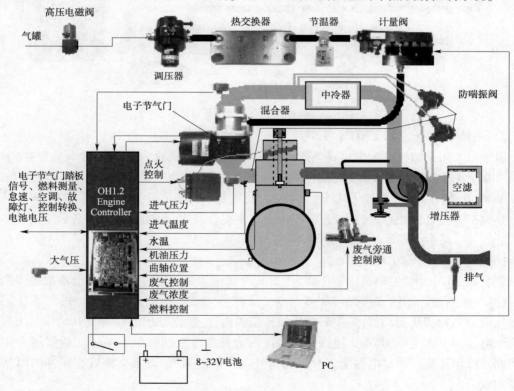

图 5-24　典型的单点喷射控制系统

(2) 多点顺序喷射系统。

多点顺序喷射已成为目前天然气发动机燃料控制技术的主流，原理类似于汽油机多点喷射系统，在发动机每缸的进气歧管上布置燃气喷嘴，按发动机工作顺序喷射天然气，喷嘴根据空气质量按比例控制天然气喷射量，采用宽域氧传感器对空燃比进行闭环控制，同时利用 EGR 控制阀对增压压力进行闭环控制。图 5-25 所示为典型的多点顺序喷射控制系统。

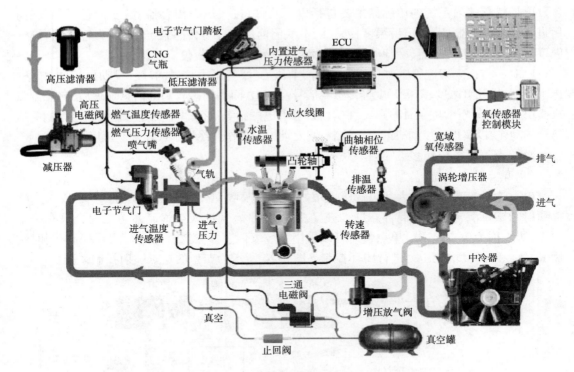

图 5-25 典型的单点顺序喷射控制系统

2. 各种天然气(包括 CNG 和 LNG)单一燃料发动机

国外用车用柴油机改为电火花点燃式天然气专用发动机投入使用的机型主要有:卡特匹勒 3306、康明斯 B5.9G、C8.3G、福特 380、日野 EH700、DS70、五十铃 6BD1、DA640、6BG1、玛克 E6-350.2VH、4VH、奔驰 OM352、M906LAG、三菱 8DC4、尼桑 FD6、雷诺 MIPS 等。其改造方案大都为各缸独立点火,机械控制或机电控制混合器式,新机型大多为电子控制气体喷射式。

1)康明斯 B5.9 和 C8.3 发动机

康明斯 B5.9CNG 发动机压缩比降为 10.5,考虑由于螺旋进气道在缸内会形成较强的涡流,选择了适当浅形的活塞顶部燃烧室结构。火花塞安装在原喷油器位置。进气系统采用带放气阀的涡轮增压器,混合气控制在稀浓度范围内,空燃比可达 27。稀燃和增压要求较高的点火电压和点火能量,其点火电压超过 30kV,火花塞电极间隙为 1.4mm。设置了专用的火花塞罩以保证良好的放电性能以及保持与外界良好的通气,且不会牺牲高压冲击时防水侵袭的能力。

发动机电子控制系统原理如图 5-26 所示。B5.9G 发动机采用机械式节气门,而 C8.3G 发动机采用电子式节气门。控制系统输入信号有:节气门位置、参考点信号、进气温度和进气压力、增压压力、冷却液温度、排气中氧含量等。控制系统的控制功能包括点火系统、燃料供给系统、废气放气阀、怠速转速和最高转速等。发动机控制模块 CM420 根据踏板位置、进气温度和压力、增压压力、水温、氧传感器和燃气流量等传感器的输入信号控制燃料计量阀开度,从而改变混合气空燃比。对混合气浓度实施闭环控制,排放低于美国超低排放汽车的排放限值。怠速转速的控制由电控怠速旁通阀来完成。点火系统由发动机控制模块 CM420 依据点火图来控制点火模块。采用各缸独立点火方式,取消了传统的分电器,从而减小了无线电干扰。

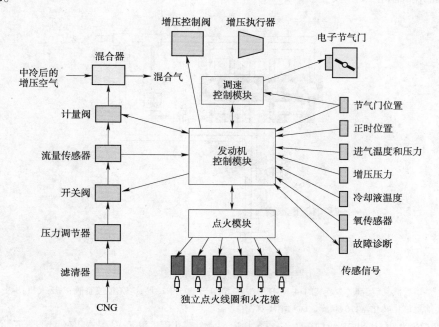

图 5-26　康明斯 CNG 发动机的电子控制系统

2) 奔驰 M936G 型天然气发动机

Mercedes-Bens 公司拓展了 M936 柴油机系列,增添了一种天然气机型 M936G。该型天然气发动机的结构空间、连接尺寸、功率和运行特性与柴油机相当,具有很高的零部件通用化程度和适用性。采用了 EGR 和米勒循环方法,零部件不超过柴油机的极限温度,而且爆燃倾向较小并达到了较好的效率。优化了混合气形成和增压,按汽油机运行要求匹配了传感器和执行器。在 CO_2 排放、能耗率、噪声和加速性等方面超出同类柴油机。

(1) 发动机结构。

汽缸体、下曲轴箱和汽缸盖的几何形状和尺寸与 OM936 柴油机相同,并按照 CNG 运行特点进行调整,对增压、增压空气管路、点火和混合气形成等所必需的零部件进行匹配调整。

(2) 进排气系统及其工作过程。

图 5-27 所示为发动机的天然气管路及其执行器。20MPa 的 CNG 经过减压调节器,压力降低后进入天然气喷射阀,6 个喷射阀对天然气计量后经过一根公共管道进入天然气混合器中,并与空气混合。空气经涡轮增压器和中冷器后,由节气门根据负荷进行调节。再循环废气经其中冷器后在天然气混合器后被引入 EGR 混合器中,形成的混合气进入汽缸。

废气质量流量的绝大部分流经双流道涡轮增压器产生增压压力。涡轮后有前置催化转化器,降低一部分废气排放污染物,之后入主催化转化器,并进一步降低,达到欧六排放限值水平。以当量混合气运行需要使用三元催化转化器,采用选择性催化还原(SCR)系统进行 NO_x 后处理,车载诊断系统(OBD 系统)需要第 2 个氧传感器来监测废气后处理状况。

(3)燃烧过程。

为了保护发动机免受爆震燃烧的影响,在发动机机体上安装有爆震传感器,ECU 通过调节点火提前角来防止爆燃发生。

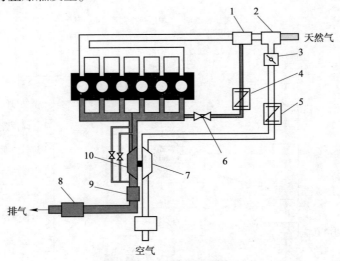

图 5-27 天然气管路及其执行器

1-EGR 混合器;2-天然气混合器;3-节气门;4-RGR 中冷器;5-增压空气中冷器;6-EGR 控制阀;7-压气机;8-主(后置)催化转化器;9-前置催化转化器;10-双流道涡轮增压器

为了使升功率达到 28.8kW/L,选择了米勒燃烧过程,在不损失功率的情况下,放弃部分汽缸充量,并采用化学计量比混合气。废气涡轮增压器是为高增压压力设计的,而预压缩的空气在增压空气冷却器中冷却,从而达到较低的压缩终了温度,降低燃烧峰值温度和废气温度,较低的温度水平有利于零部件热负荷的耐久性和抗爆燃性能。燃烧室凹坑的几何形状和尺寸通过多个方案在单缸试验机上进行优化,以改善爆燃和废气温度状况。较高的充量紊流强度有利于增加火焰传播速度,获得 EGR 率高兼容性。通过应用 EGR 降低了峰值温度,减少了壁面热损失,同时提高了效率,并降低了废气温度。当活塞向上运动时,汽缸盖底面与横向间隙之间的涡流被压缩,并被挤向燃烧室中间的火花塞,因混合气具有高扰动和良好的均质化,提高了燃烧和放热速率。在一定的充量扰动程度或者 EGR 兼容性的情况下会产生一个目标冲突,汽缸中的流动场必须保持适当,既能减少热损失,又有利于提供良好的点火条件。

(4)空气和天然气管理。

发动机开发时特别重视空气(包括经 EGR 的废气)与天然气的混合,以获得尽可能良好的均质化。空气与天然气的混合是在混合器中进行的,并与 EGR 废气分开。基于可靠性的原因,天然气采用 6 个喷射阀通过中央进气管喷气方式供应发动机,若有 1 个喷射阀发生故障,对发动机性能的影响很小。天然气和 EGR 废气在 1 个复合管中导入,在管中就已达到了气体的均质化,并通过对进气管的优化使各缸充量保持一致。

采用化学计量比运行的火花点燃发动机采用进气节流调节负荷。除大、满负荷时,进气的质量流量明显比柴油机小,因此废气涡轮增压器的涡轮和压气机的流量特性值比柴油机小,特别是在质量流量较小的情况下,涡轮增压器的加速响应特性与发动机充气量决定发动机低转速时的动态加速性能。

正如柴油机那样，M936G 天然气发动机的增压器也具有不对称的涡轮几何形状，采用这种具有 2 股分开运行、大小不同的废气流，仅有 3 个汽缸的废气动压用于 EGR，剩余的 3 个汽缸废气流在某些特性曲线场范围内处于正扫气压差之下，而用于 EGR 的另外 3 个汽缸则可能处于负扫气压差状况。为了建立起 EGR 废气流的动压，涡轮中的废气流必须降低，这通常会导致废气背压提高，在发动机无需 EGR 运行时不宜出现。为了消除发动机的节流，在增压器的 EGR 废气流中集成了第二个废气放气阀，在无需扫气压差时使用放气阀能明显地降低废气背压，其位置的调节应使 EGR 扫气压差和预先控制的增压压力之间达到最佳状态。

在应用高压 EGR 的情况下，增压压力的调节是调节技术优化的问题，因为 EGR 废气的热焓不再用于产生增压压力，从而提高了对增压压力的需求：必须找到最佳的调节量，使增压压力和 EGR 率同时被调节到所期望的数值。例如，可变几何截面涡轮（VTG）通过 2 股废气流的设计和第二个废气放气阀，较好地解决了此类问题，因此在同时调节增压压力的情况下优先调节 EGR 率。图 5-28 所示为使用废气放气阀和气体控制阀的特性曲线范围，以及具有 2 个电动放气阀调节的涡轮增压器。

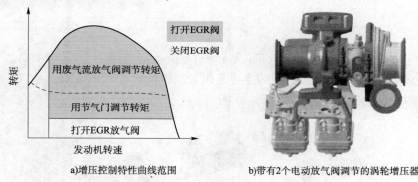

a）增压控制特性曲线范围　　b）带有2个电动放气阀调节的涡轮增压器

图 5-28　增压控制和涡轮增压器

（5）排放达标。

随着欧六排放法规的实施，污染物排放限值已相当低。天然气发动机显示出比柴油机更好的 CO_2 减排潜力，同等条件下的柴油机 CO_2 排放比 M936G 天然气发动机高 1.2 倍多。M936G 天然气发动机已通过欧六废气排放 C 级认证，排放已满足粒子数（PN）和氨的排放限值。在各种试验循环中，新的欧六气体发动机的 NO_x 排放比欧五环保型汽车稀薄运行发动机低得多。

3）玉柴 ECI HD 天然气发动机

玉柴 ECI HD 天然气发动机是在柴油机基础改造而成，有 CNG 和 LNG 两种形式。

CNG 发动机的结构原理如图 5-29 所示。CNG 发动机工作原理为：CNG 从储气瓶出来，经过滤清器后，经高压电磁阀进入高压减压器；高压电磁阀的通断由 ECU 控制；高压减压器把天然气的压力从 3～20MPa 调整至 0.7～0.9MPa。高压的天然气在减压过程中由于减压膨胀，需要吸收大量的热量，为防止减压器结冰，将发动机冷却液引入到减压器，对减压器进行加热。减压后的天然气经低压电磁阀进入电控调压器，然后与空气在混合器内充分混合；最后进入发动机汽缸内，由火花塞点燃进行燃烧。电控调压器根据发动机运行工况精确控制天然气喷射量；点火正时由 ECU 控制；氧传感器即时监控燃烧后尾气的氧浓度，ECU 再根据氢传感器的反馈信号来控制 MAP，及时修正天然气喷射量。

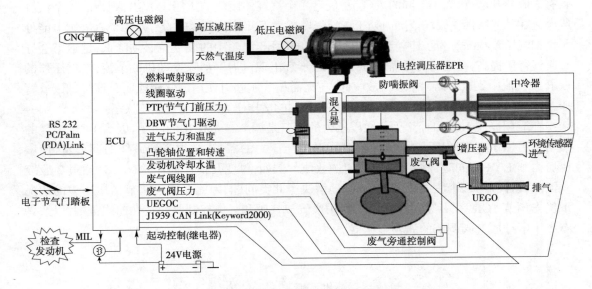

图 5-29　玉柴 ECI HD CNG 发动机的结构原理

LNG 发动机与 CNG 发动机不同的主要是供气系统换成了 LNG 系统。
玉柴天然气发动机电控系统如图 5-30 所示。

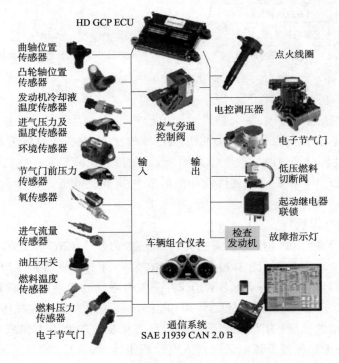

图 5-30　玉柴天然气发动机电控系统

三、单一燃料发动机新技术

1. 增压技术

天然气发动机采用增压技术,需考虑增压器的选择及布置、可燃混合气的形成方式、进气中冷及防爆等问题。

1)增压器的选择

柴油机的增压系统,必须有较高的增压压力,以满足其足够的过量空气要求。而天然气发动机运行时,过量空气系数减小,且所要求的增压压力不高,天然气发动机的增压比不超过1.6。另外,天然气发动机的排气温度可能会升高,应考虑对涡轮的影响。

2)增压器的布置

一种布置方式是增压器布置在混合器之前,即增压空气的方式,增压后的空气经过中冷器后进入混合器,与天然气混合再进入发动机汽缸。另一种布置方式是增压器布置在混合器之后,即增压混合气的方式,混合气经增压后再进入中冷器,然后进入发动机汽缸。

二者相比,前一种布置方式,混合气通路较短,密封较容易,泄露的可能性较小,混合气不与增压器等高温零件接触,因而增压器爆炸的倾向及危险性降低;但后一种方式,天然气与空气温合更均匀。

考虑到增压后混合气的温度及压力都有所增大,应进一步降低发动机的压缩比。

3)增压器防爆与安全保护

因为天然气及可燃混合气的压力都高于环境压力,所以密封性特别重要。对可能引起天然气着火或爆炸的火源或热源,应冷却或隔热屏蔽。对可能发生爆燃的部位(如进气道或曲轴箱)应设置防爆阀。

2. 排气再循环(EGR)

EGR 通过引入少量排气到进气管与新鲜充量混合,并根据发动机的不同工况,对再循环的排气量进行最佳的控制和调节,以有效地降低 NO_x 排放。

排气的主要成分是 N_2、CO_2 和水蒸气。少量排气进入汽缸,可以稀释新鲜充量,降低氧浓度。CO_2 和水蒸气这些三原子气体的比热较高,因此当新鲜工质与排气混合后,工质的热容量随之提高,若燃烧生成热不变,则最高燃烧温度降低。因此,排气中的 NO_x 减少。

具有中冷的 EGR 排气,NO_x 排放降低大,CO 等增加不多。

应根据不同工况决定是否采用 EGR,并确定循环量。一般的控制策略如下:

(1)在暖机过程中,冷却液温度及燃烧温度较低,NO_x 排放也较低,为防止 EGR 影响燃烧稳定性,不进行 EGR;

(2)怠速及低负荷时,NO_x 排放较低,为了不影响稳定燃烧,也不进行 EGR;

(3)在高负荷、高速或踏板全开时,为保证良好的动力性,有时不进行 EGR;

(4)随着负荷的增加,EGR 率应增加到允许的限度。

EGR 技术在天然气汽车发动机上的应用也得到了广泛重视。美国德克萨斯大学奥斯汀分校针对天然气系统进行了采用 EGR 降低峰值温度、利用氧传感器进行闭环控制的研究。西弗吉尼亚大学进行了天然气发动机稀燃和 EGR 的研究。美国西南研究院研制的 8.1L 大功率天然气发动机排放已达到美国加州的低排放标准。

3. 排气后处理技术

气体燃料发动机,为了进一步降低排放,满足更加严格的排放法规,需要采用排气后处理,即采用催化转换装置。对于采用理论空燃比燃烧方式的气体燃料发动机,需要安装三元催化转换器,催化转换器应专门针对气体燃料发动机进行开发。对于采用稀薄燃烧方式的气体燃料发动机,因为这种发动机被设计成以稍高一些的CO、非甲烷碳氢化合物排放水平为代价,得到最低的NO_x排放,所以一般只需要能够氧化HC、CO的两元催化转换器。为了改善在较低温度下的甲烷转换率,应对不同的组分的催化剂涂层进行试验,以优选出最佳的方案。

甲烷是机动车排出的总烃(THC)中最难被氧化的气体,其起燃温度较其他的烷烃及不饱和烃都要高。研究表明,贵金属Pd作为催化剂,能十分有效地促进THC排放中甲烷的氧化。因此,天然气发动机专用催化转化器的催化剂中必须含有相当高比例的Pd。天然气发动机专用氧化催化转化器主要是氧化排气中的THC、CO及微小颗粒(主要成分是挥发性有机化合物,即VOC)。

目前,当量混合气CNG发动机排放控制技术已发展较成熟,采用空燃比闭环控制加三元催化转化技术,可以达到欧六排放水平。稀燃CNG发动机较低的燃烧温度在一定程度上抑制了NO_x的生成,稀燃CNG发动机达欧四的技术路线为:NO_x机内净化+氧化型催化器。NO_x机内优化包括增压中冷技术、燃烧室改进技术、空燃比控制技术、点火控制技术。达到欧五的技术路线与欧四的基本相同,只是对系统的控制精度要求更高,需要对NO_x进行闭环控制。欧洲(如European Natural Gas Vehicle Association)的观点是可增加NO_x后处理系统,如SCR、LNT系统,来满足欧五以上的排放标准。而美国(如Cummins)的观点是采用高压直喷(柴油引燃)加高EGR率的方式来满足2010年后更加严格的排放标准。

4. 天然气缸内直接喷射技术

在这种发动机中,天然气不与空气预先混合,而是在较高或很高的压力下把天然气直接喷入汽缸内。天然气缸内直接喷射方式有缸内低压喷射和高压喷射两种。其中低压喷射主要用在压缩比较低的点燃式气体燃料发动机上;高压喷射主要用在压缩比较高和压缩终点喷射的气体燃料发动机上。对于大排量发动机和高转速发动机,一般采用高压喷射,以获得较大的燃料供给量和较短的气体喷射时间。缸内气体喷射可以实现燃料供给的质调节,对空气充量几乎没有影响,为进一步提高发动机各项性能提供有利条件。因为燃料以高压喷气流的形式进入汽缸,所以燃烧过程就像柴油机一样,由燃料气流和汽缸中的空气充量的混合速度来控制。压缩过程中不存在燃料和空气的预混合、消除了爆震燃烧的可能性,但其NO_x排放控制比预混充量发动机困难。

第六节 双燃料发动机技术

一、双燃料发动机的类型和技术问题

1. 双燃料发动机的类型及其特点

1)原柴油机改装

这种形式用原柴油供给系统提供引燃柴油,加装天然气供给系统。天然气与空气在缸

外形成均质混合气进入汽缸,柴油喷入汽缸被压燃着火,引燃天然气—空气混合气。

这种方式对发动机的改动小,而且还可以恢复纯柴油运行,但发动机的性能难全面优化,是目前的主要应用方式。

2)高压直喷

这种形式采用柴油—天然气高压直喷(High Pressure Direct Injection,HPDI)技术,天然气和柴油均喷入汽缸,柴油被压燃着火,引燃天然气—空气混合气。

这种方式可使发动机的动力性、经济性和排放特性得到全面改善和提高,但柴油—天然气高压喷嘴成本高,且对发动机的改动大,目前处于研发阶段。

2. 双燃料发动机的技术问题

双燃料发动机同时具有两套燃料供给装置,汽车上需要同时携带两种燃料。双燃料发动机两种燃料的比例(掺烧比)对发动机的排放、动力性和燃料经济性的影响随着发动机工况的不同而变化,这就要求在发动机不同工况下,既要处理好天然气与柴油之间的合理配比,又要处理好天然气和柴油与空气之间的合理配比。双燃料发动机的燃烧过程既有扩散燃烧部分,又有火焰传播部分,这不同于汽油机或柴油机的燃烧过程,需要对其进行深入研究。

双燃料发动机的燃料供给控制难度较大,既要考虑天然气的控制,又要考虑柴油的控制,还要考虑两种燃料控制之间的协调。和纯天然气发动机一样,双燃料发动机的天然气供给部分也可采用混合器式或喷射式,所遇到的问题也大体相似。从改造方便考虑,可以采用混合器式。从获得精确的燃料调节考虑,应采用电控可变喷射始点和喷射量的天然气顺序喷射系统。

对于机械式供油系统的柴油机,柴油喷射量的控制也有机械式和电子式两种。机械控制式可以利用柴油机原有的喷油泵,将柴油机怠速或低速运转工况下的供油量作为双燃料发动机的引燃油量,在双燃料运行时使供油量保持恒定。这种方式下,两种燃料的掺烧比随发动机工况的变化规律不能保证最佳。若要使两种燃料的掺烧比随发动机工况的不同接近预先确定的最佳值就必须采用机电联合控制或电子控制。

针对机械式柴油供给系统,柴油限油装置通常采用供油拉杆限位或踏板限位,天然气量控制装置通常采用喉管式混合器和节气门等。这些装置对柴油量或天然气量的控制精度低,二者的联动控制难实现,可靠性差。因采用机械式供油系统的柴油机的排放水平差,已经逐步停产,因此以下不再对机械式供油系柴油机改燃双燃料进行介绍。

双燃料发动机需要保持较高的压缩比,以确保引燃柴油的可靠压燃着火,但又要避免天然气混合气发生爆震燃烧。

柴油机改为双燃料机后,若发动机负荷的调节仍采用质调式,则小负荷工况下,双燃料发动机会由于预混气体浓度过稀而燃烧不完全,从而导致燃料经济性差、HC 和 CO 排放高,这个问题仍需对双燃料控制机构进行改进研究。

二、双燃料发动机的组成和工作原理

下面以达到国三排放标准的电控共轨柴油机改装的 LNG—柴油双燃料发动机为例说明。CNG—柴油双燃料与 LNG—柴油双燃料的主要差别在天然气专用装置上(详见本章第二、三节)。

1. LNG—柴油双燃料发动机的组成和工作原理

LNG—柴油双燃料发动机通过在原柴油机上添加一套 LNG 供给和控制系统形成，其 LNG 供给系统如图 5-31 所示。

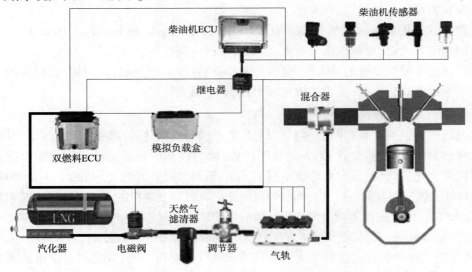

图 5-31　双燃料发动机 LNG 供给系统

LNG—柴油双燃料控制系统如图 5-32 所示。双燃料控制系统和原机的电控系统共享原机的各个信号，如水温、增压压力、进气温度、油轨压力、曲轴信号等。双燃料控制系统可以控制柴油喷射以及加装的燃气喷射系统，并处理燃气系统的燃气压力、工作模式开关等相关的信号。油轨压力、增压压力等仍由原机系统控制。原机的柴油喷射的控制权，通过外部的继电器进行切换，该继电器由双燃料 ECU 控制。

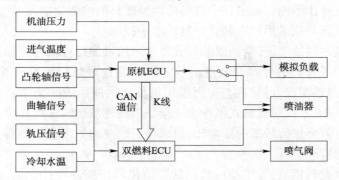

图 5-32　LNG—柴油双燃料控制系统组成

双燃料 ECU 监控发动机各个参数，根据既定策略对柴油喷射系统和燃气喷射系统进行控制。可以在燃气喷嘴断路、传感器失效等不适合使用燃气的情况下，切断燃气供给，将系统控制权归还原机系统。若双燃料系统完全失效，则整机的控制权自动移交给原机控制系统。

2. 控制系统各部件

双燃料控制系统包括双燃料 ECU、原机 ECU、模拟负载盒、状态控制盒以及发动机传感器等。

1）双燃料 ECU

双燃料 ECU 不仅可以控制 6 个缸的柴油喷射，还同时控制 4 路天然气喷射。柴油喷射驱动采用 4 段式（高压上冲—高电流维持—始点反馈—低电流维持）电流反馈控制，电流控制可通过控制软件进行改变和调整。天然气喷射采用峰值保持电流反馈控制，电流控制参数可通过软件调整。ECU 也可对柴油喷射系统和天然气喷射系统进行故障诊断（短路、断路）。14 路模拟量输入通道（内置大气压力传感器，电源电压检测），可用于水温、轨压、燃气温度、燃气压力等信号的采集，可与外部控制系统共享信号。爆震传感器输入通道可以利用爆震信号对燃气喷射和燃油喷射进行修正。10 路（6 路柴油，4 路天然气）开关量输入通道。曲轴转速和凸轮轴转速 2 路信号输入通道可通过硬件配置分别适应霍尔或磁电传感器信号。2 路频率信号输入通道，可用于采集输入车速等其他传感器信号。11 路低压驱动（其中 8 路 1A 驱动能力，3 路 3A 驱动能力），可用于继电器控制、轨压控制等。此外，双燃料 ECU 还可对外部喷射系统的脉宽和定时进行采样，并支持 OBD 的故障诊断系统。

2）模拟负载盒

双燃料发动机的模拟负载通过模拟柴油机喷油器特性，控制原柴油机的柴油喷射，并保证原柴油机控制系统正常工作。由双燃料 ECU 控制的双燃料发动机模式继电器放置在模拟负载盒中。当发动机以双燃料模式运转时，模式继电器双燃料 ECU 指令控制柴油喷射系统与真实喷油器连接或与模拟负载连接。

3）状态控制盒

状态控制盒采用触点式按键，响应使用者切换燃料请求。当前燃料状态通过两个状态灯指示，通过亮灭及闪烁的组合来反映燃料控制模式。由 5 个 LED 灯指示当前燃气储量状态。

当柴油灯常亮，燃气灯熄灭时，发动机为完全原柴油机控制模式。柴油灯常亮，燃气灯闪烁时，使用者请求切换至燃气，但燃气使用条件不满足，在双燃料控制器控制下使用纯柴油工作。当柴油灯闪烁、燃气灯熄灭时，使用者请求切换至燃气，但燃气使用条件不满足，仍处于完全原柴油机控制状态。柴油灯熄灭，燃气灯常亮时，在双燃料 ECU 控制下，以天然气—柴油混烧工作。当柴油灯闪烁、燃气灯闪烁时，双燃料 ECU 发生故障。

三、双燃料发动机的性能

本节以电控高压共轨柴油机改装的 LNG—柴油双燃料发动机为例，阐述双燃料发动机的性能分析。

1. 试验用发动机

发动机的主要技术参数见表 5-9。

试验用发动机主要技术参数　　　　　表 5-9

项　目	参　　数	项　目	参　　数
型号	YC6G270-30	最大转矩（N·m）	1080
形式	直列、水冷、四冲程、共轨、直喷	最大转矩转速（r/min）	1400~1600
进气方式	增压中冷	排放达标	国三
汽缸数	6	连杆长度（mm）	210.82

续上表

项 目	参 数	项 目	参 数
缸径(mm)	112	额定功率转速(r/min)	2200
行程(mm)	132	进气门早开角(°CA)	13.5
排量(L)	7.8	进气门晚关角(°CA)	38.5
压缩比	17.5:1	排气门早开角(°CA)	56.5
额定功率(kW)	199	排气门晚关角(°CA)	11.5

2. 相关计算

1) 双燃料小时燃料消耗量

LNG—柴油双燃料运行时的小时燃料消耗量按低热值将 LNG 的消耗量折合为柴油消耗量,计算出双燃料小时燃料消耗量 $B_{双}$,即:

$$B_{双} = B_{柴油} + \frac{H_{uLNG}}{H_{u柴油}} \times B_{LNG} \tag{5-1}$$

式中:$B_{柴油}$、B_{LNG}——分别为双燃料模式下单位时间内柴油和 LNG 的消耗量,kg/h;

H_{uLNG}——LNG 的质量低热值,49.54MJ/kg;

$H_{u柴油}$——柴油的质量低热值,43.00MJ/kg。

2) 双燃料有效燃料消耗率

$$b_e = \frac{B_{双}}{P_e} \tag{5-2}$$

式中:b_e——双燃料发动机有效燃料消耗率,g/(kW·h);

P_e——有效功率,kW。

3) 替代率(Substituted Ratio, SR)

柴油替代率定义为发动机以双燃料运行时,柴油被替代的百分比,即:

$$SR = \frac{B_{纯柴油} - B_{双柴油}}{B_{纯柴油}} \times 100\% \tag{5-3}$$

式中:$B_{纯柴油}$——以柴油模式运行与双燃料模式同一工况时,单位时间内柴油的消耗量,kg/h;

$B_{双柴油}$——以双燃料模式运行时,单位时间内柴油的消耗量,kg/h。

4) 掺烧比(Co-Combustion Ratio, CCR)

掺烧比指能量比是 LNG 的能量所占双燃料总能量的百分比,即:

$$CCR = \frac{B_{LNG} \times H_{uLNG}}{B_{柴油} \times H_{u柴油} + B_{LNG} \times H_{uLNG}} \times 100\% \tag{5-4}$$

式中:CCR——双燃料掺烧比,$CCR = 0$ 表示纯柴油。

5) 双燃料混合气总过量空气系数

$$\lambda = \frac{B_{实际空气}}{B_{理论空气}} = \frac{B_{实际空气}}{B_{柴油} \times AFR_{th柴油} + B_{LNG} \times AFR_{thLNG}} \tag{5-5}$$

式中: λ——双燃料过量空气系数;

$AFR_{th柴油}$——柴油的理论空燃比，14.50；

AFR_{thLNG}——LNG 的理论空燃比，16.75。

6）预混天然气—空气混合气过量空气系数

$$\lambda_{LNG} = \frac{B_{实际空气}}{B_{LNG} \times AFR_{thLNG}} \tag{5-6}$$

3. 掺烧特性

在不降低发动机动力性的前提下，研究掺烧比对双燃料发动机各项性能的影响，这些性能参数包括：最佳喷油正时、混合气浓度、最大掺烧比、排气温度、燃料经济性和排放特性。试验发动机转速为 1400r/min 和 1800r/min，负荷率分别为 15%、20%、30%、60% 和 100%。小负荷率试验点多，主要是为了分析在超稀的天然气—空气混合气下双燃料发动机的各项性能。

1）最佳喷油正时

最佳喷油正时是指在转速与燃料量一定时，能使双燃料发动机的动力性和经济性达到最佳的柴油喷油时刻。在每个试验工况点下，转矩最大时的喷油正时为最佳喷油正时。其他性能参数都是在最佳喷油正时获得的。最佳喷油正时随掺烧比的变化见图 5-33。

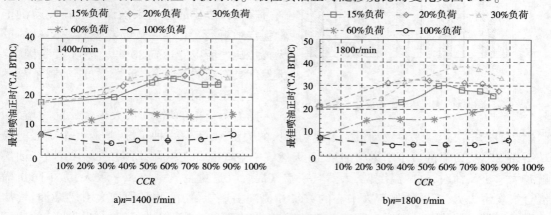

图 5-33 最佳喷油正时随掺烧比的变化

（1）中小负荷时，双燃料模式的最佳喷油正时比纯柴油（$CCR=0$）模式的大，并随着掺烧比的增大而增大，在达到某一掺烧比后出现下降。这是因为在中小负荷时，发动机缸内温度与压力较低，导致喷入汽缸的引燃柴油的滞燃期变长；而且在中小负荷时，天然气量较少，其与空气所形成的混合气浓度较稀，需要更高的引燃能量和更多的着火中心，因此需要增大喷油正时以给引燃柴油足够的时间做着火前的准备，并实现着火中心在空间尺度上的广泛分布。随着掺烧比的进一步增大，天然气—空气混合气变浓，燃烧反应速率加快，为了防止缸内压力和压力升高率过高，最佳喷油正时减小。

（2）负荷率为 100% 时，双燃料模式的最佳喷油正时较纯柴油模式的小，且随着掺烧比的增大有小幅增大。这是因为在满负荷工况下，缸内温度与压力都较高，引燃柴油的滞燃期缩短，引燃柴油自燃后会挤压未燃的天然气—空气混合气，致使温度进一步升高，燃烧速率加快，因此最佳喷油正时小于纯柴油模式的，以避免发动机工作粗暴。

（3）掺烧比相同时，当负荷率增大时，最佳喷油正时先增大后减小。这是因为负荷率增加时，每循环的燃料量增大，燃烧过程所需时间变长，喷油正时需要适当增大。当负荷率进一步增大时,若喷油正时过大,则压缩冲程中就会燃烧大部分混合气,增加了压缩负功,且使最高压力升高,未燃天然气—空气混合气燃烧前的温度较高,加大了发动机爆燃的倾向。因此,喷油正时需要减小。

(4)负荷率相同时,1800r/min 的最佳喷油正时较 1400r/min 的大,这是因为随着转速的增大,喷油与燃烧过程经历的曲轴转角度数变大,为了减少后燃,喷油正时需要适当的增大。

2)最大掺烧比

最大掺烧比 CCR_{max} 是指在某一工况下天然气能等热值替代柴油的最大比例,前提是保证发动机的动力输出与纯柴油模式相同,且工作稳定可靠。

各工况点的最大掺烧比 CCR_{max} 如图 5-34 所示。LNG—柴油双燃料发动机的 CCR_{max} 可以达到 80% 以上;在转速为 1400r/min,负荷为 100% 时,CCR_{max} 甚至达到了 91%。限制双燃料发动机掺烧比增大的主要原因是:在高压缩比柴油机上,掺烧比过大会使发动机工作粗暴,燃烧噪音增大,影响发动机的寿命。因此,一般会通过降低掺烧比的方法来确保双燃料发动机正常稳定地运行。LNG—柴油双燃料发动机的最大掺烧比之所以能达到 80% 以上,主要是因为:天然气具有高的辛烷值,抗爆性好,抑制了双燃料发动机工作粗暴的倾向。

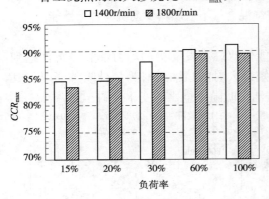

图 5-34 最大掺烧比 CCR_{max}

随着负荷率的增大,最大掺烧比随之增大。引燃柴油量是决定双燃料发动机能否成功着火的关键,对于每一种工况,均有一个确保能成功引燃天然气所需的最小引燃柴油量,且天然气—空气混合气越稀,所需的最小引燃柴油量就越大。小负荷时,缸内温度低,天然气—空气混合气过量空气系数 λ_{LNG} 较大,为了防止稀混合气发生失火,需要增加着火中心的数量和提高引燃能量,因此必须增大引燃柴油量,从而导致了最大掺烧比的减小。随着负荷的增加,缸内温度升高,促进了天然气燃烧前的化学反应,有利于天然气—空气混合气的燃烧,因此可以进一步减少引燃柴油量,增大天然气量,所以最大掺烧比增大。

3)燃料经济性

用折算的有效燃料消耗率 b_e 来表示燃料经济性。有效燃料消耗率 b_e 随掺烧比的变化如图 5-35 所示。负荷率为 15%、20%、30% 和 60% 时,b_e 随着掺烧比的增大而增大,此增大趋势随负荷的增大而变小。负荷率为 15% 时,两种工况最大掺烧比下的 b_e 相比于各自纯柴油模式的 b_e 分别增大了 45.2% 和 42.6%;负荷率为 60% 时,分别增大了 8.9% 和 8.2%。而负荷率为 100% 时,b_e 随掺烧比的变化不大,略有减小。同一掺烧比下,随着负荷的增大,b_e 减小。

虽然掺烧比的增大可以使天然气—空气混合气变浓,但小负荷时,总天然气量较小,混合气很稀,燃烧难以完全,且随着掺烧比的增大,引燃柴油量减小,降低了引燃能量、减少了着火中心数量,混合气不易着火,有效热效率降低,所以 b_e 随掺烧比的增大而增大。随着负荷率的增加,燃烧状况得到改善,混合气的燃烧速率加快,有效热效率升高,所以 b_e 随掺烧比增大而增大的趋势变小。

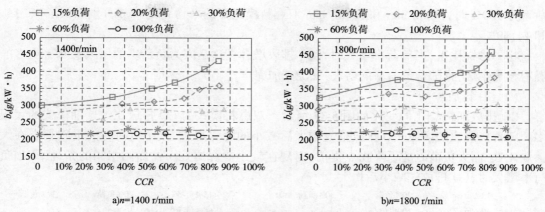

图 5-35 有效燃料消耗率 b_e 随掺烧比的变化

当掺烧比相同时,随着负荷率的增大,b_e 减小。这是因为在掺烧比相同的条件下,小负荷率的总过量空气系数 λ 和天然气—空气混合气过量空气系数 λ_{LNG} 都较大负荷时的大。天然气—空气混合气的浓度较稀,不易引燃,且小负荷时引燃柴油量也相对较少,其所能提供的引燃能量减小,易于造成局部失火,导致未燃天然气增多,所以 b_e 较高。当负荷率增大时,缸内温度与压力升高,促进了天然气的燃前反应,易于着火燃烧,有效热效率增大。

虽然在中小负荷工况下,LNG—柴油双燃料发动机的 b_e 都较纯柴油机的有所增大,但天然气的价格较柴油低,综合燃料成本降低,因此 LNG—柴油双燃料发动机具有一定的经济优势。

4) 排放

(1) CO_2 排放。

CO_2 排放随掺烧比的变化如图 5-36 所示。双燃料模式的 CO_2 排放量较纯柴油模式的略低,且随着掺烧比的增大而降低;相同掺烧比条件下,负荷率的增大会使 CO_2 排放增多。

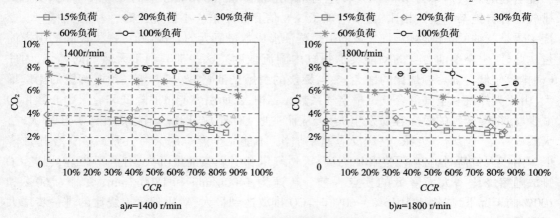

图 5-36 CO_2 排放随掺烧比的变化

烃类燃料的 C-H 比越小,则燃烧产生的 CO_2 量就越少。与柴油相比,天然气的 C-H 比小,因此双燃料模式的 CO_2 排放量较纯柴油模式的低。当掺烧比增大时,CO_2 排放量缓幅降低,其原因有二:一是随掺烧比的增大,参与燃烧的天然气量增多,引燃柴油量减少;二是掺烧比的增大会造成未燃 HC 和 CO 排放升高,导致 CO_2 排放降低。与纯柴油模式的相比,负荷率为100%时,1400r/min 和1800r/min 双燃料模式下的平均 CO_2 排放分别降低了7.71%和14.39%。

相同掺烧比下,当负荷率增大时,CO_2 排放增多。这是因为负荷率的增大意味着更多的燃料参与燃烧,且随着负荷率的增大,燃烧更加完全。

(2) CO 排放。

CO 排放随掺烧比的变化如图5-37所示。双燃料模式的 CO 排放比纯柴油模式的大很多。随着掺烧比的增大,CO 排放呈先增大后减小的变化趋势,且小负荷时的下降拐点在大掺烧比处,而大负荷时的下降拐点提前,出现在较小掺烧比处。掺烧比相同的条件下,当负荷率增大时,CO 排放先减小后增大。

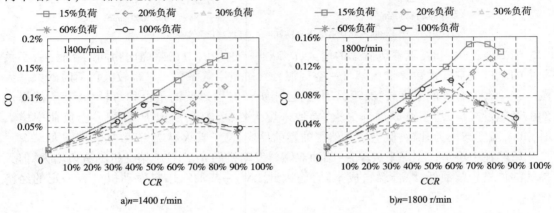

图5-37 CO 排放随掺烧比的变化

双燃料模式的 CO 排放比纯柴油模式的高,是因为双燃料发动机的燃烧既有柴油扩散燃烧又有天然气预混燃烧。双燃料发动机的 CO 排放主要是由天然气—空气混合气未完全燃烧引起的。负荷率为100%时,转速为1400r/min 和1800r/min 下的双燃料模式平均 CO 排放与各自纯柴油模式相比,分别增加了5.8倍和6.4倍。小掺烧比时,引燃柴油量大,燃烧主要是柴油的扩散燃烧,且大量的引燃柴油形成数量巨大的着火中心,提供较高的引燃能量。此外,引燃柴油自身的动能会加强缸内湍流强度。这些都有利于天然气的燃烧,因此 CO 排放较低。随着掺烧比的增大,参与燃烧的引燃柴油量减少,天然气预混燃烧的比例增大,由于天然气—空气混合气过量空气系数 λ_{LNG} 很大,而引燃能量的降低和着火中心数量的减少,使得混合气的燃烧容易发生失火,从而造成 CO 排放升高。当掺烧比进一步增大时,天然气—空气混合气变浓,燃烧反应速率加快,不能完全燃烧的天然气量减少,CO 排放降低。由于大负荷时,缸内温度和压力高,天然气量和引燃柴油量都大,有利于燃烧,因此 CO 排放随掺烧比增大而降低的拐点提前。转速为1400r/min 和1800r/min,负荷为60%和100%的工况下,掺烧比为45%~60%时,CO 排放达到最大,然后随着掺烧比的进一步增大而降低。

相同掺烧比条件下,当负荷率增大时,CO 排放先减小后增大。这是因为在小负荷稀混合气条件下,大部分热量是由引燃柴油燃烧释放的,喷入缸内的引燃柴油油束被天然气—空气混合气所包围,靠近油束边缘区的混合气过稀使得火焰传播难以继续,产生局部失火,导致生成大量 CO。随着负荷率的增大,天然气—空气混合气变浓,增加的引燃柴油量提高了引燃能量并形成了更多的着火中心,且柴油自燃后,已燃区的膨胀会挤压未燃天然气—空气混合气,致使温度和压力快速上升,更多的混合气完全燃烧,CO 排放降低。另外,负荷率的增大使发动机的排气温度升高,有利于排气过程中 CO 的再氧化,降低 CO 排放。

（3）HC 排放。

HC 排放随掺烧比的变化如图 5-38 所示。双燃料模式的 HC 排放较纯柴油模式有显著升高,尤其是在小负荷时;当掺烧比增大时,HC 排放持续升高,大负荷时其升高的趋势有所放缓;同一掺烧比条件下,HC 排放随着负荷的增大而降低。

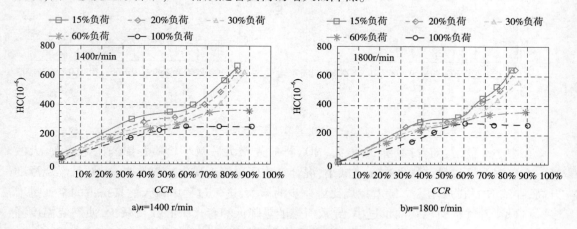

图 5-38 HC 排放随掺烧比的变化

与纯柴油模式相比,双燃料模式的 HC 排放有较大幅度的升高,这主要是因为相比于原柴油机,双燃料发动机的燃烧方式发生了改变。导致 HC 排放升高的原因有:在双燃料模式下,容易因天然气—空气混合气浓度过稀而燃烧不完全,且稀混合气在接触到相对冷态的缸壁时容易产生激冷和淬熄现象,这些都会使 HC 排放升高;由于甲烷的自燃温度高,压缩冲程中进入缝隙的天然气难以着火燃烧;部分天然气—空气混合气会在扫气过程中被排出汽缸。有研究表明,天然气—柴油双燃料发动机的总 HC 排放中 90% 左右是未燃甲烷。随着掺烧比的增大,天然气—空气混合气的燃烧占比增大,因上述原因造成 HC 排放的机会增多,HC 排放随掺烧比的增大而升高。大负荷时,由于温度和压力的升高有助于燃烧,HC 排放随掺烧比增大而增大的趋势放缓。负荷率为 100% 时,1400r/min 和 1800r/min 下双燃料模式的平均 HC 排放,与各自纯柴油模式的相比分别增加了 7.16 倍和 9.86 倍。

掺烧比相同下,当负荷率增大时,HC 排放有所降低。这是因为:随着负荷率的增大,引燃柴油量和天然气量增大,引燃能量提高,着火中心数量增多,燃烧条件得到改善;大负荷时,发动机缸内温度和压力升高,这些因素都有利于拓宽天然气—空气混合气的燃烧界限和加快火焰传播速度,从而使更多混合气参与到燃烧过程,HC 排放降低。但是,负荷率为 100% 时,1400r/min 和 1800r/min 下,双燃料模式的平均 HC 排放仍然高于 200ppm。

（4）NO_x 排放。

NO_x 排放随掺烧比的变化如图 5-39 所示。转速为 1400r/min 和 1800r/min,负荷率为 15%、20%、30% 和 60% 时,随着掺烧比的增大,NO_x 排放呈先增大后减小的变化趋势,其中负荷率为 15%、20% 和 30% 的工况下,在较小掺烧比处 NO_x 排放就开始下降;负荷为 60% 的工况下，NO_x 排放在掺烧比较大时才开始下降；在负荷率为100%的工况下，NO_x 排放在小掺烧比处低于纯柴油模式的，随掺烧比的增大而增大。

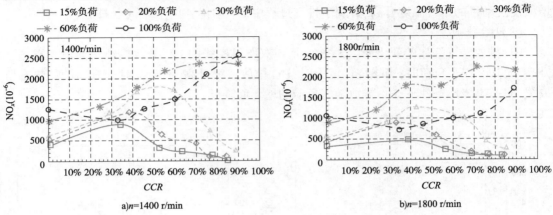

图 5-39　NO_x 排放随掺烧比的变化

在中小负荷下，随着掺烧比的增大，NO_x 排放先增大后减小。随着掺烧比的增大，天然气—空气混合气过量空气系数 λ_{LNG} 减小，混合气浓度更接近易生成 NO_x 的区域，且燃烧温度升高，导致 NO_x 排放增大。随着掺烧比进一步的增大，进气过程中被天然气挤占的空气量增多，氧含量降低，且引燃柴油量过小，导致引燃能量降低和着火中心数目减少，使燃烧温度降低，抑制了 NO_x 生成，NO_x 排放降低。负荷率增大，使得缸内温度升高，有利于 NO_x 的生成，所以60%负荷率时，NO_x 排放在较大掺烧比处才开始下降，且下降幅度较小；而15%、20%和30%负荷率时，NO_x 排放在较小掺烧比处就开始下降，且下降明显。转速为1400r/min，负荷率为15%、20%和30%的3个工况，各自在其最大掺烧比处的 NO_x 排放分别为32ppm、124ppm和212ppm，较同工况纯柴油模式的 NO_x 排放分别降低了91.88%、73.95%和65.64%；转速为1800r/min，负荷率为15%、20%和30%的3个工况，各自在其最大掺烧比处的 NO_x 排放分别为82ppm、96ppm和232ppm，较同工况纯柴油模式的 NO_x 排放分别降低了73.03%、79.38%和58.05%。

负荷率为100%时，1400r/min和1800r/min下，小掺烧比时，双燃料模式的 NO_x 排放较纯柴油模式的低，而随着掺烧比的增大，NO_x 排放又开始升高。这是因为在该工况下，喷油正时的影响显著。负荷率为100%时，双燃料模式的最佳喷油正时较纯柴油模式的小，且随着掺烧比的增大而增大，所以 NO_x 排放在小掺烧比处低于原机，并随掺烧比的增大而增大。

相同掺烧比时，随着负荷率增大，NO_x 排放先增大后减小。小负荷时，较低的缸内温度会抑制 NO_x 的生成；随着负荷的增大，引燃柴油量和天然气量增加，虽然会使总过量空气系数 λ 减小，但在一定的增长范围内，缸内含氧量仍相对充足，而燃料量的增加使燃烧放热量增多，温度升高，所以 NO_x 排放增大。随着负荷增大到满负荷，喷油正时推迟，抑制 NO_x 的生成，从而使 NO_x 排放降低。转速的增大，使生成 NO_x 的反应时间变短，从而导致 NO_x 排放降低。

（5）炭烟排放。

炭烟排放随掺烧比的变化如图 5-40 所示，炭烟排放大小用光吸收系数 k 表示。各试验工况下,与纯柴油模式相比,双燃料模式的炭烟排放显著下降,且随掺烧比的增大而降低。相同掺烧比下,当负荷增大时,炭烟排放升高;随着转速的增大,炭烟排放降低。

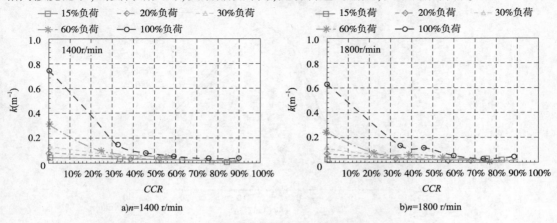

图 5-40 炭烟排放随掺烧比的变化

柴油机的着火方式和燃烧过程决定了其炭烟排放高,柴油以液态形式被喷入汽缸,在尚未与空气充分混合的条件下压缩着火,后续柴油则边混合边燃烧,属于扩散燃烧。在柴油的雾化过程中,油束核心区容易出现局部过浓而缺氧,在高温条件下裂解生成炭烟。另外,高十六烷值意味着柴油的稳定性较差,易于裂解,形成碳的速率较高,导致炭烟排放倾向增大。而作为天然气的主要成分,甲烷的 C-H 比小,且不含 C-C 化学键,其燃烧产生炭烟的机会很小。试验用双燃料发动机的天然气供给为缸外预混,天然气在燃烧之前有充足的时间与空气充分混合。因此,双燃料发动机的炭烟排放与原柴油机的相比明显降低,其生成的少量炭烟主要来自于引燃柴油的扩散燃烧。随着掺烧比的增大,引燃柴油量减少,天然气量增大,燃烧过程中柴油的扩散燃烧减少,而天然气—空气的预混燃烧增多,所以炭烟排放降低。负荷率为100%时,1400r/min 和 1800r/min 下双燃料模式的平均炭烟排放与各自纯柴油模式的相比,分别降低了91.20%和88.71%。

相同掺烧比下,当负荷增大时,炭烟排放随之升高。随着负荷增大,增压压力升高,喷油正时推迟,使得滞燃期缩短,更多的引燃柴油参与到扩散燃烧过程中,且缸内温度也升高,以上都有利于炭烟的生成,所以炭烟排放升高。转速的增大增强了缸内气流运动,有利于柴油的雾化和蒸发,在燃烧过程中出现局部缺氧的情况减少,因此炭烟排放随转速的增大而降低。

4. 燃烧特性

1)不同掺烧比下的燃烧特性

试验转速为 1400r/min、负荷率为 60%,柴油喷油正时为最大转矩正时。掺烧比为 0.0%(纯柴油)、24.2%、42.2%、55.4%、70.6% 和 90.0% 的柴油喷油正时分别为 7°CA BTDC、12°CA BTDC、15°CA BTDC、14°CA BTDC、13°CA BTDC 和 14°CA BTDC。

(1)缸内压力。

掺烧比对原机和双燃料机缸内压力的影响如图 5-41 所示。在压缩上止点前5°CA 后,双燃料机的缸内压力均大于原机。在此之前,原机的缸内压力略大于双燃料机;随着掺烧比的增大,双燃料机的缸内压力先增大后减小;最大缸内压力的最大值出现在掺烧比为70.6%

的工况下;掺烧比为55.4%与90.0%的喷油正时相等,与掺烧比为55.4%的相比,掺烧比为90%的最大缸内压力对应的曲轴转角位置推迟。

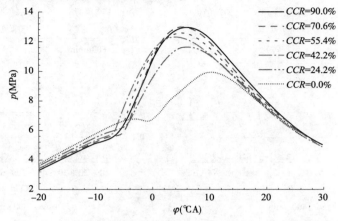

图5-41 掺烧比对缸内压力的影响

在压缩过程,原机进入缸内的是纯空气,双燃料机进入缸内的是天然气—空气混合气。和双燃料机相比,原机的进气压力、空气进气量和混合气的多变指数均略大,造成压缩过程内原机的缸内压力略大于双燃料机。随着燃料的开始着火,双燃料机的着火延迟期增大,在着火延迟期内所形成的着火数量和能量增大,导致双燃料机的缸内压力均大于原机。

小掺烧比时,天然气量较少,天然气—空气混合气的过量空气系数较大,燃烧速率较小,缸内压力较低;随着掺烧比的增大,天然气量增多,引燃柴油量减少,天然气—空气混合气的过量空气系数变小,燃烧速率增大,等容度提高,缸内压力增大。掺烧比在70.6%～90.0%之间增大时,天然气量增大,空气量减少,天然气—空气混合气变浓,引燃柴油的喷射量较小,基本只起引燃作用,混合燃料的着火延迟期较长,引燃柴油在着火延迟期内完全蒸发,之后的燃烧阶段为"预混合燃烧",造成随着掺烧比的增大,最大缸内压力略有减小。

掺烧比为55.4%与90.0%的喷油正时相等。与55.4%相比,90.0%的主燃时刻推迟且远离压缩上止点。所以,掺烧比为90.0%的最大缸内压力对应的曲轴转角位置推迟。

(2)压力升高率。

掺烧比对原机和双燃料机压力升高率的影响如图5-42所示。双燃料机的压力升高率比原机大;随着掺烧比的增大,双燃料机的压力升高率先增大后减小;与掺烧比为55.4%相比,掺烧比为90.0%的压力升高率减小且最高压力升高率对应的曲轴位置推迟;最大压力升高率峰值和最大缸内压力峰值均同时出现在掺烧比为70.6%的工况下。

(3)燃烧放热规律。

掺烧比对原机和双燃料机瞬时放热率的影响如图5-43所示。双燃料机的瞬时放热率比原机大;随着掺烧比的增大,双燃料机的瞬时放热率先增大后减小;瞬时放热率最大峰值出现在掺烧比为70.6%;原机的和掺烧比为24.2%的瞬时放热率出现了比较明显的"双峰"现象;当掺烧比为42.2%和55.4%时,出现了"双峰"现象;随着掺烧比的继续增大,"双峰"现象消失。与掺烧比为55.4%时相比,掺烧比为90.0%的瞬时放热率增大且瞬时放热率峰值对应的曲轴转角推迟。

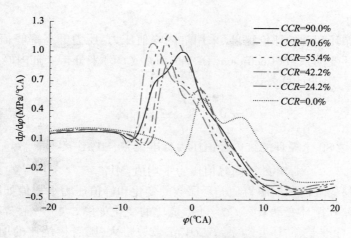

图 5-42 掺烧比对压力升高率的影响

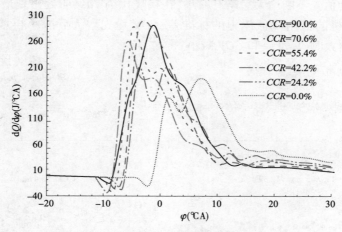

图 5-43 掺烧比对瞬时放热率的影响

与单次喷射相比,电控高压共轨柴油机的预喷射能够缩短着火延迟期,降低 NO_x 排放、改善燃烧以及降低噪声,预喷射主要应用在中、小负荷下。转速 1400r/min,负荷率 60% 的工况,属于大负荷工况,原机和双燃料机的柴油喷射都采用了单次喷射。原机的瞬时放热率呈现明显的"双峰"现象,第一个波峰对应柴油的预混合燃烧放热阶段,第二个波峰对应柴油的扩散燃烧放热阶段。在掺烧比为 24.2% 的工况下,瞬时放热率的第一个峰对应柴油的预混合燃烧放热以及部分天然气燃烧;第二个峰对应柴油的扩散燃烧放热以及剩余天然气的预混合燃烧放热。

掺烧比为 24.2%,天然气量较少,天然气—空气混合气较稀,引燃柴油为主要燃料;在这种小掺烧比的工况下,缸内温度较低,柴油的预混合燃烧放热以及部分天然气燃烧放热阶段所占比例较大,大部分的燃烧放热集中在这一阶段,故瞬时放热率的第一个峰高于第二个峰。随着掺烧比的增大,柴油的扩散燃烧所占比例不断减小。当掺烧比为 55.4% 时,第二个峰很小了;随着掺烧比的不断增大,天然气量不断增多,引燃柴油量不断减少,天然气—空气混合气的过量空气系数不断减小,天然气的燃烧放热所占比例不断增大,不存在明显的二次放热现象,故瞬时放热率的"双峰"现象消失。

(4) 循环变动。

对于内燃机循环变动的评价,可以采用缸内峰值压力、压力升高率峰值、平均指示压力和燃烧始点的循环变动系数(Coefficient Of Variation, COV)来分析。缸内峰值压力($p_{\max}$)循环变动系数($COV_{p_{\max}}$)的计算公式为:

$$COV_{p_{\max}} = \frac{\sigma_{p_{\max}}}{\bar{p}_{\max}} \times 100\% \tag{5-7}$$

式中:$\sigma_{p_{\max}}$——连续 80 个循环的缸内峰值压力标准偏差,MPa;

$\bar{p}_{\max}$——连续 80 个循环的缸内峰值压力平均值,MPa。

原机和双燃料的缸内峰值压力随循环序数的变化和峰值压力平均值如图 5-44 所示,缸内峰值压力标准差和循环变动系数 COV 随掺烧比的变化如图 5-45 所示。双燃料机缸内峰值压力的平均值、标准差、循环变动系数 COV 都较原机大;随着掺烧比的增大,双燃料机的缸内峰值压力平均值先不断增大后略有减小,在掺烧比为 70.6% 处出现最大值。随着掺烧比的增大,双燃料机的缸内峰值压力的标准差、COV 均先增大后减小再增大,即掺烧比在 42.2%~50.4% 增大时,标准差和 COV 减小。

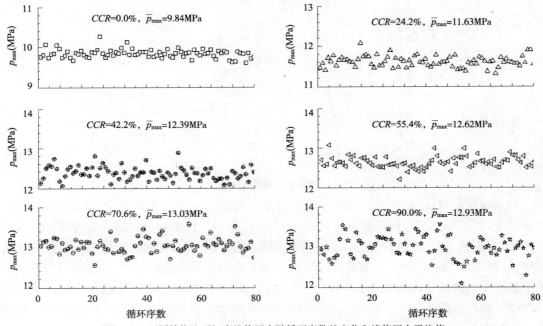

图 5-44 不同掺烧比下缸内峰值压力随循环序数的变化和峰值压力平均值

原机进入汽缸的是纯空气,空气比较充足,每缸的柴油喷射量比较均匀;双燃料燃烧包含柴油的燃烧放热以及天然气的燃烧放热,柴油燃烧循环变动会引起更严重的天然气燃烧循环变动,故双燃料机的缸内峰值压力的标准差、循环变动系数 COV 都较原机大。随着掺烧比的增大,天然气量增多,引燃柴油减少,点火数量和能量减小,天然气—空气混合气过稀会影其燃烧和火焰传播,导致天然气燃烧恶化甚至局部失火,故双燃料的缸内峰值压力的标准差和 COV 均随掺烧比的增大而增大。掺烧比从 42.2% 增大到 50.4%,燃烧速率加快,导致缸内峰值压力循环变动系数有所减小。

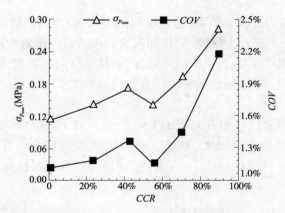

图 5-45　不同掺烧比下缸内峰值压力标准差和 COV 的变化

2）不同负荷下的燃烧特性

试验转速 1400r/min，负荷率为 15%、20%、30% 和 60%。双燃料模式，掺烧比为最大掺烧比。柴油模式和双燃料模式的柴油喷油正时均为最大转矩正时。试验工况点的掺烧比和柴油喷油正时见表 5-10。

柴油喷油正时和掺烧比　　　　　　　　　　表 5-10

项　目	参　数							
负荷率(%)	15		20		30		60	
模式	原机	双燃料	原机	双燃料	原机	双燃料	原机	双燃料
掺烧比(%)	0.0	84.3	0.0	84.4	0.0	88.0	0.0	90.0
喷油正时(°CA BTDC)	18	26	18	25	18	23	7	14

（1）缸内压力。

负荷对原机和双燃料机缸内压力的影响如图 5-46 所示。随着负荷的增大，原机和双燃料机的缸内压力均不断增大；在每一负荷下，双燃料机缸内压力均较原机大；随着负荷的增大，相对原机，双燃料机缸内压力的增加幅度不断增大。

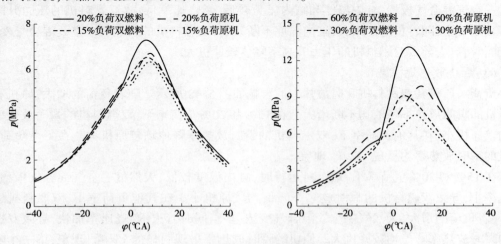

图 5-46　负荷对缸内压力的影响

原机和双燃料机均为质调节负荷,随着负荷的增大,燃料的供应量增多,缸内混合气过量,空气变少,燃烧速率不断增大,所以原机和双燃料机的缸内压力均随负荷的增大而增大。双燃料运行时,天然气—空气混合气形成质量好,而且多点同时着火,燃烧速率较快,等容度较高,所以在每一负荷下,双燃料机的缸内压力均较原机高。

(2)压力升高率。

负荷对原机和双燃料机压力升高率的影响如图5-47所示。随着负荷的增大,原机和双燃料机的压力升高率均不断增大,在小负荷时增加幅度较小。在15%负荷率下,双燃料机的压力升高率峰值较原机模式小;在其他负荷率下,双燃料机的压力升高率峰值较原机小。

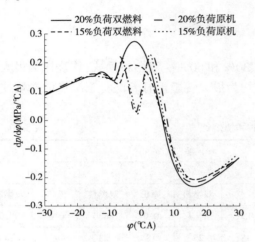 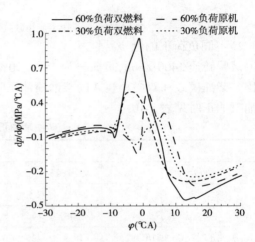

图5-47 负荷对压力升高率的影响

随着负荷的增大,原机和双燃料机的缸内混合气变浓,且缸内温度不断升高,着火点的数量和能量不断增多,故原机和双燃料机的压力升高率均不断增大;在小负荷时,燃料量少,缸内温度和压力低,故原机和双燃料机的压力升高率较小。在15%负荷率下,双燃料机的天然气—空气混合气极稀,缸内温度和缸内压力较低,燃烧速率低,故双燃料机的压力升高率峰值较原机小;随着负荷的增大,缸内温度不断升高,双燃料机的天然气—空气混合气变浓,多点同时着火,导致双燃料机的压力升高率峰值较原机大。

(3)燃烧放热规律。

负荷对原机和双燃料机瞬时放热率的影响如图5-48所示。随着负荷的增大,原机和双燃料机的瞬时放热率峰值均不断增大。在15%和20%负荷率下,双燃料机的瞬时放热率峰值均较原机小;在其他负荷率下,双燃料机的瞬时放热率峰值均较原机大。在每个负荷下,原机的瞬时放热率均呈现"双峰"现象。

在15%和20%负荷率下,双燃料运行时,缸内温度较低,天然气—空气混合气极稀,燃烧速率小,导致双燃料机的瞬时放热率峰值均较原机小。在其他负荷率下,双燃料机运行时,随着负荷的增大,天然气—空气混合气变浓,多点同时着火,燃烧速率加快,导致双燃料机的瞬时放热率峰值均较原机大。原机的瞬时放热率呈现明显的"双峰"现象,第一个峰对应柴油的预混合燃烧放热阶段,第二个峰对应柴油的扩散燃烧放热阶段。

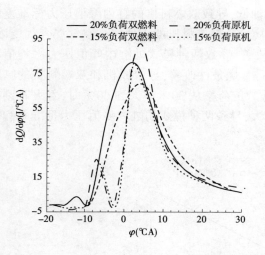
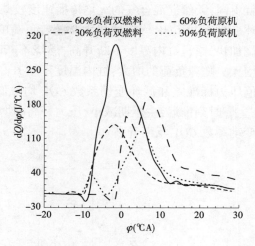

图 5-48　负荷对瞬时放热率的影响

(4) 循环变动。

不同负荷下,原机和双燃料机的缸内峰值压力随循环序数的变化和峰值压力平均值如图 5-49 所示,缸内峰值压力标准差和循环变动系数 COV 随负荷的变化如图 5-50 所示。在每个负荷下,双燃料机的缸内峰值压力平均值、标准差、循环变动系数 COV 均大于原机的;随着负荷的增大,原机和双燃料的缸内峰值压力平均值不断增大,原机和双燃料机的缸内峰值压力标准差、循环变动系数 COV 均先降低后升高;随着负荷率从 30% 增大到 60%,标准差、循环变动系数 COV 反而升高。

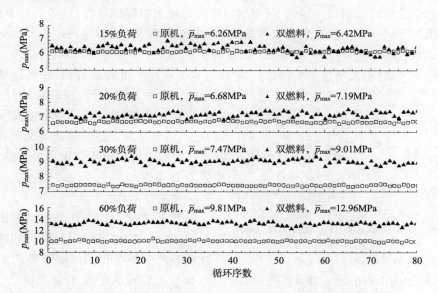

图 5-49　不同负荷下缸内峰值压力随循环序数的变化和峰值压力平均值

双燃料运行时,天然气—空气混合气形成质量高,多点同时着火,燃烧速率快,等容度较高,导致双燃料的缸内峰值压力平均值较原机大。双燃料机的天然气混合气是靠柴油来引燃的,各循环的引燃柴油喷入状态很难保持完全相同,每个汽缸缸内着火点的数量以及能量也就不同;天然气混合气的火焰传播速度较柴油低,导致双燃料机的缸内峰值压力标准差和循环变动系数 COV 均较原机大。随着负荷的增大,双燃料机的天然气—空气混合气变浓,燃烧加快,原机缸内温度不断升高,燃烧不断改善,导致两种模式的缸内峰值压力平均值不断增大。随着负荷的增大,缸内温度不断升高,燃烧条件改善,导致原机和双燃料机的缸内峰值压力标准差和循环变动系数 COV 均降低。负荷率从 30% 增大到 60% 时,着火时刻推迟,主燃时刻推迟,主燃期减小,压力升高率增大,导致两种模式的缸内峰值压力标准差和循环变动系数 COV 反而升高。

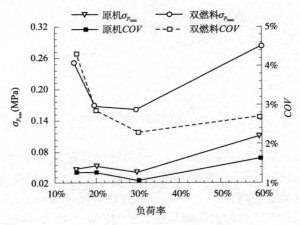

图 5-50 不同负荷下缸内峰值压力标准差和 COV 的变化

5. 外特性试验

在与原柴油机相同的每一转速下,双燃料模式以最大掺烧比运行,使各转速下的转矩基本与柴油机的相同。柴油和双燃料以各自的最佳喷油正时(不爆震时转矩最大)运转。

1) 柴油替代率

外特性下,双燃料发动机的柴油替代率如图 5-51 所示。低转速时,替代率较低,随着转速增加替代率逐渐上升,到高转速时替代率又有所下降。这是因为转速增加使燃烧得到改善,可以适当加大天然气掺烧的比例,而高转速时替代率大时发动机工作粗暴。柴油替代率平均值为 75.7%。

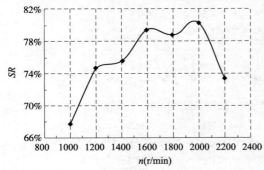

图 5-51 外特性柴油替代率

2) 动力性对比

双燃料和纯柴油外特性转矩对比如图 5-52 所示。发动机燃用双燃料和纯柴油时,外特性的转矩基本相同。随着转速上升,转矩逐渐增加,转速为 1600r/min 时,转矩达到最大值,而后随着转速升高,转矩下降。

双燃料运行时,虽然天然气的进入会占据一部分汽缸容积,但混合气总过量空气系数为 1.55~1.65,比柴油的略小,可以保证进缸的能量基本相同。虽然可以通过减小混合气过量空气系数进一步增加双燃料发动机的动力性,但考虑到发动机热负荷和机械负荷的限制,为了确保发动机的可靠性,双燃料发动机的动力输出调到与柴油机相同即可。

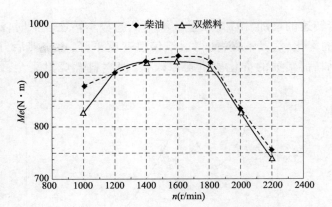

图 5-52　外特性转矩对比

3）燃料经济性对比

双燃料和纯柴油外特性有效燃料消耗率（LNG 按低热值折算为柴油）对比如图 5-53 所示。外特性下，在整个转速范围内，双燃料的有效燃料消耗率比柴油的都有所降低，平均降低比例为 4.89%。天然气以气体状态进入进气总管，与空气形成的混合气质量高，有利于 LNG 燃料的完全燃烧，且燃烧放热相对集中，因此双燃料发动机在大、满负荷下具有较好的燃料经济性。

4）排放对比

（1）CO 排放。

双燃料和纯柴油外特性 CO 排放对比如图 5-54 所示。外特性下整个转速范围内双燃料发动机 CO 排放水平均较柴油机高。这是因为，天然气预混混合气比较稀，燃烧过程中局部会出现火焰窒息现象，产生不完全氧化反应，CO 不能完全燃烧以转化为 CO_2，从而生成较多的 CO。

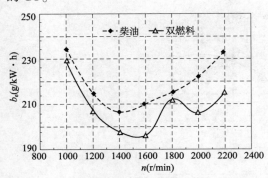

图 5-53　外特性有效燃料消耗率对比

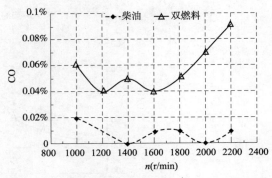

图 5-54　外特性 CO 排放对比

（2）HC 排放。

双燃料和纯柴油外特性 HC 排放对比如图 5-55 所示。特点及其原因：①和双燃料相比，柴油的 HC 排放在整个速度范围内都明显得低，柴油的 HC 排放平均值为 15ppm；而双燃料的 HC 排放平均值为 110ppm。双燃料预混混合气较稀，不能完全燃烧，造成 HC 增加；发动机燃用双燃料时的汽缸扫气也会引起 HC 排放的增加；压缩过程中被挤入狭小的缝隙内天然气混合气不能完全燃烧，也是造成 HC 排放增加的原因之一。②双燃料发动机低转速时

HC排放较高,随着转速的增加,HC排放呈逐渐降低趋势。转速较低时,缸内混合气运动较弱,导致引燃柴油的雾化、蒸发不良,使得火焰传播速度下降,燃烧滞后,产生较多的HC排放;发动机转速增加后,柴油的雾化质量得以改善,使燃料燃烧更完全,因此HC排放逐渐降低。

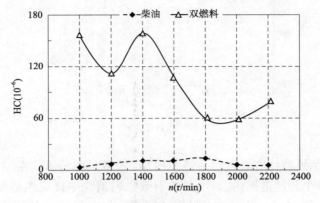

图 5-55 外特性 HC 排放对比

(3) NO_x 排放。

双燃料和纯柴油外特性 NO_x 排放对比如图 5-56 所示。特点及其原因:①随着转速的增加,双燃料和纯柴油的 NO_x 排放逐渐升高,到最高转速时 NO_x 排放有所下降。随着发动机转速的提高,缸内气流运动加强,燃烧速度加快,燃烧温度高,这都是 NO_x 生成的有利条件。但是随着转速的升高,气体在高温下的停留时间缩短,导致高转速时 NO_x 排放有所下降。②在整个转速范围内,纯柴油的 NO_x 排放比双燃料的略高。天然气以气态进入汽缸后占据了较大的汽缸容积,使得发动机充气质量降低,缸内燃烧温度较低,造成双燃料 NO_x 排放较低。

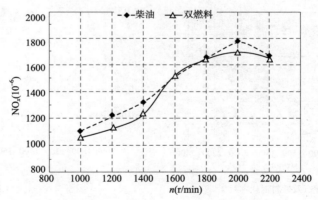

图 5-56 外特性 NO_x 排放对比

(4) 炭烟排放。

双燃料和纯柴油外特性炭烟排放(用光吸收系数 k 表示)对比如图 5-57 所示。特点及其原因:①低转速时双燃料和纯柴油的炭烟排放都较高,随着转速的升高,汽缸内空气的涡流运动加强,有利于柴油的蒸发和与空气的混合,燃烧更充分,炭烟排放减少。②双燃料的炭烟排放在整个转速范围内都低于纯柴油的,平均降低96.0%。柴油机运行时,尽管总体上是富氧燃烧,但柴油与空气会因为混合不均匀,缸内出现局部过浓,在燃烧过程中因为高温缺氧产生较多的炭烟。双燃料的炭烟排放低,可以从以下两个方面解释:一方面,在进气过程中天然气与空气进行了预混合,当引燃柴油喷入燃烧室时,天然气—空气混合气形成质量高,属于均质混合气燃烧,有利于抑制炭烟的生成;另一方面,柴油的芳香烃含量高,炭烟生成多,而天然气烷烃含量高,炭烟生成小。

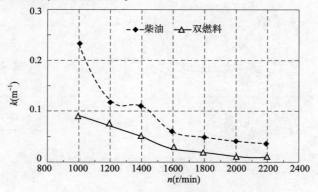

图 5-57 外特性炭烟排放对比

6. 负荷特性试验

在 2 个转速(1200r/min 和 2000r/min)下进行对比试验。双燃料模式运行时,各工况点的天然气掺烧比为最大。柴油和双燃料以各自的最佳喷油正时(转矩最大)运转。

1) 柴油替代率

负荷特性双燃料发动机的柴油替代率如图 5-58 所示。低负荷时替代率较低;随着负荷增加,替代率逐渐上升;大负荷时替代率又有所下降。在低负荷时,混合气燃烧温度低,柴油替代率较低以保持发动机正常运转;随着负荷增加时,燃烧得以改善,替代率可以逐渐增加;而大、满负荷时,替代率大时发动机易工作粗暴,所以替代率又有所下降。柴油替代率平均约为 80.00%。

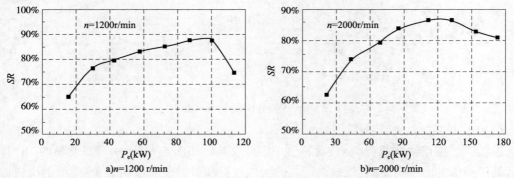

图 5-58 负荷特性柴油替代率

2) 燃料经济性对比

发动机燃用柴油和双燃料,负荷特性有效燃料消耗率对比如图 5-59 所示。除小负荷时双燃料的有效燃料消耗率比纯柴油高之外,随着负荷的增加,双燃料的有效燃料消耗率都较纯柴油低。小负荷时,天然气混合气过稀,缸内温度低,天然气的燃烧质量差,双燃料的有效燃油消耗率较大。中、高负荷时,缸内温度升高,天然气混合气燃烧更充分,且放热集中,所以有效燃料消耗率较小。

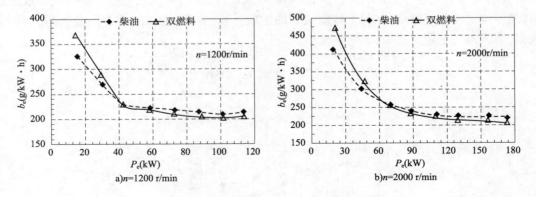

图 5-59　负荷特性有效燃料消耗率对比

3）排放对比

（1）CO 排放。

发动机燃用柴油和双燃料,负荷特性 CO 排放对比如图 5-60 所示。在整个负荷特性上,双燃料发动机的 CO 排放远远高于柴油机的。对双燃料发动机而言,天然气和空气的形成的混合气很稀,混合气燃烧速率低,火焰传播速度慢,不足以传遍整个燃烧室,缸内局部失火严重,因此 CO 排放高。

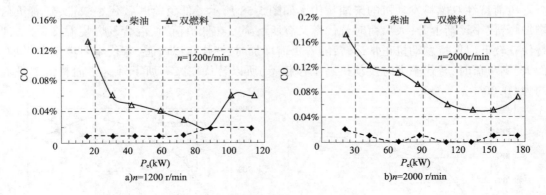

图 5-60　负荷特性 CO 排放对比

（2）HC 排放。

发动机燃用柴油和双燃料,负荷特性 HC 排放对比如图 5-61 所示。双燃料的 HC 排放远远高于柴油的。小负荷时,汽缸内进入的天然气量和引燃柴油量均很少,柴油的引燃能量和火焰范围小,且缸内温度低,均质天然气混合气燃烧不充分,可能存在局部失火,导致双燃料的 HC 排放比柴油的大幅增加。随着负荷的增大,柴油量和天然气量增加,着火能量增多,缸内温度升高,天然气均质混合气的燃烧条件改善,因此双燃料的 HC 排放逐渐降低。狭缝效应和气门重叠期间的扫气等都会增加双燃料发动机 HC 排放。燃烧方式的差异,导致双燃料的 HC 排放远远高于柴油的。

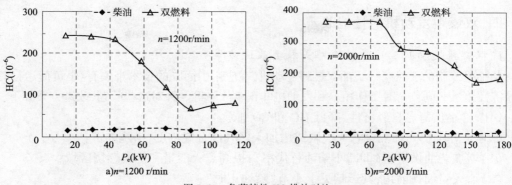

图 5-61 负荷特性 HC 排放对比

（3）NO_x 排放。

发动机燃用柴油和双燃料，负荷特性 NO_x 排放对比如图 5-62 所示。双燃料的 NO_x 排放略低于柴油的。这是由于双燃料燃烧的缸内温度略有降低所致。

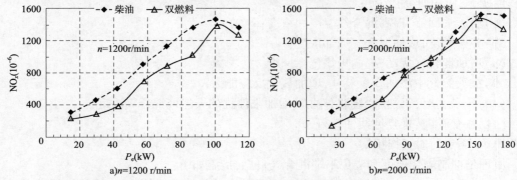

图 5-62 负荷特性 NO_x 排放对比

（4）炭烟排放。

发动机燃用柴油和双燃料，负荷特性炭烟排放对比如图 5-63 所示。双燃料的炭烟排放较柴油低，特别是在大、满负荷段。发动机转速 2000r/min 时，纯柴油的炭烟较双燃料平均高 71.25%。柴油机在燃烧过程中由于局部高温缺氧产生炭烟。双燃料炭烟排放低的原因：①天然气-空气混合气形成质量高，属于均质混合气燃烧，有利于抑制炭烟的生成；②柴油的芳香烃含量高，炭烟生成多，而天然气烷烃含量高，炭烟生成少。

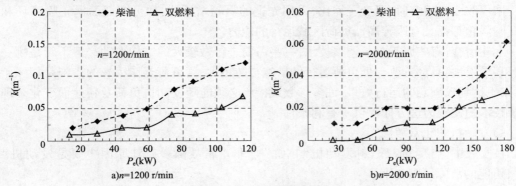

图 5-63 负荷特性炭烟排放对比

四、双燃料发动机的性能改善

1. 双燃料发动机应用的技术难关及其改进方案

柴油机改制的天然气—柴油双燃料发动机,在应用中面临的技术难关有:小负荷运行时燃料经济性差,大、满负荷时工作粗暴和发动机非正常故障等。针对这些问题,改进方案如下。

1)改善小负荷燃料经济性、降低 HC 和 CO 排放

原理是寻求扩大稀混合着火极限或增加天然气混合气浓度,措施如下:

(1)增加柴油供给量(即减小柴油替代率),提高点火能量和扩大燃烧区域;

(2)增大喷油提前角,其影响见上小节"喷油正时";

(3)对进气进行预热,增加氧化反应能力;

(4)进气节流(即进行量调节),减少进气量,使天然气混合气变浓;

(5)通过 EGR(不进行中冷),提高混合气温度,增加活性点火源(这种方法会导致燃料经济性变差,应用研究很少);

(6)增压气回流,提高混合气温度和浓度;

(7)分层燃烧,增加混合气局部浓度;

(8)增加混合气扰动,提高火焰传播速度;

(9)在天然气中添加少量氢气,增加氧化反应能力;

(10)小负荷时,天然气"随机停缸",增加未停缸的天然气混合气浓度;

(11)小负荷时,恢复纯柴油运行。

2)大、满负荷时工作粗暴

原理是抑制燃烧速度和避免末端混合气自燃,措施如下:

(1)增大天然气—空气混合气的过量空气系数,增加柴油比例,减小天然气替代率;减小喷油提前角,特别是在低速大转矩时;

(2)降低进气温度或发动机的压缩比;

(3)增压发动机采用进气中冷;

(4)紧凑的燃烧室设计,避免生成热点。

要避免大、满负荷工作粗暴,只要调整得当,一般能获得相当满意的运行效果,但发动机的升功率不能太大,否则极易发生爆燃敲缸。

采用改变气门定时、可变压缩比、采用先进的涡轮增压器,如可变截面涡轮喷嘴环和带放气阀涡轮等都具有改善高低负荷区域运行的能力。

上述措施,有些属于参数调整技术,有些需要进行做较大的结构变动。但不管是哪一种都有其局限性,且部分改善低负荷运行的措施与防止大、满负荷工作粗暴的措施是相互矛盾的,如想达到较满意的运行效果,许多参数或措施必须能随发动机负荷及转速而变化。现代电控技术的发展为这方面提供了有利条件。

3)发动机非正常故障

在实践中,出现过双燃料发动机"拉缸"等非正常故障。究其原因主要是发动机"过热",可能的故障原因如下:

(1)柴油或天然气控制失准,柴油或天然气供给过多;

(2)柴油喷油正时失准,导致发动机"开锅";

(3)冷却系统故障,冷却能力不足。

采取的措施如下。

(1)提高柴油和天然气控制系统的技术等级,确保控制装置的可靠性,提高故障自诊断水平,发生故障时立即"报警"并自动进行自我保护。

(2)发动机易"开锅"时,及时检查喷油正时、防止增加冷却系统的负担,及时维修冷却系统、确保足够的冷却能力。

2. 小负荷运行时,天然气"随机停缸"

双燃料发动机采用质调节负荷时,在小负荷下,空气量不减少,导致天然气—空气混合气极稀,过量空气系数可达 8~10,造成 HC 和 CO 排放高、燃料经济性差。

1)技术原理

为了使发动机在小负荷运行时,天然气混合气过量空气系数不至于过大,可以对天然气进行"停缸"。即保持所有缸的柴油供给,而对若干汽缸停止天然气供给,使天然气"工作汽缸"的过量空气系数变小。

2)技术措施

(1)为了不降低发动机的运转平稳性,对于六缸机,停 2 个缸时,可以采用停 1#缸—6#缸、2#缸—5#缸、3#缸—4#缸,共 3 种组合;停 3 个缸时,可以采用停 1#缸—2#缸—3#缸、4#缸—5#缸—6#缸,共 2 种组合。

(2)为了防止长时间运行,各缸磨损不一致。停缸组合的选择要采取"随机"的方法。

(3)为了确保被"停缸"得不到天然气供给,天然气不能采用混合器式供给,只能采用顺序喷射,缸外天然气供给要尽可能接近所供应的汽缸,防止天然气窜入其他汽缸,常通过天然气喷射阀的安装位置和喷射时刻来保证。天然气缸外喷射阀如图 5-64 所示。

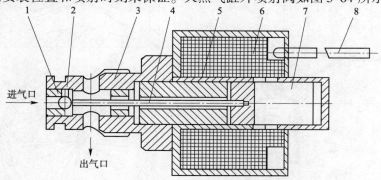

图 5-64 天然气缸外喷射阀

1-球阀座;2-球阀;3-阀体;4-推杆;5-极靴;6-电磁绕组;7-衔铁;8-导线

(4)天然气"随机停缸"控制要进行细致的优化研究。

3. 小负荷运行时,以纯柴油运行

和柴油机相比,双燃料发动机小负荷时,燃料经济性差(图 5-59),CO 排放高(图 5-60),HC 排放高(图 5-61)。为了充分发挥柴油机在小负荷时燃料经济性好、CO 和 HC 排放低的优点,在发动机小负荷时,以纯柴油运行。根据"掺烧特性"和"负荷特性试验"的试验结果,转换点选在负荷率为 30%。即在负荷率小于 30% 时,以纯柴油运行;在负荷率大于 30% 时,以双燃料运行。

五、高压喷射双燃料发动机

20世纪80年代,加拿大英属哥伦比亚大学的Philip Hill教授对该技术进行了相关研究,并提出了基于天然气缸内扩散燃烧理论的天然气发动机高压缸内直喷(High Pressure Direct Injection,HPDI)技术。同时美国西南研究院也认为,作为六大燃料技术之一的高压缸内直喷技术能有效提高效率并能降低发动机有害物排放。基于此研究,加拿大英属哥伦比亚大学和西港创新公司联合开发出天然气缸内直喷系统。

1997年4月,西港创新公司推出第一台天然气高压直喷发动机。这种发动机是专门开发单一的双燃料发动机,不能以纯柴油运行。高压缸内直喷系统中采用油气共用缸内高压喷射器(图5-65)。该喷射器可同时喷射柴油和天然气,分别通过液压系统和电磁阀系统控制引燃柴油和天然气在不同时刻的喷射,当时的气体喷射压力为19MPa。在压缩上止点前,随着柱塞的不断下行,储油腔内油压升高,克服弹簧阻力,使柴油针阀开启,引燃柴油喷入缸内。随后柱塞继续下行,天然气喷射针阀开启,电磁阀控制天然气喷射量。通过针阀弹簧的预紧力调节柴油和天然气的两个同轴针阀之间的开启间隔。

高压缸内直喷的柴油和天然气喷注如图5-66所示。在轴向上,柴油分布于上层,可早期与空气旋流接触,形成混合气并自燃,之后引燃天然气混合气,形成双燃料燃烧。在径向上,柴油和天然气分别对称散射,便于燃料(包括柴油和天然气)与空气的充分接触,提高燃烧速率和火焰传播的广度,弥补天然气混合气火焰传播速度低带来的问题,最大程度地降低爆震燃烧的产生。

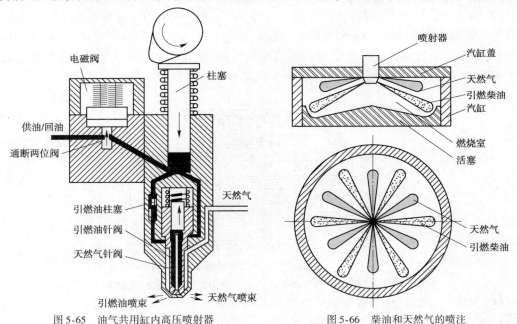

图5-65 油气共用缸内高压喷射器　　图5-66 柴油和天然气的喷注

2008年,潍柴动力股份公司与西港创新公司合作成立了潍柴西港新能源动力有限公司,推广应用该型发动机。采用的技术为在压缩上止点前将总能量5%的柴油喷入汽缸引燃,再将总能量95%的天然气以30MPa的压力喷入火焰中做功。该项技术可使高压缸内直喷天然气发动机达到同型号柴油机的动力性,达到国五排放标准。

第六章　醇类在汽车上的应用技术

第一节　概　　述

醇类是分子中含有与烃基或苯环侧链上的碳结合的羟基的化合物，大多是无色透明，易挥发的可燃液体。常见的作为车用燃料的醇类为低碳醇，即甲醇和乙醇，目前也有一些关于高碳醇（如丁醇、戊醇等）在车用发动机上的应用研究。

一、甲醇

甲醇是最简单的饱和一元醇，具有很强的毒性，最初由木质蒸馏分离获得，因此又称"木醇"或"木精"。它可以由任何可裂解生成合成气（氢气、一氧化碳或二氧化碳混合物）的物质制得，如天然气、煤、生物质（木质、农作物、生活垃圾等），因此它的生产也可以摆脱对石油资源的依赖。甲醇的理化性质与传统汽油燃料比较接近，因此大部分情况是作为车用汽油的替代燃料推广应用，根据甲醇与汽油的掺混比例，常见的甲醇汽油包括M15（甲醇汽油中甲醇含量为15%）、M85（甲醇含量为85%）、M100（车用级变性甲醇）等。由于甲醇的高含氧量可有效降低柴油车的炭烟排放，近些年，也有部分地区将甲醇作为柴油的替代燃料使用。

1. 车用甲醇燃料在美国的发展

1976年，由于含铅汽油被禁止使用，甲醇又具有较高的辛烷值，美国将甲醇作为汽油辛烷值提升剂推广使用，但并未直接作为燃料大量使用。20世纪90年代后为降低汽车尾气排放，保护环境，美国能源法案规定从1992年全美39个州要使用含氧量2.7%（m/m）以上的汽油，部分地区选择的含氧燃料便是甲醇汽油，其中加利福尼亚州（加州）是美国推广使用甲醇汽油最重要的地区。1993年，甲醇的推广应用达到高峰，全美有超过1200万gal的甲醇作为运输燃料投入使用；M85的灵活燃料汽车达到约21000辆，其中大多数（约15000辆）在加州，且加州拥有超过100个公共和私人加油站以及数百辆甲醇燃料运输车和校车。但由于美国是在石油价格迅速下滑的时期引进甲醇，既没有像乙醇那样作为运输燃料使用时会有一定的经济性补贴和奖励，也没有被大力宣传，因此甲醇在美国并没有成为基础性的替代燃料。后期甲醇燃料被美国政府推广的乙醇燃料替代；2005年，加利福尼亚州也停止了车用甲醇燃料的使用。

除了被政府推广作为普通车辆的燃料，甲醇在美国赛车领域也得到一定应用，并一直应用至今。早在1965年，美国汽车俱乐部（USAC）Indy汽车竞赛中便广泛使用甲醇作为赛车燃料；1979—2007年，CART（Championship Auto Racing Teams）比赛中一直使用甲醇作为燃料；甲醇作为赛车燃料也常见于许多短道赛事，特别是小型冲刺型赛车和高速公路摩托车的比赛。1996—2006年，印地赛车联盟（IRL）使用纯甲醇作为赛车燃料。甲醇燃料也广泛用于拖拉赛，包括顶级酒精赛车（Top Alcohol）和怪物卡车赛（Monster Truck）。

2. 车用甲醇燃料在欧洲的发展

20世纪60年代末,德意志联邦共和国在欧洲首先推广使用低比例的甲醇汽油,其中含4%甲醇和助溶剂,略低于当时美国甲醇汽油中甲醇的含量(5.5%),这种燃料直到20世纪70年代末才被广泛应用。随后20世纪80年代到90年代,欧洲多个国家和地区都出现了不同的低比例甲醇汽油。为统一甲醇燃料标准,方便流通,1988年,欧洲经济共同体成员国确定了甲醇汽油中允许的甲醇浓度范围,如果使用甲醇汽油,需要在燃油泵上进行统一标记。欧洲唯一允许使用过高比例甲醇混合燃料的国家是法国,但仅曾在几个加油站进行过出售。2004年,欧洲标准中对汽油中的甲醇含量的要求调整至与美国环保署(EPA)的规定一致(3%)。

由于欧洲发展替代燃料的主要目的是为了降低温室气体(主要是CO_2)排放。2007年,欧盟提出了增加使用生物燃料以将运载燃料的温室气体排放量从2011年到2020年每年降低1%的建议,因此不再重视发展石化甲醇燃料,转而鼓励发展生物质甲醇。北欧斯堪的纳维亚半岛由于其庞大的森林和造纸工业生产能力,为生产生物甲醇提供了充足且廉价的原料,因此北欧地区是目前生物甲醇的生产集聚地。如,瑞典的Värmlands Metanol公司每年可从森林残留生物质中生产约10万t燃料级甲醇。

3. 车用甲醇燃料在中国的发展

早在20世纪70年代初,我国开始对甲醇作为车用替代燃料进行系统的研究,当时四川等地已经有低比例的甲醇汽油出售。原国家科学技术委员会于"六五"期间(1981—1985年)组织、原交通部公路所等单位承担"甲醇汽油(M15)掺烧技术"研究,曾在山西省进行过475辆汽车和4个加油站的商品化运行示范。但M15燃料中需添加价格昂贵的助溶剂。"七五"期间(1986—1990年),原国家科学技术委员会组织了十几个单位进行高比例甲醇汽油的试验研究。同时,与德国大众汽车公司进行了历时7年的M100甲醇汽车国际技术合作研究,并与美国福特汽车公司合作进行灵活燃料甲醇汽车研究。

进入21世纪后,随着对大气环境污染监管日趋严格,直接将煤炭作为能源燃用受到越来越严格的管控,在此背景下,我国开工建设了大量的煤化工企业以促成煤炭能源行业的转型。在我国,最重要的煤化工产品就是甲醇。虽然世界范围内,目前大部分甲醇是以天然气为原料催化反应而生成,但我国的能源结构决定了我国的甲醇主要是以煤炭为原料生产的,据统计,2009年,中国天然气制甲醇仅占甲醇总产量的15%。

煤制甲醇的产能一直在增长,2014年已经超过6000万t,但开工率却持续低迷,仅能达到一半左右(表6-1)。为了解决甲醇产能过剩,促进煤炭产业结构升级,一些省份(尤其是煤炭大省)开始将甲醇作为燃料推广应用,但是大多都仅限各自省内,没有国家统一指导和扶持。

2009—2014年中国甲醇产量与产能　　　表6-1

年份	产量(万t)	产能(万t)	负荷率(%)
2009	1100	3200	34
2010	1800	3300	54.5
2011	2569.9	4823	53.3
2012	3000	>5000	<60
2013	2878.54	5650	51
2014	3443.9	6860.5	50.2

山西省是我国最重要的煤炭大省之一,其在2001年便开始对甲醇替代汽油燃料进行了研究。2001—2005年,山西省组织开展了"煤制甲醇—清洁燃料汽车"试验示范项目。2001年6月,甲醇燃料已经推广到全省6个城市的公交旅游车辆中使用。其中晋中在11个县范围内推广使用300辆甲醇中型客车和150辆甲醇城市出租车,并建设标准甲醇加油站2个,改造部分加油站,初步形成煤制甲醇—甲醇发动机—完善的燃料输送系统—技术服务系统的区域性产业化示范基地,使甲醇汽车初具产业化规模。

陕西省也具备非常丰富的煤炭资源,也很重视煤制甲醇的推广应用。陕西省政府在2005年7月的第十七次常务会议上将甲醇汽油产业的发展正式提到了议事日程,并成立了"陕西省甲醇汽、柴油试点工作办公室"。2012年3月21日,成立了"陕西省甲醇燃料推广与甲醇汽车试点协调领导小组",随后又成立了"陕西省甲醇汽车试点工作专家组"。这些措施为甲醇汽车在陕西省推广奠定了强有力的组织保证。2004年7月,陕西省质量技术监督局颁布实施了《车用M15甲醇汽油》(DB61/T352—2004)、《车用M25甲醇汽油》(DB61/T353—2004)、《车用燃料甲醇》(DB61/T351—2004)等地方标准,保证了省内甲醇汽油燃料的品质、规范了甲醇生产及应用的市场。

2012年工业和信息化部发布了《关于开展甲醇汽车试点工作的通知》,起动在山西省、陕西省、上海市的甲醇汽车试点运行推广,后又扩大至甘肃省和贵州省,涉及上海、晋中、长治、西安、宝鸡、榆林、汉中、兰州、平凉以及贵阳等10个城市。这是我国对甲醇作为车用替代燃料的一次全国范围内的大型试点工作,主要是为了验证燃料甲醇(M100)作为车用燃料,直接替代汽油的使用效果;在少数地区,如陕西省榆林市,采用了双燃料模式进行了甲醇替代柴油的试点运行。试点运行时间平均2~3年,累计投入运营车辆1024辆。其中,甲醇出租车904辆,甲醇客车100辆,甲醇多用途乘用车15辆,甲醇柴油双燃料重型载货车5辆。截至2017年,试点运行的单车最长运行时间超过3年,单车最高行驶里程29.5万km,试点车辆累计运行超过6500万km。10个试点城市共投入甲醇燃料加注站18座(其中包括5个撬装站),累计消耗甲醇燃料超过1.1万t。在试点运行过程中,工业和信息化部共分13批发布了8家甲醇汽车生产企业和23款甲醇汽车产品公告,汽车生产企业包括吉利集团、陕西重汽、中国重汽、郑州宇通、陕西通家等8家企业;产品包括甲醇汽车、甲醇柴油双燃料自卸汽车、甲醇厢式运输车、甲醇多用途乘用车和甲醇城市客车,涵盖了轿车、重型商用车、微型车、城市客车等不同用途的系列车型。

目前全国有10个省市自治区制定了自己的甲醇汽油地方标准,主要集中在M5-M30等不需要对使用车辆做较大改动,容易推广的低比例甲醇汽油上,(表6-2)。相反的是,目前仅有两项高比例甲醇燃料标准《车用甲醇汽车(M85)》和《车用燃料甲醇》被颁布,而较容易推广的低比例甲醇汽油M15的标准却一直迟迟未能颁布。

中国车用甲醇燃料相关标准 表6-2

标 准 级 别	标 准 名 称
国家标准	《车用甲醇汽油(M85)》(GB/T 23799—2009)
国家标准	《车用燃料甲醇》(GB/T 23510—2009)
中国标准化协会标准	《M15车用甲醇汽油》(CAS 147—2007)
贵州省地方标准	《M15车用甲醇汽油》(DB52/T 618—2010)

续上表

标准级别	标准名称
山西省地方标准	《M5、M15 车用甲醇汽油》（DB14/T 92—2008）
河北省地方标准	《M15 车用甲醇汽油》（DB13/T 1303—2010）
四川省地方标准	《M10 车用甲醇汽油》（DB51/T 448—2004）
黑龙江省地方标准	《M15 车用甲醇汽油(含清洁剂)》（DB23/T 988）
辽宁省地方标准	《M15 车用甲醇汽油》（DB21/T 1478—2006）
新疆维吾尔自治区地方标准	《M15、M30 车用甲醇汽油》（DB65/T 2811—2007）
甘肃省地方标准	《车用甲醇汽油(M15)(M30)》（DB62/T 1874—2009）
浙江省地方标准	《车用甲醇汽油第1部分：M15》（DB33/T 756.1—2009） 《车用甲醇汽油第2部分：M30》（DB33/T 756.2—2009） 《车用甲醇汽油第3部分：M50》（DB33/T 756.3—2009）
陕西省地方标准	《车用燃料甲醇》（DB61/T 351—2004） 《车用 M15 甲醇汽油》（DB61/T 352—2013） 《车用 M25 甲醇汽油》（DB61/T 353—2013）

二、乙醇

乙醇俗称酒精，是制造合成橡胶、塑料、燃料、涂料、化妆品、洗涤剂等的原料，也是化学工业上常用的溶剂，并有杀菌的作用，用作消毒清洁剂、防腐剂等。其可由乙烯水合而成，也可用含糖作物（如甘蔗、甜菜等）、含淀粉作物（木薯、土豆和玉米等）及作物的含纤维物料（如草木秸秆）等为原料。这些原料的优点是可再生；缺点是生产单位乙醇所消耗的粮食作物较多，而使用含纤维物料来制取乙醇的话，投资大、成本高、收效小。常见的可生产乙醇的原料的产量、产率见表6-3。乙醇是目前世界范围替代传统汽车燃料最广泛的醇类。目前生产和使用车用乙醇燃料最多的国家是美国和巴西，乙醇一般与汽油混合后作为汽油车替代燃料使用，根据乙醇含量不同，常见的乙醇汽油有 E10（乙醇含量为 10%）、E15（乙醇含量为 15%）、E20（乙醇含量为 20%）及 E85（乙醇含量为 85%）等。

几种燃料作物的乙醇产量、产率对比　　　　表6-3

原料	乙醇产量(L/ha)	乙醇产率（克乙醇/克生物质）
玉米秸秆	1050~1400	0.260
小麦	2590	0.308
木薯	3310	0.118
甜高粱	3050~4070	0.063
玉米	3460~4020	0.324
甜菜	5010~6680	0.079
甘蔗	6190~7500	0.055
微藻	46760~140290	0.235~0.292

1. 车用乙醇燃料在美国的发展

美国是全世界最大的乙醇生产大国,目前其乙醇产量超过世界产量的一半(图6-1),同时也是车用乙醇燃料的消费大国。美国加油站所销售的乙醇汽油主要是E10,销量可以占到普通汽油的1/3以上,部分地区有少量E85使用。

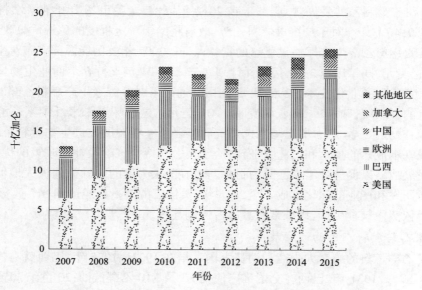

图6-1　2007—2015年世界各地区乙醇产量

乙醇在美国的应用可以追溯到20世纪初。早在1909年,福特公司设计并制造了世界上第一辆燃用乙醇的汽车,随后巴西、德国、法国、新西兰等国家都纷纷将乙醇作为车用燃料进行了一定规模的应用,这项应用持续到20世纪30年代,同时带动了乙醇生产。第二次世界大战后,由于石油和天然气等化石能源大规模开采,化石能源作为车用能源成本变得非常低廉,而乙醇成本相对较高,逐渐被停止使用。

20世纪70年代石油危机爆发后,美国政府为了保障国家能源安全,减少进口石油依赖,提出了"乙醇发展计划",并陆续颁布了《能源税收法案》(1978年),《原油暴利所得税法》《混合和解法案》《乙醇汽油竞争法》《能源安全法案》(1980年)以及《税收改革法案》(1986年),通过这些法案,采取了降低乙醇汽油的燃料消费税,对乙醇燃料生产及销售企业提供信贷优惠、债券利息补贴、保险贷款优惠等措施,从而降低车用乙醇替代燃料的成本,促进了生物燃料乙醇产业的发展及推广应用。美国的乙醇产量从1979年的1000万gal激增到1980年的1.75亿gal。

20世纪90年代后,环境问题愈发引起社会的关注,这进一步促进了车用燃料乙醇在美国的发展。1988年美国政府颁布了《替代燃料法案》,其中规定,当汽车制造商生产替代燃料汽车时对其提供信贷优惠,以满足企业平均燃料经济性的标准,其中包括E85乙醇汽油。1990年美国国会通过了《清洁空气法案修正案》,规定从1992年冬季起39个地区要使用含氧量2.7%(m/m)以上的汽油,以减少汽车尾气中CO的排放,这促进了乙醇成为当时车用燃料少数含氧化合物之一。1992年美国国会颁布了《能源政策法案》,正式确立乙醇作为一种替代运输燃料的地位。至1998年,美国乙醇产量已经增长至14亿gal/年。

21世纪后,由于公众对环境问题进一步关注,美国政府对车用乙醇燃料的推广及应用政策也发生了改变。首先由于发现甲基叔丁基醚(MTBE)会污染地下水,许多州开始逐步禁止在汽油中添加MTBE,由燃料乙醇取而代之,这使乙醇作为车用燃料的消耗大幅增加。其次逐渐形成了以重点补贴纤维素乙醇为特征的补贴框架。2005年美国的《能源政策法案》中制定了纤维素燃料乙醇发展规划,要求在2012年以前,全美市场上纤维素燃料乙醇的占有量要达到9.46亿L。对于纤维素燃料乙醇,政府将给予一定程度的免税优惠政策,对率先建设的纤维素燃料乙醇生产厂提供优惠的贷款保证。2007年美国能源部宣布对生物燃料研发投入10亿美元,同年斥资3.85亿美元计划在未来3~4年支持6个商业生物炼制示范工厂发展纤维素乙醇商业化技术。2008年美国国会通过了对纤维素生产燃料乙醇的生产商实施税收优惠的新政策,确定每gal乙醇免税1.01美元。这意味着未来纤维素乙醇补贴为目前粮食乙醇补贴的2.24倍。奥巴马当选总统后签署了一项发展先进生物燃料总统指令:对于已成熟或基本成熟的技术和工艺,政府将给予大力支持。该阶段补贴政策的优点:生物燃料乙醇的发展战略以促进纤维素乙醇为目标,多角度、大力度的补贴措施极大地促进了纤维素乙醇技术研发和产业的深化形成。至2015年,美国乙醇产量已经达到147亿gal/年,但绝大部分乙醇依然由粮食生产,纤维素乙醇所占比例甚微。

2. 车用乙醇燃料在巴西的发展

巴西是乙醇燃料的第二大生产和消费大国。早在1923—1925年,巴西就在汽油机上用过100%的乙醇。1931年,巴西在全国推广使用E5及E10乙醇汽油;20世纪30至40年代,各地使用过掺入不同比例乙醇的混合燃料,巴西东北地区较多的使用的是E40。第二次世界大战期间由于汽油短缺,用的更多的是E62。

1975年,巴西提出了国家乙醇计划,全国范围内使用无水乙醇与汽油混合燃料(EZO),混合比例为乙醇占10%~22%,并要求对常规汽油发动机进行小幅调整。到1993年,巴西政府通过法律形式规定乙醇汽油中乙醇的混合比例为22%(E22),但是允许乙醇的百分比可在先前设定的范围内变动。2003年,这一比例又被调整为乙醇占20%~25%,之后十几年中巴西国内销售的乙醇汽油混合比变动不大,乙醇的掺混比例基本在20%~25%范围内浮动。

截至2006年底,全巴西共有约33000所加油站至少配备有1台乙醇泵。同时,巴西汽车制造业开发生产了可灵活使用乙醇燃料的汽车,可以不限制汽油与无水乙醇的混合比例使用。2003年这种汽车一进入市场即大获成功。到2008年8月,巴西市场上售出灵活燃料汽车达到620万辆,占巴西道路行驶车辆的23%。乙醇灵活燃料汽车的成功开发和强制使用E25混合燃料使乙醇燃料的消费截至2008年2月达到巴西汽车能源消费市场份额的50%。

几十年实施的燃料乙醇计划,给巴西带来了很大收益。

一是形成了独立的经济能源运行系统,规模生产使得乙醇在巴西赢得了和汽油相当的竞争力,降低了对外石油依赖程度并取得了不错的经济收益。据世界能源理事会报道的资料,巴西在20世纪80—90年代每年生产乙醇120亿L,占汽车燃料消费量的62%;在1976—1985年间为实施国家乙醇计划,投资65亿美元,而取代汽油的价值为89亿美元,净得收益为24亿美元。

二是刺激了农业、乙醇相关行业发展。在巴西农村,只需很少的投资就可以产生许多就业机会。同时,稳定了巴西的甘蔗生产链,糖浆可以生产燃料乙醇,甘蔗叶和甘蔗渣可以转化为电力。

三是降低了巴西的碳排放,根据统计,利用可再生甘蔗生产燃料乙醇,可使巴西每年减少1.27亿t碳的排放(CO_2形式),相当于该国所有石油燃料CO_2排放量的20%。

3. 车用乙醇燃料在中国的发展

中国目前是世界上第三大生物燃料乙醇生产国和应用国,仅次于美国和巴西。我国液态生物质燃料的大规模发展开始于20世纪90年代中期,最初的产品便是燃料乙醇。由于国家储备粮的定期更新产生了较多的陈化粮。此时我国不仅需要大量资金去新建粮库,还要对库存的粮食提供巨额补贴,财政负担较重。当时对于陈化粮的处理主要是用作生产饲料,途径较为单一。为了消化过多的陈化粮,我国开展了用玉米等陈化粮生产燃料乙醇的试点工作;1987年由原国家计划委员会牵头,负责燃料乙醇和车用乙醇汽油的推广规划及项目建设,原国家经济贸易委员会负责车用乙醇汽油的试点及推广应用。按照国家先试点后推广的要求,河南、吉林、安徽、黑龙江燃料乙醇项目陆续开工,并在河南省郑州、洛阳、南阳和黑龙江省哈尔滨、肇东五个城市进行车用乙醇汽油使用试点。经过一年的试点,证明了车用乙醇汽油的发展和推广应用的可行性;随后国家发展和改革委员会制定了《燃料乙醇及车用乙醇汽油"十五"发展专项规划》,并要求相关省份着手相应的立法工作。

从2000年开始我国燃料乙醇的发展进入了规模化生产阶段,原国家计划委员会于2001年颁发了《国家计委关于车用乙醇汽油定价原则的通知》,采用补贴的手段扶持粮食乙醇企业的生存发展,随后我国燃料乙醇产量出现了快速增长。截至2007年,我国燃料乙醇的产量达到了150万t。

然而,随着燃料乙醇生产规模的扩大,加上其他粮食深加工的迅速发展,陈化粮已经逐步消耗殆尽,生产原料已逐步以玉米新粮为主;同时我国的粮食供应已改变了过去较为宽松的局面,粮食供给开始趋于紧张。为防止发展以玉米为原料的燃料乙醇对国家粮食安全造成威胁,2006年12月,国家发展改革委员会就加强玉米等粮食加工燃料乙醇项目建设管理发出紧急通知,鼓励发展非粮食作物为原料开发燃料乙醇。2007年6月国务院召开可再生能源会议正式停止用玉米等粮食原料生产燃料乙醇的项目,今后只能在不得占用耕地、不得消耗粮食、不得破坏生态环境的原则下发展非粮燃料乙醇,从这时起我国开始了探索和发展非粮燃料乙醇的过程。为防止以粮食为原料的燃料乙醇盲目发展,自2007年起国家发展改革委员会不再公布燃料乙醇产量的详细数据。由于发展政策发生了变化,在生产中政府的补贴力度也有所降低,必然使得我国燃料乙醇的发展速度放缓。将《可再生能源中长期发展规划》中制定的2010年液态生物质燃料发展目标和当前燃料乙醇定点生产企业的产能相比较,2010年我国燃料乙醇的产量为180万t,未达到该规划中2010年达到200万t的发展目标。据中国科学院发布的《中国工业生物技术白皮书2015》显示,直到2014年,我国燃料乙醇产量才达到200万t的发展目标(216万t)。

截至2017年,我国有11个省级地区在全省范围内推行使用车用燃料乙醇汽油(型号为E10),并随着车用汽油技术等级的提升,E10也即将全面升级至国五标准;目前我国所执行的相关标准法规见表6-4。

2017 年中国在执行的车用乙醇汽油相关标准、法规　　表 6-4

标准级别	标　准
国家标准	《车用乙醇汽油调和组分油》(GB/T 22030—2015)
国家标准	《车用乙醇汽油(E10)》(GB 18351—2015)
国家标准	《使用乙醇汽油车辆性能技术要求》(GB/T 25351—2010)
国家标准	《使用乙醇汽油车辆燃油供给系统清洗工艺规范》(GB/T 25350—2010)
黑龙江地方法规	黑龙江省调配和销售车用乙醇汽油暂行规定
吉林地方法规	关于我省油品质量升级有关价格问题的通知
辽宁地方法规	辽宁省销售和使用车用乙醇汽油规定
河南地方法规	河南省推广使用国家第五阶段标准车用乙醇汽油车用柴油质量升级工作方案
安徽地方法规	安徽省推广使用车用乙醇汽油管理暂行办法
江苏地方法规	江苏省人民政府关于推广使用第五阶段车用乙醇汽油和第五阶段车用柴油的通告
山东地方法规	山东省车用乙醇汽油推广使用办法
河北地方法规	河北省推广使用车用乙醇汽油暂行规定
广西地方法规	进一步推进成品油质量升级实施方案

第二节　甲醇在汽油车上的应用技术

一、车用甲醇汽油

1. 车用甲醇汽油

车用甲醇汽油是指在汽油组分中按体积比加入一定比例的车用燃料甲醇及少量添加剂调配而成的一种新型清洁车用燃料。

车用甲醇汽油有车用甲醇汽油(M15)、车用甲醇汽油(M25)、车用甲醇汽油(M85)、车用甲醇燃料(M100)。字母"M"代表甲醇,M 后的数字代表甲醇在车用甲醇汽油中的体积分数。如甲醇体积分数为 25% 的车用甲醇汽油,其名称为车用甲醇汽油(M25),简称 M25 甲醇汽油。

车用甲醇汽油产品标示为 M15 - 90#、M15 - 93#、M15 - 97#；M25 - 90#、M25 - 93#、M25 - 97#；M85；M100。M85 与 M100 基本以甲醇为主,故也被称为车用甲醇燃料。

车用甲醇汽油外观状态透明、挥发性强、易燃,与基础汽油同色,在添加染色剂后为淡红色。

车用甲醇汽油分为低比例甲醇汽油、中比例甲醇汽油和高比例甲醇汽油。车用甲醇汽油中甲醇体积分数小于 30%,称为低比例甲醇汽油；车用甲醇汽油中甲醇的体积分数大于 30% 而小于 70%,称为中比例甲醇汽油；车用甲醇汽油中甲醇体积分数大于 70%,称为高比例甲醇汽油,也叫做车用甲醇燃料。

对甲醇汽油的划分,是基于以下方面的考虑。当甲醇体积分数低于 30% 时,甲醇汽油中氧的体积分数不会超过15%,以目前的汽油发动机供油系统的调节能力,通过增加燃料的喷射量,可以将过量空气系数 λ 调整在国标所要求的 λ = 1.00 ± 0.03 的范围以内,能够确保发动机的燃烧及工作状态不发生变化,做到燃料适应汽车,也就是说使用低比例甲醇汽油,发动机不需进行任何改装。需要说明的是不同类型的汽油发动机,供油系统的调节能力有一定的差别,汽油机对燃料中氧的适应能力各不相同,选取15%氧体积分数这一限值,基本上可以满足我国现行生产车辆的要求。此外,低比例甲醇汽油需要添加甲醇汽油添加剂,尤其是助溶剂,添加助溶剂的比例一般不超过3%,并且氧体积分数要低,热值要高,燃烧性能要好。

甲醇体积分数大于30%小于70%的甲醇汽油,为中比例甲醇汽油。一方面是因为当甲醇体积分数大于30%之后,汽车发动机的燃料供给系统无法调整过量空气系数 λ 在国标所要求的范围内,在用车辆要使用中比例甲醇汽油就必须安装汽车灵活燃料控制器,扩大发动机供油系统的调整范围。另一方面,中比例甲醇汽油互溶性最差,需要大量使用助溶性添加剂,一般而言,中比例甲醇汽油助溶剂的用量为4%~6%,助溶添加剂的大量添加提高了中比例甲醇汽油的成本。

在用车辆使用高比例甲醇汽油也需要安装灵活燃料控制器或对供油系统控制程序需要进行调整。高比例甲醇燃料不需要添加助溶添加剂,高比例甲醇燃料的抗水性能也非常强,但是需要添加金属缓蚀剂、分散剂和抗氧稳定剂等。

高比例甲醇燃料添加剂的功能与中、低比例甲醇汽油的完全不同,其添加量也要少得多,一般添加比例为千分之几,甚至更少。高比例甲醇燃料成本低,使用中的燃料经济性更好。

低比例甲醇汽油的优势在于汽车完全适应燃料,推广应用方便;中比例甲醇汽油无明显优势;高比例甲醇燃料经济性好,可以替代更多汽油。大量的技术研究成果与实践也证实低比例甲醇汽油与高比例甲醇汽油具有良好的市场应用价值。

2. 车用甲醇汽油的特点

(1)甲醇的质量低热值大约只有汽油的50%。因此,在同等的热效率下,甲醇汽油的有效质量燃油消耗率较普通汽油高,甲醇汽油中的甲醇比例越高,消耗量也越大。一般情况下,车用甲醇汽油(M15)较普通汽油燃料消耗量增大3%~5%;车用甲醇汽油(M25)燃料消耗量增大7%~9%;车用甲醇汽油(M85)燃料消耗量增大40%~50%;车用甲醇燃料(M100)燃料消耗量增大65%~85%。

(2)按质量分数计算,甲醇中含有50%的氧。燃料的含氧,使得甲醇燃烧时更容易与氧气混合,使混合、燃烧速度加快,燃烧放热能够集中在上止点附近,热量利用率高,热功转换的效率提高,燃烧的完全程度提高。

(3)甲醇的汽化潜热是汽油的3.6倍,高的汽化潜热及低的蒸气压,将导致在寒冷季节尤其是冷机时混合气形成困难,造成发动机起动困难;但从进气方面考虑,高汽化潜热可以降低进气温度,提高充气效率;同时,由于甲醇的汽化潜热大,可以改善发动机燃烧后的内部冷却,提高发动机的动力性,降低排气温度。

(4)甲醇具有较高的辛烷值,具有良好的抗爆性能,对通过提高发动机压缩比来提高发动机热效率很有利,所以甲醇不仅是良好的汽油机代用燃料,也是提高汽油辛烷值的良好添加剂。以90#汽油为基础调配甲醇汽油,M15甲醇汽油辛烷值可达到94~95,M25甲醇汽油可以达到96~97,M85可以达到103,M100可以达到105~108。

(5)甲醇的着火界限比汽油宽,能够使发动机在较稀的混合气下工作,这将使发动机工况范围比较宽,对排气净化和降低油耗非常有利。

(6)甲醇的燃点温度比汽油高,不易于发生火灾事故,比使用汽油安全。

(7)甲醇对某些非金属材料(如塑料、橡胶等)有溶胀作用,对某些金属材料(如Sn、Pb、Al等)有轻微的腐蚀作用,在使用中应采取相应的措施。

(8)甲醇含有羟基,能与水互溶,而烃类燃料憎水性强,因此甲醇与汽油的互溶性差,甲醇与汽油按一定比例混合时,在一定温度范围内具有分层现象,其与汽油的溶解度曲线如图6-2所示。

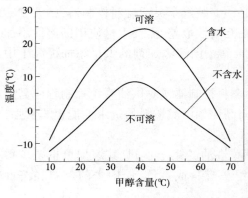

图6-2 甲醇在汽油中的溶解度

(9)甲醇汽油常温常压下为液体,操作容易,储带方便。

(10)甲醇与汽油同为中等毒性物质,甲醇更容易被误用,使用中要严格执行操作规范。

3. 车用甲醇汽油相关标准

为了推动甲醇汽油清洁能源的发展,提升甲醇汽油技术水平,规范市场应用,2003年山西省、陕西省率先出台了低比例M5、M15、M25车用甲醇汽油及车用燃料甲醇标准,拉开了甲醇作为燃料应用的规范性帷幕。其后,浙江省、四川省、上海市等省市也相继颁布了甲醇汽油的地方与企业标准。地方标准的出台催生了国家标准的论证、研究、编制与实施。

在2007年,国家标准化委员会国标委计函[2007]21号文件"关于下达2007年第二批国家标准制修订计划的通知",制定"变性燃料甲醇""车用甲醇汽油(M85)""车用甲醇汽油(M15)"国家标准的工作;2008年9月23日,全国醇醚燃料标准化技术委员会成立;2009年11月1日《车用甲醇汽油(M85)》(GB/T 23510—2009)国家标准实施;《车用甲醇汽油(M15)》国家标准已经等待批准;2010年国家标准化委员会下达了"车用甲醇汽油添加剂""甲醇含量的测试方法"两项国家标准的编制任务书,"甲醇含量的测试方法"标准已于2013年完成。

二、车用甲醇汽油在汽油机上的应用方式

1. 甲醇汽油掺混燃烧

甲醇与汽油掺混就是将甲醇与汽油按照一定的比例混合,并通过助溶剂的作用,形成稳定的不分层的混合燃料。通常选用的助溶剂有醇类、苯、酯类、乙醚、丙酮、甲基叔丁基醚及杂醇等。体积分数为30%以下的低比例甲醇汽油可与汽油一样使用,发动机不用做任何改动,不仅不会影响汽油机的动力性,还可以改善汽油机的经济性,降低排放。当汽车燃用甲醇体积分数为10%~20%的低比例甲醇汽油(如M15)时,对发动机的点火提前角和喷油量基本不需调整。当燃用高比例甲醇汽油(如M85)时,则必须对发动机进行优化调整,如调整

喷油量、改进燃烧室的结构设计提高压缩比,以能充分发挥甲醇类燃料的优良特性,使发动机的动力性、热效率(燃料经济性)和排放性都比原汽油机有大幅度改善。

采用甲醇汽油掺混燃烧方法时,汽车只需要一个油箱,同时还可利用现有供油设备建立分配供应系统,投资相对较少。该方法的主要缺点是甲醇的掺烧比例不能改变,在储运过程中需要注意甲醇汽油分层问题,对于燃用高比例甲醇汽油的车辆还存在冷起动的问题。另外,发动机采用甲醇汽油作燃料时,所有涉醇部件务必选用耐甲醇腐蚀的材料制造。

2. 纯甲醇燃烧

纯甲醇燃烧是指发动机正常工作时以纯甲醇作为其唯一燃料的应用方式,这种方式热效率和排放都优于原汽油机,而且能够避免甲醇汽油的分层问题。使用纯甲醇燃烧方式,应对发动机进行必要的改动,主要包括以下方面。

(1)提高压缩比,以充分发挥甲醇辛烷值高的优势,压缩比提高后,宜采用冷型火花塞。

(2)加大输油泵的供油能力,以避免气阻。

(3)加大燃料箱,以保证必要的续驶里程。

(4)改善有关零部件的抗腐蚀性和抗溶胀性等。

(5)采用附加供油系统或加强预热等措施,改善冷起动性能。

目前,为了解决纯甲醇燃烧冷起动问题,有一种已经投入使用的方式为发动机起动时采用汽油,当发动机热机正常运转以后切换至纯甲醇燃烧方式运行。但是该方式需要在车上另外安装一个用于存放冷起动用汽油的副油箱,布置稍显复杂。

3. 甲醇改质燃烧

甲醇改质燃烧是利用发动机排气的余热将甲醇裂解成 H_2 和 CO,然后再输往发动机燃烧。甲醇的改质需要借助催化剂的作用吸收排气的余热来进行,有效回收了一部分排气热量,有利于热效率的提高;甲醇改质气的混合气形成质量好,燃烧完全度高,CO 和 HC 排放少,由于采用稀混合气,燃烧温度低,NO_x 的排放浓度也较低。

由于发动机的排气温度随工况而变化,甲醇改质气的成分又随发动机的排气温度而变化。因此工况不同,所提供的甲醇改质气的成分也就不同。对于复杂多变的道路工况而言,瞬态控制具有一定的难度。另外,甲醇的改质受到催化剂的限制,且成本较高,因此目前还未出现实际应用的范例。

三、甲醇汽油发动机的发展

早在 20 世纪 60 年代美国就曾将甲醇作为赛车用燃料进行了研究。随后,福特汽车公司、大众汽车公司、戴姆勒·奔驰公司、丰田汽车、日产汽车公司、三菱汽车公司和马自达汽车公司都对甲醇发动机进行了开发研究。福特公司和通用公司于 20 世纪 80 年代中期相继开发了灵活燃料车辆技术,并于之后这种汽车采用一个燃油箱向发动机供给汽油、甲醇或者两者不同组分的混合燃料,由专用的甲醇浓度传感器检测燃料中的甲醇浓度,并将检测结果反馈给电控单元,计算机根据燃料充分调整燃料供给量和点火正时等参数。丰田公司从 1980 年起就开始了甲醇汽车的开发,进行了燃用任意浓度甲醇的可行性研究。五十铃公司从 1986 年开始对其甲醇汽车进行车队试验,历时六年,于 1992 年底通过鉴定,正式注册营运,并投放市场。三菱公司开发出 M85 甲醇客车动力和 M100 甲醇城市公交车动力及灵活燃料汽车,并成功地研制了甲醇发动机。

我国在 20 世纪 80 年代,也开始对甲醇发动机进行了一定的研究。在原国家科学技术委员会的组织安排下,中国科学院工程热物理研究所等有关单位对北京内燃机厂所产 492 化油器型发动机进行了燃用 M85 甲醇燃料的试验性研究。同期,配合进行了中德科技合作项目—轿车燃用 M85 甲醇燃料的应用性研究。20 世纪 90 年代,为实施山西佳新能源化工实业有限公司承担的原国家经济贸易委员会 1997 年度新能源计划"国家甲醇汽车示范工程"项目,中国科学院工程热物理研究所与北京内燃机厂协作研发出 492 单点电喷甲醇发动机;1998 年 12 月,榆次新天地发动机公司研发出多点电喷型甲醇发动机。1996 年,福特汽车公司和中国科学院工程热物理研究所、山西省大同汽车厂密切合作,成功地开发了中国第一辆甲醇灵活燃料汽车。

经过长期的研究发现,汽车使用甲醇,发动机应该满足以下几个条件:

(1)用专门设计的燃料喷射系统;

(2)用专门的冷起动系统;

(3)改进受甲醇燃料影响的元件。

其中第三条主要针对甲醇以及甲醇燃烧反应过程中产生的甲醛、甲酸、大量水蒸气、未燃甲醇等均对发动机金属部件表面有腐蚀性,并且使一些橡胶、塑料部件产生溶胀。改变机件的材质和热处理工艺(如将气门从铁合金改为镍合金、气门座烧结材料中添加硬质微粒并进行铅熔渗处理、活塞环镀铬等)是防止金属部件腐蚀主要措施之一。采用该种措施后耐磨性可达到汽油机水平;另外对输油管等橡胶、塑料部件可以采用丁腈橡胶、氟橡胶以及耐醇尼龙等材料进行改进。但大部分由普通汽油机改装的甲醇发动机如果采取该种措施,势必增大成本、提高改装难度、影响改装后车辆的可靠性。

针对上述问题,还可以从燃料角度着手解决。首先针对金属部件的磨损及腐蚀问题,可以采用醇类发动机专用润滑油。目前,国内外早已研制出相应的润滑油。此外,针对橡胶、塑料部件的溶胀问题,可以在燃料中添加腐蚀抑制剂、抗溶胀剂等添加剂。

四、甲醇燃料发动机的喷射系统

甲醇与汽油最大的不同就是甲醇分子中含氧,这导致甲醇燃烧时所需要的氧气量要比汽油低。按照理论计算,M85 甲醇汽油燃烧时所需要的氧气仅约为汽油的 50%。这导致在同等进气量的情况下,燃烧 M85 需要供给更多的燃料。如果对发动供油系统不进行改装,直接燃用 M85 甲醇汽油,则会造成混合气过稀,导致发动机工作不正常,使用一段时间后会出现加速无力、故障灯报警等现象。

电喷汽油机对混合气的浓度会采取一定的调整。调整方法主要分为开环和闭环两种控制方法。

发动机对混合气浓度的开环控制方式,是根据进气量以及此时的负荷、冷却液温度等参数,按照一定的经验公式计算得到此时的喷油量,从而达到稳定混合气浓度。该工作虽然具有一定的自学习功能,但是不能实时快速地调整混合气的浓度。如果燃料不是汽油,而是含氧较高的甲醇汽油,按照汽油的经验公式计算出的喷油量,会导致混合气过稀,造成燃烧不良,从而影响发动机的各项性能。

闭环控制方式的控制方法是采用排气中的氧浓度(即氧传感器电信号)作为反馈信号，根据此信号，对喷油量进行修正，最终将混合气的过量空气系数确定在 1.00±0.03 的范围内。虽然有氧传感器信号作为修正，但修正量有限，一般只能达到基准喷油量的 ±25%。达到修正限值之后，若氧传感器反馈信号显示混合气过浓或过稀，则会保持修正值，并判断为供油系统故障，而不再对混合气继续加浓或者变稀。当使用高比例甲醇汽油(例如 M85)时，由于其含氧量较高，对喷油量的修正要达到 +40% 以上，因此发动机 ECU 的闭环控制系统也不能胜任此项任务。

1. 甲醇汽油发动机的改造

综上所述，依靠普通汽油机自身调整，不能满足燃烧高比例甲醇汽油时混合气控制要求，因此目前如果要燃用 M85 甲醇汽油，必须要调整发动机的喷油参数。

目前改装的方法是安装微电脑控制的汽车灵活燃料控制器，对喷油量进行适当的调整。汽车灵活燃料控制器的控制方法是截取发动机 ECU 的喷油信号，对其喷油脉宽进行一定比例的展宽，而后利用调整过的信号控制喷油器工作。

这种控制器安装在喷油器附近，改装及维护非常简便，改装成本也很低；而且采用微电脑控制的汽车灵活燃料控制器集成度很高，某些还带有燃料转换功能以及冷起动加浓功能。

虽然目前使用汽车灵活燃料控制器对发动机进行改装已经基本满足 M85 的正常使用要求，但是从长远来看，发展甲醇汽油专用发动机可以充分发挥甲醇汽油的高清洁、低排放、高燃烧效率的优势，使甲醇汽油得到大众的认可。

由于甲醇和汽油理化性能差异不大，对甲醇汽油专用发动机的研发难度也不是很高。

【例】 奇瑞公司于 2007 年研制的甲醇汽油专用发动机。

发动机本体：增大压缩比以充分利用甲醇汽油高辛烷值的特点，提高热效率，降低油耗、匹配新型火花塞、耐醇零部件等。

燃油系统：使用特殊材料，从根本上解决油泵、油箱、油管、油滤的耐醇问题。由于甲醇汽油蒸发性比汽油要好，所以对油泵及油管外置隔热板及隔热材料，并使用回油量较大的油压调节器，以防止夏季产生气阻现象。

冷起动喷嘴：增设冷起动专用注油系统。用单点喷射，发动机 ECU 内集成起动系统控制程序冷起动操作自动起停等。

电控单元：针对专用发动机使用甲醇汽油进行标定，使整体经济性能和排放性能等各项指标达到最优。

2. 甲醇汽油发动机比例供给技术

以上所述甲醇燃料发动机在工作时，使用的都是混合好的燃料，即将甲醇与汽油以不同的比例掺混在一起直接作为燃料，该方法也被称为掺混法。掺混法也是目前应用技术最成熟、储存最方便、适合大面积推广应用的一种方法。M15、M25、M85 甲醇汽油就是掺混后形成的产品。掺混法应用甲醇汽油的不足之处是需要添加助溶剂，以促使甲醇与汽油的稳定相溶。

目前在一些甲醇燃料汽车上还使用了另外一种燃料供给技术，称为比例供给技术。这种技术将甲醇与汽油按照一定的比例供给发动机的燃料喷射系统，虽然甲醇与汽油没有混溶，但进入发动机汽缸内的甲醇与汽油保持了一定的比例。甲醇与汽油的比例由比例阀调整，受控制器控制，控制比例可以设定，还可以根据发动机的不同运行工况有所变动。通常情况下,起动时汽油比例增大,大负荷时甲醇比例增大。甲醇与汽油的储存可以分别储存在不同油箱中,也可以储存在同一个油箱中。当甲醇与汽油同在一个油箱中时,甲醇与汽油可以是相溶也可以是不相溶的,由于比例阀的控制,并不会影响实际进入发动机中甲醇与汽油的比例。

比例供给法的缺点是需要为汽车加装一套控制系统,增大了成本。优点是省去了甲醇汽油中的助溶剂,降低了燃料成本。车用比例供给法应用甲醇汽油燃料时,抗腐蚀、抗氧化等添加剂并不能省略。

甲醇汽油推广工作进展缓慢,与产业过程中的利润分配不公有着重要关系。甲醇汽油之所以能够形成产业,是甲醇与汽油相比本身存在一定的利润空间,处于产业链上游的原料供应企业、甲醇汽油生产企业、运输企业、管理部门等既得利益者能够首先得到保障,而处于产业链最下端的汽车用户失去了主动权与话语权,最终形成使用汽油与使用甲醇汽油对汽车用户并无明显差别,造成汽车驾驶人不愿意使用甲醇汽油,使甲醇汽油产业受阻。可以想象,如果汽车驾驶人开着汽车找甲醇汽油加注,何愁这一产业不发达呢? 车用比例供给法采用的是甲醇与汽油分开加注,各自收取各自的价格收取费用,这种方式把最大的利益让到了车主身上,对甲醇汽油的推广非常有利。

3. 甲醇汽油燃料识别技术

1) 燃料识别技术简介

目前的甲醇燃料汽车多为改装车辆。即使是专用甲醇燃料汽车,也多为灵活燃料(Flexible Fuel)车辆,需要切换不同的燃料作为动力来源。不同的燃料对车辆的喷油及点火等控制参数有不同的要求,如何判断发动机正在使用的燃料成分,以调整发动机的工作状态,是伴随醇类车用燃料出现的新问题。另外,由于醇类的强结合水的能力,使油箱内的甲醇燃料在长期储存后会因吸水或自身氧化造成燃料成分的变化,这也需要对燃料成分进行简单有效的判定,才能使汽车对自己的工作状况进行适当的调整,以满足燃料的需求。

现在最常见、最有效的方法就是采用以燃料识别传感器为核心的燃料识别系统,目前通用公司、HALTECH公司均有相应的产品,可以对0~100%乙醇燃料成分进行判断。这种传感器一般均串联在油轨与油箱之间的油路上,当从回油管返回至油箱的燃料通过该传感器时,传感器会将燃料内醇类的含量以电信号的形式上传至ECU,由ECU根据信号对发动机的参数进行修正。

2) 燃料识别工作原理

表6-5列出了一些物质的介电常数值,可以看出不同物质的介电常数存在差异,燃料识别的工作原理是根据不同成分的液体介电常数不同来进行的。

一些物质的介电常数　　　　　表6-5

物质	介电常数	物质	介电常数	物质	介电常数
煤油	2.8	植物油	2.5~3.5	甘油	37.0
汽油	1.9	柴油	2.1	重油	2.6~3.0
甲醇	30.0	乙醇	24.0	工业乙醇	16.0~31.0
矿物油	2.1	苯、液体	2.3	甲苯、液体	2.0~2.4
丙酮	19.5~20.0	液态乙烷	5.8~6.3	液氨	1.4

根据物理学内容,测量介电常数可以转化为测量电容值。燃料识别传感器其实就是一种变介电常数电容传感器,通过其内部的燃料成分不同,会导致其电容量发生变化。这个变化的电容量通过C/V芯片转换为电压信号并传输给主控芯片。主控芯片读取数据进行处理,并根据设定好的程序对汽车各项参数进行修正。

下面将燃料识别传感器简化为一个基本的电容传感器进行介绍。以平行板电容器为例,如果不考虑边缘效应,由物理学可知,电容器的电容量是构成电容器的两极片形状、大小、相互位置及电介质介电常数的函数。其电容量为

$$C = \frac{\varepsilon \times S}{\delta} \tag{6-1}$$

式中:C——电容;

ε——两极板间介质的介电常数;

S——两极板相对有效面积;

δ——两极板的间隙。

现在只要保证 S 和 δ 的值不变,仅仅改变 ε 的值,就可以把该参数的变化变为单一的电容式的变化,再通过测量转换电路,将其转换成电压信号供控制芯片处理。

这里使用的为变介电常数电容传感器,是由内筒直径为 $2r$、外筒直径为 $2R$、高度为 h 的圆筒所构成,这个材质均做了绝缘处理。

电容传感器必须安装在油品液面以下,液面浸过传感器,保证两个圆筒之中充满油品,此时传感器的电容值为

$$C = \frac{2\pi\varepsilon}{ln\frac{R}{r}}h \tag{6-2}$$

因为 R、r 和 h 都为常量,传感器规格已经确定。根据式(6-2)可以得到,传感器输出的电容量 C 与油品的介电常数 δ 成线性比例关系。利用物理学公式,将油品识别变成电容的测量问题。

五、甲醇燃料汽车冷起动技术

汽车低温时容易出现起动困难的现象,这主要是由于温度降低后车辆起动力矩下降、起动阻力矩上升以及温度过低后混合气不容易着火。对于甲醇汽车,最主要的影响因素是由于甲醇的汽化潜热大,其蒸发时吸收的热量多,导致甲醇发动机进气道及汽缸的温度急剧下降,在气温较低时,喷射的大量甲醇燃料无法雾化而吸附在进气管上,导致混合气过稀,无法起动,因此需要对发动机的冷起动工况设置专门的起动系统或者起动方法。随着对甲醇燃料与发动机技术的长期、深入地研究,目前已经出现了多种解决方案,而且相关技术趋于完善,冷起动问题也基本得到了解决。

1. 汽油辅助起动

目前很多具备整车生产能力的厂家,如本田、奇瑞、陕汽等公司,在面对冷起动问题时,采用的是在车辆上安装汽油辅助起动系统。这种方案需要增加一套供油箱、油泵及独立的油压调节系统,进气总管上安装单喷油器。在温度较低时,由附加ECU自动识别并控制使用汽油的起动,起动成功后再切换燃用甲醇。

其工作流程如下:当发动机起动钥匙转至起动挡,发动机电控单元通过环境温度传感器检测环境温度或通过冷却液温度传感器检测冷却液温度,当温度低于10℃时,发动机进入低温起动模式。发动机电控单元控制甲醇油泵,使其处于关闭状态,停止工作;控制汽油泵接通电源并开始向汽油喷射器供应汽油。使用汽油起动后;发动机电控单元通过发动机输出轴转速传感器获取发动机转速信号;并根据发动机转速及水温信号判断发动机是否不再需要继续使用汽油工作;当发动机转速大于2000r/min或冷却液温度大于40℃时,则转入甲醇运行模式下工作,随后发动机电控单元控制甲醇油泵开始工作,通过甲醇燃料喷射器向发动机供给甲醇燃料;同时发动机电控单元控制汽油泵停止供给汽油燃料。

2. 燃料添加剂

要想改善甲醇燃料的冷起动性,另外一种可行性办法就是向混合燃料中添加少量轻烃(如丁烷、戊烷和己烷等)及二甲醚等挥发性较高、与甲醇混溶性好、可以在发动机缸内燃烧的物质。另外,可以添加少量的轻烃到M85中作为冷起动成分,以充分利用不同含碳量的石油资源。

这种方案不对发动机进行改造,而是通过增加易挥发、高热值的可燃化工产品与甲醇燃料混合,反应形成在低温时可以使甲醇汽车成功起动的燃料。这种方案主要的问题是添加过多化工产品提高了甲醇燃料的生产成本、影响了车用燃料的使用性能、用户对于换季调价有一定的抵触。

3. 辅助起动系统

1) 冷起动加浓

在低温情况下,增加供油量,可以在一定程度上缓解甲醇燃料的冷起动困难。相关研究发现,一般燃用M85时,气温低于10℃就需要进行冷起动加浓,可以有效缓解起动困难;但经多次试验,这种方法在气温低于-10℃左右时,对冷起动的帮助不明显。但这种方法相对于其他冷起动方法有明显优势,即改装简单,成本低,易于推广。目前,大部分冬季温度不是很低的地区改装车辆多采用这种方案。

2) 废气再循环(EGR)

20世纪90年代,Nexum研究公司的曾提出催化点燃废气再循环对进气进行加热,国内也有类似的方法。其原理是将起动初期没燃烧或燃烧不完全的燃油在排气管中催化点燃,再将废气部分引入进气管,而达到既加热进气又降低排放的目的。在进排气管之间连接一个EGR管,在EGR管靠近进气管的一侧装有催化点火器,汽缸排出的废气通过EGR阀部分流向进气管,并经过催化点火器催化点着燃油蒸汽,从而加热了进气,且使以后的工作循环燃烧变好。这种方法不用像电火焰加热器那样耗费额外的燃油,但是需要对车辆进排气系统进行改装。通过改变进气阀和EGR阀的开度,可以控制燃烧的废气进入进气管的量,进而控制进气充量的温度。

4. 燃料加热

另外一种醇类冷起动的措施是提高燃油温度,这种方法显然可以提高甲醇燃料的蒸发量。2009年大众公司已于巴西推出了一款醇类专用轿车Polo E-Flex,即采用对燃料加热的方法解决车辆使用醇类燃料时冷起动困难的问题。Polo E-Flex可以对油轨中的燃油温度进行监控,并且在低温时对其进行加热,以提高燃料的蒸发性,使起动更加顺利。此外,为了减少驾驶人的等待时间,当驾驶人打开车门时,此系统便开始工作。

为了保证对燃料加热的安全性,一般的燃油加热装置均采用间接加热的方法,即在输油管外包裹可控温的加热装置。按照包裹的形状,可以分为管式和板式两种。

对燃油进行加热的方案耗电量小,装置安装相对简便;但其需要精确的温度控制及很高的燃油加热系统安全性设计,增加了生产成本。

5. 机体预热

采用进气加热或者燃料加热的方法属于快速的、局部增温的方法;发动机作为一个整体,其机体也参与热交换作用,局部增温,如加热后的空气或甲醇燃料在接触到低温机体后,会迅速降温,难以保证甲醇燃料的蒸发性。另外,在低温环境中,发动机整个机体的温度、冷却液的温度、润滑油的温度都很低,这就造成了气体在压缩的过程中向四壁的散热量多,且各摩擦副表面的摩擦力很大,使发动机起动困难。因此某些大型车辆可以尝试在低温起动前,对发动机整体进行预热。

目前,根据加热方式可将机体加热器分为两种。

一种是直接燃烧液体燃料,将其放出的热量传递给被加热的介质-冷却液(或空气)的装置,再通过被加热的冷却液(或空气)来加热整机及蓄电池和机油。目前,这种方案已经在一些低温地区的大型公交客车上推广使用,这些地区采用了在发动机起动前用柴油锅炉加热发动机冷却液,将发动机整体预热,达到成功起动的目的。此种加热方案局限:只能在发动机后置的大型客车上实现;车辆预留柴油锅炉安装位置;配套柴油存储系统;使用柴油成本高。因此,该种机体加热器在前置客车及其他改装车辆如货车、轿车上无法使用。

另一种是储热加热器(国外已研制出这种储热器),该种储热器中包含一种储热物质 $Ba(OH)_2 \cdot 8H_2O$,其熔点为 $78℃$,热容量大,利用它将发动机在工作时产生的废热量吸收并储存在储热介质中。低温起动时,冷却液进入储热器后,储热器以较高的初能量再将热量释放给冷却液,以完成预热、暖机。该储热器传热效率高,节省燃料,使用成本低,起动时释放性能好。采用机体加热器不仅可以使发动机在很低的温度下顺利起动,还可以减少机件的磨损,避免零件损坏,节约热量,减少排气污染。

第三节 甲醇在柴油机上的应用技术

一、甲醇在柴油机上的应用形式

压燃式发动机的热效率高,燃油经济性优于火花点火式发动机,推广压燃式发动机燃用甲醇类燃料在节约柴油和降低大气污染上具有现实意义。一方面,随着汽车数量的增加,对柴油的需求量也逐年增加,而炼油厂产出的柴油与汽油的比例受原油本身组成和工艺流程的约束不可能大幅度增加,2008年以来我国频频出现了柴油供应紧缺的现象,甚至出现"柴油荒";另一方面,大量试验表明,在压燃式发动机中掺烧甲醇类燃料,能大幅度降低排气中的炭烟,同时也降低了 NO_x 的排放。据美国统计,其小客车与轻型车是以火花点火式发动机为主,公路上车辆只有约3%使用压燃式发动机,但1997年 NO_x 总排量的25%以上是来自压燃式发动机,压燃式发动机排出的炭烟微粒数量是火花点火式发动机的 $100 \sim 200$ 倍,约占炭烟微粒总排量的45%。因此,在高热效率的压燃式发动机上使用甲醇,不但可以减少柴油的消耗,缓解石油供应的紧缺,减少 CO_2 排放,而且还可以改善压燃式发动机的排放。

与柴油的物理化学性质相比,甲醇的十六烷值低(约为柴油的 6.25%)、自燃温度高、汽化潜热大、黏度低、润滑性差、难与柴油相溶,不能简单地使用现有的供油设备直接在压燃式发动机上掺烧或使用纯甲醇。在压燃式发动机中掺烧醇类燃料或直接使用甲醇比在火花点火式发动机中难度大,技术也相对复杂。因此,甲醇尽管作为燃料已经较为广泛地应用在点燃式发动机上,但在压燃式发动机上尚未见到有商业使用的报道。

由于甲醇与柴油在物理化学性质上有差异,要在压燃式内燃机中燃用甲醇,就要对发动机的结构做出适当调整或对燃料供应系统做较大改变。但是,由于用作商用车的压燃式发动机量大面广,而且耗油量多,尝试在压燃式发动机中掺烧甲醇的研究工作一直在进行中。概括起来,在压燃式发动机上使用甲醇主要包括以下几种方式。

1. 乳化法

柴油掺甲醇可采用乳化的方法配置。乳化燃料出现于 20 世纪 40 年代,20 世纪 60 年代开始对柴油—水乳化燃料进行广泛研究,20 世纪 90 年代开始对柴油—甲醇—水乳化燃料进行研究。甲醇—柴油乳化燃料是通过添加乳化剂的方式在机械力的作用下使甲醇以分散相的形式分散在柴油中,形成一种多相体系的油包水型溶液。甲醇和柴油是两个不相溶的相,混合在一起产生两相的表面张力,加入具有亲水和亲油两重性质的乳化剂,吸附在界面上降低了表面张力,并在机械力的作用下提高了甲醇柴油的稳定性。因此,为了提高甲醇柴油的稳定性,必须选择合适的乳化剂(表面活性剂)和乳化设备。另外,乳化柴油燃料使发动机热效率有所提高,同时降低微粒排放,但也引发功率下降和缸套生锈腐蚀等问题。

1) 乳化剂的选择

凡是以低浓度存在于一个体系中并能吸附在两相界面上而且能显著降低界面自由能(或表面自由能)和表面张力的物质都称为表面活性剂,即乳化剂。表面活性剂是包含亲水基和亲油基的两亲分子(头部为亲水基,尾部为亲油基)。当表面活性剂达到一定浓度(临界胶束浓度)形成胶束时,就能显著降低表面张力。以表面活性剂的亲油亲水平衡值 HLB (Hydrophilic Lipophile Balance) 作为选择表面活性剂的依据。HLB 代表每种表面活性剂的数目,数目越大,亲水性越强,疏水性越弱。多数表面活性剂不是亲水性强,就是亲油性强。乳化液界面膜理论表明,表面活性剂在乳化液两相界面上形成界面膜,其紧密程度和强度是影响乳化液稳定的重要因素。当界面膜由复合表面活性剂形成时,膜的强度增大,不易破裂,分散相不易聚结,乳化液更加稳定。因此,在使甲醇与柴油形成乳化液时,采用亲油及亲水两种以上的复合表面活性剂要比采用单一表面活性剂时的稳定性好。

2) 微乳化和乳化

微乳化燃料是指不相溶的两种液体在表面活性剂以及助表面活性剂的作用下形成的热力学稳定、外观呈半透明或透明的液液分散体系。乳化燃料是指在外力作用下或加入乳化剂后使两种不相溶的液体中的一相均匀分散在另一相中成为相对稳定的混合液。微乳化液与乳化液的区别在于其内相液珠粒径不同,微乳化液内相液珠的直径小于 $0.1\mu m$(可见光的波长为 $0~0.8\mu m$,这是微乳化液外观呈半透明或透明的原因),乳化液内相液珠粒径较大,主要集中在大于可见光波长的 $1~10\mu m$(由于液珠反射现象使乳化液呈现乳白色)。

微乳化燃料为热力学稳定体系,乳化燃料属热力学不稳定体系,这就决定了微乳化燃料有更长的稳定期。微乳化燃料制备过程简单,一般情况下无须强力搅拌或借助于设备,这不但方便而且能节省成本;微乳化燃料的燃烧机理和乳化燃料相似,但由于液滴较小,雾化效果更好,其燃烧效率要高于乳化燃料,同时有害气体排放也较少。配制微乳化燃料时,油溶性表面活性剂在油相中形成反胶团,加水时水分子自动进入反胶团内,发生增溶作用,水分子先与表面活性剂的亲水基结合存在于胶团之中,使胶团长大成为膨胀的胶团,随着水量的增加,逐步形成水相,得到油包水型微乳化液。由此可见,微乳化液是自发形成的,是具有热力学稳定性的、均匀透明的、低黏度的油、水和表面活性剂的混合物。体系水含量达到一定程度以后,再加入更多的水,则难以自动分散。通过对体系做功(例如施以高速搅拌或超声处理等)才能使之分散。但所得分散体系的粒子尺度变大,体系通常呈现乳白色,黏度上升,并显示出热力学不稳定性,此时已经形成了乳化液。

3)甲醇柴油乳化燃料

甲醇柴油乳化燃料是油包水型乳化液,即柴油包甲醇。由于甲醇的沸点远低于柴油。当汽缸内温度急剧上升时,处于乳化液内侧的甲醇先达到沸点,先汽化后膨胀,当内部压力超过油表面及环境压力之和时,甲醇摆脱柴油的包围,冲破压力爆炸,即产生"微爆"效应。"微爆"后的柴油液滴更小,燃烧更充分,可以提高燃烧效率,降低炭烟的生成。为配制甲醇柴油乳化燃料,必须使用乳化剂或者乳化设备。

(1)乳化剂。

乳化剂加入甲醇柴油体系后,根据相似相溶原理,亲油基团溶于柴油中,亲水基团溶于甲醇中,并定向排列,形成一个界面膜。此膜具有一定的机械强度,对分散的甲醇具有保护作用,从而提高甲醇柴油的稳定性。国内外对甲醇柴油的乳化方法进行了大量研究,研究中使用了许多助溶剂配方和新型乳化设备,也进行了发动机的台架试验。压燃式发动机燃用甲醇柴油混合燃料,烟排放明显降低,NO_x 排放也能得到一定改善,HC 和 CO 排放随着甲醇掺烧量的增加而升高,但总量仍然较低,由于没有调整喷油系统,甲醇掺烧量较高时动力性下降明显。为了不使发动机的功率下降太多,压燃式发动机上甲醇类燃料掺烧量按体积计最高不超过40%。由于表面活性剂和助溶剂的价格昂贵而限制了其推广和使用。

20世纪80年代对甲醇柴油乳化的研究发现,在不使用添加剂的情况下,甲醇柴油的混合燃料稳定性较差,容易产生分层现象;甲醇的掺烧比例超过30%时,混合燃料的滞燃期较长,会导致发动机冷起动困难。采用添加乳化剂和机械搅拌的方法制备了甲醇柴油水乳化液,乳化液能够稳定30~50天。使用乳化燃料后(原压燃式发动机未经改动),发动机的动力性、燃油经济性和排放指标都得到了改善,最高有效热效率比使用纯柴油高出2.82%。

(2)乳化设备。

乳化设备是制备甲醇柴油乳化燃料的关键因素之一。甲醇在柴油中的溶解度小,很难自动分散。为了使甲醇分散均匀,必须借助乳化设备。乳化设备的种类很多,常用的有机械搅拌器和超声波乳化器等,工作原理和乳化效果各不相同。

机械搅拌器是一种最简单的装置,具有设备投资小、应用简单方便的优点,在工业上应用较广。机械搅拌器主要由电动机、叶轮、搅拌槽和挡板组成,工作时在搅拌槽内装有高速叶轮,由电动机带动叶轮高速旋转从而完成乳化。目前,市场上机械搅拌器种类丰富,其主要区别是高速搅拌桨叶形状的不同。

最初超声波乳化器是由 Wood 和 Loomis 提出的,后来在实验室广泛应用,类型有哨音式和探头式等。超声波乳化装置主要是通过超声波的线性交变震动、周期性激波、非线性伯努利和空化四种复合作用,制备均匀稳定的甲醇柴油乳化燃料。该装置具有体积小、轻和效率高的特点。

其他乳化设备(如胶体磨、高压均质乳化机和射流管等)也经常在生产中使用。近年又开发出如柴油射流乳化机、超细喷雾器和全自动柴油乳化合成机等乳化设备,这些乳化设备将逐渐应用在乳化柴油行业中。

总体来讲,乳化法的主要优点是:对原机不需进行改动,可以缓和喷油泵和喷嘴摩擦副润滑的恶化。其缺点是:乳化剂的价格较高;乳化混合燃料对水的含量特别敏感、容易分层,不能用含水的粗甲醇来配制乳化燃料;甲醇的掺混率高时会使混合燃料滞燃期延长,发动机冷起动困难,工作粗暴;发动机在冷起动、暖机及小负荷状态下工作时,HC 类排放浓度增加;若在乳化燃料中加入助溶剂、十六烷值改进剂等物质,发动机的炭烟和 NO_x 排放又会增多。

2. 助燃法

由于甲醇自发着火比较困难,因而需要借助某些措施来辅助甲醇着火燃烧,主要有火花助燃法和电热塞助燃法等。但是,缸盖上不仅要安装喷嘴,还要预留出火花塞等的位置,因此结构复杂;由于火花塞和电热塞受醇的激冷作用,导致其寿命短、可靠性差;低负荷时会有失火现象发生,而且 HC、CO 排放增多。

1) 火花助燃法

火花助燃压燃式发动机装有电火花点火系统,即用喷油系统将甲醇喷入汽缸,然后用电火花点燃。由于该方案直接将甲醇喷入汽缸,它们的汽化潜热无须从进气过程中获得,而是从缸内被压缩的高温气体中取得,故其起动性能仅与点火系统的工作可靠性有关,与环境温度关系不大,因此发动机的冷起动和暖机均无困难(-20℃时不用附加装置即可以起动)。在热机时,燃料的直接喷射使汽化潜热的一部分可以从高温零件(燃烧室壁面和火花塞电极等)上吸取。这些高温零件的热量损失如不回收,将使发动机的热效率降低。同时,这种内部冷却能使发动机在热负荷相同的情况下有更高的平均有效压力。

2) 电热塞助燃法

电热塞助燃法的具体操作办法是:在压燃式发动机缸盖上某一适当部位安装一个电热塞,当发动机起动时,将电热塞通电预热,喷嘴把甲醇直接喷到电热塞炽热的表面上,以其表面的高温使甲醇起火燃烧,从而使发动机正常工作。

但是使用电热塞助燃法也存在一些问题。由于甲醇的热值尚不到柴油热值的一半,因此需将原压燃式发动机的轴针式单孔喷嘴改成双孔喷嘴,加大总喷孔截面,在保证甲醇雾化质量的条件下,加大单位时间甲醇的供给量。喷嘴的一个喷孔要将甲醇直接喷到电热塞上,以保证甲醇能够顺利着火燃烧;另一个喷孔要将甲醇喷到电热塞顺气流前方的壁面上,经气流作用甲醇蒸汽可以很快被吹向已燃部位而快速持续燃烧。由于某些气道造成的强涡流冷却了电热塞热表面,使得在标定功率时,电热塞热表面温度低到无法有效点燃甲醇的状态。

如果为了提高表面温度而一再加大电热塞功率,在超负荷情况下,又会使电热塞电阻在短时间内烧毁。

采用电热塞助燃法燃用纯甲醇的关键是要保证在电热塞标定功率范围内使其热表面达到能够迅速点燃甲醇的温度。鉴于电热塞在发动机燃烧室中所处的环境,其热损失主要来自强迫对流、自然对流和热辐射三种形式。为了有效地降低气流对电热塞的冷却,有时要在电热塞前方加一个不锈钢挡板。在挡板后电热塞周围气流速度与无挡板相比明显降低,从而有效地减少了电热塞的热损失。采用这种办法在标定功率下,电热塞能够有效地点燃甲醇,从而使发动机能够正常工作。

3. 直接压燃法

如果将原压燃式发动机改用纯甲醇类燃料,但为了简化结构,便于使用维修,在零件强度允许的条件下,愈来愈多地采用高压缩比及加少量助燃剂的方案。

1) 高压缩比压燃法

从理论上讲,甲醇在压燃式发动机上不借助任何助燃措施,只通过压燃方式组织燃烧过程,需要压缩比达到26:1以上。如此高的压缩比会使发动机的机械负荷增加,出现发动机容易零件强度不够。20世纪80年代后期开始,对高压缩比法的研究日益增多,压燃式发动机使用火花塞等助燃措施燃用甲醇,结构变动较多。

由于助燃措施只能首先使局部混合气温度升高燃烧,低负荷及部分负荷时甲醇发动机性能较差,这对在部分负荷工况下工作时间较多的发动机不利,因此采用高压缩比法有助于克服助燃措施的缺点。目前,采用高压缩比使用甲醇类燃料的技术有:高压缩比加助燃剂,将发动机的压缩比提高到24:1,同时使用2%左右的助燃剂;只将压缩比提高到27:1,高压缩比及排气再循环方案等。

甲醇发动机采用火花塞助燃时,燃烧过程中缸内压力波只有一个高峰值;采用高压缩比法使甲醇自燃的方案,则如同压燃式发动机燃烧过程一样,压力波有两个高峰值,明显地分成预混燃烧与扩散燃烧两个阶段。甲醇发动机的压缩比高,最大爆发压力比原来的压燃式发动机高,未燃用甲醇及甲醛的排放量也比较高,特别是冷起动及暖机阶段,需要采用电加热的催化器以降低甲醛的排放量。尽管采用高压缩比,但在低负荷及部分负荷时,缸内甲醇混合气的温度仍较低,使滞燃期延长,燃烧过程结束过晚,使比能耗较高。因此在起动及暖机阶段,如果采用电热塞或者排气再循环使进入缸内空气温度升高,向甲醇提供较多的热量使其汽化,缩短滞燃期,则可以降低比能耗。大多数压燃式发动机压缩比的范围为16:1~20:1,较高的压缩比有利于甲醇的汽化和混合气的形成及着火的稳定。当使用电热塞助燃时,高压缩比会降低电热塞所需功率,并提高其使用寿命。然而压缩比过高也会使甲醇"早燃"或"爆燃"。

2) 着火改善剂法

甲醇的十六烷值低,不能在压燃式发动机中直接压燃着火。但若在甲醇中加入适量的十六烷值改进剂,使甲醇的十六烷值达到与柴油相当的数值,则可以使甲醇在压燃式发动机中直接燃烧。

20世纪80年代,英国卜内门化学工业公司(ICI)研究开发了甲醇着火改善剂——AVOCET("AVOCET"是英国新型着火改善剂的专用注册商标)。它是一种含有润滑剂、抗蚀剂及少量起助燃作用的甲醇的复式着火改善剂,它可以和不易在柴油中着火的醇类燃料(甲醇和乙醇)一起使用。

华中科技大学在国产 S195W 及 ZH1105W 直喷压燃式发动机上使用甲醇及 AVOCET 着火改善剂进行了试验研究。不需要借助任何措施及结构变动,在 ZH1105W 直喷压燃式发动机上,使用甲醇及 4% 的 AVOCET,可以在 -2.5℃ 环境温度下冷起动及稳定运转。如果冷却水改用约 40℃ 的热水,只需要 2% 的 AVOCET 即可实现冷起动。在低速低负荷时使用 3% 的 AVOCET,发动机转速略有波动。使用 4%～5% 的 AVOCET,则两种甲醇发动机的比能耗及排放温度都低于原压燃式发动机。

自 AVOCET 出现以后,先后在英国、美国、新西兰、瑞士、法国、瑞典、德国、加拿大以等地进行了应用试验,试验对象主要包括城市公共汽车、微型汽车、长途客车、载货车及专用车辆。总的来说,车辆的驱动性能良好,车辆使用期间没有不正常磨损;车速在 50km/h 以上及加速时,车辆的性能较好。但存在的不足是:①在松开加速踏板时,甲醇发动机的转速不会像压燃式发动机那样迅速降低,而有一个滞后的过程;②在甲醇中加入 AVOCET 的主要问题是价格昂贵。

4. 柴油引燃法

这种方法又称为双燃料(Dual Fuel)或二元燃料法,是通过进气系统或供油系统向压燃式发动机汽缸内输入部分醇类燃料,在汽缸内形成部分预混可燃气体,然后用喷嘴喷入柴油引燃醇类燃料混合气,可以分为化醇器法、进气管喷射法和缸内双喷射法。

1)化醇器法

这种供醇方法是在压燃式发动机原供油调节系统不变的基础上,只在进气管上装一个化醇器,利用化醇器在进气时减压蒸发的原理,使甲醇在进气管内吸热而汽化,并与空气混合后进入汽缸。此时的压燃式发动机仍然喷油、压缩着火、燃烧,喷油量随着掺醇率的增加而减少。这种方式的供醇,掺醇率较高,即从以柴油为主直至以醇为主,柴油仅作为引燃燃料。

化醇器可以利用相应的化油器改装(如拆装节气门、加速泵、真空加浓装置和怠速量孔等,也可另行设计),其中甲醇供应量的调节可通过主量孔的针阀控制。这种方法在改变负荷时,既可以调节柴油供应量,也可以同时调节甲醇供应量。在掺醇率高的情况下,柴油作为燃料的一部分,兼起引燃的作用。这种情况对具有分隔式燃烧室的压燃式发动机较为有利。因为柴油是喷入容积较小的副燃烧室,醇类燃料是从进气管进入汽缸,从而使副燃烧室内混合气中柴油的浓度较大,有利于着火和正常燃烧。

这种改造方法简单,改装费用低,而且可以随时关闭甲醇供给,直接将燃料供给方式改为纯柴油供给方式。该方法的缺点:甲醇的注入量由节气门来控制,会造成较大的进气节流损失;低负荷时,发动机的经济性、起动性及排放性较差;若固定引燃油量,当高负荷甲醇喷入过多时,会使滞燃期太长,发动机工作粗暴,环境温度低时还会使化醇器的喉口处出现结冰。

2)进气管喷射法

(1)进气歧管喷射甲醇。

进气歧管喷射甲醇是在进气歧管上安装甲醇喷嘴,甲醇的喷射量和喷射时刻由电控单元控制。该方法既可以按负荷大小调整甲醇喷射量,也可以实现顺序喷射。进气总管喷射方式由于靠近进气道,布置起来十分紧凑,一般需要对进气管的结构进行调整,比较适合新发动机采用。进气歧管喷射的工作方式是:打开发动机进气门,电控单元控制甲醇喷射,甲醇喷雾与气道空气混合进入汽缸。

进气歧管喷射甲醇法易控制各缸甲醇喷射量,使各缸进醇量均匀,可方便快捷地研究甲醇不同替代比时发动机的性能参数。由于甲醇是含氧燃料,燃烧速度快,进气歧管喷射甲醇在不降低发动机动力性的情况下,可以有效降低发动机的炭烟和 NO_x 排放。

但此种甲醇喷射方式需对原发动机进气歧管进行加工改动,对于在用车加装甲醇喷射系统不易操作。同时,由于甲醇汽化潜热较高,从进气歧管喷射进入缸内路程较短,吸热量大,一旦喷醇时间较长,甲醇雾化质量变差,会影响发动机性能并使得排放恶化。

(2)进气总管喷射甲醇。

进气总管喷射甲醇的优点是不需要改动发动机结构,只需在发动机的进气总管前端加装甲醇喷射装置,以形成均质的甲醇混合气。这种方法既适宜新车安装,又方便在用车加装。进气总管喷射的方式主要分为垂直进气流喷射和顺气流喷射两种。

垂直进气流喷射是在垂直于进气总管的方向布置甲醇喷嘴,甲醇由喷嘴垂直于进气流方向喷射、雾化并与空气混合。此种喷射方式简单易加工,但由于进气总管直径一般为100mm,进气流速度约为15m/s,垂直于进气流喷射,甲醇喷雾易撞击总管壁面形成液滴,因而使雾化质量变差。

顺气流喷射方式进一步优化了甲醇的雾化性能。此种方式是在平行或倾斜于进气流方向布置甲醇喷嘴,甲醇喷雾随空气流动雾化并与空气均匀混合。当采用不同结构参数的喷嘴时,可以使得甲醇雾化质量更高,各缸甲醇进入量更加均匀。

3)缸内双喷射法

缸内双喷射法,即在汽缸上安装两个高压喷嘴(一个喷柴油、一个喷醇),由柴油引燃甲醇。该方法的优点是可以使用含水的甲醇(价格便宜)。缺点是改动汽缸盖较为复杂,成本高;不能同时使甲醇吸取进气管、进气道和进气门处的热量而使醇"充能",因而无法提高充量系数;汽缸盖上不仅要安装两个高压喷嘴,还要安装电热塞,结构复杂;高压供给醇的系统部件磨损严重;还需解决喷醇高压油泵和喷油嘴的润滑问题,在小缸径压燃式发动机上进行改造难度大。双喷射系统掺烧甲醇的试验研究表明:甲醇替代率以体积计可以达到90%以上,能使用粗甲醇,压燃式发动机的 PM 排放大幅下降,NO_x 排放得到改善,但 THC 和 CO 排放量比原压燃式发动机的排放增加,而动力性和经济性保持不变。

二、喷醇器结构设计

目前柴油机上主要依靠低压进气管喷射甲醇实现双燃料燃烧,喷醇器的结构设计对甲醇的雾化及与空气的混合质量起重要作用,对实现高效的混合燃烧有关键意义。

1. 进气歧管喷射甲醇

进气歧管喷射甲醇是根据发动机缸数的不同,在各进气歧管上安装一个甲醇喷嘴,根据各缸进气门开启时刻和发动机工况的不同,由电控装置控制各喷嘴喷射甲醇时刻和喷射量。采用进气歧管喷射甲醇具有易于控制喷射时刻和各缸甲醇喷射均匀度高等优点,但由于此法改动了原发动机结构,加工不方便,因而在实际中较少使用。

2. 进气总管喷射甲醇

进气总管喷射甲醇的方法有三种。一是采用直列式喷醇器喷射,此法是在进气总管上将喷嘴垂直于进气总管放置,该方法结构简单、易加工,可以根据喷射量添加喷嘴,但雾化质量稍差,且喷雾易撞壁。二是采用圆周布置的顺气流喷醇器喷射。该顺气流喷醇器设置在空气中冷器和发动机之间的进气管上,由进气连接管、喷嘴和醇轨构成。在进气连接管外圆的周向设置一个凸台,该凸台上开设与气流方向成一定夹角的喷醇孔,喷醇孔内插接喷嘴,喷嘴另一端与醇轨连接。此喷醇器的设计提高了醇与空气的雾化质量,改善了燃烧,提高了醇对柴油的替代率,降低了醇对柴油的替换比,大幅度降低了排放,但由于加装了凸台,使得喷醇器笨重。三是采用组合贯穿距喷醇器喷射。组合贯穿距喷醇器使用不同流量的喷嘴,甲醇液体随气流喷射到发动机歧管的不同部位,使得甲醇均匀地吸收发动机缸盖各处的热量并汽化,提高了雾化效果,与进气形成均质混合气进入汽缸被柴油引燃,同时缓解了汽缸盖与进气管热负荷不平衡现象,降低了发动机热负荷,减少了发动机冷却水带走的废热。组合贯穿距喷醇器与进气歧管喷射效果类似,但结构相对简单,使用方便。

三、柴油/甲醇双燃料(DMDF)发动机性能

1. 柴油/甲醇双燃料(DMDF)发动机燃烧模式在柴油机上的实现

柴油/甲醇双燃料燃烧是指在冷机和小负荷工况下,发动机使用纯柴油模式运行,在中高负荷,通过进气道预混甲醇和缸内直喷柴油,两种燃料在缸内混合并最终由直喷的柴油引燃燃烧。为了实现 DMDF 燃烧模式,在发动机进气歧管或进气总管处加装喷醇器,一般由 4~6 个甲醇喷嘴组成。在电动甲醇泵的作用下,甲醇经过甲醇箱、粗滤器、细滤器、甲醇泵、甲醇压力调节阀加压到 0.35MPa 后供给到喷醇器中,由专用的电控单元控制甲醇喷嘴的喷射最终进入进气道。多余的甲醇在压力调节阀的作用下,通过回醇管路返回到甲醇箱。甲醇电控单元通过发动机转速、踏板开度和冷却水温等参数计算甲醇的喷射量和甲醇的喷射时刻,从而控制甲醇喷嘴电磁阀的开闭,实现甲醇喷射参数随发动机工况和替代率的实时调节。

2. 传统柴油机与 DMDF 发动机进排气对比

内燃机的换气过程是内燃机排出本循环的已燃气体和为下一循环吸入新鲜充量(空气或可燃混合气)的过程,是工作循环得以周而复始不断进行的保证。内燃机的性能在很大程度上依赖其进气过程,为提高排放性、经济性和动力性指标,需要研究减少进排气流动损失和提高充量系数或进气氧含量的措施及方法。在 DMDF 发动机中,甲醇在进气道喷射后的雾化蒸发过程中吸收大量的热,在一些工况发动机中冷温度甚至能低到零度以下,这势必造成进气密度升高,从而提高进气量。同时,甲醇的汽化占据一部分新鲜空气的体积,也会降低进气量。因此,DMDF 发动机进气量的变化与工况及甲醇替代率关系复杂,但是研究发现,DMDF 进气总含氧量一般高于原柴油机水平。

3. DMDF 发动机负荷特性

发动机负荷特性可以直观地显示内燃机在不同负荷下运转的性能,有利于全面地掌握发动机的综合性能。对于 DMDF 发动机,由于甲醇的热值比柴油小,为了更直观地比较两种

燃烧模式下的发动机经济性,将甲醇按照等热值换算成柴油质量,计算出折合当量比油耗。折合燃油消耗率 b_e 和有效热效率 η_e 的计算见下式:

$$b_e = \frac{3.6 \times 10^6 (q_{m,d} + q_{m,m})}{P_e} \tag{6-3}$$

$$\eta_e = \frac{P_e}{(q_{m,d} \times H_{u,d}) + (q_{m,m} \times H_{u,m})} \tag{6-4}$$

式中:b_e——有效燃油消耗率,g/(kW·h);

P_e——发动机输出的有效功率,kW;

$q_{m,d}$、$q_{m,m}$——分别为柴油和甲醇的质量流量,kg/s;

$H_{u,d}$、$H_{u,m}$——分别为柴油和甲醇的质量低热值,kJ/kg。

图 6-3 给出了在纯柴油模式和 30% 甲醇替代率的 DMDF 模式下,有效燃油消耗率和有效热效率随发动机负荷的变化情况。两种模式下,随着发动机负荷的增加,有效燃油消耗率先减少,到大负荷时又有所增加,80% 负荷时双燃料达到最低燃油消耗率[189.34g/(kW·h)],而 50% 负荷时纯柴油达到最低燃油消耗率[197.37g/(kW·h)]。随着发动机负荷的增大,有效热效率先增加,在纯柴油模式下,中高负荷的热效率基本不变,只是在外特性点稍有降低;而在 DMDF 模式下,发动机有效热效率随着负荷增大升高,到 80% 负荷时达到最大(44.74%),比纯柴油模式有效热效率高 4.5%,外特性有效热效率也有所下降(为 44.17%),比纯柴油模式高 5.5%。在 55% 负荷以下,DMDF 发动机有效燃油消耗率大于纯柴油模式;大负荷时 DMDF 模式下的有效燃油消耗率低于纯柴油模式(主要是因为在小负荷时,循环喷油量较少,起点燃作用的柴油燃料较少,柴油燃料的能量不利于形成多点点火,甲醇的燃烧靠火焰传播形式)。另外,由于负荷较小,进气预混的甲醇类燃料少,混合气稀,火焰传播速度慢,造成燃烧始点后移,缸内燃烧持续期延长,经济性恶化。但是,在中高负荷时,柴油量的增加使缸内点火源能量迅速增加,缸内预混燃烧峰值增加,甲醇空气混合气浓度的增加使火焰传播速度增加,缸内放热接近上止点且燃烧迅速,提高了缸内气体的做功效率,使得中等负荷燃油消耗率低于纯柴油模式。

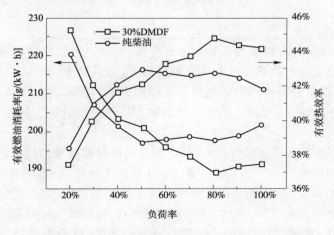

图 6-3 纯柴油与 DMDF 模式有效燃油消耗率和热效率对比

4. DMDF 发动机外特性

外特性反映内燃机所能达到的最高动力性能,体现其工作能力即动力性的特性。在 DMDF 模式下,由于进气中含有甲醇,能够达到的最大转矩显著高于纯柴油模式。但是,考虑到发动机的设计极限,一般考虑在相同动力性情况下的纯柴油模式与双燃料模式的经济性对比。

图 6-4 给出了折合当量燃油消耗率随甲醇替代率的变化图。掺烧甲醇以后,折合当量燃油消耗率有较大幅度的下降,部分工况下降至 190g/(kW·h) 以下,最低只有 181.85g/(kW·h);随着掺烧甲醇比例的加大,下降幅度加大。表 6-6 为不同甲醇替代率时的平均折合当量燃油消耗率,随着掺烧甲醇比例的加大,平均折合当量燃油消耗率分别下降了 2.50%、4.80%、6.03%,燃油经济性得到了大幅度提高。

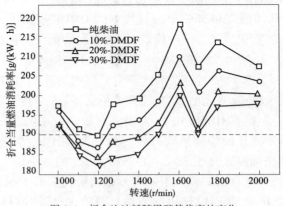

图 6-4 折合比油耗随甲醇替代率的变化

不同甲醇替代率下平均折合比油耗 表 6-6

掺醇比例(%)	平均折合当量燃油消耗率(g/kW·h)	下降幅度(%)
0	202.45	—
10	197.38	2.50
20	192.73	4.80
30	190.24	6.03

不同甲醇替代率下的有效热效率如图 6-5 所示,掺烧甲醇后发动机有效热效率获得了大比例的提高,部分工况有效热效率上升至 45% 以上(最高达 46.58%),这说明 DMDF 燃烧能够极大地改善发动机外特性的有效热效率。随着甲醇替代率的增加,有效热效率持续提高,甲醇替代率为 30% 时,一半以上的工况热效率提高在 7.6% 以上,最高提高了 9.01%,平均提高了 6.40%。

DMDF 模式时,甲醇从进气歧管进入汽缸,在进气冲程和压缩冲程中会吸收一部分机体的温度,减少机体向冷却液的传热。经过进气和压缩两个冲程,甲醇与空气形成均匀的混合气,在上止点附近喷入柴油时,多点着火同时点燃了预混的甲醇燃气,大量可燃气体在上止点附近燃烧,此时燃烧等容度好,传热面积小,热效率高,同时燃烧持续期的缩短会减少散热时间,因此燃烧过程中传给燃烧室周边的热量减少。另外,双燃料燃烧时燃气在高压下膨胀,排气温度降低,这些因素的共同作用促进了双燃料模式时热效率的提高。

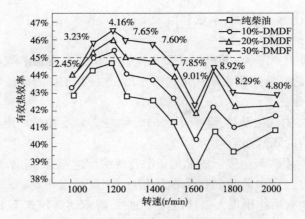

图6-5 有效热效率随甲醇替代率的变化

图6-6所示为DMDF模式在13个工况下的替换比和替代率情况。替换比 $SP = G_m/(G_d - G_{D_m})$，替代率 $SR = (G_d - G_{D_m})/G_d$，其中 G_m 是甲醇的消耗率，G_d 是原机的柴油消耗率，G_{D_m} 是在DMDF模式下柴油的燃料消耗率。黑色区域是替换比低于2.16的理想替换比，都是燃烧效果较好的工况。这些工况燃烧效率较高，燃料的能量利用率较好。而在低速低负荷的工况下（A25），发动机缸内燃烧温度比较低，进气歧管喷入甲醇又进一步降低了燃烧温度，使得缸内燃烧不完全，甲醇对柴油替换比高于

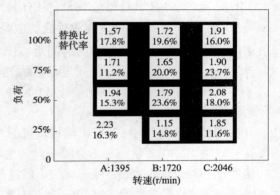

图6-6 13工况下组合燃烧的替换比和替代率

理论替换比2.16（2.16kg甲醇的热值等于1kg柴油的热值），替代效果不好。DMDF模式在柴油机上存在一个高效经济运行区。

四、柴油/甲醇双燃料燃烧排放物及其控制

采用柴油/甲醇双燃料燃烧的气体排放物包括常规气体排放物HC、CO和NO_x以及非常规气体排放物甲醛（HCHO）。其中，甲醛是一种无色、有强烈刺激性气味的气体，易溶于水、醇和醚，在常温下是气态，其主要的危害表现为对皮肤黏膜的刺激作用。HCHO达到一定浓度时，人就会有不适感，会引起眼红、眼痒、咽喉不适或疼痛、声音嘶哑、喷嚏、胸闷、气喘、皮炎等，长期接触会导致基因突变甚至致癌。

1. 柴油/甲醇双燃料燃烧发动机HC排放

HC是在发动机汽缸内工作过程中生成并随排气排出的排放物，主要是在燃烧过程中没有来得及燃烧或者没有完全燃烧的HC燃料。对于压燃式发动机，由于是短促喷油后压燃，燃油滞留在汽缸内的时间较短，燃油喷注与周围空气形成的混合气不均匀。在喷注核心，混合气过浓，在继续混合过程中会逐渐稀化，先后进入正常燃烧，不致引起很多的HC排放。但在喷注外围，来不及着火就可能形成过稀的混合气，其中的燃料可能始终不能完全燃烧，成为未燃HC的排放源。

与纯柴油模式相比,柴油/甲醇双燃料模式下的 HC 排放量大幅度升高。产生这种现象的主要原因如下。

(1)扫气影响。柴油/甲醇双燃料模式吸入汽缸的新鲜工质为甲醇和空气的预混合气,在扫气过程中有少量的新鲜工质直接从排气门排出,这使得 HC 的排放增加,且随着负荷和转速的降低而更加明显。

(2)由于甲醇较高的汽化潜热,降低了缸内燃烧最高温度和平均温度,使得未燃 HC 增加,其随着转速和负荷的降低而增大。

(3)由于小负荷时甲醇与空气形成准均质混合气浓度过稀,稀混合气在汽缸内由柴油引燃,甲醇燃料停留在燃烧室中的时间比柴油长很多,因而过度稀燃、壁面冷激效应、狭隙效应、油膜吸附和沉积物吸附作用很大。这是在柴油/甲醇双燃料模式下 HC 排放升高的主要原因。

2. 柴油/甲醇双燃料燃烧发动机 CO 排放

CO 是 HC 燃料在燃烧过程中生成的主要中间产物。CO 氧化成 CO_2 的条件是反应气的氧浓度、温度足够高,化学反应的时间足够长。抑制内燃机的 CO 排放量的主要因素是可燃混合气的过量空气系数。压燃式发动机的燃料与空气混合不均匀,其排放物中仍有相当多的 CO。CO 是由含碳燃料氧化而生成的一种中间产物,在缸内燃烧过程中这一中间产物部分会转换成 CO_2。

在富燃料混合气中,随着燃油过剩量的增加,废气中 CO 的含量也随之增加;在贫燃料混合气燃烧中,CO 含量几乎不会随着混合比发生变化。在碳氢燃料火焰中,CO 氧化成 CO_2 的速度比 CO 的形成速度要慢,CO 的形成过程的主要反应归结为 RCO 的热分解和氧化生成 CO。柴油/甲醇双燃料燃烧时,由于甲醇具有较高的汽化潜热,降低了进气温度和缸内燃烧温度,导致燃烧不完全,故 CO 排放量较大。

3. DMDF 燃烧发动机 NO_x 排放

根据化学反应动力学,NO_x 生成的条件为高温、富氧及高温持续时间。由进气道喷入甲醇,因其汽化潜热大造成的冷却效应降低了进气温度及最高燃烧温度。同时,甲醇的加入提高了燃烧速度,缩短了高温持续时间。由于缸内的最高燃烧温度和高温持续时间相应下降,从而使得 NO_x 的正向反应速率降低。故采用柴油/甲醇双燃料模式运行后,NO_x 排放大幅度下降。

4. DMDF 燃烧发动机甲醛排放

甲醛是碳氢化合物未完全氧化的中间产物,是 DMDF 发动机排气中主要羰基排放污染物之一。图 6-7 是 ESC 工况点催化前纯柴油与 DMDF 发动机的甲醛排放情况。原机纯柴油燃烧时也有少量的甲醛生成,而采用 DMDF 燃烧以后甲醛排放量大幅度增加。

甲醛作为甲醇燃烧的中间产物,与甲醇的燃烧有明显的关系。甲醇与活性基脱氢反应后主要生成两种物质 CH_2OH 和 CH_3O,大部分都与氧气进行氧化反应生成甲醛。

图 6-8 是由 DMDF 燃烧总甲醛排放量与该工况下的甲醇喷射量得出的每个工况下单位质量甲醇喷射量所对应的甲醛排放量情况。在低负荷时单位质量甲醇喷射量所对应的甲醛排放量较中高负荷时高得多,而在大负荷时则相对较少。

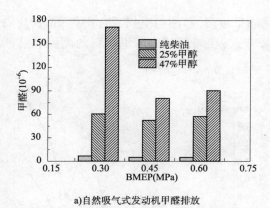
a) 自然吸气式发动机甲醛排放

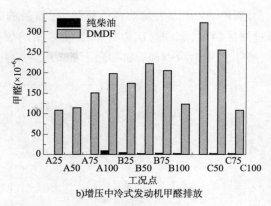
b) 增压中冷式发动机甲醛排放

图 6-7 掺醇前后甲醛排放对比

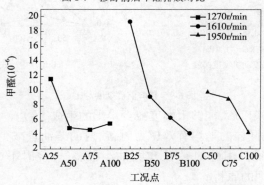

图 6-8 单位质量甲醇喷射量所对应的甲醛排放量

DMDF 燃烧尾气中的甲醛一部分来自汽缸,一部分在排气管中生成。汽缸内甲醛的生成机理如下:发动机在小负荷运转时,燃烧室的壁面温度较低,形成的淬熄层较厚,而淬熄层是低温氧化反应的温床,在淬熄层中存在大量的醛类,同时已燃气体温度较低,氧化作用较弱,燃烧无法完全进行,使得小负荷时生成较多醛类;随着发动机负荷的增加,燃烧反应温度升高,燃烧室壁面温度逐渐升高,缸内气流运动不断强化,燃烧反应条件得到不同程度的改善,有利于甲醇完全氧化,阻碍了不完全氧化产物醛、酮的生成。由图 6-8 可以看出,低负荷时排气中的未燃甲醇较多,由于低负荷时供给燃料少,排气中的氧浓度大,未燃甲醇与氧发生氧化反应生成甲醛,故甲醛排放较高。

5. DMDF 燃烧发动机烟度排放

图 6-9 是催化前按 ESC 工况点纯柴油与 DMDF 燃烧时的烟度排放对比情况。双燃料燃烧时烟度排放大幅度降低,平均降低了 75.28%,最多下降了 91.4%。

柴油机炭烟的生成条件是高温和缺氧。由于柴油机混合气极不均匀,尽管总体上是富氧燃烧,但局部缺氧还是导致了炭烟的生成。燃油中的烃分子在高温缺氧的条件下热裂解,形成部分乙烯和聚乙烯;乙烯和聚乙烯在不断脱氢后,聚合成以碳为主、直径约为 2nm 的炭烟核心;气体中的烃在这个炭烟核心的表面凝聚以及炭烟核心之间的凝聚,使得炭烟核心的表面增大,成为直径为 20~30nm 的炭烟基元。至此,炭烟的质量已基本确定。最后炭烟基元堆积成直径 1μm 以下的微粒。纯柴油燃烧时,在同一转速下,烟度随着发动机负荷的增大而增加。这是因为发动机负荷越大,喷射的燃油量越多,燃油与空气混合得越不均匀,局部过浓区越大,缸内燃烧以扩散燃烧为主的燃烧方式,在局部过浓区里燃料的高温裂解严重,产生大量的炭烟前驱体,最终生成大量炭烟。

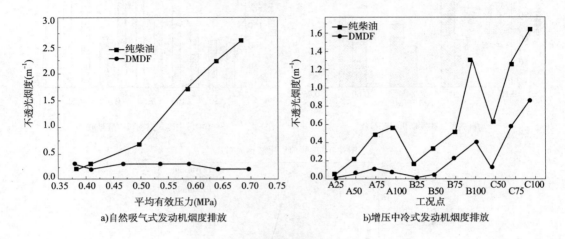

a)自然吸气式发动机烟度排放　　b)增压中冷式发动机烟度排放

图6-9　掺醇前后烟度对比

采用DMDF燃烧方式以后,能够大幅度减少炭烟的生成。

(1) DMDF燃烧达到同样的平均有效压力时,喷射的柴油量减少,而甲醇本身只含有一个C原子,不含C-C键,而且甲醇的C/H比柴油小很多,燃烧时不产生炭烟。因此,DMDF燃烧方式减少了生成炭烟的原料。

(2) DMDF燃烧时,甲醇的加入对柴油的着火具有迟滞作用,能够在一定程度上改善柴油混合气的形成。而且,双燃料燃烧时预混燃烧量增加,扩散燃烧的比例减小,持续时间也大大缩短,甚至可能完全没有扩散燃烧阶段。因此,DMDF燃烧改变了纯柴油扩散燃烧的方式,有助于减少炭烟的生成。

(3) 甲醇在燃烧反应中生成了大量的自由基OH·,OH·与柴油分子燃烧反应中的各种中间生成物的反应要比其他自由基(H、O等)容易得多,且OH·对形成炭烟的前驱体乙炔反应的活化能最低,反应最为迅速,有更强的氧化作用。另外,通过化学反应动力学方面的分析可知,甲醇加入后在富燃火焰中多环芳香烃(PAHs)受到明显的抑制。原因在于醇的加入一方面替代了一部分烃燃料,另一方面使甲苯在中温区被提前消耗,二者结合造成进入高温PAHs生成区的甲苯及其消耗率降低。在火焰中聚合反应的放大效应下,甲醇的加入使得PAHs生成率的降幅更为明显。

6. DMDF燃烧发动机微粒排放

1) 微粒的数量浓度分布

柴油机微粒排放主要是由炭烟、可溶性有机物和硫酸盐等组成。其中炭烟是碳质微球(含有少量氢和其他微量元素)的聚集体,可溶性有机成分(Soluble Organic Fraction, SOF)是由炭烟吸附和凝聚多种有机物形成的。柴油机排气微粒的微观形状呈复杂的链状或团絮状,当量粒度大多为 $0.02 \sim 1.0 \mu m$,其体积平均粒度为 $0.1 \sim 0.3 \mu m$,属于能长期悬浮在空气中的亚微米颗粒物。

图 6-10 和图 6-11 所示为不同的替代率对微粒数量浓度分布和微粒总数量的影响。无论是纯柴油模式下还是 DMDF 模式下微粒的数量浓度均呈单峰分布,核态微粒(微粒直径在 30nm 以下)较少,积聚态微粒(微粒直径大于 30nm)较多,且峰值出现在微粒直径为 100nm 左右。随着甲醇替代率的增加,微粒的总数量减少,且微粒分布曲线没有左右移动,说明 DMDF 燃烧减少了微粒的数量浓度而没有影响微粒的分布和几何平均直径。由图 6-10 可知,小的甲醇替代率对降低微粒数量浓度效果不太明显,替代率为 10% 时微粒的数量浓度与纯柴油相差不大,而随着替代率的增加,微粒数量浓度下降幅度明显增加。当替代率达到 50% 时,微粒的数量浓度还不到燃用纯柴油的 20%,下降幅度达到 80% 以上。催化转化后,微粒的总数量浓度进一步降低。

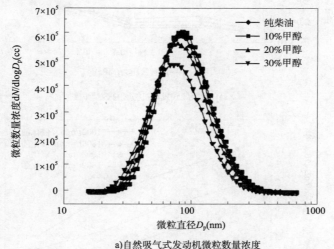

a) 自然吸气式发动机微粒数量浓度

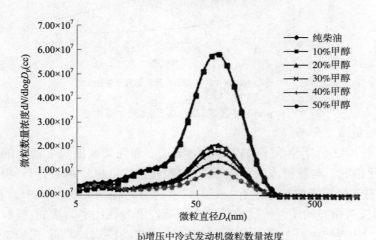

b) 增压中冷式发动机微粒数量浓度

图 6-10　DMDF 燃烧对微粒数量浓度分布的影响

使用 DMDF 燃烧时,在同样的负荷下减少了柴油的喷射量,从而减少了扩散燃烧时的柴油量;甲醇含量高,燃烧速度快,在燃烧过程中有自供氧效应,使燃料更充分燃烧。这些都有助于降低微粒的数量浓度。亚纳米级微粒和超细微粒有更小的直径,容易被催化氧化,因此催化转化后微粒数量浓度进一步降低。

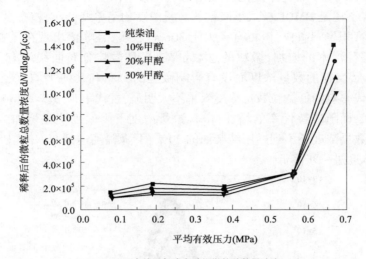

a) 自然吸气式发动机微粒总数量浓度

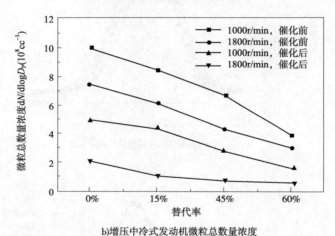

b) 增压中冷式发动机微粒总数量浓度

图 6-11　催化前后微粒总数量浓度的变化

2) 微粒的质量浓度分布

图 6-12 和图 6-13 分别给出了 DMDF 燃烧模式下和纯柴油模式下微粒的质量浓度分布和总质量的变化情况。与数量浓度分布相似,微粒质量浓度也呈单峰分布,峰值出现在微粒直径为 100nm 左右。核态微粒虽然有一定的数量,但其质量小,对微粒的总质量浓度影响较小,而积聚态微粒对微粒的质量浓度贡献较大。随着甲醇替代率的增加,微粒的质量浓度逐渐减小,当替代率达到 50% 时,微粒的质量浓度较纯柴油模式约降低了 50%。经过催化转化以后,微粒的排放进一步降低。

微粒主要由炭烟、可溶性有机化合物和硫酸盐等组成。由于烟度的减少,微粒的总浓度相应降低,同时由于废气中碳氢化合物排放的增加,因而微粒质量浓度的降低并没有烟度降低得多。氧化催化转化器对微粒的氧化作用很大部分是通过氧化微粒中可溶性有机成分来达到降低排放的目的。

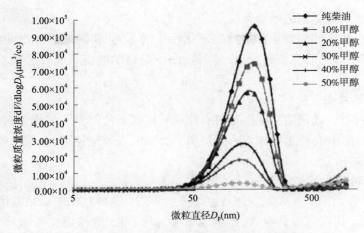

图6-12 DMDF燃烧对微粒质量浓度分布的影响

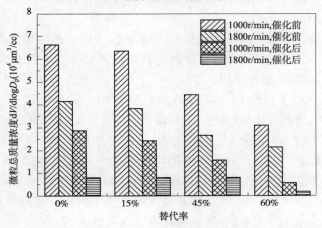

图6-13 纯柴油模式下催化前后微粒总质量浓度的变化

第四节 乙醇在汽油车上的应用技术

一、乙醇汽油

由于乙醇的腐蚀性,在调配生产、储存、输送车用乙醇汽油过程中,所涉及的储罐、泵、阀门、垫片等器材的材质应保证其对乙醇汽油的适应性。金属材料宜选用碳钢、不锈钢,不宜采用镀锌材料。弹性材料宜采用丁腈橡胶(软管和密封垫)、氟、硅氟、氯丁橡胶(软管和密封垫)、聚硫橡胶、天然橡胶(仅限乙醇)和维通(偏氟乙烯与全氟丙乙烯的共聚物)。聚合物材料宜采用缩醛树脂、尼龙、聚丙烯、聚四氟乙烯和玻璃纤维增强塑料,不宜采用聚氨酯。

由于乙醇具有强溶解性,在乙醇汽油的生产初期,可溶解部分油罐涂料、管道锈蚀物等,产生的污物易堵塞计量设备,故调和计量仪表前应设置$10\mu m$过滤器,零售部分计量泵和分配器也应安装$10\mu m$过滤器,必要时应更换一到两次过滤器,直至清除所有杂质。在新加油装置储存E10以上的乙醇汽油时,需要提前清理油罐,以防沉积物被乙醇剥离造成燃料中固态杂质过高,堵塞加油车辆的燃油系统。

另外,由于乙醇汽油与常规车用汽油理化性质的不同,在调配乙醇汽油时,需要根据环境条件及使用需要对乙醇汽油组分进行调整,而不是简单的将其混合起来。主要涉及的调整有以下几点。

(1)防止燃料饮用。

为防止燃料误饮,或预防某些商家将有能源补贴的低价燃料乙醇作为食品级乙醇使用,乙醇在作为燃料使用前,要求要加入一些烃类,如汽油,以及染色剂,从颜色和味道上标明其身份,破坏其可饮用性。

(2)提高冷起动性能。

纯乙醇燃料在低于15℃的情况下无法着火,而E85燃料在低于-15℃的情况下无法使发动机起动。为了提高冷起动性能,根据季节和地理,E85的掺混比可做较大的调整,如美国规定E85的乙醇含量可根据使用环境在51%~83%范围内波动。

(3)降低饱和蒸气压。

在汽油中调入变性燃料乙醇将导致蒸气压增加5~7kPa,蒸气压太高,容易造成燃油系统气阻,影响车辆的正常运行,因此传统汽油对燃料的蒸气压有严格要求,《车用乙醇汽油》(GB 18351—2015)中规定合格的E10冬季蒸气压(11月1日至4月30日)的范围为42~85kPa,夏季蒸气压(5月1日至10月31日)的范围为40~68kPa。

乙醇添加量对汽油蒸气压的影响如图6-14所示,蒸气压的增加是非线性的。当变性燃料乙醇调入量在2%~3%时,蒸气压增量最大;乙醇添加量大于7.7%后,变性燃料乙醇对蒸气压的影响逐渐减小。因此目前车用乙醇汽油标准中规定,乙醇汽油中乙醇的含量不得低于9%,以保证乙醇汽油的蒸气压不至太高;另外混合燃料的蒸气压和车用乙醇汽油调和基础油的蒸气压有关,一般而言乙醇汽油基础油的蒸气压要比普通汽油的蒸气压约低10%才能满足乙醇汽油蒸气压标准要求,即基础油蒸气压要小于67kPa。

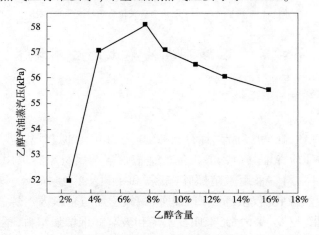

图6-14 乙醇含量对乙醇汽油蒸汽压的影响

(4)提高火焰的可辨识能力。

根据《火灾原因认定手册》规定,火焰通常分为显光火焰和不显光火焰。显光火焰,在通常情况下易被人发现和看清,及时着火也容易被发现和扑灭;不显光火焰为火焰发光不明亮的,发蓝的火焰,这种火焰通常不易被人看清,容易在着火后不被发现而引发更严重的火灾。一般而言,燃料中含氧量越高,火焰亮度越低。乙醇作为典型的含氧燃料,其火焰照度低,且为蓝色火焰,着火后不容易辨识。为了提高乙醇汽油的火焰可辨识度,一般可向醇类燃料中添加金属盐,在火焰中盐离解并且生成固体分子或金属离子,发出特征光线,改变火焰颜色(例如引进锶盐,火焰颜色变为红色;引进钠盐,火焰颜色变为黄色),这样就提高了火焰的可辨识度,降低了火灾风险。

(5)降低腐蚀性。

乙醇汽油中水分的存在,将激活金属的酸腐蚀和电化学腐蚀问题。当汽油中不含水分时,酸性腐蚀弱,主要是活性硫化物引起的铜片腐蚀。而乙醇汽油中水分的存在,将引起酸的电离,使活泼金属的酸腐蚀加剧,并激活其他腐蚀行为。为了降低乙醇汽油的腐蚀性,一般需要在调配乙醇汽油时添加一定量的腐蚀抑制剂。美国可再生燃料协会要求乙醇出厂时添加 20~30 磅/千桶的腐蚀抑制剂。另外,降低乙醇汽油中水分及酸值也能降低乙醇的腐蚀性。合格的乙醇汽油还需要通过抗腐蚀实验,如我国乙醇燃料标准要求合格的乙醇汽油需要通过铜片腐蚀实验(GB/T 5096),保证腐蚀等级不超过 1 级。

(6)提高燃料混合稳定性。

乙醇-水-汽油三相溶解如图 6-15 所示。乙醇含量高的乙醇汽油的溶解度较好,不容易出现分层现象;而低比例乙醇汽油,尤其是使用量最大的低比例乙醇汽油 E10,混合燃料的稳定性非常差。

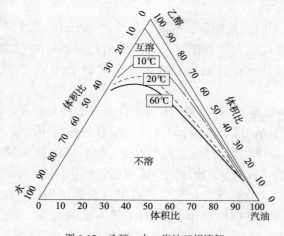

图 6-15 乙醇—水—汽油三相溶解

决定乙醇汽油是否会出现分层的因素主要是温度和含水量。温度越低,乙醇汽油越容易出现相分离现象。目前一般用相分离温度来表征乙醇汽油的稳定性,因此在低温地区,更需要提高乙醇汽油的混合稳定性。提高乙醇汽油稳定性一般有两种方法。一是严格控制燃料的水含量;美国可再生燃料协会要求乙醇出厂时的含水量应小于 0.82%,我国对乙醇燃料中水含量要求不高于 0.2%。另外由于乙醇的吸水性,其在储运过程中,应尽量控制时间及密封性,在储存乙醇时,储罐呼吸阀内也需要添加干燥剂,以减少混入的水分或因油料呼吸吸入的水分。二是加入添加剂,提高乙醇汽油的容水能力。目前提高乙醇汽油抗水相分离能力的添加剂主要有:①采用相似相溶原理来提高燃料与水结合能力的添加剂,如正丁醇、异丁醇和 MTBE 等；②利用乳化作用，提高抗相分离能力的表面活性剂，如棕榈酸和 SPAN80 等。

二、乙醇作为抗爆剂的应用

乙醇自身的辛烷值很高（研究法辛烷值为 111），自 20 世纪 30 年代早期开始，就一直被用作汽油的辛烷值增进剂。汽油中加入 10% 的变性燃料乙醇后，车用乙醇汽油的抗暴性指数可提高 2~3 个单位。根据相关研究，乙醇作为抗爆剂使用有两个特点：①基础汽油的辛烷值越低，添加乙醇后，其辛烷值的增量越大（图 6-16）。②基础汽油成分影响乙醇对辛烷值的提升作用，目前研究表明乙醇对烷烃类汽油组分的辛烷值提升优于对烯烃类汽油组分的提升。

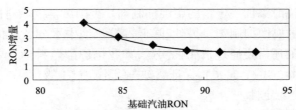

图 6-16　不同辛烷值基础油添加 10% 乙醇后辛烷值变化

三、灵活燃料汽车（Flexible Fuel Vehicle，FFV）

普通汽油汽车可以短时间使用低比例的乙醇汽油（如 E10、E20 等），但当乙醇汽油中乙醇含量较高、燃料成分变化较大或者需要长时间使用乙醇燃料时，普通汽油车便不再适用，这时一种根据乙醇汽油特性设计的新型汽车便应运而生，即灵活燃料汽车（Flexible Fuel Vehicle，FFV）。

第一款商业化的 FFV 是 1908—1927 年的福特 Model T，它装有可调喷射器，可以使用汽油或乙醇，或者乙醇与汽油的混合燃料，但这款汽车必须在使用前确定燃料的类型，由驾驶员根据燃料成分手动更改喷射器参数，使汽车以适应燃料。随着汽车电子技术的进步，燃料识别传感器出现后，FFV 可以自识别燃料组分，根据燃料组分自行调整运行参数，以适应燃料的需求。2003 年 3 月，大众汽车公司首次将可以自识别使用任一比例汽油和乙醇的混合燃料的灵活燃料汽车—高尔（GOL）1.6 完全 FFV 投入巴西市场。两个月后，通用雪佛兰也将 FFV Corsa 1.8 Flex Power 投入巴西市场。截至 2011 年，共有 12 家汽车制造商生产乙醇 FFV。截至 2013 年 10 月，全球大约生产并销售了 3900 万辆乙醇 FFV、摩托车和轻型货车，其主要集中在四个市场：巴西（2300 万辆）、美国（1500 万辆）、加拿大（60 万辆）和瑞典（22.94 万辆）。

与传统汽油车相比，FFV 有以下不同。

1. 燃油供给系统

车辆在加装乙醇汽油之前如果长时间使用汽油，须对燃油供给系统的油箱、油路进行清洗，否则油路内的残渣、沉积物泛起，将造成阻塞，国内外推广使用乙醇汽油的部门对此项工序都非常重视，我国对此专门制定了《使用乙醇汽油车辆燃油供给系统清洗工艺规范》（GB/

T 25320—2013），要求首次使用乙醇汽油前已经行驶了 3 万 km 以上的汽油车，必须对其燃油供给系统按照规定进行清洗。

（1）油箱。

首先由于乙醇燃料的热值比汽油低得多，为了保证汽车的续驶里程，油箱的容积要较原油箱加大约 0.5 倍，油箱内的燃油泵、燃油过滤器、燃油管路等都做了耐乙醇腐蚀处理。油箱材料不能使用容易被腐蚀的软金属，改用不锈钢制，并对内表面进行镍-磷电镀等防腐蚀处理（如果使用塑料油箱，可选用交联聚乙烯、氟化高密度乙烯及加强塑料等与乙醇相容材料）。另外在低温地区（环境温度可降至 15℃ 以下的地区），部分 FFV 会安装一个辅助汽油箱，在低温环境下使用汽油进行冷起动。

（2）燃油滤清器。

燃油滤清器中经过树脂处理的及烧结的金属的元件会受到醇燃料损害及腐蚀，从而使得混合燃料中的颗粒增多，造成通过能力不足。此外，在乙醇汽油汽车的燃油管路中，还会形成一种特有的凝胶体，这种胶体会因为滤清器的过滤作用聚集在燃油过滤器中，一段时间后将堵塞滤芯。另外，由于未进行过表面处理的铝制品零件在乙醇中发生锈蚀会生成氢氧化铝，这种物质长时间沉积后也会在滤芯上形成薄膜。滤清器被堵塞后，不仅会增加过滤的阻力，影响发动机的正常工作，还会增加燃油泵的工作负荷。美国通用公司相关试验表明，如过滤器未采取措施，在汽车行驶 4000km 后，就会发生被堵塞现象。乙醇燃料滤清器要选用耐腐蚀的纸滤芯和烧结金属滤芯，并对铝制零件进行表面镀层处理，以减少乙醇汽油腐蚀引起的堵塞。

（3）喷油器。

应选用大流量的喷油器，其原因有二。①乙醇较低的理论空燃比以及较低的热值，决定了 FFV 在使用乙醇汽油时的喷油量高于汽油。②乙醇燃料的腐蚀性会导致燃料内杂质增多，这使汽车的喷油器在工作中，容易产生积垢从而致使喷油器孔被堵塞，当喷油流量的波动率大于 ±2% 后，会使车辆运转稳定性下降，选用大流量的喷油器可以降低喷油器堵塞概率，提高其使用寿命。

（4）油管。

对于使用乙醇汽油的 FFV 的硬质主油管，一般采用内表面镀镍工艺，或采用不锈钢材料及聚四氟乙烯材料都能有效的应对乙醇的腐蚀性。对于橡胶软管，尽量选用氯丁橡胶、顺丁橡胶、丁苯胶、丁烯胶和硅橡胶等耐油性和抗车用乙醇汽油的溶胀性较好的材料，并在橡胶管的内表面喷涂碳氟化物，降低乙醇汽油的影响；尽量不要使用氰化丁腈胶、氯化聚醚和丁基橡胶等材料。

乙醇汽油对橡胶腐蚀的破坏作用，与交联密度有关。增加交联密度，可以有效提高硫化橡胶抗腐蚀性，因此只要硬度和其他物理性能允许，应尽可能提高硫磺用量。

另外目前研究表明，使用多种材料共混后，橡胶抗乙醇汽油腐蚀能力会得到提升。如采用丁腈橡胶与聚氯乙烯共混胶，该胶种既有丁腈胶的耐油性和可交联，又兼有聚氯乙烯的抗天候性、耐臭氧性，与传统单组分橡胶材料相比，其抗乙醇汽油溶胀性较好。

2. 排气管

汽车使用乙醇汽油后，排气中含有较多的水，其中又夹杂了乙酸等一些腐蚀性较强的成分,排气管在高温高压的环境下很容易在这种酸性液体中发生腐蚀,因此乙醇汽油 FFV 需要对排气管内侧与醇燃料废气接触的部分进行耐腐蚀工艺处理。

另外,排气中含有的大量水分会在低温环境中造成排气管堵塞以及地面结冰,因此在低温环境中运行的 FFV,需要在汽车排气管外侧加设石棉包层,提高排气管后段温度,控制排气管中燃烧产物的凝水过程,防止乙醇汽油燃烧后在排气管中的滴水流出或聚集,造成路面结冰及排气管堵塞。

3. 汽车燃油蒸发管理(EVAP)系统

汽车上的燃油蒸发管理(EVAP)系统可以通过吸附、脱附油箱内的燃料蒸汽降低车辆的燃料蒸发排放;与传统汽油相比,乙醇汽油混合燃料挥发性好、蒸汽压力高,因此乙醇汽油汽车的 EVAP 组件要按照乙醇汽油的特性进行改造。一般来说,乙醇汽油汽车 EVAP 的活性炭罐吸附容量及清除容积与普通汽油车相比,略有增大;另外需要使用上吸式(底部密封式)炭罐,以减少燃料水污染发生的可能性。

4. 火花塞

乙醇汽油蒸发潜热大,汽化过程吸收的热量多,汽缸内燃料到达压缩终点后混合气温度要比纯汽油燃料的低。为了实现可靠的着火,FFV 火花塞的点火能量应略高,尤其在使用稀混合气体及低负荷缸内温度低时,更需要较大的点火能量(而在高负荷时点火能量可以小一些)。但跳火能量过高,会降低火花塞的使用寿命,因此部分 FFV 会通过控制点火时间提高点火成功率。

5. 燃料识别

目前 FFV 都具有燃料识别的能力。大部分 FFV 通过燃料识别传感器来确定燃料中乙醇含量,这种传感器一般串联在油轨与油箱之间的油路上,当从回油管返回至油箱的燃料通过该传感器时,传感器会将燃料内乙醇的含量以电信号的形式上传至 ECU,由 ECU 根据信号对发动机的参数进行修正。

目前对乙醇含量的燃料识别方法有三种,分别是电导率法、光学法、电容(电介质)法。其中电导率法对燃料中的水的含量很敏感,乙醇燃料中含水量会影响其测试结果,目前很少有传感器使用这种方法进行测试。光学法传感器是根据汽油及乙醇液态状态下折射率的不同设计的,汽油的折射率是 1.45,而乙醇的折射率是 1.36,根据不同比例的混合燃料流经传感器装置时产生折射后的位置不同来判断混合燃料中各个成分的比例;但由于光学法的传感器在运用过程中会产生很多问题,如燃料对光信号的干扰,油膜对光线的影响,光敏装置容易老化等,光学法的传感器已经逐渐被电容法传感器代替。电容法传感器原理是利用混合燃料的介电常数来判断其中乙醇的含量。汽油的介电常数是 2,而乙醇的介电常数是25.1,这种比较悬殊的差别,使得混合燃料在不同配比下的介电常数变化的幅度很明显,能够比较准确地判断出混合燃料中乙醇的含量。

2006 年后生产的一些 FFV 取消了燃料传感器,而是通过计算机算法,使用氧传感器信号确定燃料中乙醇的含量。

6. 低温冷起动功能

乙醇汽化潜热较大,导致乙醇汽油汽车冷起动性能比较差。通常在气温低于 15℃ 和燃油中乙醇含量达到 85% 以上时,发动机冷起动性能变差,需要使用冷起动系统。目前,世界上应用比较成熟的解决发动机冷起动问题的方案是增加辅助油箱,该油箱容量大约 2~3L;FFV ECU 会采集室外温度和发动机水温两个信号,根据温度信号确定是否开启冷起动电磁阀,使用副油箱里的燃料进行冷起动发动机起动,冷起动燃料,还可以使用乙醚或丙烷等挥发性好的燃料,正常行驶时切换使用主油箱的燃料。当油箱中乙醇含量小于 10% 时,冷起动系统不工作。另外由于增加了一个辅助油箱,为了实现驾驶人对油箱内油量的实时监控,还需要在仪表上增加一个副油箱的油表。

2009 年博世公司开发了不需要辅助油箱的冷起动加热系统,通过加热乙醇燃料使灵活燃料汽车可在 -5℃ 的环境中可以顺利实现冷起动。另外还有一些采用加热进气或其他方法的冷起动系统,但并不常见。

7. 系统参数标定

由于汽油和乙醇物理性质存在很大差别,乙醇汽油汽车的发动机管理系统中基本喷油量、起动喷油量暖机补正量、加减速补正量、点火正时等重要参数都需要重新标定。另外针对使用乙醇汽油可能产生的燃油系统腐蚀、泄漏、滤清器的堵塞等造成的故障,需要在 OBD 系统中有针对性地设置相应的诊断代码及跛行方案。

第五节 乙醇在柴油机上的应用技术

乙醇的着火温度高,十六烷值低,不适宜作为压缩点火式发动机的替代燃料应用。但是在某些地区的农作物或废料可以生产酒精,特别在农用柴油机上有时会要求应用乙醇柴油混合燃料;而且乙醇是一种重要的可再生能源,且能有效降低柴油机的炭烟排放,因此目前对乙醇在柴油机上的应用技术依然是一个技术热点。

在直喷式柴油机上应用乙醇—柴油混合燃料的方法很多,主要有以下 3 种。
(1) 熏蒸:用化油器或进气管喷射的方法引入乙醇,柴油点火。
(2) 乙醇—柴油混合液。
(3) 双喷射,在汽缸盖上设两个喷油器,分别喷射乙醇和柴油。
方法 (3) 涉及更改柴油机汽缸盖,喷油系统,除专业生产厂外,一般很难实现。因此目前比较常见的仅前两种。

一、熏蒸法

熏蒸法也称为双燃料法或两元燃料法。随着汽车电子技术的进步,目前使用化油器在进气管引入乙醇的熏蒸法逐步被进气管电控喷射乙醇的方法取代。根据喷射器的个数,熏蒸法可以分为多点喷射及单点喷射两种模式,一般采用图 6-17 所示的方案。安装位置。由于柴油机进气管设计时只考虑空气的各缸均匀分配,在应用熏蒸法时要满足乙醇(或甲醇)在各缸的均匀分配。目前研究表明,提高乙醇的雾化水平,可以有效解决这一问题。一般认为,乙醇液滴直径 <10μm 即可随空气运动,仅在做 90° 急转弯时大约有 0.1% 的液滴碰壁,即使低负荷、增压空气温度较低时,也可获得乙醇的各缸均匀分配。由于醇类燃料对增压器有腐蚀作用,熏蒸法的喷射器一般安置在增压器后端。图 6-17 上的针阀和压力调节器串联在一起,压力调节器的膜片背面受到进气管压力的作用,当发动机工况变动增压压力改变

时,仍可保通过针阀的压力降保持不变,乙醇的容积流率仅是转子输送泵转速的函数,与进气管压力变化无关。

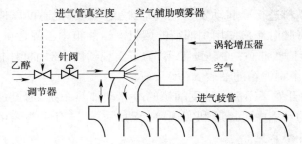

图 6-17　熏蒸系统和进气系统(美国 caterpillar 3306 发动机)

使用结果表明应用熏蒸法后,发动机的 NO_x、PM 和烟度均可降低,未燃 HC 排放增加,用于熏蒸的乙醇比例受到敲缸和热效率降低的限制。此外,熏蒸法不会因乙醇热值低而使发动机功率输出降低,但由于在进气管中喷入乙醇,有可能加速润滑油污染。研究熏蒸乙醇量和柴油的配比以及喷油提前角等参数的影响在产品开发中十分重要。

二、乙醇—柴油混合液

乙醇、柴油比较难以稳定互溶,一般通过乳化的方法制成均匀的混合液,然后喷入缸内压燃。使用乙醇—柴油混合液的时候需要对燃油供给系统进行一定的改造(如尽可能降低燃油温度、提高燃油系统内油压),以避免燃油温度升高等造成的乙醇气化产生的气阻或者穴蚀。形成乙醇—柴油乳化液的方法有以下两种。

(1)在线乳化,生成不稳定乳化油。

乙醇和柴油按比例放入大油桶,用搅拌器预先混合,然后进入可称重的小油桶,两根回油管的回油也进入此桶,回油管可用透明的塑料管制成,以便用目测监督柴油和乙醇的混合情况,然后经过一种称为液力剪切器(Hydro-shear)的设备生成不稳定乳化液,供发动机使用。实验证明,应用该法可增加发动机的热效率、降低 PM 排放。这种方法的优点是可以控制混合燃料的比例,省去了添加剂的成本;缺点是需要较大空间安置混合装置,并需要一定的改装成本。

(2)使用乳化剂生成稳定的乳化液。

乙醇—柴油乳化燃料中使用较多的乳化剂是高碳醇,其中以十二醇效果最佳;美国西南研究院曾推荐 SOA(Scher Chemicals 公司产品)。但想配置稳定的乳化液,需要加入的表面活性剂仍然太多,这是目前限制乙醇和柴油混合使用的一个重要因素。稳定乳化液中的乳化剂起到乙醇/水和柴油的分界面的作用,当混合燃料呈半透明状时,是单一相,是一种微米级的乳化油,当混合燃料不透光时,乙醇/水珠的直径大于 1/4 可见光的波长,它将是不稳定的,贮存时间长了将会相分层。

发动机使用乙醇—柴油混合燃料后,由于燃料热值降低,如果不更改供油系统,发动机的输出功率会随着乙醇量升高而降低。无论使用熏蒸法还是混合液燃烧,柴油发动机燃用乙醇—柴油时常规排放特点是一样的:低负荷时醇类燃料对燃烧有激冷作用,导致燃烧不完全,CO、HC 排放比柴油的高;在高负荷时由于乙醇气化吸热、含氧燃料燃烧完全、等容度高等原因,CO、HC 排放比柴油的低;NO_x 排放与燃烧温度有关(因有较高的汽化潜热),乙醇—柴油混合燃料喷入缸内将带来较大的温降,相同负荷下柴油—乙醇混合燃料燃烧时缸内平均温度增加较小,故 NO_x 排放浓度随乙醇含量升高而降低。

此外,使用乙醇—柴油混合液,可以在不引起 NO_x 上升的同时,烟度排放较烧柴油下降约 50%,这也是柴油中添加含氧化合物的主要目的。相关研究表明,随着混合燃料中含氧量(乙醇含量)的增加,炭烟浓度明显下降。乙醇的添加减少了喷射初期浓混合气区域,滞燃期内形成的可燃混合气数量增加,预混燃烧量增加,扩散燃烧量减少。同时,乙醇的添加改善了扩散燃烧期内混合燃料的燃烧状况,最终使得混合燃料炭烟浓度降低。另外,乙醇—柴油乳化液与甲醇—柴油乳化液的结构一样,都是柴油包醇,因此其在发动机缸内燃烧时也会发生微爆现象,从而提高了燃料的雾化程度,这也在一定程度上减少了炭烟的生成。

三、选择催化还原(SCR)还原剂

SCR 技术是目前降低发动机稀燃条件下 NO_x 排放最成熟和有效的技术之一,采用 SCR 技术可以避免发动机采用推迟喷油或点火和 EGR 等缸内措施降 NO_x 排放,使发动机在满足严格排放法规的同时,具有较高的动力性和经济性。SCR 已经成为重型柴油机达到欧Ⅳ、欧Ⅴ以上排放法规的主要技术路线。在欧洲以尿素为还原剂的 SCR 后处理系统已经开始在部分重型柴油机得到应用。但尿素 SCR 存在需要加装额外的尿素罐、尿素溶液凝固点高(-11℃)、氨气泄漏、尿素溶液具有腐蚀性等问题。因此,人们近年来研究了许多利用碳氢化合物作为还原剂的 SCR 系统。其中最受关注的是一种以 Ag/Al_2O_3 作为催化剂、乙醇为还原剂的 SCR 技术。研究表明,这种以乙醇为还原剂的 SCR 系统具有较强的抗水蒸气和 SO_2 中毒能力,在柴油机上可以取得比较好的 NO_x 净化效果。

第七章 二甲醚在汽车上的应用技术

第一节 概 述

一、二甲醚的物理化学特性

二甲醚(Di-Methyl Ether)，又称甲醚，简称 DME，分子式 CH_3OCH_3，CAS 号 115-10-6，是结构最简单的醚类化合物，分子量 46.07。常温下为无色气体或压缩液体，具有轻微醚香味。DME 为最简单的脂肪醚，熔点 -138.5℃，沸点 -23℃。二甲醚的有关特性见表 3-3。室温下蒸气压约为 0.5MPa，与液化石油气(LPG)相似，溶于水及醇、乙醚、丙酮、氯仿等多种有机溶剂。二甲醚易燃，在燃烧时火焰略带光亮，燃烧热(气态)为 1455kJ/mol。常温下二甲醚不易自动氧化，无腐蚀、无致癌性，但在辐射或加热条件下可分解成甲烷、乙烷、甲醛等。

DME 是一种含氧燃料，常温常压下为气态，容易液化，常温时可在 0.3MPa 压力下液化，具有与液化石油气相似的物性，所以通常在 1.5~3.0MPa 下以液态储存，使用安全性要好于丙烷和丁烷。液态二甲醚几乎无臭、无色、无毒，不致癌、不致变、不致畸。对金属无腐蚀性，性能稳定，即使长期暴露于空气中也不会生成过氧化物。

二、二甲醚的生产工艺

二甲醚主要以煤、天然气、生物有机物等为原料制取，目前二甲醚生产工艺主要包括以下三种方法。

1. 甲醇脱水法

该方法是以甲醇为原料，在浓硫酸的催化作用下，生成硫酸氢甲酯，硫酸氢甲酯再与甲醇反应生成二甲醚，同时生成 CO、CO_2、H_2、CH_4、C_2H_2 等副产物，脱水后的混合物再进行分离、提纯，便能得到燃料级或气雾剂级的二甲醚。

2. 合成气一步法合成二甲醚

该方法是把合成甲醇和甲醇脱水两个反应合在一个反应器内进行，其关键在于选择高活性及高选择性的双功能催化剂。中国科学院大连化学物理研究所研制出了用于合成气一步法合成二甲醚的性能良好的双功能催化剂，并在此基础上开发了固定床合成气一步法合成二甲醚的新工艺。

3. CO 加氢合成法

CO 加氢制二甲醚打破了 CO 加氢制甲醇热力学的限制，使 CO 转化率得以提高，而且还能抑制逆水气变换反应的进行。目前，世界上许多国家都在进行 CO 加氢制二甲醚催化剂及工艺研究，但大多处于探索阶段，CO 的转化率及二甲醚的选择性均较低。

三、车用二甲醚燃料标准

《车用燃料用二甲醚》(GB/T 26605—2011)是我国现行的国家标准,其技术指标见表7-1。

车用燃料二甲醚技术指标　　　　　　　　　　　　表7-1

项　　目	质量指标	项　　目	质量指标
二甲醚的质量分数(%)	≥99.5	酸度质量分数(%)	≤0.0002
甲醇的质量分数(%)	≤0.30	总硫质量分数(%)	≤0.0005
水的质量分数(%)	≤0.03	蒸发残渣的质量分数(%)	≤0.003
铜片腐蚀(级)	≤1a		

本标准采用型式检验和出厂检验。技术指标中的全部项目均为型式检验项目,在正常情况下,每两周至少进行一次型式检验。有下列情形之一时,也应进行型式检验:更新关键生产工艺、主要原料有变化、停产又恢复生产、出厂检验结果与上次型式检验有较大差异、合同规定。技术指标中的二甲醚含量、甲醇含量、水分、酸度为出厂检验项目,出厂检验每批进行一次。二甲醚应有生产厂的质量检验部门按照本标准的规定对产品质量进行检验。生产厂应保证每批出厂的产品符合本标准的要求,每批出厂的产品都应附有质量证明书,内容包括:产品名称、产品型号、生产厂名称和厂址、生产日期和批号、本标准编号。

第二节　二甲醚在柴油车上的应用技术

一、二甲醚的燃料特性

二甲醚潜在应用领域是柴油代用燃料。常用的汽车替代燃料,如液化石油气、天然气、甲醇等,其十六烷值都小于10,只适合于点燃式发动机。十六烷值是柴油燃烧性能的重要指标,二甲醚的十六烷值高于柴油,非常适合压燃式发动机,是理想的柴油机清洁替代燃料。使用二甲醚,尾气无需催化转化处理,NO_x及黑烟微粒排放就能满足汽车超低排放尾气的要求,并可降低发动机噪声。研究表明,现有柴油机只需略加改造就能使用二甲醚燃料。二甲醚虽成本高于柴油,但污染低于液态丙烷等替代燃料。二甲醚用作汽车燃料的优缺点详见第三章第六节。

使用二甲醚时需对原柴油机的燃油系统稍作改进。在保持原柴油机输出功率的前提下,不用任何废气再循环系统和废气处理装置,NO_x就能大幅度降低,达到2.5g/kW·h以下,同时NO_x和微粒排放的矛盾关系不复存在,炭烟排放为零,没有加速烟度,微粒排放也大幅降低。

国内外研究了二甲醚在柴油车上的应用,研究发现,二甲醚是一种比较适合柴油机使用的替代燃料,能够实现发动机高效低排放和无烟燃烧,并能达到超低排放。据日本某公司用二甲醚在柴油车上的试验(仅改造燃料喷射系统),发现发动机性能和排气指标均低于或等同于柴油。西安交通大学也在进行二甲醚作柴油代用燃料的发动机试验研究,与一汽合作开发了我国第一辆改用二甲醚的柴油机汽车并进行了试验:使用二甲醚后可使发动机功率提高10%~15%,热效率提高2%~3%,噪声降低10%~15%。与柴油机相比,燃用二甲醚后,发动机炭烟排放几乎为零,NO_x排放降低50%~70%,未燃碳氢排放降低30%,CO排放降低20%。

目前,二甲醚作为车用燃料在汽车上应用还处于起步阶段,大规模推广面临着加压配送体系建立、发动机改造、二甲醚车用燃料的规范和标准缺失等问题。

二、二甲醚在汽车上的应用技术

1. 应用方式

二甲醚在汽车上应用主要方式是用作压燃式发动机的燃料,有纯二甲醚缸内直喷压燃式和二甲醚/柴油双燃料压燃式两种。以压燃式发动机为应用主渠道的高十六烷值燃料二甲醚,不排除以复合燃料方式应用于点燃式发动机。

1) 纯二甲醚缸内直喷压燃式

纯烧二甲醚可以获得相当优良的综合性能。在柴油机上,通过加装一套储气装置和加压设备,把柴油机改造成为二甲醚发动机。工作时,在压缩冲程终了附近,液态二甲醚经由原柴油机供油系统中的高压泵和喷油器喷入汽缸,迅速与缸内的空气混合并在缸内的高温作用下自燃、进行扩散燃烧。纯二甲醚发动机保留了柴油机压燃和负荷质调的主要特征。

2) 二甲醚/柴油混合燃料压燃式

混合喷射是将二甲醚加压以液态与柴油混合,一同经由喷油器喷入汽缸。此法也保留了柴油机压燃和负荷质调的特征。

2. 应用研究结果

1) 高比例二甲醚/柴油混合燃料压燃式

定义90%质量分数的二甲醚与10%质量分数的柴油为D90,以此类推有D80,D70。柴油机燃用高比例二甲醚柴油混合燃料的性能主要包括燃烧特性、排放特性及噪声。

(1) 二甲醚掺混柴油的压力和放热率。

不同掺混比的缸内压力和放热率结果如图7-1所示。当发动机处于1400r/min、有效功率为5.8kW工况下时,随着柴油掺混比的增大,燃烧持续期缩短。随着柴油掺混比的增大,最高爆发压力增大(图7-1a)。随着柴油比例的增大,缸内放热初始时刻提前,且放热率峰值上升,放热持续期缩短(图7-1b)。二甲醚的十六烷值很高,雾化特性好,具有很好的压燃特性,所以二甲醚的比例越大,燃烧滞燃期越短,并且二甲醚汽化潜热大,会吸收缸内更多的热量,从而导致缸内爆发压力和峰值放热率的降低。

柴油比例越大:

① 实际喷油提前角越大,放热率初始时刻有提前的趋势;

② 混合燃料十六烷值越小,燃烧滞燃期越长,放热率初始时刻有推迟的趋势;

③ 混合燃料平均热值越高,放热率峰值有增大的趋势;

④ 混合燃料平均汽化潜热越小,蒸发吸收缸内热量越少,放热率峰值有增大的趋势;

此外,由于二甲醚热值低于柴油,所以在达到相同功率下,柴油比例越大,需要喷入的燃油量越少,放热持续期也就越短。

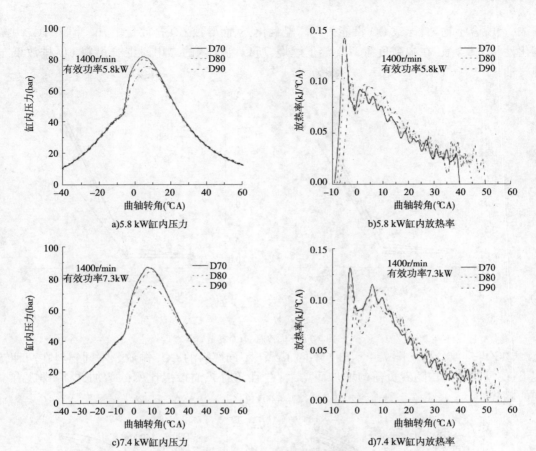

图 7-1 不同掺混比的缸内压力和放热率

(2) 二甲醚掺混柴油的噪声。

图 7-2 示出了不同柴油掺混比下 1400r/min 各工况下发动机噪声变化。①发动机的噪声随着负荷的增加而增加;②发动机的噪声随柴油掺混比例的增加而增大。增大的幅度在 2~3dB 范围内。

随着柴油掺混比例的增大,缸内最大爆发压力及压力升高率都有所上升(压力升高率是衡量发动机平稳性的标志)。因此随着柴油掺混比的下降,发动机运转趋于平稳,燃烧趋于柔和,没有敲击声响。

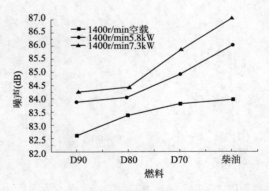

图 7-2 各种燃料噪声对比

(3) 二甲醚掺混柴油的排放特性。

①CO 排放分析。图 7-3 示出了不同工况下不同燃料的 CO 排放。发动机处于低负荷时 CO 的排放量减少(与转速无关),不同燃料的 CO 排放相当;在高负荷时,CO 排放量变大,且随着柴油掺混比例的增加,CO 排放有增加的趋势。发动机处于低负荷时,缸内氧气充足,CO 被氧化成了 CO_2,导致 CO 排放很少。在高负荷时,由于缸内过量空气系数很小,混合气

很浓,且混合不均匀,导致 CO 没能得到高温氧化,从而导致 CO 排放量上升。但由于二甲醚雾化性能好、含氧,在中高负荷下改善了燃烧,所以高比例的二甲醚混合燃料 CO 排放低于纯柴油。

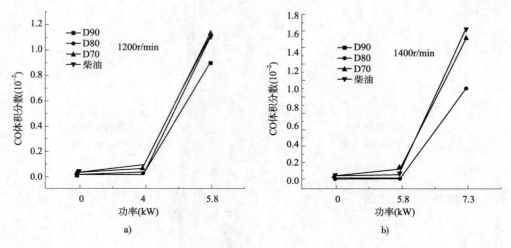

图 7-3 不同转速下 CO 排放

②CO_2 排放分析。图 7-4 示出了不同工况下不同燃料的 CO_2 排放。不同燃料在两种转速下,CO_2 的排放均随着负荷的增加而增大;并且随着柴油掺混比例的增加,CO_2 排放有增加的趋势。

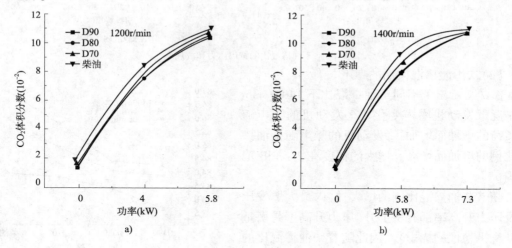

图 7-4 不同转速下 CO_2 排放

③NO_x 排放分析。图 7-5 示出了不同工况下不同燃料的 NO_x 排放情况。在不同转速下,随着负荷的增大 NO_x 排放均呈现先增后减的趋势;且在相同负荷下,随着柴油掺混比的增加,NO_x 的排放有所增加。NO_x 生成的条件是高温富氧,随着负荷的增加,缸内温度升高,从而使 NO_x 排放有所增加。当负荷达到一定的时候,随着负荷的增加,导致缸内氧气不足,燃料发生热裂解生成炭烟,反而使 NO_x 排放下降。随着柴油掺混比例的增加,在相同负荷下,缸内温度有所增加,从而生成更多的 NO_x。

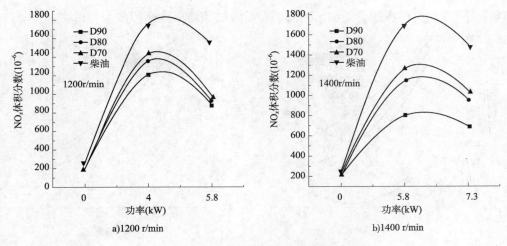

图 7-5 不同转速下 NO_x 排放

④HC 排放分析。图 7-6 所示为不同工况下不同燃料的 HC 排放。从图 7-6a）和 7-6b）中可以看出：在两个转速下高比例二甲醚/柴油燃烧，HC 的排放是随着负荷的增加而减少，而柴油的 HC 排放呈现先减后增的趋势；在空载状态下，高比例二甲醚/柴油的 HC 排放呈现减少的趋势，而柴油的 HC 排放呈增加的趋势，但总的来说，高比例二甲醚/柴油的 HC 排放要高于柴油。HC 主要来源于靠近燃烧室壁面的淬熄区、压缩余隙和活塞、活塞环和汽缸壁形成的环形容积区。其产生的主要原因有淬熄效应、缝隙效应、体积淬冷、过浓或过稀混合气引起的失火，燃烧室沉积物的吸收与释放及润滑油膜的吸收与释放。二甲醚的雾化特性较柴油好，因此一般柴油机由于混合气不均匀而引起的未完全燃烧与失火产生的 HC 排放并不是二甲醚发动机产生 HC 的主要原因，而间隙效应引起的 HC 排放、二甲醚汽化潜热较大所致的燃烧工质温度相对较低及淬熄引起的部分氧化反应是二甲醚发动机产生 HC 的主要原因。随着转速的升高，未燃 HC 或二甲醚蒸汽进入狭缝容积及润滑油膜和积炭的吸附和释放的时间缩短，导致 HC 排放随转速升高而减小。柴油的雾化效果不如二甲醚，所以发动机燃用柴油时，未燃 HC 主要来源于局部或瞬时不完全燃烧。局部浓度或瞬时浓度过浓或过稀，超出了可燃界限，燃烧不完全导致未燃 HC 的生成。对于高比例二甲醚/柴油，随着负荷的增大，燃烧温度升高，并且二甲醚自身含氧，使得温度升高时，更多的 HC 被氧化，从而导致碳氢含量的下降。而柴油燃烧在小负荷时，喷入的燃油少，混合气空燃比大，燃烧温度低，处于着火稀限的燃料多，远离着火区的稀混合气不能经历高温着火阶段，HC 浓度较大。随着负荷的增加，喷入的燃油增多，混合气的空燃比减小，同时燃烧温度升高，远离着火区不能经历高温着火阶段的稀混合气少，燃料燃烧较好，使得 HC 排放的浓度降低。随着负荷的继续增加，喷入的燃油量更多，燃烧室内混合空气间的分布不均匀，造成局部过稀或过浓，反应过程缓慢而无法使燃料及时充分氧化为最终产物，HC 浓度会升高。

（4）结论。

①在不同负荷下，随着二甲醚掺混柴油的比例增大，最大爆发压力和放热率有所提升，但是出现的时刻并没有明显的变化。在相同负荷下，随着柴油比例的增大，燃料消耗率有所下降，但是当量燃料消耗率却差别不大，二甲醚掺混柴油的当量燃料消耗率都低于柴油。同

样的负荷下,发动机噪声随着柴油比例的增大而增加,增加的幅度为 2~3dB。

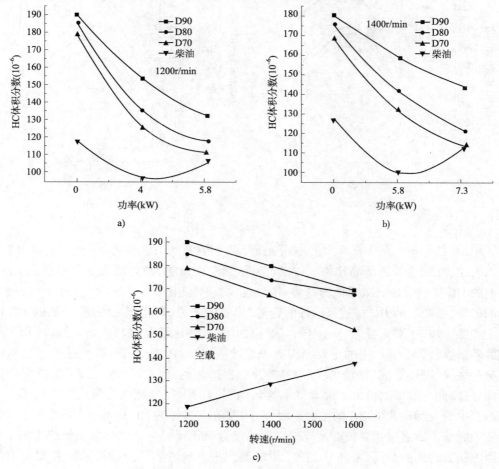

图 7-6　不同工况下 HC 排放

② 不论发动机处于何种转速下,不同燃料在低负荷时 CO 排放总是很小,较高负荷时小很多;高负荷时 CO 排放量随着柴油比例的增加而增加。不同转速下,CO_2 排放随着负荷的增加而增大;同一负荷下随着柴油比例的增加有增大的趋势。不同转速下,NO_x 的排放随着负荷的增加呈现出先增后减的趋势;同一负荷下,随着柴油比例的增加,NO_x 排放有所增大。二甲醚掺混柴油的 HC 排放随着负荷的增加而下降,柴油的 HC 排放随着负荷的增加呈先减后增的趋势。在同一负荷下,随着柴油比例的增加,HC 排放减少。空载时,随着转速的增加,二甲醚掺混柴油燃烧产生的 HC 减少,柴油燃烧产生的 HC 增加。

2) 低比例二甲醚/柴油混合燃料压燃式

一般来说,低比例二甲醚/柴油混合燃料中二甲醚体积或质量分数小于 30%,定义 10% 质量分数的二甲醚与 90% 质量分数的柴油为 D10,以此类推 D15、D20 和 D30。

(1) 动力性。

发动机燃用各种燃料的外特性功率如图 7-7 所示。在整个发动机工作转速范围内,混合燃料中二甲醚含量越大,发动机的功率下降越大。其中 D10 燃料功率下降 3~5kW,D15

燃料功率下降6~7kW,D20燃料功率下降8~10kW。由于功率下降较大,D30燃料不适合发动机燃用。混合燃料发动机功率下降的原因是:二甲醚的热值比柴油低,导致混合燃料的热值比柴油的热值低,并且由于二甲醚密度小,导致混合燃料循环供油量的质量变小。虽然掺烧二甲醚可以改善柴油的燃烧特性,但此时混台燃料发动机的功率降低主要是因为燃料热值降低和循环供油量减少。

(2)燃料经济性。

转速为1800r/min时,发动机燃用不同燃料的负荷特性的燃料消耗率见图7-8。D10、D15两种混合燃料的等热值燃油消耗率比柴油的燃油消耗率低。在柴油中添加二甲醚提高发动机燃料经济性的原因是:二甲醚中氧含量为34.8%,二甲醚/柴油混合燃料在燃烧过程中具有自供氧能力,并且二甲醚雾化性能好,改善了燃料的燃烧。D20燃油消耗率相对D10、D15燃料有所升高的原因是:随着混合燃料中二甲醚含量的升高,供油持续期延长,后燃增加,导致燃油消耗率升高。

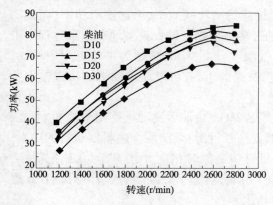

图7-7 外特性功率对比

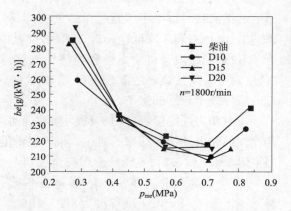

图7-8 1800r/min转速下负荷特性燃料消耗率对比

(3)排放特性。

转速为1800r/min时,发动机燃用不同燃料的负荷特性的炭烟排放如图7-9所示。在中低负荷时,不同掺烧比例的混合燃料的炭烟排放与柴油相比变化不大,这是因为柴油机在中低负荷时总过量空气系数大,混合燃料燃烧充分,炭烟排放处于很低的水平;在高负荷时由于过量空气系数变小,纯柴油燃烧时混合气的形成与燃烧变差,导致炭烟急剧增加。而此时,由于二甲醚含氧及其良好的雾化性能,混合燃料仍然能保证被充分燃烧,从而大幅度地降低炭烟排放,降低幅度达60%以上,而且炭烟排放随二甲醚掺烧比例的增加而降低。

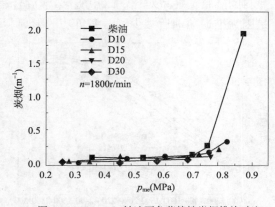

图7-9 1800r/min转速下负荷特性炭烟排放对比

转速为1800r/min时,发动机燃用不同燃料的负荷特性的NO_x排放如图7-10所示。在柴油中掺入二甲醚可以明显地降低柴油机的NO_x排放。二甲醚/柴油混合燃料的NO_x排放

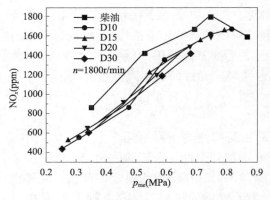

图 7-10 1800r/min 转速下负荷特性 NO_x 排放对比

与柴油相比有所下降,下降幅度达 20% 左右。二甲醚/柴油混合燃料能够降低发动机 NO_x 排放的原因是:①二甲醚的自燃温度低、十六烷值高、滞燃期短、预混燃烧量少、汽缸内的最高燃烧温度较低,从而抑制了 NO_x 的生成;②二甲醚的气化潜热值比柴油大,气化过程中要吸收大量的热,使得汽缸内的最高温度下降,这也在一定程度上抑制了 NO_x 的产生;③燃用二甲醚/柴油混合燃料的实际供油提前角相对柴油滞后,延迟供油也降低了 NO_x 排放。

(4)推迟供油后对发动机性能的影响。

柴油机燃用二甲醚/柴油混合燃料后,由于雾化改善,滞燃期缩短,燃烧提前,适当地减小喷油提前角可以减小压缩过程的负功,有利于提高热功转换效率,增加输出功率;而且功率的增加,也有利于降低比排放。然而,推迟喷油过多将使燃烧过程较多地在膨胀过程中进行,不仅会导致发动机动力性和经济性变坏,排气温度升高,同时炭烟等排放也相应增加。因此,对于一定掺烧比的混合燃料,存在最佳的喷油提前角,它可以使发动机的功率输出及排放指标处于较好的水平。

①对动力性的影响。图 7-11 为喷油提前角推迟 2°CA 供油后发动机燃用柴油和不同混合比例的燃料外特性功率的对比。推迟供油能够提高二甲醚/柴油混合燃料发动机的功率。当推迟 2°CA 供油后,发动机燃用混合燃料与原机燃用柴油时相比:D10 燃料功率下降 2~4kW,下降幅度为 3%~5%;D15 燃料功率下降 4~6kW,功率下降幅度为 5%~7%;D20 燃料功率下降 7~9kW,下降幅度为 8%~10%。

②对燃料经济性的影响。图 7-12 为喷油提前角推迟 2°CA 供油后柴油和不同混合比例燃料的燃料消耗率对比。二甲醚/柴油混合燃料的等热值燃油消耗率比推迟前有所降低,这是因为推迟喷油后减少了压缩负功的影响。

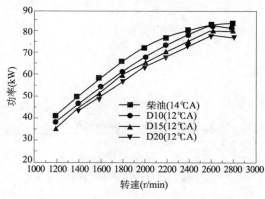

图 7-11 推迟喷油后发动机外特性功率对比

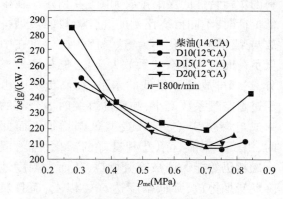

图 7-12 推迟喷油后燃料消耗率对比

③对排放的影响。图 7-13 为喷油提前角推迟 2°CA 时不同混合比例燃料的炭烟排放对比。通过推迟喷油前后炭烟排放对比可以看出,炭烟排放并无明显变化。

图 7-14 为喷油提前角推迟 2°CA 时不同混合比例燃料的 NO_x 排放对比。喷油提前角推迟 2°CA 后,NO_x 排放进一步降低。与燃用柴油相比下降了 500ppm,下降幅度达 30% 左右。试验表明,继续减小喷油提前角至 10°CA BTDC 时,发动机不能稳定工作。综合比较发动机各方面的性能,CA4113 发动机燃用二甲醚柴油混合燃料的最佳喷油提前角为 12°CA BTDC。

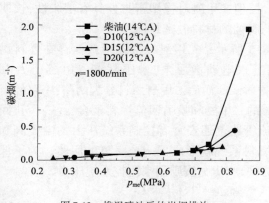

图 7-13 推迟喷油后的炭烟排放　　图 7-14 对比迟喷油后 NO_x 排放对比

(5) 结论。

① 为保证发动机的动力性,混合燃料中二甲醚质量分数以 10%～20% 为佳。

② 采用优化后的喷油提前角,柴油混合燃料发动机炭烟较原柴油机降低 60% 以上,NO_x 排放较原柴油机降低 30% 左右。

3) 纯二甲醚缸内直喷压燃式

(1) 燃料系改造。

二甲醚沸点低、黏度低、饱和蒸汽压高,理化特性和柴油相差很大。所以必须根据二甲醚燃料的特殊物性,对二甲醚发动机燃油喷射系统进行专门设计和开发。如针对二甲醚燃料热值低燃料供应、二甲醚易汽化的问题,二甲醚对橡塑密封件溶胀性、燃料系统的润滑、磨损问题要专门考虑。

① 采用增压泵增大二甲醚的压力。二甲醚在常温常压下为气态,饱和蒸汽压为 0.51MPa。随着温度的升高,其饱和蒸汽压增大,为了防止燃料系统中发生气阻现象,二甲醚必须在一定的压力下从燃料储罐供应到燃油喷射系统,确保二甲醚在燃料系统中一直处于液态。

② 增大喷射泵的供油能力和喷嘴的喷射速率。二甲醚的能量密度小,低热值是柴油的 66.8%,要使二甲醚发动机达到原柴油机功率,必须增大燃油系统的燃料供应量。一般采用增大喷射泵柱塞直径和行程的方法来提高供油能力和速率。同时要考虑增大通流面积,保证喷油量。为此,二甲醚发动机在喷嘴设计时,不仅要增大喷油器的通流面积,与喷油泵改进以及喷油嘴孔径增大相适应,高压油管内径也要适当增大。

③ 增加冷却器降低二甲醚燃料的温度。经过喷射泵后,二甲醚燃料温度升高。燃料温度升高会带来一系列不利影响:一方面引起燃料密度降低,减小了发动机的输出功率;另一方面温度过高会使燃料罐内的压力大幅度升高,带来不安全因素,导致二甲醚在燃油系统中汽化,影响二甲醚发动机的工作稳定性。综上,必须对二甲醚燃料进行冷却。一般采用冷却器降低二甲醚燃料的温度,使燃料罐内二甲醚温度都控制在 30℃ 以下。

④增加添加剂提高燃料黏度,减少系统磨损。二甲醚燃料在20℃的黏度为0.15Pa·s,远小于同温度时的柴油。为了防止喷射泵柱塞润滑不良,采取向二甲醚中添加相应的燃料添加剂的方式。例如,一项试验中,对含添加剂的二甲醚燃料在专门磨损试验台上进行了超过1000h磨损试验,证明了其添加剂方案很有效,能大幅度减少喷射泵柱塞的磨损。

⑤更换燃料系统的密封件。二甲醚无腐蚀性,但二甲醚对橡塑密封件具有溶胀性,长期使用会导致密封件失效,一般应选用耐二甲醚的腐蚀的材料做密封件。

二甲醚发动机燃料供给系统示意图如图7-15所示。二甲醚以液态形式储存在燃料罐中,液态二甲醚从储罐出液口流出,经电磁阀进入电动增压泵,增压泵将二甲醚压力由0.51MPa增加到1.2MPa。再经由滤清器,进入喷射泵。而后二甲醚燃料分为两路:一路经高压油管进入喷嘴,而后喷入汽缸;一路回流,回流的二甲醚和喷嘴回流燃料汇合,经一个止回阀回到二甲醚回流管路,然后回到燃料罐。回流管路上还安装有控制系统压力的溢流阀和降低二甲醚燃料温度的冷却器。这样,二甲醚燃料系统就形成了一个完整的回路。为了保持系统压力稳定,采用蓄能器来消除系统的压力波动,压力表则用来监控系统压力。

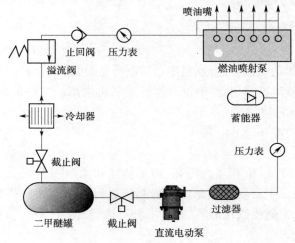

图7-15 二甲醚发动机燃料系统

(2)发动机的动力性。

图7-16和图7-17所示为二甲醚发动机和柴油机外特性转矩和功率的对比。二甲醚发动机的标定功率达到了63.7kW,在3200r/min及以下的绝大部分转速上,其动力性超过了柴油机。柴油机的最大转矩为203N·m,对应转速为2000r/min,而二甲醚发动机的最大转矩为220N·m,发生在1600r/min附近,且转速继续下降时转矩变化较小,转矩范围宽广,具有非常理想的车用动力性能。

(3)排放特性。

①NO_x排放。NO的生成随温度呈指数函数急剧增加趋势。当温度低于1800K时,NO的生成速率极低;到2000K达到很高的速率,氧含量也是NO生成的必要条件。NO_x排放随柴油机负荷增大而显著增加(这是因为随着负荷增大,可燃混合气的平均空燃比减小,使最高燃烧温度提高)。但是当柴油机负荷超过某一限度时,NO_x排放反而下降(这是因为燃烧室中氧相对缺少导致燃烧恶化)。图7-18所示为外特性NO_x排放对比。发动机在燃用二甲

醚时，NO_x 排放得到较大幅度的抑制：二甲醚具有较高的十六烷值，着火性能优良，滞燃期短，参加预混燃烧的燃料量少，汽缸内的最高燃烧压力和温度较低，从而抑制了 NO_x 的生成；二甲醚的汽化潜热比柴油大，汽化过程需要吸收大量热量，使得缸内温度下降，这也在一定程度上抑制了 NO_x 的生成。从图 7-19 可以看出随着转速的升高，发动机燃用二甲醚时 NO_x 浓度逐渐降低（这是由于转速高，缸内高温持续时间缩短，这两个因素使得在高速时 NO_x 的生成和排放浓度下降）。

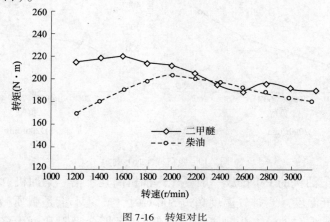

图 7-16　转矩对比

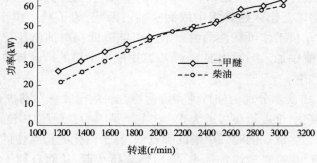

图 7-17　功率对比

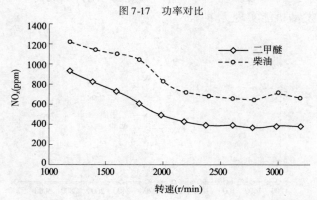

图 7-18　外特性 NO_x 排放对比

图 7-19 给出了发动机转速为 2000r/min 和 3200r/min 时，负荷特性 NO_x 排放对比。与

速度特性(图7-18)相似,二甲醚发动机在负荷特性上的 NO_x 排放较柴油机的明显降低,这仍是因为二甲醚的物理和化学特性所致。

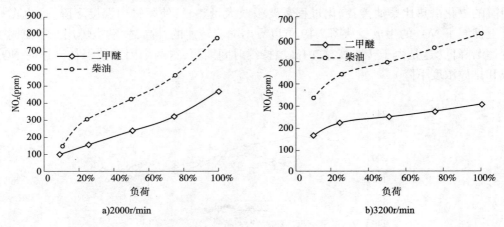

图 7-19　负荷特性 NO_x 排放

②PM 排放。柴油机的 PM 排放一般要比汽油机高几十倍。柴油机 PM 的组成取决于运转工况,尤其是排气温度。当排气温度超过 500℃时,PM 基本上是碳质微球的聚集体,一般称为炭烟(Dry Soot,缩写 DS)。当排气温度较低时,炭烟会吸附和凝聚多种有机物,称为有机可溶成分(SOF),最容易凝结的是未燃燃油中的重馏分、已经热解但未在燃烧过程中消耗的不完全燃烧有机物以及窜入燃烧室中的润滑油。因此,为了减少由于润滑油造成的 PM 排放,就要在保证发动机工作可靠性的前提下尽可能降低润滑油消耗。由于二甲醚润滑性差,因此必须在二甲醚中加入润滑添加剂,所以二甲醚发动机的微粒排放主要由燃料添加剂和发动机润滑油所产生。

图 7-20 和图 7-21 所示分别为外特性和负荷特性炭烟排放。发动机在燃用二甲醚时,无论转速和负荷如何变化,烟度始终接近为 0。这主要是因为二甲醚中不存在 C-C 键,而且富氧,从而抑制了炭烟的生成。同时二甲醚的沸点低、易于汽化的特点使的二甲醚能快速均匀地与空气形成混合气,提高扩散燃烧速率,缩短燃烧持续期,从而有利于抑制炭烟的生成和排放。所以,二甲醚发动机能实现无烟排放。

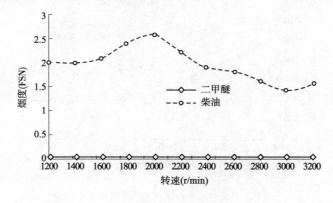

图 7-20　外特性炭烟排放

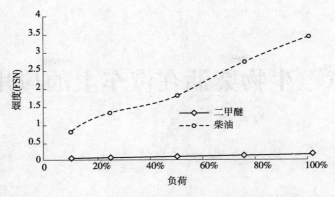

图 7-21　负荷特性炭烟排放（n = 3200r/min）

柴油机降低 NO_x 排放和炭烟排放存在着矛盾，降低其中一项必然导致另一项增加。二甲醚发动机可以在采取措施（如废气再循环、推迟喷油等）降低 NO_x 排放的同时不导致炭烟排放的增加。

第八章 生物柴油在汽车上的应用技术

第一节 概 述

一、生物柴油的定义

生物柴油是指以大豆和油菜等油料作物、油棕和黄连木等油料林木果实、工程微藻等水生油料植物,以及动物油脂、废餐饮油等为原料制成的脂肪酸甲酯或乙酯燃料。生物柴油是优质的石油柴油替代品,是绿色环保的可再生能源,即典型的"绿色能源"。

生物柴油的生产、加工、消费是碳的有机循环过程,生物柴油的原料植物通过光合作用能把太阳能转化为能储存的生物能,通过加工制成生物柴油,生物柴油经过使用,其中的碳以 CO_2 的形式回到大气中去,作为下次光合作用的原料。生物柴油的生产、加工和消费是一个可持续发展的过程。此外,生物柴油作为一种的含氧燃料,还能有效地降低柴油机的 CO、HC 和 PM 排放。

二、生物柴油生产原料

可用于加工生物柴油的原料极其广泛,品种繁多,分为以下四类。

1. 植物油脂

植物油脂包括草本植物油、木本植物油。常见的草本植物油有菜籽油、大豆油、花生油、棉籽油、亚麻籽油、糠油、向日葵油、玉米油等。常见的木本植物油有光皮树油、麻疯树油、茶油、椰子油等。植物油脂占油脂总量的70%,是生物柴油最为主要的原料油。

1) 草本植物油脂

(1) 菜籽油。

油菜是我国值得推广的生物柴油作物,种植区域主要集中在中南部地区的安徽、江苏、湖北、湖南等地,西部的四川和贵州也有较多种植。油菜主要有白菜型油菜、芥菜型油菜和甘蓝型油菜三大类,其中甘蓝型油菜种子含油量较高,一般为40%左右,最高可达50%。

(2) 大豆油。

大豆在全国大部分地区都有种植,主要集中在东北三省、内蒙古、河南、安徽、山东等省区。大豆与我国的主要粮食作物(如水稻、玉米等)争地,因此扩大种植面积的潜力有限。大豆种子含油量16%~18%,美国应用基因工程技术改良大豆使其含油量提高到20%。利用大豆加工生物柴油后还可联产动物高蛋白饲料,因而美国等许多国家都选用大豆作原料生产生物柴油。

(3) 棉籽油。

我国是世界上最大的棉花生产国,同时也是世界上最大的棉籽生产大国。我国三个主要产棉区(西北、华北、长江中下游棉区)均有棉花收购站,在收购棉花的同时收购棉籽,因此虽然棉籽产区分布比较分散,但集中并不困难,可以集中炸油后建立5万~10万t/年生物柴油生产装置。棉籽油中亚油酸含量高,生产的生物柴油氧化安定性差,因此要与柴油调配使用,或加抗氧化添加剂。

(4) 亚麻籽油。

亚麻籽是一种低投入的油料作物,主要原因是需肥量低、耐旱和抗病虫害。油料作物的产量及品质主要受水分和氮肥的限制,而亚麻荠需水量、肥量等明显低于小麦和油菜等作物。亚麻籽油含有高浓度的游离脂肪酸,其酸值显著高于油菜籽油的酸值,致使其油脂甲酯化需要采用与油菜油脂不同的工艺。

2) 木本植物油脂

(1) 光皮树。

光皮树分布在长江流域至西南各地的石灰岩区,黄河及以南流域也有分布。采用嫁接苗栽植2~3年后可开花结果,盛果期50年以上,寿命可达200年以上。大树每年平均产干果50kg(最多可达150kg),果肉和核仁均含油脂,干全果含油率33%~36%,油脂主要含C16和C18系脂肪酸,其中亚油酸含量近50%,可用于生产生物柴油。光皮树是我国新发掘的油脂资源树,其油脂食用历史才100多年,但其生物学上的优良特性和油料的食用和医用价值,使得它已成为值得发展的油料树种新秀。

(2) 麻疯树。

麻疯树一般生长在海拔300~1600m的河谷、荒山、荒坡,对干旱、高热、瘠薄土地的适应能力极强。我国可用来发展麻疯树的面积估计在100万公顷以上,广东、广西、云南、四川、台湾、福建、海南等地均能种植麻疯树。麻疯树由于自身有毒,可免受害虫和动物的侵害。麻疯树种子中含有多种成分,主要有脂肪类物质、蛋白质和多肽及小分子物质。麻疯树种子的含油率高达30%~40%,种仁含油率达50%。麻疯树的脂肪类物质主要分布在种仁中,其中棕榈酸为13.3%,棕榈油酸为1.4%,硬脂酸为8.8%,油酸为41.6%,亚油酸为33.8%,亚麻酸为1.1%。

2. 动物油脂

动物油脂包括猪油、牛油、羊油和鱼油等。美国、欧洲和日本已开始利用动物油脂生产生物柴油。

1) 猪油

猪油产量随猪养殖量增加而增长,中国和欧盟国家是猪油的主要生产国和消费国。猪油的特征是富含棕榈酸(26%)、油酸(44%)、亚油酸(11%)和棕榈油酸(5%)。美国和日本已将猪油用于生物柴油的生产。

2) 牛脂

目前世界牛脂产量已超过800万t。其中1/4进行国际贸易,其余部分在原产地消费。美国是最大的牛脂生产国,总量达到390万t,其次是欧盟100万t。美国也是最大的牛脂出口国,主要向中国、墨西哥和欧盟出口。高质量牛脂的脂肪酸分别是肉豆蔻酸(1%~8%),棕榈酸(17%~37%)和油酸(26%~50%),还包括其他不饱和酸。目前全球最大牛脂生物柴油工厂在巴西投产。

3. 餐饮废油

餐饮废油即餐饮饭店和食品加工企业在生产、经营过程中产生的不能再食用的动、植物油脂。包括经过多次煎炸食物后废弃的油脂。由于这些废油脂都排入下水管道或隔油隔渣污水池中,因此俗称地沟油。餐饮废油是社会的一大"毒瘤",而餐饮废油的再利用是遏制"毒瘤"的一种有效途径。

一般情况下餐饮垃圾与隔油池垃圾中废弃油脂的量占餐馆所用植物油以及动物性食品所得脂肪总和的 20%~40%。由于我国餐饮废油来源复杂,各种成分极不固定,如进行单一产品的加工,则不能达到综合利用的目的。

4. 微生物油脂

微生物油脂又称单细胞油脂,是由酵母、霉菌、藻类和细菌等微生物在一定条件下,利用碳水化合物、烃类化合物和普通油脂作为碳源,在菌体内产生大量油脂和一些有商品价值的脂类。目前,研究较多的是酵母、霉菌和藻类,能够产生油脂的细菌则较少。利用微生物生产油脂有许多优点,微生物细胞增殖快,生产周期短,生长所需的原料丰富,价格便宜,同时不受季节、气候变化的限制,能连续大规模生产,生产成本低。因此,微生物油脂拥有巨大的应用潜力和开发价值。

三、生物柴油生产工艺

目前生产生物柴油的方法是用短链醇和动植物油的甘油酯进行酯交换反应,合成脂肪酸单酯。酯交换反应是甘油酯(脂肪)和醇类反应生成酯和甘油的过程。短链醇包括甲醇、乙醇、丙醇、丁醇和戊醇,其中甲醇的价格低廉、碳链短、分子极性大,容易和甘油三酸酯反应。下式表达了这个可逆的反应过程:

$$\begin{array}{c} CH_2-COOR_1 \\ | \\ CH-COOR_2 \\ | \\ CH_2-COOR_3 \end{array} + 3(CH_3OH) \rightarrow \begin{array}{c} CH_2-OH \\ | \\ CH-OH \\ | \\ CH_2-OH \end{array} + \begin{array}{c} R_1COOCH_3 \\ R_2COOCH_3 \\ R_3COOCH_3 \end{array} \qquad (8-1)$$

根据催化剂和催化方法不同,酯交换方法分为以酸、碱作为催化剂的化学催化法、酶催化的生物法和无催化剂的甲醇超临界法。

1. 酸催化酯交换反应

酯交换反应使用的酸催化剂包括硫酸、磷酸、盐酸和有机磺酸等。尽管酸催化转酯反应比碱催化慢得多,但当甘油酯中游离脂肪酸和水含量较高时,酸催化更合适。当植物油为低级油(例如硫化橄榄油)时,在酸性条件下可使酯交换反应更完全。酸催化的酯交换反应分两种情况,一种是传统工艺反应,即预先用溶剂将植物油从混合物中萃取出来,再把油脂与醇及作为催化剂的酸混合,在一定条件下使之发生酯交换反应;另一种是经过改进的工艺(也叫做"现场转酯反应"),不同于传统的反应,它是将含有植物油的原料直接与酸化了的醇接触,即在转酯反应的同时进行萃取操作,醇既作为萃取剂,又作为酯化反应物。例如,葵花籽油与酸化甲醇现场转酯生成脂肪酸甲酯,产率比传统的反应(预先将油萃取出来)要高得多。

2. 碱催化酯交换反应

用于催化酯交换反应的碱包括强碱(例如,NaOH、KOH 常用于没有经过精炼油脂的催化剂)、碳酸盐和烷基氧化物(例如,甲醇钠、乙醇钠、异丙醇钠和正丁醇钠,常用于经过精炼油脂的催化剂)。一般甲醇钠的催化效率比 NaOH 高,这是因为 NaOH 和甲醇混合会生成少量的水而发生皂化反应。NaOH 因其价格便宜而成为转酯反应首选的催化剂,在大规模工业生产中具有广阔的应用前景。

3. 生物酶催化转化

酵母脂肪酶、根霉脂肪酶、毛霉脂肪酶和猪胰脂肪酶等能够在亲脂性有机溶剂或者超临界介质中催化甘油三酯与短链醇的酯交换反应,生成生物柴油。利用酶法合成生物柴油具有反应条件温和、醇用量小、无污染物排放等优点。对于生物酶法工业化生产生物柴油,目前存在着一些待解决的技术问题:甲醇和乙醇对酶有一定的毒性,容易使酶失活;副产物甘油和水难以回收,不但对产物形成抑制,而且甘油也对酶也有毒性;短链脂肪醇和甘油的存在都影响酶的反应活性及稳定性,使固化酶的使用寿命大大缩短。

4. 超临界催化转化

超临界催化是一种高效简便的方法,即在超临界流体参与下进行酯交换反应。常用的超临界流体是甲醇和 CO_2 等。在反应中,超临界流体既可作为反应介质,也可直接参加反应。超临界流体对操作温度及压力变化具有很强的敏感性,从而可以通过改变反应中的操作条件来调节超临界流体的物理特性(包括密度、温度、黏度、扩散系数、介电常数、反应速率常数等),来进一步影响反应体系在超临界流体中的传质、溶解度及反应动力学性能,从而改善产率、选择性及反应速率。由于超临界反应的温度要求过高,一般不易实现工业化。

第二节 生物柴油国标及性能指标

一、国外生物柴油标准

生物柴油的推广应用受到了各国政府关注和支持,为了规范生物柴油的生产与应用,各国都相继颁布了生物柴油标准。奥地利于 1991 年颁布了世界上第一个油菜籽油甲酯生物柴油标准;德国和捷克共和国于 1994 年,瑞典于 1996 年,意大利和法国于 1997 年,美国于 1999 年也分别颁布了生物柴油标准。目前已制订生物柴油标准的国家有澳大利亚、奥地利、捷克共和国、德国、法国、意大利、瑞典、美国等。国际上典型的生物柴油标准见表 8-1。

国际上典型的生物柴油标准   表 8-1

国家或组织	标准化组织及标准
美国	美国材料试验协会(American Society for Testing and Materials,ASTM)及其 ASTM 系列标准
德国	德国标准化学会(The German Institute for Standardization)及其 DIN 系列标准
欧盟	欧洲标准化委员会(European Committee for Standardization)及其 EN 系列标准
澳大利亚	澳大利亚标准学会(Standard Australian)及其 SA 系列标准等

1. 美国标准

美国 ASTM 协会于 2003 年颁布了 B100 生物柴油标准 D 6751-03 [Standard Specification for Biodiesel Fuel (B100) Blend Stock for Distillate Fuels], 该标准是对 D 6751-02 标准的修订, 规定了用于调配 B20 柴油的 B100 生物柴油的标准, 替代了 1999 年发布的 ASTM PS 121-99 for B20 生物柴油标准, 共包含 14 项主要指标, 除 B100 生物柴油游离甘油和总甘油含量的检测方法为根据生物柴油的特点单独制订的分析方法之外, 其余指标的分析检测大多依据于现有的 ASTM 分析检测方法。新版生物柴油标准主要变动是依据产品硫含量的不同将生物柴油分为 S15 和 S500 两个产品牌号。凡满足 D 6751 标准的生物柴油均可用于调配 B20 或更低比例混合柴油。该标准是生物柴油国际标准中指标要求较低的标准。

2. 德国标准

1994 年, 德国标准化学会推出了以油菜籽为原料生产生物柴油 (FAME) 标准, 即 DIN 51606。使用几年后进行修订, 于 1997 年推出了原料范围使用较宽的生物柴油 (FAME) 标准。从两个生物柴油标准的指标来看, 后者将产品的闪点由原来的"不小于 100℃"修改为"不小于 110℃", 同时严格规定了产品的灰分含量, 并增加了对产品中碱金属含量的限制; 同时考虑到生产原料的扩大, 对某些相关的性能指标也进行了必要的调整, 各指标的检测分析方法也大多采标于现有标准。该标准是生物柴油国际标准中指标要求较高的标准。

3. 欧盟标准

欧洲标准化组织 (European Standards Organization) 在 2002 年颁布了 EN 14214 生物柴油标准。该标准以德国 DIN 51606 标准为基础, 但比德国标准的指标要求更加严格。如含硫量, 德国标准限值为 0.01% (100ppm), 欧盟标准 0.001% (10ppm)。与美国标准相比, 欧盟标准更严格, 且检验指标更详细。

4. 其他标准

奥地利、澳大利亚、捷克共和国、法国、意大利、瑞典等国家也都制订了各自的生物柴油标准。1991 年, 奥地利在世界上第一个颁布生物柴油标准, 并经过 1997 年、1999 年两次修订, 基本与欧洲现有标准接轨。澳大利亚根据燃料质量标准法案 (2000) 和燃料质量标准法规 (2001) 的要求, 主要采标于美国 ASTM 和欧盟 EN 的生物柴油检测方法, 于 2003 年制订了本国的生物柴油标准, 从指标上看, 其靠近欧洲标准。

不同国家生物柴油标准指标和试验方法见表 8-2。各国标准指标不同。比较而言, 美国较为宽松, 欧洲各国较为严格, 德国最为严格。德国标准对多数项目指标都直接或间接做了限定。这主要是因为德国及欧洲各国的生物柴油大多作为小汽车的动力燃料使用 (B5 生物柴油), 而美国多使用 B20 生物柴油作为坦克、矿山机械、农用机械等重型设备的燃料。

二、我国生物柴油标准及与国外生物柴油标准对比

2007 年, 我国制订试行了第一个生物柴油国家标准《柴油机燃料调和用生物柴油 (BD100)》(GB/T 20828—2007), 但这个标准只是生物柴油品质推荐标准, 未涉及生物柴油添加剂、原料储存、运输、处理等方面。以下主要对比我国的 GB/T 20828—2007 和欧盟的 EN 14214—2005、德国的 DIN V 51606 和美国的 ASTM D 6751—03。

表 8-2 不同国家生物柴油标准指标和试验方法

指标	美国	德国	欧盟	澳大利亚	瑞典	奥地利	法国	捷克	意大利
标准代号	ASTM D 6751	DIN 51606	EN 14214	SA	SS 155436	ONC 1191		CSN 656507	UNI 10635
使用年份	2003	1997	2002	2003	1996	1997	1997	1998	1997
密度@15℃ (g/cm³)		0.875~0.90 {DIN 51757}	0.86~0.90 {EN ISO 3675}	0.86~0.89 {ASTM D1298 EN ISO 3675}	0.87~0.90	0.85~0.89	0.87~0.89	0.87~0.90	0.86~0.90
黏度@40℃ (mm²/s)	1.6~9.0 {ASTM D 445}	3.5~5.0 {DIN 51562}	3.5~5.0 {EN ISO 3104}	3.5~5.0 {ASTM D 445}	3.5~5.0	3.5~5.0	3.5~5.0	3.5~5.0	3.5~5.0
闪点(℃) 不低于	130 {ASTM D 93}	110 {DIN EN ISO 2592}	120 {EN ISO 3679}	120 {ASTM D 93}	100	100	100	100	100
冷滤点(℃)			0/−15	0~−10/−20 {ISO 384}	−5	0/−15	10	−5	
倾点(℃)								−8/−20	0/−15
硫含量(质量分数)(%) 不大于	0.05(s500) 0.0015(s15) {ASTM D 5453}	0.01 {EN ISO 20846}	0.001 {EN ISO 20846}	0.01 {ASTM D 5453}	0.001	0.02	0.02	0.02	0.01
焦化值100%(%) 不大于			0.3 {EN ISO 10370}	0.3 {EN ISO 10370}			0.3		0.5
灰分含量(质量分数)(%) 不大于	0.02 {ASTM D 874}	0.03 {DIN 51575}	0.02 {ISO 3987}	0.02 {ASTM D 874}		0.02			
水含量/(mg/kg) 不大于	500 {ASTM D 1796}	300 {ISO 3733}	500 {EN ISO 11937}	500 {D 1796}	300		200	500	700

续上表

指标	美国	德国	欧盟	澳大利亚	瑞典	奥地利	法国	捷克	意大利
杂质总含量/(mg/kg) 不大于		20 {EN-12662}	24 {EN 12662}	24	20			24	
铜片腐蚀(3h,50℃)(级) 不大于	3 {ASTM D 5453}	1 {DIN 51811}	1 {EN ISO 2160}	3 {ASTM D 130}				1	
十六烷值 不小于	47 {ASTM D 613}	49	51 {EN ISO 5165}	51 {EN ISO 5165 ASTM D 613}	48	49	49	48	
中和值(mg/g) 不大于	0.8 {ASTM D 664}	0.5 {DIN EN 12634}	0.5 {EN 14104}	0.80 {ASTM D 664}	0.6	0.8	0.5	0.5	0.5
甲醇含量(质量分数)(%) 不大于	0.2	0.3	0.2 {EN 14110}	0.2	0.02	0.20	0.01		0.02
甲脂含量(质量分数)(%) 不小于		96.5	96.5 {EN 14103}	96.5 {EN 14103}	98		96.5		98
甘油一酯(质量分数)(%) 不大于		0.8	0.8 {EN 14105}		0.8		0.8		0.8
甘油二酯(质量分数)(%) 不大于		0.4	≤0.2 {EN 14105}		0.1		0.2		0.2
甘油三酯(质量分数)(%) 不大于		0.4	≤0.2 {EN 14105}		0.1		0.2		0.1
游离甘油(质量分数)(%) 不大于	0.02 {ASTM D 6584}	0.02	0.02 {EN 14105}	0.02 {ASTM D 6584}	0.02	0.02	0.02	0.02	0.05

续上表

指标	美国	德国	欧盟	澳大利亚	瑞典	奥地利	法国	捷克	意大利
甘油总含量(质量分数)(%) 不大于	0.24 {ASTM D 6584}	0.25	0.25 {EN 14105}	0.25 {ASTM D 6584}		0.24	0.25	0.24	
碘值(g/100g) 不大于		115	120 {EN 14111}		125	120	115		
亚麻酸(%) 不大于			12 {EN 14103}			15			
磷含量(ppm) 不大于	10 {ASTM D 4951}	10	10 {EN 14107}	10 {ASTM D 4951}	10	20	10	20	10
碱含量(Na, K)(mg/kg) 不大于		5 {ISO 3771}	5 {EN 14108 EN 14109}	5 {EN-14108 EN 14109}	10		5	10	10
氧化安定性(h) 不大于			6 {EN 141121}						
水和沉淀物(体积分数)(%) 不大于	0.05 {ASTM D 2709}		0.05 {EN ISO 3735}	0.05 {ASTM D 2709}					
90%馏程温度(℃) 不大于	360 {ASTM D 1160}			360 {ASTM D 1160}			360	360	360

注:大括号{ }中为试验方法。

表8-3是GB/T 20828—2007中有的指标,共有16项。这些指标涵盖了生物柴油的主要性能。结合表8-2中可以看出,这些指标与对比的3个标准规定的指标相近(或相同)。

GB/T 20828—2007主要是参照美国标准《馏分燃料调合用生物柴油(B100)标准》(ASTM D 6751-03a)制订的。我国目前柴油轿车不普及,生物柴油的应用主要是与柴油调和使用,这与美国的情况极为类似。

GB/T 20828—2007和ASTM D 6751-03a的主要差异是:①将十六烷值由不小于47改为不小于49;②将铜片腐蚀由不大于3级改为不大于1级;③未设水和沉渣、浊点、磷含量项目;④增加密度、水含量、冷滤点、机械杂质和氧化安定性项目;⑤10%蒸余物残炭指标与GB 252—2002一致。

此外,考虑到我国排放法规与欧洲相近,且柴油轿车越来越受到重视,因此生物柴油标准中个别指标也适当参照了欧洲标准中的指标及其限值。

表8-3 GB/T 20828—2007中有的16项指标

指标及单位	欧盟 EN 14214—2005	德国 DIN V 51606	美国 ASTM 6751-03	中国 GB/T 20828—2007
密度(g/cm^3)	0.86~0.90	0.875~0.90		0.82~0.90
黏度@40℃(mm^2/s)	3.5~5.0	3.5~5.0	1.9~6.0	2.0~4.5
闪点(闭口)(℃) 不低于	120	110	130	130
冷滤点(℃)	各国不同	春季:0/夏秋季:-10/冬季:-20		报告
硫含量(质量分数)(ppm) 不大于	10	10	15	S500;500/S50;50
10%蒸余物残炭(质量分数)(%) 不大于	0.3	0.3		0.3
硫酸盐灰分(质量分数)(%) 不大于	0.02	0.03	0.02	0.020
水含量(质量分数)(ppm) 不大于	500	300	500	500
机械杂质				无
铜片腐蚀(3h,50℃)(级) 不大于	1	1	3	1
十六烷值 不小于	51	49	47	49
氧化安定性@110℃(h) 不小于	6			6
酸值(mg KOH/g) 不大于	0.5	0.5	0.5	0.8

续上表

指标及单位	欧盟 EN 14214—2005	德国 DIN V 51606	美国 ASTM 6751-03	中国 GB/T 20828—2007
游离甘油含量(质量分数)(%) 不大于	0.02	0.02	0.02	0.020
总甘油含量(质量分数)(%) 不大于	0.25	0.25	0.24	0.240
90%回收温度(℃) 不高于			360	360

表8-4是GB/T 20828—2007中没有的指标,共14项。通过与国外生物柴油标准的对比,在未做规定的指标中:①甲醇是酯化反应的反应物,应尽量从脂肪酸甲酯中分离干净,其含量越小越好。②脂肪酸甲酯是生物柴油的主要成分,对甲酯含量的最低值做出规定是合理的。③甘油一酯、甘油二酯是未能完全转化为甘油三酯的副产物,应尽量从脂肪酸甲酯中分离干净,其含量越小越好。④亚麻酸甲酯是反应生成的杂酯,其含量越小越好。⑤甘油(三酯)是酯化反应的生成物,应尽量从脂肪酸甲酯中分离干净,其含量越小越好。

GB/T 20828—2007 中没有的 14 项指标　　　　　　表8-4

指标及单位	欧盟 EN 14214—2005	德国 DIN V 51606	美国 ASTM 6751-03
总杂质(mg/kg) 不大于	24	20	
浊点(℃)			报告
CCR 100%(质量分数)(%) 不大于		0.05	0.05
甲醇含量(质量分数)(%) 不大于	0.20	0.3	
酯含量(质量分数)(%) 不小于	96.5		
甘油一酯(质量分数)(%) 不大于	0.8	0.8	
甘油二酯(质量分数)(%) 不大于	0.2	0.4	
甘油三酯(质量分数)(%) 不大于	0.2	0.4	
甘油(质量分数)(%) 不大于	0.02	0.02	0.02

续上表

指标及单位	欧盟 EN 14214—2005	德国 DIN V 51606	美国 ASTM 6751-03
亚麻酸甲酯(质量分数)(%) 不大于	12		
碘值 不大于	120	115	
C(x:4)和更大分子量的不饱和酯(质量分数)(%) 不大于	1		
磷含量(mg/kg) 不大于	10	10	10
碱度(mg/kg) 不大于		5	

另外,一些发达国家已相继建立了生物柴油相关标准,包括生物柴油抗氧化添加剂,原料储存,隔油池垃圾的收集、运输、处理等一系列完备的标准体系。为了加强我国生物柴油的生产和使用管理,在大力推广和贯彻 GB/T 20828—2007 的同时,还应及时制订生物柴油的相关辅助国家标准。

三、生物柴油的性能指标分析

燃料的理化性能指标是影响燃油使用的重要因素,为了保证发动机正常、高效地工作,生物柴油应具有良好的物理化学性质。

1. 闪点

闪点是衡量油品在储存、运输和使用过程中安全程度的重要指标。通常,高沸点油品的闪点为其爆炸的下限温度,闪点越低,燃料越易燃烧,火灾危险性也越大。因此,用闪点来鉴定发生火灾的危险性。闪点在45℃以下的液体称为易燃易爆液体;闪点在45℃以上的液体称为可燃液体。一般认为,闪点比使用温度高 20~30℃,即可安全使用。闪点还是表示油品蒸发性的一项指标。油品的馏分越轻,蒸发性越大,其闪点也越低。

生物柴油闪点高达160℃,远超过柴油的闪点约100℃,所以生物柴油储运比柴油安全。但是闪点过高也会使生物柴油的雾化和蒸发性变差。甲醇的含量是影响生物柴油闪点高低的重要因素,即使在生物柴油中含有少量的甲醇,其闪点也会降低。

2. 馏程

馏程即是在一定温度范围内燃料中可能蒸馏出来的油品数量和温度的标示。燃料的馏程对燃料的一系列品质指标有重大影响。当燃料的馏程提高后,其分子量、密度、黏度、闪点和十六烷值等均有所增加,从而与此有关的含碳量、碳分子数、表面张力等也都增加。高掺混比的生物柴油与柴油混合燃料中的重质馏分过多,会使燃料的雾化和蒸发性能变差,不能有效地保证燃料在汽缸中的迅速气化和燃烧,使发动机不容易起动,同时还会产生不完全燃烧和积炭,导致发动机的油耗和排放污染物增加。

图 8-1 给出了不同掺混比的生物柴油/柴油混合燃料的蒸馏曲线。①柴油 BD0 与生物柴油 BD100 的馏程曲线差别很大。柴油的馏分较宽,它的蒸馏曲线几乎成了一条斜率一定的直线,其初馏点为 198℃,终馏点为 350℃,馏分宽度达 152℃;而生物柴油的馏分很窄,它的馏程曲线非常陡峭,其初馏点为 310℃,终馏点为 360℃,馏分宽度仅为 50℃。②混合燃料的馏分宽度随着生物柴油掺混比的增大而逐渐变窄,其初馏点随着生物柴油掺混比的增大而逐渐升高,而终馏点均为 350~360℃,相差不大。③当混合燃料的掺混比在 BD0~BD25 之间时,它们的馏程曲线非常接近,都近似于直线;而当掺混比高于 BD25 时,混合燃料的馏程曲线明显向高温方向偏移。④国家车用柴油标准规定,50% 回收温度≤300℃,90% 回收温度≤355℃,95% 回收温度≤365℃,从图 8-1 生物柴油蒸馏试验结果来看,当生物柴油的掺混比例超过 25% 时则不符合车用柴油国标要求。

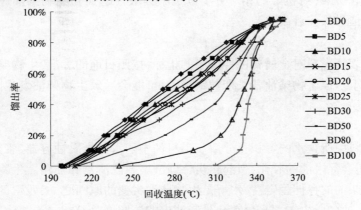

图 8-1 生物柴油/柴油混合燃料的蒸馏曲线

3. 运动黏度

运动黏度是衡量燃料流动性及雾化性能的重要指标,对发动机燃料供给系统的供油量、喷雾质量和精密偶件的润滑有重要影响。生物柴油的运动黏度远大于柴油。随着生物柴油掺混比例的增大,混合燃料的运动黏度也逐渐增大,从而使生物柴油雾化质量变差,造成发动机燃用生物柴油的燃烧品质下降,因此黏度也成为限制生物柴油掺混比例的重要因素。生物柴油的黏度较高,主要是因为其中含有较多的游离态甘油,如果能进一步提高生物柴油的酯化率,从而提高其中脂肪酸甲酯的纯度,则可以改善它的黏度特性。

4. 密度

燃料的密度通常以一个大气压下 20℃ 时的密度作为标准密度,用 ρ_{20} 表示。柴油密度对柴油机在一个工作循环内的供油量、喷油器喷出油束的射程以及柴油的雾化和蒸发性能均有影响。生物柴油的密度略大于柴油的密度,生物柴油/柴油混合燃料的密度随生物柴油掺混比例的增大呈线性增加。

5. 硫含量

油品的硫含量主要与油品对发动机的腐蚀性有关。研究表明,油品中的含硫化合物对发动机的寿命影响很大,其中的活性含硫化合物(如硫醇等)对金属有直接腐蚀作用。而且硫燃烧后形成 SO_2、SO_3 等硫氧化物,这些氧化物不仅会严重腐蚀高温区的零部件,而且还会与汽缸壁上的润滑油起反应,加速漆膜和积炭的形成。同时,硫或硫化物还对发动机污染物排放有很大影响,存在造成环境污染的危害。清洁燃料的一个重要指标就是低硫,生物柴油的一个主要优点就是几乎不含硫。

6. 酸值

生物柴油酸值的测定对象是生产过程中残余的游离脂肪酸和储存过程中降解产生的脂肪酸。高酸值的生物柴油能加剧燃油供给系统的沉积并增加腐蚀的可能性,同时还会使喷油泵柱塞副的磨损加剧,喷油器头部和燃烧室积炭增多。生物柴油的酸值一般高于柴油的酸值,主要是因为:在酯交换反应制取生物柴油的过程中,受酯化率的影响,在生物柴油中会存在少量的游离脂肪酸;在生物柴油储存过程中,当温度较高或油品中含有水分和金属杂质时,会加快生物柴油的氧化酸败过程,生物柴油氧化生成过氧化物,过氧化物进一步氧化分解成低分子量的有机酸(有机酸的相对分子量越小其酸性越强),生物柴油储存过程中的氧化反应会使其酸值进一步升高。

7. 铜片腐蚀

铜片腐蚀是表征燃料对金属腐蚀性大小的指标,按照目前的标准,生物柴油的铜片腐蚀一般都能达到要求。但生物柴油若长期与铜接触,可能会导致生物柴油发生降解,产生游离脂肪酸和固体物质。

8. 水分

水分是指燃料中所含水的容积百分数。燃料油中的水分会腐蚀容器、管路、燃烧室壁面和金属零部件,还会促进油的胶化,引起积炭、结胶、堵塞滤清器和油路。生物柴油中的水分会大大降低生物柴油的存储稳定性,水解是生物柴油劣变的原因之一,残留的酸或碱会催化水解;水分还会促使金属生锈。水分在0号柴油中的溶解度是60mg/kg(25℃),而在生物柴油中的溶解度高达1.5mg/g,用处理石化柴油的方式处理生物柴油通常会导致生物柴油水分含量较高,生物柴油中水分的高溶解度为微生物的生长提供场所,当与石化柴油混合时,高含量的水分还可能从中析出。因此,准确测定油品的水分含量对控制油品质量和避免使用的不安全性具有重要意义。

9. 机械杂质

机械杂质是指燃料中含有机械杂质的质量百分数,是燃料清洁性的评价指标。机械杂质对供油系统正常工作和发动机上精密偶件的磨损有重要影响。生物柴油中不允许有机械杂质。

10. 灰分

灰分是指溶于燃料中的无机盐类和有机盐类以及不能燃烧的机械杂质经过灼烧后所剩余的不燃物质。灰分间接表示上述物质的含量,这些物质能侵蚀金属,在摩擦副中起磨粒作用,是造成汽缸壁与活塞环以及喷油泵柱塞副偶件磨损的重要原因之一。生物柴油中,灰分以三种形式存在:固体磨料、未除去的催化剂及可溶性金属皂。固体磨料和未除去的催化剂能导致喷油器、燃油泵、活塞和活塞环磨损。可溶性金属皂对磨损影响很小,但可能导致滤网堵塞。

11. 残炭

残炭是油品中胶状物质和不稳定化合物的间接指标,是评价油品在高温条件下形成积炭倾向的指标。残炭值越大,油品中不稳定的烃类和胶状物质越多,燃料在燃烧室中形成积炭的倾向就大，喷油器也易结胶堵塞。油品10%蒸余物残炭值是油品馏程和精制深度的函数。油品的馏分越轻和精制深度越好，其残炭值越小。

12. 凝点

凝点是指燃料在一定的试验条件下，冷却到液面不能移动时的最高温度。随着温度的降低，溶解在油品中的石蜡析出会形成结晶网络，这种网络延伸到全部油品中，使油品的流动阻力逐渐增加，以致最后使油品完全失去流动性。我国柴油的牌号是按凝点划分的，凝点的高低直接决定柴油的适用季节。凝点对发动机的低温起动性和正常供油有重要影响。不同原料的生物柴油，其凝点略有差异，例如以大豆油为原料制成的生物柴油其凝点接近于0号柴油。

13. 冷滤点

冷滤点是指在规定的试验条件下，试样不能以20mL/min的流量通过一定规格过滤器的最高温度。冷滤点是近年来国际上公用的、评价燃油低温流动性能的指标，大量的行车试验表明，介于浊点和凝点间的冷滤点更能真实地反映柴油的低温流动情况（我国和欧洲国家均采用这指标）。因为冷滤点的测定条件是模拟发动机工作情况确定的，近似于实际使用条件，故能较好地判断柴油的最低使用温度。例如，以大豆油为原料制成的生物柴油的冷滤点为0℃，0号柴油的冷滤点为3℃，两者基本相当。

14. 氧化安定性

柴油的氧化安定性是指柴油在运输、贮存和使用过程中保持颜色、组成和使用性能不变的能力。柴油应具有良好的氧化安定性，如果氧化安定性不好，则：①容易氧化结胶，在燃烧室内生成积炭和胶状沉积物，附着在活塞顶和气门上，造成气门关闭不严；②在喷油器针阀上生成胶状沉积物，造成针阀黏滞；③还有可能堵塞燃油滤清器，造成供油中断，干扰正常燃烧。

生物柴油氧化后易生成以下4种老化产物：不溶性聚合物（胶质和油泥）、可溶性聚合物、老化酸和过氧化物。由于生物柴油很难通过纤维素滤膜，用于评价柴油氧化安定性的方法不能评价生物柴油。我国《柴油机燃料调和用生物柴油（BD100）》（GB/T 20828—2007）标准中规定生物柴油氧化安定性诱导期不能低于6h，测试方法为《脂肪和油的衍生物．脂肪酸甲基酯（FAME）。氧化稳定性测定法（加速氧化试验）》（EN 14112—2016）。该方法的测定原理为：通过强化氧化条件（加热、通空气）使生物柴油样品氧化生成过氧化物，过氧化物进一步氧化分解成甲酸、乙酸等挥发性产物，用蒸馏水吸收这些挥发性物质，通过测定水的电导率变化来判断诱导期，从而评价生物柴油的氧化安定性。诱导期是指水的电导率发生突变时的时间，可通过求曲线斜率的方法求得。试验研究发现以植物油为原料的生物柴油氧化安定性较差，必须添加抗氧化剂才能满足相关标准要求，而低掺混比生物柴油与柴油混合燃料的氧化安定性相对较好。

15. 十六烷值

十六烷值是衡量燃料着火性能好坏的指标。较高的十六烷值使发动机在喷射、噪声及冷白烟等方面获得较好的性能，十六烷值低，则燃烧发火困难，滞燃期长，发动机工作粗暴，而十六烷值过高时，对滞燃期提高的作用不大，反而会因为滞燃期太短，燃料来不及与空气完全混合即着火自燃，以致燃烧不完全，部分烃类热分解而产生游离炭粒，并随烟气排走，造成发动机冒黑烟及油耗增大，功率下降。一般要求柴油的十六烷值应不低于43，不同原料制生物柴油的十六烷值略有不同，通常生物柴油的十六烷值比传统的石化柴油略高一些。

16. 热值

燃料的热值有高热值和低热值之分。高热值是燃料完全燃烧后发出的热量加上燃烧产物之一的水蒸气冷凝后放出的热量的总和，它是燃料完全燃烧后所能发出的总热量。低热值是高热值中减去水蒸气冷凝后放出的那部分热量后的热值。内燃机排气中的水蒸气所含的冷凝热，难以回收利用，所以常用低热值的概念。常用的热值单位，J/kg（固体燃料和液体燃料），或 J/m³（气体燃料）。不同种类的生物柴油热值也会有所不同，通常生物柴油的热值比柴油略低，因此燃用生物柴油的发动机燃油消耗率会有所上升，发动机的最大功率略有下降。

17. 脂肪酸甲酯

生物柴油是由大豆或其他植物油类、动物油脂等通过酯化过程合成的，其主要成分是软脂酸、硬脂酸、油酸、亚油酸等长链饱和与不饱和脂肪酸同短链醇（主要为甲醇）所形成的一系列脂肪酸甲酯混合物。油类与醇在催化剂存在的情况下，发生酯交换反应，利用甲氧基取代长链脂肪酸上的甘油基，将甘油基断裂为三个长链脂肪酸甲酯，从而减短碳链长度，降低油料的黏度，改善油料的流动性和气化性能，达到作为燃料使用的性能。

脂肪酸甲酯为燃料的主要燃烧成分，生物柴油中脂肪酸甲酯含量是生物柴油纯度及杂质含量的体现。因此，可以将生物柴油产品中脂肪酸甲酯含量作为产品质量及生物柴油生产工艺好坏的评价指标之一。

18. 总甘油

甘三脂、游离甘油、甘一酯和甘二酯分别是制作生物柴油的原料、副产品和中间产物，它们的含量主要取决于酯交换的工艺过程。好的工艺应尽量反应完全，除尽残留的甘油、催化剂和未反应的甲醇，并去除其中的游离脂肪酸。游离甘油可以通过水洗除去，但低含量的甘油酯只能通过使用更好的催化剂、严格的反应条件或者对产品进一步蒸馏来实现。甘油的黏度远高于生物柴油，故甘油对生物柴油的雾化性能影响很大；此外，甘油在存储过程中可能分离出来，容易堵塞输油管并导致喷油器产生污垢。甘油酯的高黏度是植物油燃料冷起动和持久性上产生问题的主要原因，甘油酯特别是甘三脂会使喷油嘴、活塞和气门上产生沉积，甘一酯会有腐蚀作用，甘二酯燃烧不佳会导致燃烧室内结焦积炭，因而在标准中需对甘油和甘油酯含量作严格限制。

四、生物柴油优缺点

1. 优点

生物柴油与传统的石油柴油相比，主要有以下优点。

（1）良好的可再生性。生物柴油的原料来源非常广泛且可再生，各种植物油、动物油以及烹饪后的废油都可以作为其生产原料，可以使人类摆脱对石化能源的依赖，减少石化能源的开采，缓解石油供给和需求之间的矛盾，有利于实现人类社会的可持续发展。

（2）优良的环保特性。生物柴油的硫含量极低，使得二氧化硫和硫化物的排放较低；生物柴油不含芳香烃，其使用后排放的废气不会产生致癌物质，不会危及人类的身体健康；生物柴油的含氧量高，有利于燃料的充分燃烧，使尾气中排放的 THC 和颗粒物大幅度下降，可以有效地控制大气污染；生物柴油无毒而且不易挥发，生物降解率可达98%，降解速率是石油柴油的2倍，生产和使用过程中如果发生泄漏，不会污染土地和水体，是典型的绿色环保新能源。

(3)良好的润滑性。生物柴油的运动黏度比石油柴油高,更容易在运动部件的壁面上形成一层油膜,使喷油泵、发动机缸体和连杆的磨损率降低,有利于延长运动部件的使用寿命。

(4)较高的安全性。生物柴油的闪点远远高于石油柴油,而且挥发性较低,不属于危险品,有利于安全运输和储存。

(5)优良的燃烧特性。十六烷值是衡量燃料在压燃式发动机中发火性能的指标,生物柴油的十六烷值较石油柴油稍高一些。这说明生物柴油具有良好的着火性,更短的着火滞燃期,燃烧性优于柴油。

2. 缺点

生物柴油主要有以下缺点。

(1)生物柴油的热值比柴油低,使得实际应用中燃料消耗量增加,发动机的动力性略有下降。

(2)黏度大,氧化安定性差,生物柴油黏度较大分子中含有不稳定的双键,长期使用会在油路中产生聚合反应,生成大分子胶状物质,引起燃料系结胶,滤清器和喷油嘴堵塞,限制了生物柴油的实际应用。

(3)对器件的腐蚀性强。若生物柴油质量不达标,残留的微量甲醇与甘油容易腐蚀金属材料和密封圈、燃油管等橡胶零件。另外生物柴油对合成橡胶和天然橡胶有软化和降解作用,使其与汽车油路、油箱和油泵系统密封件的相容性差。

(4)生物柴油的低温流动性较差,以大豆油为原料的生物柴油其凝点和冷滤点仅与0号柴油相当,无冬季和夏季产品之分,因此在严寒季节使用时,容易导致低温冷起动困难。

第三节 生物柴油在柴油车上的应用技术

生物柴油是一种原料来源非常广泛的绿色可再生能源,可以直接在柴油机上使用,无需对发动机结构进行改造。生物柴油主要由一些饱和及不饱和脂肪酸甲酯组成,成分与石化柴油有明显区别,会对其在汽车上的使用性能产生影响。

一、生物柴油应用概况

20世纪80年代以前,国内外一些单位在实验室和汽车的实际使用结果表明,涡流室及预燃室的间接喷射式柴油机由于燃烧室温度较高,能较好地使用未经转酯化的纯植物油或与柴油形成的混合燃料,长时间工作后,供油零部件上虽形成积炭,但堵塞问题较轻微。而采用直喷柴油机后,则会产生较严重的问题。植物油经过酯化反应制成的生物柴油,性质与柴油非常接近,柴油机不需进行任何改动就可直接使用。

20世纪80年代一些欧洲国家开始在汽车上进行生物柴油的示范性试验。欧洲地区对于生物柴油的研究较早,欧盟的生物柴油产业规模完善,生产制造遵循规范。德国和法国均以菜籽油为原料生产生物柴油,意大利大力推进生物柴油在公交车上使用。1992年起法国在全部柴油中加入5%生物柴油进行销售。

20世纪90年代,美国开始大力发展生物柴油并颁布了一系列补贴政策,在拥有集中加油站的公交和运输公司积极推广B20燃料。1992年美国能源部将生物柴油核定为清洁替代燃料,1994年1月15日美国参议院将柴油中掺入20%生物柴油的混合燃料纳入美国能源政策法案中。

巴西和阿根廷的生物柴油产业发展迅速,主要来源分别是大豆油和棕榈油。自2015年起,巴西已将生物柴油的掺混标准提至7%。

国际上一些大的汽车公司在20世纪90年代生产的汽车时,已经考虑了使用生物柴油的需要(特别是供油零部件设计及材料选择上,考虑了与生物柴油相容的问题),确认一些车辆可以使用生物柴油。例如奔驰BR300、400系列的卡车,大众公司1996年以后生产的使用增压直喷柴油机的奥迪小客车,瑞典沃尔沃公司生产的S70-TDI及V70-TDI系列客车等。

相比于发达国家,我国对生物柴油开展的研究较晚。步入21世纪后,我国政府大力支持生物质能源的开发,并制订了多项促进生物柴油等石油替代燃料发展的政策,生物柴油得以迅速发展并取得了显著的成果。近年来,国内涌现出一批年生产规模超过万吨、拥有自主技术产权的生物柴油生产企业(如海南正和生物能源公司、四川古杉油脂化工公司和福建卓越新能源发展公司等),产品已达到国外同类产品的质量标准,各项性能与0号轻柴油相当。2010年,我国生物柴油总产量为50万t,预计2020年我国生物柴油产能将达到900万t左右。

二、生物柴油汽车使用性能

生物柴油在柴油机的使用方法主要有两种:纯烧和掺烧。目前,由于动力性、经济性、黏度和腐蚀橡胶和塑料等多方面因素影响,生物柴油纯烧应用比较少,大多是以一定的比例与矿物柴油混合,形成生物柴油混合物。混合物以"BD××"表示,其中"××"代表生物柴油在混合燃料中所占的体积比例。

1. 动力性

柴油机使用十六烷值过低的柴油,很容易导致工作粗暴,机件振动和磨损增大,降低了发动机功率,增大了柴油消耗量。使用十六烷值高的柴油,自燃点低,易于自行发火燃烧,在发动机起动时汽缸内温度较低的情况下也能发火自燃,因而起动性能好,发动机不易产生工作粗暴。生物柴油十六烷值大于56,完全能满足高速柴油机的使用要求。

生物柴油热值较柴油约低10%。使用生物柴油时,如不改变发动机的结构参数,发动机的功率将下降8%。但生物柴油约含10%的氧,可以使燃料燃烧更充分,有助于弥补发动机功率的降低。

在美国,生物柴油主要应用BD20。BD20混合燃料在所有未经改造的柴油机上运行,其功率和转矩与柴油基本相当。

2. 经济性

生物柴油燃料热值的下降使得比油耗约上升12%。目前生物柴油制造成本高,生物柴油比矿物柴油价格高出30%~100%。成本问题是限制生物柴油使用的主要问题。据统计,生物柴油制备成本有75%为原料成本,因此采用廉价原料及提高转化率来降低成本是生物柴油实用化的关键。

3. 燃烧特性

生物柴油作为一种新型代用燃料,目前尚未得到大范围的推广应用,因此对它的燃烧和排放特性的研究尚不深入。

下面仅以大豆油甲酯为例说明其在直喷式柴油机上的燃烧特性。试验发动机为单缸、4

冲程自然吸气式柴油机,缸径105mm,行程115mm,压缩比16.5。对BD0、BD30、BD50、BD80和BD100五种燃料进行发动机台架试验。柴油和大豆油生物柴油的主要特性参数见表8-5。

柴油和大豆油甲酯的主要特性参数   表8-5

参　数	柴油	大豆油甲酯	参　数	柴油	大豆油甲酯
高热值(MJ·kg^{-1})	45.59	39.75	氧/质量	0	10.3%
低热值(MJ·kg^{-1})	42.78	37.26	硫/质量	0.15%	<0.005%
运动粘度(mm^2·s^{-1})(40℃)	2.8	4.1	氮/质量	—	29%
质量密度	0.845	0.889	化学计量空燃比	14.5	12.6
碳/质量	86.5%	78%	十六烷值(CN)	47	56
氢/质量	13.2%	11.7%			

图8-2为发动机燃用BD0、BD30、BD50、BD80以及BD100五种燃料的示功图曲线的比较。当发动机转速为1500r/min,平均有效压力为0.089MPa时,发动机燃用生物柴油和各掺混比生物柴油/柴油混合燃料的缸内压力都较柴油高;当转速增加到1800r/min时,这种现象更加明显;当发动机转速为1500r/min,负荷增加到0.531MPa时,发动机燃用各种燃料时的缸内压力基本一致,只有在高转速1800r/min时,不同燃料的缸内压力曲线变化较明显。另外,在小负荷时,发动机最高爆发压力随生物柴油掺混比的增大而增大,但在中、大负荷时,最高爆发压力随生物柴油掺混比的变化没有明显的规律性。

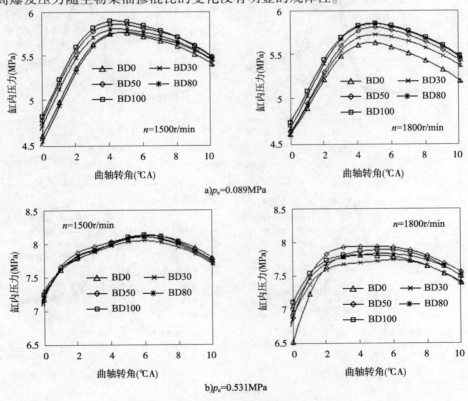

图8-2 柴油、生物柴油和混合燃料的示功图比较

出现上述现象的原因主要是由于在小负荷时,发动机缸内压力受燃料十六烷值的影响较大。柴油十六烷值较低,滞燃期延长,燃烧过程严重滞后,扩展到膨胀行程,致使缸内压力以及最高爆发压力降低;当发动机负荷升高时,缸内形成的可燃混合气数量增加,发动机的热负荷增大,压缩终点的温度和压力升高。燃料的十六烷值在较高的压缩温度和压力下对滞燃期的影响较小,在较低的温度和压力下才有明显的影响,因此各燃料的缸内压力变化不是很明显。另外,在小负荷时,当生物柴油掺混比增大时,燃烧过程滞后的问题得以缓解,发动机最高爆发压力增大;而发动机负荷增大时,由于循环供油量增大,生物柴油黏度大,在滞燃期内形成的可燃混合气量少,最高爆发压力增大的优势减小(与柴油相比)。因此,最高爆发压力随生物柴油掺混比的变化没有明显的规律性。

图 8-3 为发动机燃用不同混合燃料时瞬时燃烧放热率曲线的比较。在中、小负荷时,生物柴油的最大瞬时燃烧放热率比柴油的略高;在高转速大负荷时,生物柴油的最大瞬时燃烧放热率比柴油的略低,同时瞬时燃烧放热率峰值出现的位置比燃用纯柴油的略有提前。这主要是因为:在中、小负荷时,缸内温度较低,由于生物柴油本身含氧而促进燃烧,燃烧速度较快,导致燃烧放热率较高;在大负荷,缸内温度升高,生物柴油含氧的优势减弱,而生物柴油的高黏度影响混合气的形成速度,引起燃烧速度减慢,使最高瞬时燃烧放热率较低。

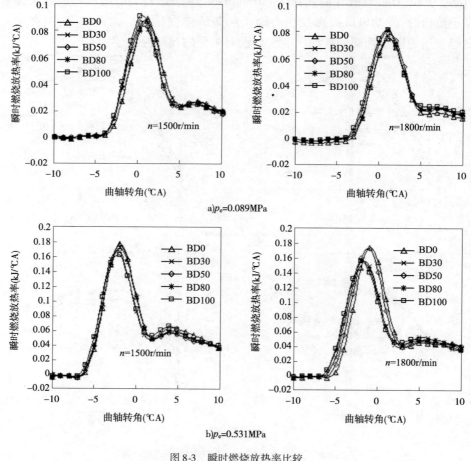

图 8-3　瞬时燃烧放热率比较

4. 排放特性

在一个4缸、缸径93mm、行程92mm、压缩比为18.5的增压直喷式柴油机上,以大豆油生物柴油为例,研究不同掺混比生物柴油-柴油混合燃料排放特性。作为常规排放物CO、HC、NO_x和烟度,在使用柴油BD0和大豆油生物柴油BD100及其混合燃料BD10、BD20、BD30、BD50、BD80时的比较如图8-4所示。

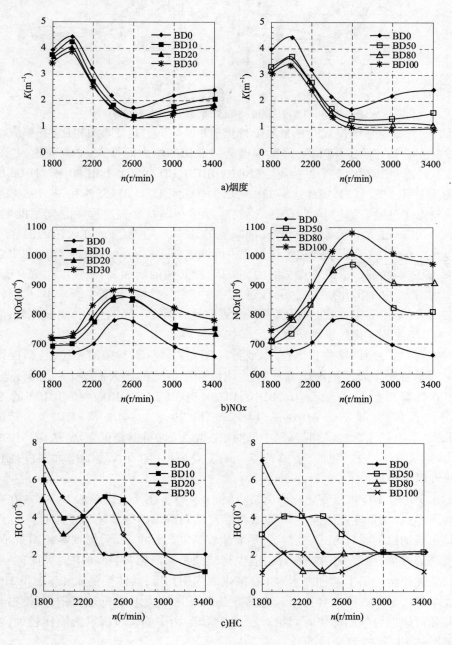

图 8-4

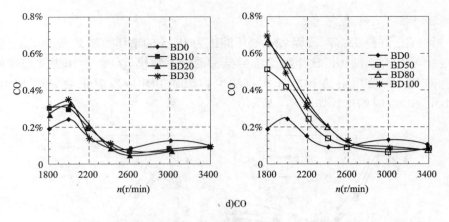

d) CO

图 8-4　不同掺混比柴油/生物柴油混合燃料的排放特性对比

(1) 烟度排放。烟度排放变化有两个特点 [图 8-4a)]: ①与柴油相比, 各掺混比混合燃料的烟度在整个转速范围均降低, 降低幅度随掺混比的增大而增大; ②高转速段, 烟度排放降低幅度大。在外特性上 7 个试验点上, BD10、BD20、BD30、BD50、BD80 和 BD100 的烟度排放较 BD0 分别平均减小 11.93%、18.32%、20.03%、24.41%、31.55% 和 38.19%。

造成特点①的主要原因: 生物柴油含氧, 氧原子在燃料燃烧过程中起到了助燃作用, 特别是在满负荷时, 过量空气系数较小, 局部缺氧的几率大, 生物柴油在较浓的混合气燃烧过程中可以自给氧, 大大克服了柴油燃烧过程中因缺氧而形成大量烟度; 生物柴油中含芳香烃的量较少, 碳链易断裂。造成特点②的主要原因: 随转速的增加, 涡流强度增强, 气流对油束的吹散作用增大, 燃油雾化质量变好, 有利于燃料的完全燃烧, 烟度生成减小。低转速时, 生物柴油黏度大, 导致雾化差, 部分抵消了其含氧导致的烟度下降的作用; 高转速时, 涡流强度增加, 使生物柴油的雾化效果与柴油相近。

(2) NO_x 排放。NO_x 排放变化有两个特点 [图 8-4b)]: ①与柴油相比, 各掺混比混合燃料的 NO_x 排放在整个转速范围均增大, 增大幅度随掺混比的增大而增大; ②高转速段, 增大幅度大。在外特性上 7 个试验点上, BD10、BD20、BD30、BD50、BD80 和 BD100 的 NO_x 排放较 BD0 分别平均增加 8.89%、10.09%、14.22%、17.29%、23.41% 和 31.77%。造成特点①的主要原因: 生物柴油含氧, 使混合气中氧的浓度增大, 燃料燃烧更完全, 从而产生的较高温度和压力, 造成 NO_x 生成增加。造成特点②的主要原因: 随着转速的增大, 缸内温度升高, NO_x 排放大幅度增加。

(3) HC 排放。HC 排放变化有两个特点 [图 8-4c)]: ①所有燃料的 HC 排放在整个转速范围内均很小; ②在低速范围内生物柴油和混合燃料的 HC 排放较柴油的低。特点①的主要原因是由柴油机的燃烧方式决定的。尽管生物柴油的黏度较高, 燃油雾化质量不好, 混合气易出现局部过浓, 导致 HC 排放升高; 但生物柴油是含氧燃料, 燃料中的氧促进燃烧, 使燃料燃烧较柴油完全。以上两种因素对 HC 的生成作用相反, 具体掺混比和工况下 HC 排放量变化的大小取决于二者的综合作用。造成特点②的主要原因: 在低速范围内, 燃料与空气的混合时间和可燃混合气的燃烧时间相对较长, 生物柴油中的含氧因素影响比较大, 生物柴油和混合燃料的 HC 排放较柴油的低。

(4) CO 排放。CO 排放变化有两个特点 [图 8-4d)]: ①所有燃料的 CO 排放在整个转速范围内均很小;②随转速的增大,所有燃料的 CO 排放显著降低,特别是高掺混比的混合燃料。造成特点①的主要原因是由柴油机的燃烧方式决定的。造成特点②的主要原因:高转速导致燃烧室内气流的涡流强度增加,改善燃料与空气的混合状况,使燃烧更完全,CO 排放降低;生物柴油含氧,有助于燃烧,混合燃料的 CO 排放较柴油低。

三、生物柴油非常规排放对人类健康和环境的影响

近年来,含氧燃料的非常规排放引起了人们的重视,虽然这些排放总量很小,但是对人体健康的危害较大。发动机燃用含氧燃料的主要非常规排放污染物有:醛类、酮类、单环芳香烃和多环芳香烃。

生物柴油在柴油机上的不完全燃烧,会产生醛、酮类排放。醛、酮类排放是臭氧的先导物,对人体健康有害。柴油机燃用生物柴油产生的醛类排放物主要有甲醛、乙醛、丙烯醛、丙醛、丁醛及苯甲醛。与此同时,酮类排放物主要有 2-丁酮、2-戊酮、丁二酮等。生物柴油会导致醛、酮类排放升高,醛、酮类排放随生物柴油混合比例的增加而上升。研究发现,单环芳香烃包括苯、甲苯、乙苯、邻二甲苯、间二甲苯、对二甲苯,单环芳香烃都有毒。随着生物柴油混合比例的增加,单环芳香烃的排放量相对于燃用石化柴油呈现不断下降的趋势。Corrêa S M 研究发现燃用生物柴油产生的各种多环芳香烃都对人体有害,其中苯并芘的毒性最大,是一种强烈致癌物。发动机多环芳香烃排放存在于颗粒和气态污染物中,其中气相多环芳香烃占 25%,颗粒相多环芳香烃占 75%。与柴油相比,生物柴油在所有工况下排出的颗粒相多环芳香烃浓度较低(平均排放浓度下降了 75%)。生物柴油排放的单环和多环芳烃含量下降的原因是:生物柴油本身不含芳烃,所以随着生物柴油混合比例的增大,芳烃的排放量不断下降;生物柴油的自含氧性会阻碍或消除 C_2H_2 和 C_3H_3 这些多环芳香烃前驱物的生成,造成生物柴油的多环芳香烃排放下降。

参 考 文 献

[1] L D Danny Harvey 著,索晨晨译.能源与新的实现1—能源效率和能源需求服务[M].北京:中国石化出版社,2016.

[2] 边耀璋.汽车新能源技术[M].北京:人民交通出版社,2003.

[3] 刘生全.车用甲醇燃料应用技术[M].北京:人民交通出版社,2013.

[4] 中国汽车工程研究院股份有限公司.中国节能汽车发展报告(2015~2016)[M].北京:社会科学文献出版社,2016.

[5] 邹蕴涵.我国替代能源的发展现状及存在的问题[J].中国能源,2016,38(9):36-39.

[6] 中国汽车技术研究中心.中国新能源汽车产业发展报告(2013)[M].北京:社会科学文献出版社,2013.

[7] 中国汽车技术研究中心.中国新能源汽车产业发展报告(2014)[M].北京:社会科学文献出版社,2014.

[8] 中国汽车技术研究中心.中国新能源汽车产业发展报告(2015)[M].北京:社会科学文献出版社,2015.

[9] 中国汽车技术研究中心.中国新能源汽车产业发展报告(2016)[M].北京:社会科学文献出版社,2016.

[10] 赵振宁.新能源汽车概述[M].北京:北京理工大学出版社,2016.

[11] 姜顺明.新能源汽车基础[M].北京:北京大学出版社,2015.

[12] 吴兴敏,于运涛,刘映凯.新能源汽车[M].北京:北京理工大学出版社,2015.

[13] 段敏.电动汽车技术[M].北京:北京理工大学出版社,2015.

[14] 何洪文.电动汽车原理与构造[M].北京:机械工业出版社,2012.

[15] 徐斌.新能源汽车[M].北京:人民交通出版社股份有限公司,2015.

[16] 宁国宝,余卓平.创新中的中国新能源乘用车[M].北京:人民交通出版社股份有限公司,2016.

[17] 黄佳腾,罗永革.创新中的中国新能源客车[M].北京:人民交通出版社股份有限公司,2016.

[18] 毛宗强.燃料电池[M].北京:化学工业出版社,2005.

[19] 易宗发,江兴智,王秦.汽车低碳应用[M].北京:人民交通出版社,2012.

[20] 黄海波.燃气汽车结构原理与维修[M].北京:机械工业出版社,2004.

[21] 金柏正,朱国军.液化天然气(LNG)客车使用与维修手册[M].北京:人民交通出版社股份有限公司,2014.

[22] 冯幸福,吴同起.燃气汽车及加气站技术[M].北京:电子工业出版社,2001.

[23] 盛利.电控天然气发动机匹配与试验研究[D].上海:上海交通大学,2009.

[24] Zhang Chunhua,Song Jiantong. Experimental study of co-combustion ratio on fuel consumption and emissions of NG-diesel dual-fuel heavy-duty engine equipped with a common rail injection system [J]. Journal of the Energy Institute,2016,89(4):578-585.

[25] 姚春德.柴油/甲醇二元燃料燃烧理论与实践[M].天津:天津大学出版社,2015.

[26] 蒋德明.内燃机替代燃料燃烧学[M].西安:西安交通大学出版社,2007.

[27] 楚剑鹏.基于乙醇灵活燃料技术的车辆适应性改进研究[D].长春:吉林大学,2014.

[28] 钱德猛,钱多德.乙醇-汽油燃料车用发动机设计开发[J].小型内燃机与摩托车,2013,(4):41-46.

[29] Hua Deng, Yunbo Yu, Hong He. Adsorption states of typical intermediates on Ag/Al_2O_3 catalyst employed in the selective catalytic reduction of NO_x by ethanol [J]. Chinese Journal of Catalysis, 2015, 36(8):1312-1320.

[30] 孙曙光.汽车用橡胶件耐乙醇汽油性能的实验研究[D].哈尔滨:哈尔滨工业大学,2012.

[31] 赵秀亮.高浓度乙醇混合燃料(E85)的冷启动特性研究[D].济南:山东建筑大学,2013.

[32] 强添纲.低温条件下燃用乙醇汽油对汽车使用性能及城市交通的影响[D].哈尔滨:东北林业大学,2012.

[33] 罗马吉,刘云鹏,李忠照.含水乙醇汽油稳定性研究[J].武汉科技大学学报,2016,(5):361-364.

[34] Handbook for handling, storing, and dispensing E85 and other ethanol-gasoline blends [M]. US Department of Energy, 2016(DOE/GO-102016-4854).

[35] Surisettya V R, Dalai A K, Kozinski J. Alcohols as alternative fuels: an overview [J]. Applied Catalysis A: General, 2011, 404(1): 1-11.

[36] 叶宁.电控二甲醚-柴油双燃料发动机试验的性能研究[D].吉利大学,2007.

[37] 刘国涛.柴油掺烧二甲醚在柴油机上的应用研究[D].武汉理工大学,2006.

[38] Ken Frills Hansen. Demonstration of a DME fueled city bus, SAE Paper 2000-01-2005.

[39] 黄震,乔信起,张武高.二甲醚发动机与汽车研究[J].内燃机学报,2008,26(5):115-125.

[40] Li Jun. Fundamental study of DME injection by an electromagnetic injector [C], JSAE Paper 20015333.

[41] 王贺武,周龙保,蒋德明.直喷式柴油机燃用二甲醚排放特性的研究[J].内燃机学报,2000,18(1):6-10.

[42] 尧命发,许斯都.直喷式柴油机燃用二甲基醚(DME)试验研究[J].燃烧科学与技术,2002,8(3):252-257.

[43] 张睿.二甲醚/柴油混合燃料发动机燃烧与排放特性研究[D],华中科技大学,2008.

[44] 袁振宏.生物质能高效利用技术[M].北京:化学工业出版社,2014.

[45] Mata T M, Martins A A, Caetano N S. Microalgae for biodiesel production and other applications: a review [J]. Renewable and Sustainable Energy Reviews, 2010, 14(1): 217-232.

[46] Sorate K A, Bhale P V. Biodiesel properties and automotive system compatibility issues [J]. Renewable and Sustainable Energy Reviews, 2015, 41: 777-798.

[47] Yunus khan T M, Atabani A E, Badruddin I A, 等. Recent scenario and technologies to utilize non-edible oils for biodiesel production [J]. Renewable and Sustainable Energy Reviews, 2014, 37(3): 840-851.

[48] Avinash Kumar Agarwal, Atul Dhar, Gupta J G, 等. Effect of fuel injection pressure and injection timing on spray characteristics and particulate size-number distribution in a biodiesel fuelled common rail direct injection diesel engine [J]. Applied Energy, 2014, 130(5): 212-221.

[49] 楼狄明,谭丕强. 柴油机使用生物柴油的研究现状和展望[J]. 汽车安全与节能学报, 2016, 7(02): 123-134.

人民交通出版社汽车类本科教材部分书目

书号	书名	作者	定价	出版时间	课件
一、"十三五"普通高等教育规划教材					
1. 车辆工程专业					
978-7-114-10437-4	●汽车构造（第六版）上册	史文库、姚为民	48.00	2017.07	
978-7-114-10435-0	●汽车构造（第六版）下册	史文库、姚为民	58.00	2017.07	
978-7-114-13444-9	●汽车发动机原理（第四版）	张志沛	38.00	2017.04	有
978-7-114-09527-6	★汽车排放及控制技术（第二版）	龚金科	28.00	2016.07	有
978-7-114-09749-2	★汽车检测技术与设备（第三版）	方锡邦	25.00	2017.08	有
978-7-114-09545-0	★汽车电子控制技术（第二版）	冯崇毅、鲁植雄、何丹娅	35.00	2016.07	有
978-7-114-09681-5	汽车有限元法（第二版）	谭继锦	25.00	2015.12	
978-7-114-09493-4	电动汽车（第三版）	胡骅、宋慧	40.00	2012.01	有
978-7-114-09554-2	汽车液压控制系统	王增才	22.00	2012.02	
978-7-114-09636-5	汽车构造实验教程	阎岩、孙纲	29.00	2012.04	
978-7-114-11612-4	★汽车理论（第二版）	吴光强	46.00	2014.08	
978-7-114-10652-1	★汽车设计（第二版）	过学迅、黄妙华、邓亚东	38.00	2013.09	
978-7-114-09994-6	★汽车制造工艺学（第三版）	韩英淳	38.00	2017.06	
978-7-114-11157-0	★汽车振动与噪声控制（第二版）	陈南	28.00	2015.07	
978-7-114-10085-7	汽车车身制造工艺学	钟诗清	27.00	2016.02	
978-7-114-10056-7	汽车试验技术	何耀华	28.00	2012.11	
978-7-114-10295-0	汽车专业英语（第二版）	黄韶炯	25.00	2017.06	
978-7-114-12515-7	汽车安全与法规（第二版）	刘晶郁	35.00	2015.12	
978-7-114-10547-0	汽车造型	兰巍	36.00	2013.07	
978-7-114-11136-5	汽车空气动力学	胡兴军	22.00	2014.04	
978-7-114-09884-0	★专用汽车设计（第二版）	冯晋祥	42.00	2013.07	
978-7-114-09975-5	汽车车身结构与设计	曹立波	24.00	2017.02	
978-7-114-11070-2	汽车电器与电子控制技术	周云山	40.00	2016.12	
978-7-114-12863-9	新能源汽车原理技术与未来	陈丁跃	36.00	2016.05	
978-7-114-12649-9	汽车油泥模型设计与制作	黄国林	69.00	2016.03	
978-7-114-12261-3	汽车试验学（第二版）	郭应时	32.00	2018.02	有
978-7-114-13454-8	汽车新技术（第二版）	史文库	39.00	2016.12	
2. 汽车服务工程专业					
978-7-114-13643-6	★汽车电子控制技术（第四版）	舒华	48.00	2017.03	有
978-7-114-11616-2	●汽车运用工程（第五版）	许洪国	39.00	2017.06	有
978-7-114-13855-3	★汽车营销学（第二版）	张国方	45.00	2017.06	
978-7-114-11522-6	★汽车发动机原理（第二版）	颜伏伍	42.00	2016.12	有
978-7-114-11672-8	★汽车事故工程（第三版）	许洪国	36.00	2018.03	有
978-7-114-10630-9	★汽车再生工程（第二版）	储江伟	35.00	2017.06	
978-7-114-10605-7	汽车维修工程（第二版）	储江伟	48.00	2016.12	
978-7-114-12636-9	汽车新能源与节能技术（第二版）	邵毅明	36.00	2016.03	有
978-7-114-12173-9	汽车检测与诊断技术（第二版）	陈焕江	45.00	2016.11	有
978-7-114-12543-0	汽车服务工程（第二版）	刘仲国、何效平	45.00	2016.03	
978-7-114-13739-6	汽车服务工程专业英语（第二版）	于明进	28.00	2017.06	有
978-7-114-10849-5	工程热力学与传热学（第二版）	李岳林	32.00	2017.04	有
978-7-114-10789-4	汽车检测诊断与维修	王志洪	45.00	2013.12	
978-7-114-10887-7	旧机动车鉴定评估（第二版）	鲁植雄	33.00	2018.04	
978-7-114-10367-4	现代汽车概论（第三版）	方遒、周水庭	28.00	2017.06	有
978-7-114-11319-2	交通运输专业英语	杨志发、刘艳莉	25.00	2014.06	有

书 号	书 名	作 者	定价	出版时间	课件
978-7-114-10848-8	道路交通安全工程	刘浩学	35.00	2016.12	有
978-7-114-14022-8	汽车维修企业设计与管理（第二版）	胡立伟、冉广仁	31.00	2017.09	
978-7-114-13389-3	汽车保险与理赔（第二版）	隗海林	32.00	2016.12	有
978-7-114-13402-9	汽车试验学（第二版）	杜丹丰	35.00	2016.12	有
978-7-114-14214-7	汽车电器与电子技术（第二版）	寒小平、麻友良	48.00	2017.10	
二、应用技术型高校汽车类专业规划教材					
978-7-114-13075-5	汽车构造·上册（第二版）	陈德阳、王林超	33.00	2016.08	有
978-7-114-13314-5	汽车构造·下册（第二版）	王林超、陈德阳	45.00	2016.12	有
978-7-114-11412-0	汽车液压与气压传动	柳 波	38.00	2014.07	有
978-7-114-11281-2	汽车电气设备	王慧君、于明进	32.00	2015.07	有
978-7-114-11279-9	汽车维修工程	徐立友	43.00	2017.08	有
978-7-114-11508-0	汽车电子控制技术	吴 刚	45.00	2014.08	有
978-7-114-13147-9	汽车试验技术	门玉琢	33.00	2016.08	有
978-7-114-11446-5	汽车试验学	付百学、慈勤蓬	35.00	2014.07	有
978-7-114-11710-7	汽车评估	李耀平	29.00	2014.10	有
978-7-114-11874-6	汽车专业英语	周 靖	22.00	2015.03	有
978-7-114-11904-0	新能源汽车	徐 斌	29.00	2015.03	有
978-7-114-11677-3	汽车制造工艺学	石美玉	39.00	2014.10	有
978-7-114-11707-7	汽车 CAD/CAM	王良模、杨 敏	45.00	2014.10	有
978-7-114-11693-3	汽车服务工程导论	王林超	25.00	2017.06	有
978-7-114-11897-5	汽车保险与理赔	谭金会	29.00	2015.01	有
978-7-114-14030-3	汽车零部件有限元技术	胡顺安	23.00	2017.09	有
978-7-114-11905-7	汽车诊断与检测技术（第四版）	张建俊	45.00	2017.05	有
三、教育部 财政部职业院校教师素质提高计划职教师资培养资源开发项目系列教材					
1. 车辆工程专业					
978-7-114-13320-6	汽车发动机构造与拆装	黄雄健	32.00	2017.01	有
978-7-114-13312-1	汽车底盘构造与拆装	廖抒华、陈 坤	32.00	2017.01	有
978-7-114-13390-9	汽车电气设备与维修	楼江燕、江 帆	42.00	2017.01	有
978-7-114-13473-9	汽车车身底盘电控技术与检修	张彦会、曾清德	42.00	2017.01	有
978-7-114-13313-8	汽车检测诊断实用技术	熊维平、许 平	26.00	2016.12	有
2. 汽车服务工程专业					
978-7-114-12195-1	汽油发动机管理系统故障诊断与修复	申荣卫	35.00	2017.05	有
978-7-114-13520-0	汽车检测与故障诊断技术	闫光辉	36.00	2017.02	有
978-7-114-13669-6	汽车营销	黄 玮、高婷婷、台晓红	29.00	2017.04	有
978-7-114-13652-8	汽车专业教学法	关志伟、阎文兵、高鲜萍	25.00	2017.04	有
978-7-114-13746-4	汽车服务技能训练	刘臣富、杜海兴	40.00	2017.07	有
四、成人教育汽车类专业规划教材					
978-7-114-13934-5	汽车概论	李昕光	25.00	2017.08	
978-7-114-13475-3	汽车运用基础	韩 锐	32.00	2017.01	有
978-7-114-12562-1	汽车电控新技术	杜丹丰、郭秀荣	32.00	2017.04	有
978-7-114-13670-2	物流技术基础	邓红星	28.00	2017.04	有
978-7-114-13634-4	汽车保险与理赔	马振江	26.00	2017.03	有
978-7-114-13808-9	汽车服务信息系统	杜丹丰	32.00	2017.07	有
978-7-114-13886-7	汽车运行材料	吴 怡	28.00	2017.05	有

●为"十二五"普通高等教育本科国家级规划教材、★为普通高等教育"十一五"国家级规划教材。咨询电话：010-85285253、85285977；咨询QQ:64612535、99735898。